高等学校交通运输与工程类专业教材建设委员会规划教材
江苏省高等学校重点教材

Bridge Construction Technology

桥梁施工技术

魏 洋　董峰辉
郑开启　丁明珉　编著

人民交通出版社股份有限公司
北京

内 容 提 要

本书系统介绍了桥梁通用施工技术、典型专项施工技术、代表性大跨径桥梁施工技术。桥梁通用施工技术主要包括桥梁施工支架、模板、钢筋、混凝土、预应力施工、预制装配施工等；典型专项施工技术包括高墩、钢塔施工，深基础施工，桥梁钢结构施工，钢桥面铺装施工；代表性大跨径桥梁施工技术包括大跨径预应力混凝土梁桥施工、大跨径拱桥施工、斜拉桥施工、悬索桥施工。

本书可作为土木工程、工程管理、交通工程等专业的本科及研究生（含继续教育）教材，也可作为桥梁相关专业职业教育教材，还可供从事桥梁设计、施工、检测和管理的工程技术人员参考。

图书在版编目(CIP)数据

桥梁施工技术 / 魏洋等编著. — 北京：人民交通出版社股份有限公司，2021.12
ISBN 978-7-114-17726-2

Ⅰ.①桥… Ⅱ.①魏… Ⅲ.①桥梁施工 Ⅳ.①U445

中国版本图书馆 CIP 数据核字(2021)第 246667 号

高等学校交通运输与工程类专业教材建设委员会规划教材
江苏省高等学校重点教材
Qiaoliang Shigong Jishu

书　　名：	桥梁施工技术
著 作 者：	魏　洋　董峰辉　郑开启　丁明珉
责任编辑：	卢俊丽
责任校对：	席少楠　卢　弦
责任印制：	张　凯
出版发行：	人民交通出版社股份有限公司
地　　址：	(100011)北京市朝阳区安定门外外馆斜街 3 号
网　　址：	http://www.ccpcl.com.cn
销售电话：	(010)59757973
总 经 销：	人民交通出版社股份有限公司发行部
经　　销：	各地新华书店
印　　刷：	北京印匠彩色印刷有限公司
开　　本：	787×1092　1/16
印　　张：	36.75
字　　数：	826 千
版　　次：	2021 年 12 月　第 1 版
印　　次：	2023 年 6 月　第 3 次印刷
书　　号：	ISBN 978-7-114-17726-2
定　　价：	89.00 元

(有印刷、装订质量问题的图书由本公司负责调换)

前言

我国桥梁建设取得了举世瞩目的成就,桥梁建设水平已步入世界前列。截至目前,全国公路桥梁已达约百万座,其中,世界上已建及在建的跨径排名前十的各类桥梁中,我国都占半数以上。显然,我国已成为桥梁大国,并正在稳步地迈向桥梁强国。

我国桥梁建设的迅猛发展,促进了桥梁工程与材料科学、机械控制及信息技术等学科的交叉融合,桥梁施工技术日新月异,施工管理水平取得了长足的进步。如今的桥梁工程对施工质量、安全与环保、机械装备、工业化水平等提出了更高的要求;同时,对桥梁施工建设者提出了更高的专业素质和综合能力需求。

桥梁施工技术是为土木工程等专业本科生开设的一门专业课,为了顺应桥梁建设的时代发展,培养与时俱进的桥梁建设专业人才,作者在多年教学与工程实践的基础上,收集并参考大量相关著作与资料,编写了本书,力求能够一定程度地反映桥梁工程施工一线最新技术。

本书在介绍一般桥梁施工技术的同时,重点阐述了大跨径桥梁施工技术,内容以桥梁通用施工技术、典型专项施工技术、代表性大跨径桥梁施工技术为主进行章节编写,融合了当前桥梁施工技术的最新发展。桥梁通用施工技术主要介绍钢筋混凝土及预应力混凝土桥梁建造过程中常需涉及的支架、模板、钢筋、混凝土、预应力及预制装配等施工技术;深基础施工主要介绍挡水围堰、桩基础、沉井基础等深基础施工的关键技术要点,对于扩大基础等浅基础施工,由于工艺较为简单不做介绍;高墩、钢塔施工主要介绍混凝土墩柱的高大模板支撑、翻模、滑模、爬模施工技术,以及钢塔柱的吊装架设施工工艺,重点突出应用广、难度高的桥梁下部结构施工;桥梁钢结构施工主要讲述各类钢结构桥梁通常涉及的钢构件的加工、拼装、涂装及钢梁架设,突出桥梁钢结构的一些通用技术及工艺细节;钢桥面铺装施工主要介绍了钢桥面铺装材料、铺装结构及铺装施工工艺;之后的大跨径预应力混凝土梁桥施工、大跨径拱桥施工、斜拉桥施工、悬索桥施工分别针对典型结构形式的大跨径桥梁结构构造、施工工艺、典型案例进行介绍,对于一些小跨径桥梁如简支梁桥等,其施工工艺较为简单,且一般施工工艺已包含于桥梁通用施工技术之中,故不做介绍。

本书特色如下:

1. 在本书内容编写时,力求与行业标准、规范对接,对一些施工过程中的质量指标要求尽量引用现行标准、规范,强化工程质量与施工安全的底线思维。

2. 注重专业知识与工程具体应用相结合,强调对新结构、新装备、新技术的掌握与应用:新结构有多塔多跨桥梁、公铁两用双层桥梁、协作体系桥梁,以及组合结构桥塔与混合式、分体式主梁等;新装备有超大直径、超大钻深钻机,双作用千斤顶,大吨位架梁悬臂起重机、缆载起重机及多功能重载起重船等,新技术有节段预制拼装技术、大节段及整体吊装施工技术、空中纺丝法主缆架设技术、轨索滑移法钢桁梁架设技术等。

3. 突出结构概念、力学知识在桥梁施工技术中的应用,着重讲述施工关键技术与解决问题的方法,强化理论与实践相结合及创新意识的培养;在传授专业知识的同时,引导学生对我国桥梁发展历程的深入思考,注重培养学生精益求精的大国工匠精神,激发学生科技报国的家国情怀和使命担当。

全书共10章,由南京林业大学魏洋、董峰辉、郑开启、丁明珉编著,第1章、第8章由董峰辉编写,第2章由刘福寿编写,第3章、第5章由丁明珉编写,第4章、第9章由郑开启编写,第6章、第7章由赵康编写,第10章由魏洋编写,全书由魏洋统稿。本书编写过程中,南京林业大学土木工程学院研究生韦宝幸、曹奇、缪坤廷、王高飞、吴凤贻、朱杰、张依睿、沈东杰、申聪、董璇、靳豪鹏、石峰、黄哲等参加了书稿整理及绘图工作。

本书编著过程中,参考了大量国内外桥梁方面的专利、专著、教材、报告及设计与施工方案等资料,教材部分地方直接或间接引用了相关的内容。在此,谨向这些资料的作者们表达敬意和谢意。

由于作者水平有限,教材中错谬之处在所难免,敬请批评和指正(联系邮箱:wy78@njfu.edu.cn),以便修订时更正。

作 者
2021 年 12 月于南京林业大学

目录

第1章 概述 · 001
1.1 桥梁结构分类 · 001
1.2 桥梁结构受力特点 · 002
1.3 桥梁施工技术发展历程 · 004
1.4 我国大跨径桥梁建设成就 · 012
1.5 大跨径桥梁的发展趋势 · 016
1.6 小结 · 021
思考题 · 021

第2章 桥梁通用施工技术 · 023
2.1 概述 · 023
2.2 支架施工 · 023
2.3 模板施工 · 030
2.4 钢筋工程 · 038
2.5 混凝土工程 · 054
2.6 预应力施工 · 067
2.7 预制装配施工 · 076
2.8 小结 · 091
思考题 · 091

第3章 高墩、钢塔施工 · 093
3.1 概述 · 093

3.2 高墩施工 ··· 097

3.3 钢塔柱施工 ··· 121

3.4 典型案例 ··· 125

3.5 小结 ··· 132

思考题 ··· 133

第 4 章 深基础施工 ·· 134

4.1 概述 ··· 134

4.2 挡水围堰 ··· 134

4.3 桩基础 ·· 152

4.4 沉井基础 ··· 168

4.5 地下连续墙 ··· 185

4.6 典型案例 ··· 195

4.7 小结 ··· 207

思考题 ··· 208

第 5 章 桥梁钢结构施工 ·· 209

5.1 概述 ··· 209

5.2 钢构件加工 ··· 209

5.3 钢梁节段组拼与预拼装 ·· 240

5.4 钢结构涂装 ··· 245

5.5 桥梁钢结构运输 ··· 248

5.6 桥梁钢结构架设 ··· 250

5.7 小结 ··· 261

思考题 ··· 262

第 6 章 钢桥面铺装 ··· 264

6.1 概述 ··· 264

6.2 钢桥面铺装材料 ··· 264

6.3 钢桥面铺装结构 ··· 270

6.4 钢桥面铺装施工 ··· 274

6.5 典型案例 ··· 289

6.6 小结 ··· 293
思考题 ··· 294

第7章 大跨径预应力混凝土梁桥施工 ································· 295
7.1 概述 ··· 295
7.2 梁桥结构构造 ··· 295
7.3 预应力混凝土连续梁桥施工 ······································ 305
7.4 预应力混凝土连续刚构桥施工 ··································· 352
7.5 典型案例 ··· 353
7.6 小结 ··· 356
思考题 ··· 357

第8章 大跨径拱桥施工 ·· 358
8.1 概述 ··· 358
8.2 拱桥的基本特点 ·· 359
8.3 拱桥发展历程 ··· 361
8.4 拱桥的主要构造 ·· 368
8.5 拱桥的主要施工方法 ·· 374
8.6 典型案例 ··· 411
8.7 小结 ··· 425
思考题 ··· 425

第9章 斜拉桥施工 ·· 427
9.1 概述 ··· 427
9.2 斜拉桥基本特点 ·· 427
9.3 斜拉桥发展历程 ·· 429
9.4 斜拉桥总体布置与结构构造 ······································ 438
9.5 索塔施工 ··· 454
9.6 加劲梁施工 ··· 461
9.7 斜拉索施工 ··· 479
9.8 典型案例 ··· 490
9.9 小结 ··· 496

思考题 ··· 496

第10章 悬索桥施工 ·· 498

10.1 概述 ·· 498

10.2 悬索桥基本特点 ·· 498

10.3 悬索桥发展历程 ·· 500

10.4 悬索桥构造 ·· 508

10.5 锚碇施工 ··· 520

10.6 索塔施工 ··· 526

10.7 索鞍施工 ··· 529

10.8 牵引系统、猫道施工 ··· 532

10.9 主缆施工 ··· 535

10.10 索夹、吊索施工 ·· 545

10.11 加劲梁施工 ·· 550

10.12 典型案例——西堠门大桥 ·· 563

10.13 小结 ··· 567

思考题 ··· 568

参考文献 ··· 570

第1章 概述

桥梁是跨越障碍的结构物,因为有了桥梁,人与人,城市与乡村,国家与国家,远古与现在才能有机地联系起来。随着科学技术的进步,社会经济的发展,人民文化水平的提高,桥梁建设的要求越来越高。现代高速公路上迂回交叉的各式立交桥,城市内建设的各种高架桥,长江、黄河等大江大河上的新颖大跨度桥梁等,如雨后春笋,频频建成。几十公里长的海湾海峡特大桥梁的宏伟工程亦举世瞩目。广大桥梁工程技术人员正不断面临着设计和建造新颖复杂桥梁结构的挑战,肩负着光荣而艰巨的任务。

桥梁施工技术是土木工程专业的一门核心专业课程,其目的在于培养学生具有全面的桥梁施工基本理论知识,掌握各类桥梁的施工技术原理和工艺流程,熟悉桥梁结构材料、施工机械设备相关性能。通过桥梁施工技术的学习,使学生能够综合运用所学桥梁施工知识进行科学决策,具备从事桥梁工作所必需的知识和能力,奠定从事桥梁设计、施工管理、工程造价等工作的基础。

1.1 桥梁结构分类

桥梁结构体系是功能、外形及其受力形态的统一,也可以从这三个层面对桥梁进行划分。功能指桥梁主要承受的荷载类型或主要服务对象,此层面决定了桥梁的设计指标与构造特点;外形层面指我们所能直接观察到的结构形式与构造特点;受力则是桥梁力学特性的描述,主要体现在桥梁受到荷载产生的内力传递特性。这三个层面由浅入深,具体划分见表1-1。

桥梁结构体系划分　　　　　　　　　　表1-1

功　　能	外　　形	受　　力
公路桥 铁路桥 公铁两用桥 人行桥 管道通道 运水桥 ……	梁桥	简支、连续、悬臂 墩梁自由、墩梁固结
	拱桥	有推力、无推力 无铰拱、两铰拱、三铰拱 刚拱柔梁、刚梁柔拱、刚梁刚拱
	斜拉桥	自锚、地锚、部分地锚 全飘浮、半飘浮、塔梁固结 矮塔、高塔
	悬索桥	自锚、地锚 单跨简支、多跨简支、多跨连续 刚性塔、柔性塔

1.2　桥梁结构受力特点

梁桥(图1-1)以主梁为核心承重构件,是一种受弯结构。荷载作用方向一般与梁的轴线接近垂直,梁体产生竖向挠度,并在截面内产生弯矩和剪力,形成截面的顶、底缘一侧受拉、另一侧受压的受力状态。为了抵抗荷载产生的弯矩和剪力,梁桥拥有较大的主梁高度,跨越能力相对较弱。梁桥根据结构受力形式可以分为简支梁、连续梁、T形刚构、连续刚构,其中,对于大跨径梁桥,多采用连续梁、连续刚构的结构形式,其他结构形式多适用于中小跨径桥梁。梁桥主要采用钢筋混凝土结构、预应力混凝土结构、钢结构、钢-混凝土组合结构等,对于大跨径梁桥,倾向于使用钢结构与预应力混凝土结构的组合,尤其在跨中使用预制钢箱梁结构,有利于减轻桥梁结构的整体自重。

拱桥(图1-2)以主拱为核心承重构件,根据有无推力可分为有推力拱和无推力拱。有推力拱(无铰拱、两铰拱、三铰拱)在竖向荷载作用下在拱脚处存在水平推力,无推力拱(系杆拱)通过水平系杆平衡竖向荷载作用下的拱脚水平推力,拱与系杆形成自平衡体系,整体对外部基础不产生水平推力。拱桥无论是基础对拱产生的水平推力,还是系杆对拱提供的水平拉力,其水平力在拱内产生与荷载作用相反的弯矩,最终降低了拱内弯矩。因此,拱截面以受压为主,其弯矩、剪力与变形均远小于同等跨径梁桥,拱桥相对于梁桥跨越能力更大;拱作为主要受压构件,拱的稳定性通常控制结构设计。对于有推力拱,拱脚变位会改变拱轴线,大幅增大拱内弯矩,因此对基础的抗推刚度或抗滑移能力要求较高;对于无推力拱,其内力对基础的变形反应不是十分灵敏,因此,在地基条件不适合修建有推力拱桥时,可选用无推力拱桥。

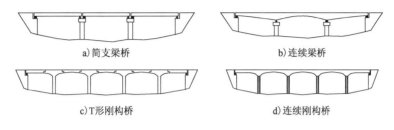

图 1-1　梁桥

图 1-2　拱桥

斜拉桥(图 1-3)以斜拉索为核心承重构件,斜拉索与索塔相连,斜拉索产生的竖向分力为加劲梁提供多点弹性支承,形成类似小跨连续梁的受力状态,加劲梁同时受到弯矩和斜拉索的水平分力作用,同时受弯和受压。斜拉索的索力传递给索塔,再传递给索塔基础,构成了稳定的三角形传力路径。加劲梁在斜拉索水平分力作用下,受力状态以大偏心受压为主,索塔在两侧斜拉索作用下主要体现为小偏心受压。在斜拉索的多点弹性支承下,加劲梁受到的正负弯矩大幅减小,梁高明显降低,与梁桥相比跨越能力大幅提高,跨越能力强。

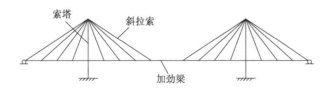

图 1-3　斜拉桥

悬索桥(图 1-4)以主缆为核心承重构件。在荷载作用下,加劲梁将荷载传递给竖向吊杆,吊杆将荷载传递至上方的主缆,转化为主缆中的拉力。与斜拉桥相似,吊杆为加劲梁提供了弹性支承,降低了梁节段弯矩;与斜拉桥拉索相比,吊杆提供的支承是竖直方向的,不产生额外的水平力,结构传力更加高效,跨越能力更强。主缆通过鞍座支承在塔顶,两端锚固于锚碇中,索塔主要承受竖向压力,锚碇抵抗主缆拉力。为了减少小跨径悬索桥的工程量,可将主缆锚固在两侧梁端,由受压的加劲梁替代锚碇,形成自锚式悬索桥。主缆主要承担拉力,几乎不具备抗弯刚度,结构抗扭刚度也由加劲梁承担,因此悬索桥在外力作用下易发生几何变形,属于柔性结构。

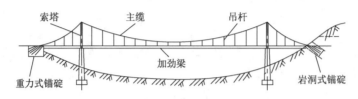

图 1-4　悬索桥

1.3　桥梁施工技术发展历程

追溯桥梁工程的技术发展历程,早期的桥梁建造技术在欧美国家发展较快;进入 21 世纪以来,我国的工程师和学者们对现代桥梁技术的发展做出了重要的贡献。实际上,在桥梁工程领域,每一项重大技术突破,都有一个孕育和渐进发展的过程,也是同时代工程师和学者们相互启示、共同努力的结果。

表 1-2 给出了桥梁领域新材料、新技术、新装备发展过程中的代表性事件或人物,新材料有异性钢桥面结构技术、高强材料、锚具的开发,新技术有节段预制拼装技术、桥面铺装技术,新装备如起重机、架桥机等。从新材料、新技术、新装备的发展可知,桥梁建造技术的发展带动了建桥材料和装备的提升,建桥材料和装备的提升又推动了桥梁建造技术的进步,二者互为因果、互相促进。

桥梁领域新材料、新技术、新装备发展历程中的代表性事件或人物　　　表 1-2

时　　间	技术进展	代表性事件或人物
1948 年	各向异性钢桥面	德国 Leonhardt 公司建造的 Koehn-Mannheim 桥
1951 年	高强螺栓连接	金门大桥首次采用
1953 年	粗钢筋锚	德国 DSL 公司建造的 Worms 桥
1958 年	夹片锚	瑞士 VSL 公司发明
1967 年	环氧沥青	美国 Adhesive 工程公司建造的 San Mateo-Hayward 大桥的桥面铺装工程中首次采用
1972 年	金属阻尼器	新西兰工程师 Kelly(凯利)提出

续上表

时 间	技术进展	代表性事件或人物
1977 年	钢绞线群锚	法国人 Müller(米勒)建造的 Brottone 桥
1979 年	HiAm 冷铸镦头锚	德国 Leonhardt 公司建造的 Flehe 桥
1983 年	PE 护套平行钢丝成品索	日本新日铁公司建造的明港西大桥
20 世纪 50—90 年代	高性能混凝土	法国、德国、美国先后采用
20 世纪 50—90 年代	高性能钢材	德国、美国先后采用
20 世纪 70—90 年代	FRP 复合材料	瑞士、德国、美国、日本先后采用
20 世纪 90 年代	碳纤维斜拉索	瑞士、日本先后采用
1994 年	PBL 剪力键	德国 Leonhardt 公司建造的日本鹤见航道桥
1998 年	超高强钢丝(1860~2000MPa)	日本新日铁公司建造的明石海峡大桥
1999 年	沥青玛琋脂铺装技术	中国江阴大桥国内首次应用
2001 年	环氧沥青	中国南京长江二桥国内首次应用
2013 年	大吨位钢绞线斜拉索	中国铜陵长江公铁桥国内首次应用
2016 年	全预制拼装	中国上海建造的嘉闵高架桥国内首次应用
2017 年	节段预制胶接拼装	中国郑阜高铁周淮特大桥国内首次应用
2017 年	5000t 门式起重机	中国广东虎门二桥国内首次应用
2018 年	大节段钢桁梁	中国沪通大桥世界首次大节段钢桁梁吊装
2019 年	特大型架桥机	中国孟州黄河大桥,采用特大型架桥机双幅整孔架设 80m 钢箱梁,国内首次应用
2019 年	超高强钢丝(2100MPa)	首次应用于中国常泰长江大桥
2019 年	整体式自适应智能顶升桥塔平台	中国湖北宜昌伍家岗长江大桥主塔国内首次应用
2020 年	巨型沉井精准定位施工技术	首次应用于中国沪通长江大桥
2020 年	强度 2000MPa 级斜拉索	首次应用于中国沪通长江大桥
2020 年	千吨级架桥机	世界首台千吨级架桥机由中国生产并投入湄洲湾大桥建设
2021 年	钢-超高韧性混凝土组合桥面铺装	在中国北方高原高寒地区乌兰木伦河 3 号桥首次应用
2021 年	大跨径钢-混凝土组合梁的整孔架设技术	首次应用于中国孟州至偃师黄河大桥
2021 年	大直径混凝土钻孔灌注桩	中国孟州至偃师黄河大桥国内首次应用
2021 年	大吨位预应力钢绞线 XM 张拉锚固体系	中国孟州至偃师黄河大桥国内首次应用
2021 年	150MPa 超高性能混凝土	中国广州跨珠江人行桥国内首次应用

以下按时间顺序分别给出梁桥、拱桥、斜拉桥和悬索桥在桥梁技术发展中的代表性事件或人物。表 1-3 列举了梁桥建设历程中的代表性事件或人物,包括新材料如水泥、钢

筋混凝土、预应力混凝土、波形钢腹板、楔形锚具及耐候钢等,新结构如钢桁梁、连续刚构、钢-混凝土混合梁等,新理论如混凝土徐变理论、预应力荷载平衡原理、拉压杆模型等,新技术如体外预应力、"5G+"装配式施工等。梁桥在结构形式、建造成本方面均有其自身优势,新材料、新结构、新理论、新技术的不断创新和应用更使梁桥的结构形式得到不断充实和丰富。

梁桥发展历程中的一些代表性事件或人物　　　　　表1-3

时　间	技　术　进　展	代表性事件或人物
1824年	波特兰水泥	英国人Aspdin(阿斯普丁)获得英国专利证书
1867年	钢筋混凝土	法国人Monier(莫尼)获钢筋混凝土专利,1875年在Chazelet建造第一座钢筋混凝土人行桥
1892年	钢筋混凝土板、T梁等配筋方法	法国人Hennebique(埃内比克)1879年将钢筋配置在混凝土板下缘,1892年申请梁板体系的配筋专利
1894年	钢桁梁桥	中国第一次主持修建钢桁梁桥——滦河大桥,由我国工程师詹天佑主持完成
1900年	钢筋混凝土梁的早期桁架理论	德国人Ritter(里特尔)和Mörsch(默施)先后提出钢筋混凝土梁受弯受剪的早期桁架理论
1928年	预应力混凝土	法国人Freyssinet(弗雷西内)获得预应力专利,并在欧洲推广应用
1934年	体外预应力技术	德国人Dischinger(狄辛格)获得体外预应力专利
1937年	铁路钢桥	茅以升主持我国自主建设的第一座铁路钢桥——钱塘江大桥
1938年	先张预应力工艺	德国人Hoyer(霍耶)成功研究出不用锚具传力的先张法预应力工艺
1939年	锥销锚	法国人Freyssinet取得锥销锚专利,同时锚固12根直径5mm高强钢丝,该体系首次用于Luzancy桥
1939年	混凝土收缩和徐变机理	德国人Dischinger提出混凝土收缩和徐变的早期理论
1940年	楔形锚具	比利时人Magnel(玛格涅尔)研制出楔形块夹持钢丝的锚具,1948年出版《预应力混凝土》专著
1940年	部分预应力思想	英国人Paul W. Abeles(保罗W·埃伯利斯)提出
1950年	节段悬臂灌注施工技术	德国人Finsterwalder(芬斯特瓦尔德)首次采用这一技术施工跨越Lahn河上的预应力混凝土桥
1952年	预应力等效荷载	美国人Mootman(穆特曼)提出预应力等效荷载计算方法
1952年	槽形梁	首次应用于英国罗什尔汉桥
1954年	混凝土梁桥的节段匹配预制工艺	法国人穆勒(Müller)发明节段预制拼装技术,1954年设计美国纽约州Shelton桥(干接缝),1962年设计法国巴黎Choisy-le-Roi桥(环氧接缝)

续上表

时　　间	技术进展	代表性事件或人物
1963年	预应力荷载平衡原理	美籍华人林同炎提出荷载平衡法， 美洲早期预应力技术推进者
1963年	顶推施工方法	德国人Leonhardt（莱昂哈特） 在委内瑞拉一座桥的设计施工中首次应用
20世纪70年代	桁梁空间挠曲扭转理论	中国学者李国豪首次提出
1979年	连续刚构桥	瑞士人Menn（梅恩）建造的Feigire桥
1986年	三向预应力多箱结构	我国常德沅水大桥，建成时为国内最大跨径的 预应力混凝土连续梁桥， 首次采用三向预应力多箱结构，大型挂篮施工
1986年	波形钢腹板组合梁	法国Campenon Bernard公司建造的Cognac桥首次应用
1987年	拉压杆模型方法及其在 混凝土结构D区设计中的应用	德国人Schlaich（施莱克）、美国人Breen（布林）等 倡导B区与D区划分，推进拉压杆模型的研究与应用
1987年	波形钢腹板结合梁桥	法国Maupre桥
1993年	刚构-连续组合梁桥	中国山东东明黄河公路大桥在国内首次应用
1996年	连续梁桥	挪威法罗德2号桥主跨260m， 为世界上最大跨度预应力混凝土连续梁桥
1998年	无伸缩缝梁桥	1998年在湖南省益阳至常德高速公路上 建造了我国第一座整体式桥台桥梁，为三跨连续梁桥
2006年	钢-混凝土混合梁	中国重庆石板坡长江大桥复线桥
2010年	水上吊装施工	中国崇启长江大桥主桥大跨度钢箱梁架设采用驳船运输、 浮式起重机吊装架设的水上吊装施工工艺，国内首次应用
2011年	浮拖法架设	中国赵寨颍河双线特大桥， 国内首次采用浮拖法架设加劲梁
2012年	钢管混凝土组合柱	中国腊八斤特大桥，国内首次采用钢管混凝土组合柱
2014年	敞开式钢管-混凝土桁架组合梁桥	中国徐明高速怀洪新河二号 特大桥跨堤引桥，国内首次应用
2016年	超高性能混凝土梁桥	中国长沙北辰三角洲横四路跨街天桥，国内首次应用
2017年	节段预制胶接拼装	中国周淮特大桥，国内首次采用 "节段预制胶接拼装"新技术
2018年	高海拔地区转体施工	中国格库铁路格格东特大桥，首次在青藏高原转体成功
2020年	"5G+"装配式施工	中国山东济宁市建造的高架桥双T构转体，主跨为116m
2020年	连续钢桁梁	中国三官堂大桥，主跨465m，为世界最大跨度
2020年	耐候钢-混凝土组合梁桥	中国泾洋河特大桥，首次在国内应用
在建	混合梁连续刚构桥	中国套尔河大桥，主跨338m，为世界最大跨径梁式桥

表 1-4 列举了拱桥建设历程中的代表性事件或人物,包括新结构如洛泽拱、尼尔森拱、双曲拱、钢箱拱、系杆拱、钢管混凝土拱等,新理论如压力线连续作用等,新技术如斜拉扣挂悬拼施工、真空辅助压力灌注管内混凝土施工等。拱桥的结构形式十分多样,随着结构形式、施工方法的创新,拱桥也成为大跨径桥梁中的主要结构形式之一,随着高强高性能材料的开发,拱桥的建设将被提升到一个新的水平。

拱桥发展历程中的一些代表性事件或人物　　　表 1-4

时　间	技术进展	代表性事件或人物
18 世纪	压力线连续作用	法国人 Perronet(佩罗内)发现
1779 年	铸铁拱桥	英国建成世界上第一座铸铁拱桥——Coalbrookdale Iron 桥
1858 年	兰格尔拱	奥地利人 Josef Langer(约瑟夫朗热)申请了刚性梁柔性拱桥专利
1874 年	无铰钢拱桥	美国建成世界上第一座无铰钢拱桥——圣路易斯桥
1877 年	钢筋混凝土拱桥	法国建成世界上第一座钢筋混凝土拱桥——Chazelet 桥
1877 年	锻铁月牙形拱桥	葡萄牙建成的皮亚·马里亚桥
1899 年	多跨钢筋混凝土拱桥	Hennebique 设计建造了第一座多跨钢筋混凝土拱桥——Hogues 桥
19 世纪末	洛泽拱	德国易北河上建造了刚拱刚梁拱桥
1916 年	两铰中承式拱桥	美国狱门桥
20 世纪初	三铰钢拱桥	法国修建的 Alexandre III 桥
1929 年	尼尔森拱	Nielson(尼尔森)提出,在瑞典获得专利权
1930 年	钢筋混凝土三铰拱桥	瑞士建成的萨尔基那山谷桥
1937 年	钢管混凝土拱桥	苏联在列宁格勒修建的第一座钢管混凝土拱桥
1963 年	提篮拱桥	德国人 Leonhardt 建造的 Fehmarnsund 海峡桥
1964 年	双曲拱桥	中国无锡市创建
1968 年	拱桥无支架施工	中国工程师开发了钢丝绳斜拉扣挂悬拼松索合龙工法
1984 年	斜靠式拱桥	卡拉特拉瓦设计建造第一座斜靠式拱桥——Bacde Roda 桥
1994 年	拱桥无支架施工	中国工程师开发了钢绞线斜拉扣挂悬拼合龙后松索工法
1997 年	钢筋混凝土拱桥	中国重庆万州长江大桥,主跨 420m,为世界最大跨径
2000 年	圬工拱桥	中国丹河大桥,主跨 146m,为同类桥梁世界最大跨径
2000 年	钢管混凝土拱桥	中国丫髻沙大桥,主跨 360m,为当时同类桥梁世界最大跨径,平转、竖转相结合转体施工
2003 年	钢箱拱桥	中国卢浦大桥,主跨 550m,为同类桥梁世界最大跨径
2007 年	钢-混凝土组合系杆拱桥	中国菜园坝长江大桥,主跨 420m,为同类桥梁世界最大跨径

续上表

时间	技术进展	代表性事件或人物
2009 年	钢桁架系杆拱桥	中国朝天门长江大桥，主跨 552m，为同类桥梁世界最大跨径
2011 年	高速铁路拱桥	中国南京大胜关长江大桥，主跨 336m，为同类桥梁世界最大跨径
2013 年	真空辅助压力灌注管内混凝土工法	中国波司登大桥首次应用
2015 年	高速铁路混凝土拱桥	中国沪昆高铁北盘江特大桥，主跨 445m，为同类桥梁世界最大跨径
2019 年	钢箱拱肋有推力拱桥	中国香溪长江大桥，主跨 531.2m，为同类桥梁世界最大跨径
2020 年	钢管混凝土拱桥	中国广西平南三桥，主跨 575m，为同类桥梁世界最大跨径
在建	最大跨径拱桥	中国广西天峨龙滩特大桥，主跨 600m

表 1-5 列举了斜拉桥建设历程中的代表性事件或人物，包括新材料如平行钢丝索股、碳纤维复合斜拉索等，新结构如密索体系、部分地锚、斜拉-刚构协作体系、多塔斜拉桥等，新技术如顶推施工等。现代结构理论、高强材料、计算机技术以及施工方法的进步，使得斜拉桥在近几十年间迅速发展，面对 21 世纪更大规模的桥梁建设任务，斜拉桥必将发挥更重要的作用，继续成为大跨度桥梁的主要桥型之一。

斜拉桥发展历程中的一些代表性事件或人物　　　　　表 1-5

时间	技术进展	代表性事件或人物
1784 年	木质斜拉桥	意大利木匠 Löscher(勒舍尔)在威尼斯建造
1955 年	斜拉桥复兴	德国人 Dischinger 在瑞典建造 Strömsund 桥
1962 年	预应力混凝土斜拉桥	意大利结构专家 Morandi(莫兰迪)设计建造世界上第一座带挂孔的预应力混凝土斜拉桥——Maracaibo Lake 桥
1967 年	密索体系	Homberg(洪贝格)首先在德国波恩建成的 Friedrich Ebert 桥，采用较小索距的概念
1971 年	混合桥面斜拉桥	德国人 Dischinger 建造的 Kurt Schumacher 桥
1972 年	平行钢丝索股	德国跨莱茵河的 Mannheim-Ludwigshafen 桥首次应用
1973 年	倾斜索面斜拉桥	德国人建造的 Köhlbrand 桥
1977 年	单索面混凝土斜拉桥	法国人 Müller 建造的 Brottone 桥
1983 年	部分地锚斜拉桥	西班牙建造的 Luna 大桥，主跨 440m，是世界首座部分地锚斜拉桥

续上表

时间	技术进展	代表性事件或人物
1985年	斜拉-刚构协作体系桥	德国 Leonhardt 公司 Svensson(斯文松)建造的 Huntington 桥
1988年	部分斜拉桥	法国工程师 Jacques Mathivat(马蒂瓦)提出
1991年	叠合梁斜拉桥	中国南浦大桥,主跨423m,为我国首座大跨径斜拉桥
1992年	无背索斜拉桥	西班牙 Galatrava 设计建造的 Alamillo 桥
1993年	组合梁斜拉桥	中国杨浦大桥,主跨602m,建成时为世界最大跨径斜拉桥
1994年	部分地锚斜拉桥	中国郧县汉江大桥,主跨414m,为我国首座部分地锚斜拉桥
1995年	混合梁斜拉桥	法国 Normandie 大桥,主跨856m,建成时为世界最大跨径
1997年	多塔斜拉桥	中国香港的汀九大桥,主跨448m+475m,为首座多塔斜拉桥
2004年	顶推施工	法国 Millau 桥,主跨6×432m,塔梁拼装后一起顶推施工
2008年	千米级斜拉桥	中国苏通大桥,主跨1088m,建成时为世界最大跨径
2009年	三索面斜拉桥	中国武汉天兴洲长江大桥,主跨504m
2009年	钢-混凝土混合索塔	中国香港昂船洲大桥,主跨1018m,首次采用钢和混凝土混合形式索塔
2020年	组合结构桥塔	中国南京长江五桥,主跨2×600m,为双壁附筋钢壳内注混凝土的组合结构桥塔
2020年	高速铁路斜拉桥	中国沪苏通长江公铁大桥,主跨1092m,为世界最大跨径
在建	部分地锚斜拉桥	中国丹江口水库特大桥,主跨760m,为世界最大跨径
在建	公铁两用多塔斜拉桥	中国马鞍山长江公铁大桥,主跨2×1120m,为世界最大跨径
在建	碳纤维复合斜拉索	中国常泰长江大桥,主跨1176m,为世界最大跨径

表1-6列举了悬索桥建设历程中的代表性事件或人物,包括新理论如缆索挠度理论等,新结构如自锚式悬索桥、扁平流线型钢箱梁、分体式箱梁、三塔悬索桥等,新技术如主缆空中纺丝(AS)法、预制束股(PPWS)法、加劲梁桥面起重机吊装、轨索滑移法等。在新理论、新结构、新技术的基础上,悬索桥向着受力更合理和跨度更大的方向发展。

悬索桥发展历程中的一些代表性事件或人物　　　　　　　　　　表 1-6

时　间	技　术　进　展	代表性事件或人物
1883 年	主缆空中纺丝(AS)法施工	德国工程师 Roebling(罗布林)在布鲁克林大桥中首次采用平行钢丝索制作主缆
1888 年	挠度理论	奥地利工程师 Melan(梅兰)创立了考虑缆索在荷载下变形的平衡方程
1912 年	采用挠度理论首次设计	移居美国的立陶宛工程师 Moisseif(莫伊塞夫)设计的纽约曼哈顿桥
1915—1917 年	自锚式悬索桥	首次出现在德国莱茵河上
1938 年	悬索桥按二阶理论的实用方法	中国学者李国豪留学德国在导师 Klöppel(克勒佩尔)指导下完成
1940 年	多塔地锚式悬索桥	马克·赛坤设计的卢夏河下托纳夫桥
1966 年	扁平流线型钢箱梁	英国修建的 Seven Bridge
1972 年	悬带桥	美国林同炎国际公司修建的哥斯达黎加科罗拉多桥
1988 年	主缆预制束股(PPWS)法	日本南备赞桥
1997 年	大跨径悬索桥	虎门大桥,主跨 888m,我国第一座自行设计、建造的大跨径悬索桥
1999 年	千米级悬索桥	江阴长江大桥,主跨 1385m,为我国首座跨径超过千米的悬索桥
2009 年	分体式箱梁	中国西堠门大桥,主跨 1650m
2009 年	桥面起重机架设钢桁梁	中国贵州坝陵河大桥,主跨 1088m,为我国首次采用桥面起重机架设钢桁梁的悬索桥
2011 年	轨索滑移法	中国矮寨大桥,主跨 1176m,创造性地提出了一种全新的山区悬索桥钢桁梁架设方法——轨索滑移法
2012 年	人形中塔三塔悬索桥	中国泰州长江大桥,主跨 2×1080m
2013 年	I 形中塔三塔悬索桥	中国马鞍山长江大桥,主跨 2×1080m,中塔为钢-混凝土混合桥塔
2020 年	高速铁路悬索桥	中国五峰山长江大桥,主跨 1092m,为中国第一座跨度超千米的超大型公铁两用悬索桥,上层桥面为高速公路,下层为高速铁路
2021 年	主缆空中纺丝法(AS 法)	中国贵州阳宝山特大桥,主跨 650m,为我国首座采用空中纺丝法(AS 法)架设主缆的悬索桥
在建	A 形中塔三塔悬索桥	中国温州瓯江北口大桥,主跨 2×800m,世界上首座三塔四跨双层钢桁梁悬索桥
在建	超两千米级悬索桥	土耳其的恰纳卡莱大桥,主跨 2023m
在建	最大跨径悬索桥	中国张皋长江大桥,主跨 2300m

回顾桥梁工程建设发展历程,大量的桥梁新材料、新结构、新技术、新装备及新理论使得现代桥梁结构呈现出完全不同于近代桥梁结构的崭新面貌;现代桥梁结构的价值源于创新精神。随着新材料、新技术的发展和相应施工装备的不断升级换代,桥梁施工也日益精确、轻便、智能,更少依赖人工操作,工程质量也更可靠,结构也更耐久,同时,桥梁施工技术的进步又推动材料不断向着更高性能的方向发展。

从对表1-2~表1-6的分析可知,21世纪以前,大部分关键桥梁施工技术产生于美国、法国、德国、瑞士、日本等传统桥梁强国;21世纪以来,由于我国桥梁新结构、新材料、新装备和新技术的巨大进步,我国桥梁建造水平已从世界先进向世界领先大踏步迈进,尤其是随着众多带有大跨、重载、高速特征的超级斜拉桥、悬索桥、拱桥相继建成,极大地提高了我国在世界桥梁建设领域的地位。

1.4 我国大跨径桥梁建设成就

众所周知,中国古代的桥梁建筑,无论是在其造型艺术、施工技巧,还是历史积淀、文化蕴涵、人文景观等方面,都曾为世界桥梁建筑史谱写了光辉的篇章。如举世闻名的赵州桥(图1-5),建于隋开皇十四年至隋大业二年(594年—606年),由隋朝匠师李春建造,是我国古代拱桥的杰出代表,1991年10月24日被美国土木工程师学会评选为最悠久的"国际历史土木工程里程碑"。

图1-5 赵州桥

然而,封建制度的长期存在,大大束缚了生产力的发展。在近代,我国桥梁的建造技术发展滞后,水平远远落后于西方发达国家。1949年以后,特别是改革开放以来,从技术引进到自主建设,我国桥梁技术发展逐渐加快,在经历了20世纪80年代的学习与追赶、

20世纪90年代的跟踪与提高两个发展阶段后,迎来了21世纪的全面创新与超越阶段。目前,在四种基本桥型和跨海工程建设中,我国正在引领世界桥梁建设,稳步走在通往世界桥梁强国的道路上。

1.4.1 梁桥

梁桥的发展主要体现在新材料与新施工技术方面。C60以上的高强混凝土与高强钢筋开始应用于预应力混凝土梁桥,高强钢绞线与大吨位张拉技术的应用推动了梁桥跨径的提升,跨中区域轻型化钢结构梁段的创新应用实现了混凝土梁桥跨径的突破。另一方面,施工技术也是影响梁桥跨径发展的重要因素,利用悬臂施工法可以将梁桥跨径提升到200m以上,并方便实现无支架施工;节段预制拼装法能够提高百米跨径连续梁桥施工的便利性、经济性以及施工质量,并节约现场工作量,节省工期。表1-7列举了跨径位居世界前十的梁桥。

世界大跨径梁桥排名　　　　　　表1-7

序号	桥　　名	主跨(m)	结构形式	所在国家	建成时间
1	山东套尔河大桥	338	混合梁连续刚构	中国	在建
2	重庆石板坡长江大桥复线桥	330	混合梁连续刚构	中国	2006年
3	Stolmasundet桥	301	PC连续刚构	挪威	1998年
4	甘溪特大桥	300	PC连续刚构	中国	在建
5	Raftsundet桥	298	PC连续刚构	挪威	1998年
6	北盘江特大桥	290	PC连续刚构	中国	2013年
7	Sandsfjord桥	290	PC连续刚构	挪威	2015年
8	Asuncion桥	270	T形刚构	巴拉圭	1979年
9	虎门大桥辅航道桥	270	PC连续刚构	中国	1997年
10	苏通长江大桥专用航道桥	268	PC连续刚构	中国	2006年

注:表中PC指的是预应力混凝土。

1.4.2 拱桥

拱桥拥有悠久的历史,是中国古代桥梁的重要结构形式之一。对于各种结构体系与各类材料建设的拱桥,其跨径的适用范围很广。对于各种拱肋材料,圬工拱桥的跨径相对较小,钢筋混凝土拱桥、钢管混凝土拱桥与钢桁架拱桥的跨径较大;有推力拱桥与无推力拱桥的跨径均可达到500m以上。表1-8列举了跨径世界排名前十的拱桥。

世界大跨径拱桥排名　　　　　　　　表 1-8

序号	桥　　名	主跨(m)	结构形式	所在国家	建成时间
1	泸州蓝田长江五桥	612	中承式钢箱拱桥	中国	在建
2	广西天峨龙滩特大桥	600	上承式劲性骨架钢筋混凝土拱桥	中国	在建
3	重庆凤来特大桥	580	上承式钢桁架拱桥	中国	在建
4	广西平南三桥	575	中承式钢管混凝土拱桥	中国	2020 年
5	重庆朝天门大桥	552	中承式钢桁架系杆拱桥	中国	2009 年
6	上海卢浦大桥	550	中承式钢箱系杆拱桥	中国	2003 年
7	湖北秭归长江大桥	531.2	中承式钢桁架拱桥	中国	2019 年
8	四川波司登大桥	530	钢管混凝土拱桥	中国	2013 年
9	New River Gorge 桥	518	上承式钢桁架拱桥	美国	1977 年
10	西宁河特大桥	510	上承式钢筋混凝土拱桥	中国	在建

1.4.3　斜拉桥

斜拉桥是由斜拉索、加劲梁、索塔及基础等构件组成的桥梁结构,加劲梁直接承受荷载,并将内力传递给斜拉索,再由斜拉索传递给索塔。由于斜拉索与加劲梁轴线方向之间的夹角小于 90°,其竖向分力为加劲梁提供弹性支承,水平分力沿加劲梁轴线方向逐段叠加施加轴压力。大跨径斜拉桥加劲梁承受很大的压力,降低了结构的稳定性。因此,一般认为,斜拉桥在当前技术条件下的极限跨径不超过 1500m。加劲梁与桥塔横梁间可采用无约束、竖向支承、塔梁固结(塔墩分离并设置支座)、塔梁墩固结这 4 种支承形式。随着斜拉桥跨径的不断增加,结构刚度与稳定性会逐渐下降,在边跨设置辅助墩可以大幅提升斜拉桥加劲梁施工过程的安全性,并改善斜拉桥运营阶段的受力。表 1-9 列举了跨径世界排名前十的大跨斜拉桥,可见,我国在苏通长江大桥实现了公路斜拉桥千米级的突破之后,又在大荷载公铁两用桥领域持续突破。

世界大跨径斜拉桥排名　　　　　　　　表 1-9

序号	桥　　名	主跨(m)	结构形式	所在国家	建成时间
1	常泰长江大桥	1176	双塔三跨、双层钢桁梁、双索面	中国	在建
2	观音寺长江大桥	1160	双塔三跨、钢箱梁、双索面	中国	在建
3	马鞍山长江公铁大桥	2×1120	三塔四跨、双层钢桁梁、双索面	中国	在建
4	Russky Island 桥	1104	双塔三跨、钢箱梁、双索面	俄罗斯	2012 年
5	沪苏通长江公铁大桥	1092	双塔三跨、双层钢桁梁、三索面	中国	2020 年
6	苏通长江大桥	1088	双塔三跨、钢箱梁、双索面	中国	2008 年
7	昂船洲大桥	1018	双塔三跨、分体式钢箱梁、双索面	中国	2009 年
8	武汉青山长江大桥	938	双塔三跨、钢箱梁、双索面	中国	2019 年
9	鄂东长江大桥	926	双塔三跨、钢箱梁、双索面	中国	2010 年
10	嘉鱼长江公路大桥	920	双塔三跨、钢箱梁、双索面	中国	2019 年

1.4.4 悬索桥

悬索桥也是一种历史悠久的桥梁,很早便出现了藤桥结构,随着金属冶炼技术的发展,工程师在铁索上铺设模板,并将部分铁索作为护栏,形成了铁索桥,这两种桥都是悬索桥的早期模式。现代悬索桥以主缆为核心承重构件,加劲梁上承担的荷载经吊杆传递给主缆,主缆的拉力由锚碇的重力或抗滑力平衡,也可通过将主缆锚固于加劲梁端部由加劲梁自身承担。随着弹性理论、挠度理论等基本理论的提出,大跨度悬索桥迎来了飞速发展,以美国金门大桥、旧奥克兰海湾大桥为代表的一批大跨悬索桥相继建成。1940年,塔科马大桥在风作用下发生颤振并坍塌,促进了对悬索桥风致振动与加劲梁抗扭刚度等方面的研究。随后,欧洲与日本在20世纪后期建设了许多大跨径悬索桥,这些桥梁中比较著名的有英国亨伯特桥、日本明石海峡大桥等。国内悬索桥建设始于20世纪90年代,虎门大桥与江阴大桥的建成标志着我国在悬索桥领域逐渐接近世界先进水平。近年来,我国在大跨度悬索桥与重载悬索桥领域成果丰硕,设计与建造水平已达世界一流。表1-10列举了跨径世界排名前十的悬索桥,近几年我国在悬索桥建设方面取得飞跃发展,在建悬索桥跨径已经突破2000m。

世界大跨径悬索桥排名　　　表1-10

序号	桥　名	主跨(m)	所在国家	建成年限
1	张皋长江大桥	2300	中国	在建
2	狮子洋大桥	2180	中国	在建
3	恰纳卡莱桥	2023	土耳其	2022
4	明石海峡大桥	1991	日本	1998
5	燕矶长江大桥	1860	中国	在建
6	双屿门大桥	1768	中国	在建
7	仙新路长江大桥	1760	中国	在建
8	杨泗港大桥	1700	中国	2019
9	南沙大桥	1688	中国	2019
10	伶仃洋大桥	1666	中国	在建

1.4.5 跨海工程

跨海桥梁建设对国民经济影响显著,我国的珠三角、长三角、环渤海等地区经济发展迅速,交流日益频繁,客观上推动了一些著名跨海通道的建设。与内陆桥梁相比,跨海大桥所处的环境更加恶劣:海洋环境的腐蚀性对桥梁结构的耐久性构成了严重威胁;交通的不便增加了施工难度;复杂的水文环境加剧了冲刷;超强台风等恶劣风场环境增加了设计难度。即便如此,我国在数十年的技术沉淀中,积累了丰富的跨海大桥设计与建设经验,建成了以港珠澳大桥、杭州湾跨海大桥为代表的著名桥梁,攻克了跨海大桥建设中的许多世界性难题。表1-11列举了跨径世界排名前十的跨海桥梁工程。

世界跨海桥梁排名　　　　　　　　　　　表1-11

序号	桥　　名	全长(km)	所在国家	建成时间
1	港珠澳大桥	50	中国	2018年
2	美国庞恰特雷恩湖桥	38.35	美国	1969年
3	杭州湾跨海大桥	35.7	中国	2008年
4	胶州湾大桥	31.6	中国	1998年
5	东海大桥	32.5	中国	2020年
6	大连湾跨海工程	27	中国	在建
7	King Fahd Causeway	25	巴林	1986年
8	舟山大陆连岛工程	25	中国	2009年
9	深中通道工程	24	中国	2016年
10	Chesapeake桥	19.7	美国	1964年

1.5　大跨径桥梁的发展趋势

1.5.1　高性能材料

材料一直是限制大跨径桥梁发展的关键因素，现有桥梁普遍采用强度等级C30～C50的混凝土材料与HRB335、HRB400等强度等级的普通钢筋，混凝土桥梁在施工与使用过程中经常会产生裂缝，影响结构耐久性与安全性。C60、C70混凝土已逐步应用在混凝土桥梁的建设中，HRB500级钢筋也开始应用于预应力混凝土结构。抗拉强度1860MPa的预应力钢绞线已广泛应用于各类预应力混凝土桥梁中，极大地改善了混凝土桥梁结构的耐久性。

早期钢桥中常用的钢材强度等级往往不超过Q345，在超载、疲劳荷载等因素下已不能完全满足大跨径桥梁承载能力与耐久性的要求，四川波司登大桥、四川合江长江公路大桥、广西平南三桥、五峰山长江大桥等新建大跨径桥梁都采用了Q370或Q420级钢材，沪苏通长江公铁大桥使用了最新研发的500MPa级钢材。缆索承重体系桥梁采用的高强平行钢丝通常采用1770MPa与1860MPa两种强度等级，虎门二桥、张皋长江大桥等采用了1960MPa级高强钢丝，沪苏通长江公铁大桥、芜湖长江公铁大桥等采用了2000MPa级高强钢丝，高强材料的应用使得桥梁跨越能力、承载能力得到了进一步提升。

超高性能混凝土(UHPC)采用了纤维增强材料与特殊配合比，抗压强度标准值可达180MPa，抗拉强度可达15MPa，具有强度高、耐久性好等优点。UHPC特别适合用于大跨径桥梁、抗爆结构、薄壁结构，尤其是在高磨蚀、高腐蚀环境中。UHPC具有可调配性强的优点,现已发展出了高耐磨 UHPC、真空振动挤压成形 UHPC、自密实性 UHPC、轻型组合桥面专用 UHPC 等多种类型。作为一种新型桥面铺装材料,UHPC 已应用于荆州长江大桥、南京长江五桥等,使用 UHPC 桥面板,与正交异性钢板形成组合结构,可改善钢桥面板受力状况。UHPC 在桥梁维修与加固领域也有较多应用。将 UHPC 与高强钢材组合,形成超高强钢管混凝土结构(UCFST)。UCFST 具有截面尺寸小、自重轻、材料用量少的特点,已经应用于超大跨径桥梁等结构中,应用前景广阔(图 1-6)。

纤维增强复合材料(FRP)是一种新型的复合材料,具有质量轻、强度高、耐腐蚀性能好等优点。常见的纤维增强复合材料分为玻璃纤维增强复合材料(GFRP)、碳纤维增强复合材料(CFRP)以及玄武岩纤维增强复合材料(BFRP)等。FRP 按其产品形式可分为型材、片材和棒材等。FRP 型材格栅可在适宜场合下替代钢筋网片用作桥面板的增强筋网片,能够提升结构的抗腐蚀性能、降低自重。FRP 片材广泛应用于现有混凝土桥梁的加固,例如在墩柱周围横向包裹,可以大幅提升墩柱的受压性能;沿梁底纵向粘贴,可以提高抗弯承载力;沿 T 梁、箱梁腹板竖向粘贴,可以提高抗剪承载力。FRP 棒材及索材由于其质量轻、抗拉强度高、耐久性好等优点,已作为斜拉桥斜拉索、拱桥吊杆等在大跨径桥梁中得到了探索性的应用(图 1-7)。

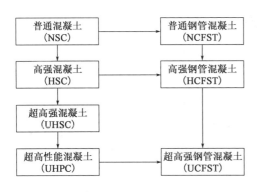

图 1-6 混凝土与钢管混凝土强度等级

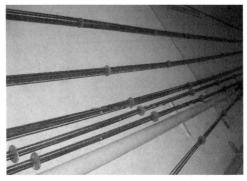

图 1-7 FRP 斜拉索

1.5.2 施工设备

大型施工设备是大跨径桥梁施工的关键,我国自主研发的 KTY5000 型旋转钻机额定最大钻径为 5.0m,最大钻深可达 180m,专为大直径基础钻孔桩施工而研制;再如旋挖钻机(图 1-8),利用钻杆和钻头的旋转使得土屑进入钻头,装满钻头后,提升钻头出土,通过钻头的旋挖、削土、提升和出土,多次反复成孔,我国研发的 SR630RC8 型旋挖钻机最大钻孔直径 4.5m,最大钻深 140m,最大输出转矩为 630kN·m,整台设备高度近 35m,质量超 200t,保证了钻机高稳定、高效率运行,能够实现超强入岩、超大直径、超大钻深的施工,能够满足对"超大、超深、超难"桩基础施工的需求。

在大跨度桥梁的吊装设备方面,我国研发了 1800t 架梁悬臂式起重机,由机架结构、走行系统、顶升系统、卷扬机、起升系统、吊点纵移系统、电气液压系统、走道栏杆组成,起升高度可达75m,已用于沪苏通长江公铁大桥(沪通大桥)钢桁梁节段架设施工(图1-9),能够起吊安装大节段钢梁、钢桁梁,有效提高架梁效率。整孔钢梁架设技术往往需要大型浮式起重机,排水量高达3600t的海鸥号完成了平潭海峡公铁大桥钢桁梁整孔吊装,节段最大吊重达3430t;中国中铁大桥局成功研发的"天一号"架梁船(图1-10),总长93.4m,型宽40m,型深7m,最大起吊质量为3600t,最大起重高度60m,是海上架梁施工专用起重船,集取梁、运梁和架梁功能于一体,在跨海大桥的修建中扮演着重要角色。

a) 旋挖钻机

b) 钻孔施工中

图1-8 旋挖钻机及其钻孔施工

a) 1800t架梁悬臂式起重机

b) 沪通大桥钢桁梁节段吊装

图1-9 1800t架梁悬臂式起重机及沪通大桥钢桁梁节段吊装

a) "天一号"架梁船

b) 港珠澳大桥钢箱梁整跨吊装

图1-10 "天一号"架梁船及港珠澳大桥整跨吊装

1.5.3 管理信息化

桥梁施工项目管理是一个动态的过程,其中涉及的结构构件极多,工序也非常复杂。建筑信息建模/管理(Building Information Modeling/Management,BIM)可实现从项目论证,到设计、施工、运营维护,直至最终拆除的全生命周期数据库。在桥梁施工中引入 BIM 技术可以通过建立施工各阶段的控制模型,达到施工的精细化管理的目的,更形象直观地展示出在某个时期桥梁应该完成哪些部位的施工(图 1-11)。BIM 的优势在于可视化、提升设计质量、合理配置材料使用和控制成本,为进行项目全生命周期管理提供条件,实现绿色节能、优化施工过程。

图 1-11　装配式盖梁节段钢筋 BIM 建模

1.5.4 智能建造

传统桥梁施工方式管理难度大,执行效率较低,不利于桥梁施工质量控制。在偏远地区,桥梁施工环境艰苦,难以规范施工流程与工序;在城市桥梁建设中,现场周围的交通导改难度高,材料进出场天窗期短,露天施工的噪声污染与环境污染延缓了施工进度。为了解决此类问题,近年来建设单位探索了信息化工地、智慧工地等新的管理方法,配合大吨位结构预制、装配式桥梁技术与现代化施工机械,形成了"智慧梁场""智能装备"等新模式。搭建专用"智慧"平台(图 1-12),可将建设单位、设备、技术人员、操作人员等进行整合,使各部门、各要素有条不紊地运行,实现管理的高效化、便捷化和智能化。此外,智能化施工装备、巨型化施工装备、适应性更强的施工装备也在不断涌现;绿色环保施工、装配化施工、快速化施工、智能监测与管养技术将会不断更新,以及多行业的加速融合,正推动我国桥梁技术的不断进步。

作为典型案例,在杭绍甬智慧高速公路建设中,将人工智能、物联网、卫星导航定位等技术运用到场站内的机械设备,进行智能化改造,实现数据上"云",进一步提升生产效率,推进项目"机器换人、智能减人"(图 1-13);利用物联网设备,材料数据实时远程测量、采集、对比;利用远程智能监管系统,实现施工现场的实时监测、管控;利用超视野监控系统,监督、辅助大型设备规范施工作业;利用区块链、云存储系统,实现工程资料的上传、保存、分发。在此基础上,杭绍甬智慧高速公路引入"互联网+"的概念,整合升级,构建了智慧控制中心、智慧拌和系统、智慧梁场管理系统、智慧试验室等系统平台。

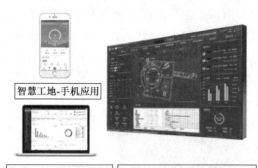

图1-12 智慧工地系统示例　　图1-13 杭绍甬智慧高速公路采用的机器人

近年来,3D打印成为一种新型的快速成型技术,其以数字模型文件为基础,运用粉末状金属或塑料等可黏合材料,通过逐层打印喷出增加材料,来生成3D实体构造物。3D打印桥梁也将成为桥梁建造的一种新方式:将3D打印技术与商品混凝土相结合,利用计算机3D建模,将配制好的混凝土拌和物,按照设定好的程序、机械控制,通过喷出装置挤出打印,形成混凝土构件。成型过程无需支撑、无需模板,具有自密实无需振捣的特点,尤其利于制作繁杂构件。世界各国都极力争取在3D打印桥梁领域取得进展,我国也在3D打印桥梁技术研发和应用领域取得一定成绩,典型的探索应用包括装配式混凝土3D打印赵州桥(图1-14),该桥在建造过程中应用了BIM虚拟仿真技术、特种水泥基纤维增韧复合材料等,充分实现了设计新型化、施工虚拟化、装配模块化的智能建造。采用3D打印建造桥梁能够缩短桥梁建造周期,提高材料利用率,尤其对于复杂桥梁的建造,3D打印能够更好地实现桥梁的细节特征。目前,3D打印建造桥梁技术尚处于发展阶段,期望能在未来桥梁工程建设的装配化和智能化方面发挥重要作用。

图1-14 装配式混凝土3D打印赵州桥

1.6 小结

桥梁结构体系是功能、外形及其受力形态的统一,不同的桥型有着其独特的外形、受力特点及适用环境,同时,也相应有着不同的跨越能力,梁桥的核心承重构件为以受弯为主的主梁,拱桥的核心承重构件为以受压为主的拱肋,斜拉桥的核心承重构件为以受拉为主的斜拉索,悬索桥的核心承重构件为以受拉为主的主缆。在具体选择桥型时,需综合考虑环境、社会、工艺、成本等多种复杂因素。

我国桥梁建设经过学习和追赶、跟踪和提高、创新和超越三个阶段。自21世纪以来,我国桥梁建设能力及技术创新能力在解决各种桥梁建设难题的过程中突飞猛进,创新发展了高速铁路缆索承重桥梁、多塔悬索桥、分体式钢箱梁、钢箱拱肋、钢-混凝土组合梁桥等桥梁结构形式,在桥梁重大技术装备的研发方面也取得了显著成绩。我国桥梁建设水平已从追赶、提高超越到领跑世界。

目前,我国的桥梁建设规模位居世界第一,苏通大桥、北盘江大桥、港珠澳大桥、沪通大桥等一大批世界级桥梁的建成,更是我国桥梁建设者的骄傲。各种主要类型桥梁的最大跨径都出现在我国,我国桥梁占据每种桥型跨径排行榜前十位的一半以上,这是中国改革开放巨大成就和综合国力的体现,也是我国桥梁建设者不忘初心、牢记使命、开拓创新、不懈奋斗的结果,桥梁建设已然成为我国一张闪亮的国家名片。

1. 桥梁结构从受力上分为哪几类?各桥型的核心受力构件是什么?
2. 梁桥、拱桥、斜拉桥和悬索桥的一般传力路径是什么?分别对其进行比较分析。
3. 我国桥梁的发展经历了哪几个阶段?
4. 桥梁的建设发展历程对工程技术的创新发展具有什么启示?
5. 桥梁施工与桥梁设计之间有何联系?
6. 未来桥梁工程发展面临的挑战有哪些?
7. 新材料的开发及材料性能的提升对桥梁施工技术的发展具有怎样的影响?
8. 我国在拱桥施工技术方面做出了哪些创新?
9. 在我国悬索桥发展历程中,有哪些典型的突破性发展?
10. 在我国跨海工程中,重点建设了哪些桥梁?对未来跨海工程建设有哪些借鉴?

11. BIM 技术与桥梁施工之间的关系是怎样的？
12. 计算机技术对桥梁施工技术的发展具有怎样的促进作用？
13. 智能建造技术在桥梁工程建设中是如何应用的？前景如何？
14. 桥梁施工技术的发展有哪些影响因素？
15. 我国现代桥梁建设取得了哪些成就和进步？

第 2 章
桥梁通用施工技术

2.1 概述

钢筋混凝土结构和预应力混凝土结构是桥梁工程的主要结构形式,桥梁通用施工技术以钢筋混凝土结构和预应力混凝土结构为主要背景,介绍桥梁施工常常采用的一般通用性施工技术,主要包括支架、模板、钢筋、混凝土、预应力及预制装配施工等,着重介绍相关材料、构造、装备及施工技术要点。

2.2 支架施工

支架是桥梁工程施工中用于支撑模板、结构构件或其他施工荷载的辅助杆件结构。本节将简要阐述桥梁工程施工中支架的分类、支架搭设与拆除施工等内容,并紧密结合各类支架在桥梁施工中的实际运用,介绍不同支架具体施工方式,具有较好的针对性和可操作性。

2.2.1 支架分类

支架的构造形式应根据材料类别、所支承的结构及其荷载、地形及环境条件以及地基情况等因素综合确定。

(1) 支架按构造分类有立柱式、梁式和梁-立柱式三类。立柱式支架通常由排架和纵梁等构件组成；梁式支架根据跨径不同可采用工字钢、钢板梁或钢桁梁，跨径小于10m一般采用工字钢，跨径小于20m可采用钢板梁，钢桁梁则适用于跨径大于20m的情况；梁-立柱式支架适用于桥梁较高、跨径较大或必须在支架下设孔通航或排洪的情况，如图2-1所示。

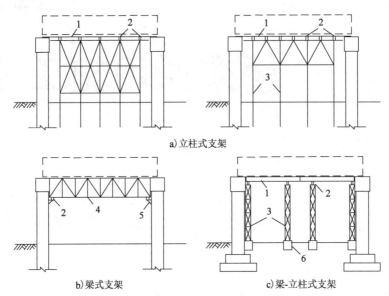

图2-1 常用的支架构造
1-纵梁；2-卸落设备；3-立柱；4-钢梁及支架；5-托架；6-混凝土基础

(2) 支架按结构形式分类有钢管支架、贝雷梁支架和组合式支架等。其中，钢管支架又可细分为扣件式钢管支架、盘扣式钢管支架和碗扣式钢管支架等，而组合式支架则可由钢管支架和贝雷梁支架等组合搭配形成。

扣件式钢管支架由于具有成本低、易拆装等特点，广泛应用于常规梁板式结构的搭设（图2-2）。扣件式钢管支架由钢管和扣件等构成，钢管是扣件式钢管支架的重要组成部分，主要由纵向水平杆、横向水平杆、立杆、剪刀撑等多个部分组成。在这些组成部分中，主要的受力构件有小横杆、大横杆和中立杆等，而剪刀撑等是重要的结构稳定性部件；扣件是钢管与钢管之间的连接件，其形式有三种，即直角扣件、旋转扣件、对接扣件。扣件式钢管支架的支撑方式十分灵活，通常采取对接相扣。

盘扣式钢管支架由立杆、水平杆、斜杆、盘扣接头、可调托座等组成（图2-3）。其基本构造和搭设要求与扣件式钢管支架类似，不同之处主要在于盘扣接头、斜杆、立杆套接。盘扣接头是按500mm间距焊接于立杆上连接圆盘，连接圆盘水平对称布置大小8个插销孔，支架立杆连接方式分为外套筒连接和内连接棒连接两种。支架水平杆和斜杆采用杆端扣接方式，接头卡连接圆盘，楔形插销锁紧，形成几何不变体系。盘扣式钢管支架具有杆件整齐、搭建效率高、材料用料省、承载力和稳定性好、使用寿命长等优点。

a) 整体搭设　　　　　　　　　　　b) 局部搭接

图 2-2　扣件式钢管支架

a) 整体搭设　　　　　　　　　　　b) 局部搭接

图 2-3　盘扣式钢管支架

碗扣式钢管支架是一种承插式钢管脚手架,由立杆、横杆、横杆接头、上碗扣、下碗扣和上碗扣限位销构成。碗扣节点构成如图 2-4 所示,其采用带齿的碗扣接头,即在钢管立杆和顶杆上,间隔设置下碗扣及限位销,上碗扣则对应套在立杆上并可沿立杆上下滑动。安装时将上碗扣的缺口对准限位销后,即可将上碗扣抬起沿立杆向上滑动,将横杆接头插入下碗扣圆槽内,随后将上碗扣沿限位销滑下并沿顺时针方向旋转即可扣紧横杆接头,与立杆牢固地连接在一起,形成支架结构。每个下碗扣内可同时安装 4 个横杆接头,其位置任意。碗扣式钢管支架安装无需螺栓,接头稳定,承载力高,拼拆快捷,省时省力。

综合以上,钢管支架的基本构件如下:

(1) 横杆:用于连接立杆的横向连接杆件;

(2) 斜杆:用于增强支架的稳定性而设置的系列斜向杆件;

(3) 立杆:为垂直竖向杆件,是支架的主要受力构件,承担垂直方向的力;

(4) 顶杆:是顶部的立杆,与立杆组合构成任意高度的支撑架;

(5) 底座:安装在立杆底部将上部荷载分散传递给地基基础的构件。

a) 整体搭设　　　　　　　　　　　　b) 局部搭接

图 2-4　碗扣式钢管支架

贝雷梁支架(图 2-5)由多组贝雷片按照计算确定的间距铺设,中间分组的贝雷片每组可由 2 片贝雷片与支撑架拼装而成。由于翼板较轻,一般最外侧的贝雷片由单片贝雷片支撑。为了加强贝雷桁架的整体稳定性,从中间一组贝雷片分别往两边,可采用每 3m 一道角钢将贝雷片连成整体。贝雷片则由上、下弦杆,竖杆及斜杆焊接而成,上、下弦杆的端部有阴阳接头,接头上有连接销孔。弦杆由两根槽钢(背靠背)组合而成,在下弦杆上焊有多块带圆孔的钢板,在上、下弦杆上有用于加强弦杆和双层桁架连接的螺栓孔,在上弦杆内还有供连接支撑架用的四个螺栓孔,其中间的两个孔是供双排或多排桁架同节间连接用的;靠两端的两个孔用于跨节间连接;多排贝雷片作梁或柱使用时,必须用支撑架加固上下两节贝雷片的接合部。贝雷片具有结构简单、运输方便、架设快捷、载重量大、互换性好、适应性强的特点。

a) 整体拼装　　　　　　　　　　　　b) 贝雷片

图 2-5　贝雷梁支架

2.2.2　支架搭设

支架搭设步骤:搭设场地处理→支架搭设→支架预压→安装模板、浇筑混凝土。支架应根据施工设计图制作和搭设,搭设结束后经预压、监测符合相关规范要求后,方可进行模板安装。

1）搭设场地处理

支架须安装在有足够承载力的地基上,保证在荷载作用下不发生超过容许的沉降量。支架施工前,需对施工现场进行场地平整、加固处理。对软弱地基,应采用碎石换填或混凝土基础,确保地基承载力达到上部荷载的要求,防止支架发生不均匀沉降,同时做好底面排水处理。

2）支架搭设及要求

支架必须有足够的强度、刚度和稳定性。支架搭设前应当按照支架设计要求放样,准确定位支架搭设的位置。支架搭设的形式应与设计方案一致,包括支架形式、纵横向间距和步距等。从底部向顶部依次安装立杆、横杆,逐层自下而上安装,完成后根据整体稳定性考虑设置剪刀撑。

3）支架预压及监测

支架预压的目的是检查支架的安全性,验证支架受力计算的可靠性,确保支架能安全使用,同时消除地基和支架的非弹性变形,有效控制支架支撑的结构在施工中的变形,并检验预拱度设置的合理性。典型支架预压如图2-6所示。

a）提吊加载物体

b）支架加载

图2-6 支架预压

支架预压采用均布加载,使用起重机起吊预压袋置于铺设底模的支架上,人工辅助进行加载,采用分跨进行预压,形成流水作业。预压荷载应基本对称堆放、分层安装,按混凝土浇筑顺序、速度自两端向中间推进;当纵向加载时,宜从跨中向支点进行对称布载;当横向加载时,应从中心线向两侧对称布载。

支架搭设过程中的监测内容包括:

（1）地基监测

预压荷载施加之前,测量记录原地面的初始高程;全部预压荷载施加完毕后,记录各测点的高程;当地基预压符合验收规定时,认为地基沉降达到稳定要求,可以进行卸载;卸载6h后观测各测点高程,计算前后两次沉降差,即地基回弹量。

（2）支架监测

在支架搭设完成之后，预压荷载施加之前，测量记录支架顶部和底部测点的原始高程；每级荷载施加完成之后，记录各测点的高程，计算前后两次沉降差；全部荷载施加完毕后，记录各测点高程。

当支架预压符合验收规定时，可进行支架卸载。卸载6h后观测各测点高程，计算前后两次沉降差，即弹性变形；加载前与卸载后的高程差值，即非弹性变形。支架卸载要求：一是保证从桥梁跨中开始向两端卸载的顺序；二是保证向两端卸载时，要同步进行；三是确保工作协调性，防止一端卸载过速造成支架受力不均。

2.2.3 支架拆除

支架的拆除时间和拆除程序应根据结构物的特点确定，如上部为混凝土浇筑，待混凝土所应达到的强度满足相应的施工图设计和规范要求，确保结构能够承受其自重荷载及其他可能的叠加荷载时，方可拆除。对于满堂支架而言，拆除顺序为：先拆除跨中处支架，再拆除桥墩附近支架，由跨中向两端桥墩方向推进；为保证拆除过程中支架的稳定性，每层满堂支架水平拆除自上而下推进。

支架拆除应注意：支架拆除时必须画出安全区，设置警戒标志，派专人看管；拆除前应清理支架上的器具及多余的材料和杂物；拆除作业应从顶层开始，逐层向下进行，严禁上下层同时拆除；拆除的构配件应成捆用起重设备吊运或人工传递到地面，严禁抛掷；拆除的构配件应分类堆放，以便于运输、维护和保管。

2.2.4 支架应用

支架在实际应用时可以搭设为满堂支架、贝雷梁体系、附着式支架等不同形式。

满堂支架是目前现浇桥梁施工中一种最常用的施工支架形式（图2-7），其按一定间隔密布搭设，在纵、横方向由不少于三排立杆与水平杆、水平剪刀撑、竖向剪刀撑、扣件等构成。该架体顶部作业层施工荷载通过水平杆传递给立杆，顶部立杆呈偏心受压状态，一般适用于高度低于20m的桥梁上部结构施工，特别适用于多跨现浇梁施工。

贝雷梁体系是一种可拼接组装的钢桁架结构（图2-8），其组成部分从上到下分别是侧模和支撑、方木和底模、横梁、贝雷梁、落模砂箱、分配梁、钢管立柱等。钢管立柱的主要功能是把施工荷载、支架荷载以及结构自重等传递至基础；在钢管的立柱顶层安放的砂箱为拆除支架以及模板提供便利；在立柱的顶端和贝雷梁之间设置分配梁，主要用于分配荷载。贝雷梁体系结构简单，构件少，重量轻，易于组装、架设、拆解。

另外，一种新型附着式支架在盖梁、连续梁桥0号块浇筑中广为使用，其主要特点是借助于桥墩立柱等既有结构构件作为竖向支撑结构承担施工荷载作用（图2-9）。抱箍式盖梁支架借助设置于桥墩四周的钢抱箍支撑荷载作用，可以是多个桥墩共同支撑支架形式[图2-9a)],也可以为单个桥墩悬挑支撑的形式[图2-9b)],其避免了桥墩盖梁施工支架的满堂、高空搭设的困难,具有简便性。

图2-7 满堂支架

图2-8 贝雷梁体系

对于连续梁桥等悬臂施工桥梁来说,在0号块施工中,三角形钢托架[图2-9c)]成为许多桥梁0号块施工的首选方案,其利用桥墩预埋件连接支撑三角形钢托架,三角形钢托架现场组装,可通过对称拉杆锚固于桥墩侧面,具有构件少、成本低、施工便捷、受地形影响小等优势。

a) 抱箍式盖梁支架一

b) 抱箍式盖梁支架二

c) 三角形钢托架

图2-9 附着式支架

2.3 模板施工

桥梁施工中模板的作用是保证混凝土的成型与表面应有的平整度和光洁度,抵抗或承受混凝土浇筑时的压力或自重,并对混凝土起一定的养护保养作用。现浇混凝土结构施工所用模板工程的造价,约占混凝土结构工程总造价的三分之一,总用工量的二分之一。因此,采用先进的模板技术,对于提高工程质量、加快施工速度、提高劳动生产率、降低工程成本和实现文明施工,都具有十分重要的意义。

2.3.1 模板分类

模板按材料分类有钢模板、竹/木模板、钢竹/木组合模板和铝合金模板等。

1)钢模板

钢模板是一种工具式的定型模板(图2-10),由具有一定模数的若干类型的槽板、角模、支撑和连接件等组成,可拼出多种尺寸和几何形状,适用于体积较大的桥梁墩柱或梁体混凝土浇筑。相关制作方式和要求可参考现行《组合钢模板技术规范》(GB/T 50214),其中,作为钢模面板的材料,其面部表面必须平整光滑、无损伤变形、整面板料厚度符合设计要求;钢模板加工过程对于面板折角处的处理必须优先选用在折弯机上折弯,圆角半径无要求时取钢板厚度的1.5倍为折弯半径值。钢模板背面设置主肋和次肋作为其支承系统,主肋和次肋的布置应考虑模板的荷载和刚度要求;次肋的配置方向应与模板的长度方向相垂直,应能直接承受模板传递的荷载,其间距应按荷载数值和模板的力学性能计算确定;主肋传递次肋传来的荷载,且应能起到加强模板结构的整体刚度和调整平直度的作用,支架或支撑的着力点应设置在主肋上。对于在墩柱、梁、板的转角处使用的模板及各种模板面的交接部分,应采用连接简便、结构牢固、易于拆除的专用模板。钢模板的承载力高、刚度大、可循环利用,使用钢模板浇筑的混凝土结构表面平整光滑,不易跑模漏浆,但其造价高、自重大、灵活性较差。

2)竹/木模板

相对于钢模板造价高、投入大,竹/木模板成本低、投入小、搭设灵活、周转速度快,在桥梁工程中应用也十分广泛。木模板一般为杨木、桉木等速生木材胶合而形成的胶合板[图2-11a)],其由多层木材单板通过酚醛树脂胶等施压固化成型,表面平整,尺寸规格化,根据搭设需求,木模板有不同的产品厚度,相对于钢模板,其承载力和刚度低,但其质量轻,无需大型吊装设备,配合方木等加劲构造使用,十分灵活便利。

a)箱梁模板

b)墩柱模板

图 2-10　钢模板

相对于短缺的木材资源,我国竹材资源丰富,且竹材成材快,力学性能优异。竹材通过高温软化和展平形成竹片,编制成帘,烘干、浸胶,分层铺装组坯,高温高压胶合成型,加工形成一定尺寸规格的竹模板[图 2-11b)]。竹模板具有吸水率低、耐磨损、承载力高等特点,其造价略高于木模板。

a)木模板

b)竹模板

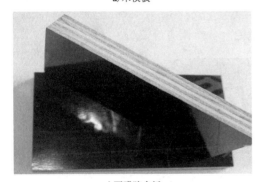
c)覆膜胶合板

d)木制圆形模板

图 2-11　竹/木模板

为了进一步提升竹/木模板的使用性能,近年来又开发了一些单面或双面覆膜的竹/木模板。在传统竹/木模板的基础上,在其表面加工覆盖材料性能更好的薄膜层形成覆膜竹/木模板[图 2-11c)],以提高其表面的美观度、光洁度等,并提高耐磨性、耐水性、耐热性和耐腐蚀性,提高其周转使用率。竹/木模板也能够制作为圆形等曲面形式[图 2-11d)]。竹模板和木模板在施工过程中,钉、锯、钻孔都十分便利,模板搭设相对于钢模板省工省时。

3)钢竹/木组合模板

结合钢材承载力高、刚度大和竹/木价格低、质量轻、加工容易的优点,采用型钢做边框和龙骨并镶嵌固定竹/木模板形成整拼式钢竹/木组合模板(图 2-12)。制作钢竹/木组合模板时,钢与竹/木之间的接触面贴紧,钢结构边框及骨架刚度大,提供模板较高的强度、刚度和稳定性,确保不跑模,面板采用竹/木胶合板,模板表面平整度好,组拼后的模板转角方正、组合严密、尺寸准确、不漏浆,很好地综合了传统钢模和散拼竹/木模板的各自优点,具有较好的综合性能,以较低的成本保障了混凝土的成型质量。

图 2-12 钢竹/木组合模板

4)铝合金模板

铝合金模板是指按模数制作的由铝合金面板、支架和连接件三部分系统组成的完整的配套使用的模板(图 2-13),其具有质量轻、混凝土浇筑成型效果好、施工效率高、建筑周期短、环保节能和重复利用率高等特点,但是铝合金模板造价较高。

a)堆放

b)箱梁铝模

图 2-13 铝合金模板

模板按搭设位置不同分类,有内模、外模和端模等(图2-14)。

a) 内模

b) 外模

c) 端模

图2-14 按搭设位置分类的典型模板

1) 内模

内模指搭设于梁体、桥墩等结构内部以形成结构空腔的部分模板。以典型的预制箱梁内模为例,一般由顶板、上角模和下角模组成,各模板之间采用螺栓连接,由可调撑杆支撑。为了实现装拆的方便,整个内模系统可固定于滑梁上,通过液压系统完成竖直方向伸缩及横向的开启和闭合,并可通过专用台车整体移动。

2) 外模

外模是搭设于梁体、桥墩等截面四周外部以形成混凝土浇筑的外侧模板。对于预制箱梁梁体外模,由底模和侧模组成,侧模的面板采用厚钢板制作,在面板背后设置型钢作为支撑与桁架支撑相连,侧模与底模间的垂直高度可通过外模支撑的底部千斤顶调节,外模的翼模部分与外模桁架之间可采用调节螺杆支撑,用于调整模板平直度及线形。外模、桁架支撑等与底模一对一的配置,联接方式简单可靠。

3) 端模

端模指搭设于梁体的端部并与侧模相连接的端部模板。端模应使用刚性模板,安装端模时,应注意将端部预留孔道、孔洞等四周缝隙采用泡沫胶或胶带密封,防止进浆。

2.3.2 模板安装

模板安装应满足下列要求:

(1)模板不仅要构造简单,便于钢筋的绑扎和安装,还需具有足够的承载能力、刚度和稳定性,能可靠地承受浇筑混凝土的重量、侧压力及施工荷载;

(2)模板应按照设计要求准确就位,模板的拼(接)缝应严密,不得漏浆;在浇筑混凝土前,竹/木模板应浇水湿润,但模板内不应有积水,模板内的杂物应清理干净;

(3)模板与混凝土的接触面应清理干净并涂刷隔离剂,但不得采用影响结构性能或妨碍装饰工程施工的隔离剂;对清水混凝土工程及装饰混凝土工程,应使用能达到设计效果的模板;

(4)梁、板等结构的底模板宜根据需要设置预拱度;桥墩处的模板应沿墩身周边方向始终保持顺向搭接;安装侧模时,支撑应牢固,应防止模板在浇筑混凝土时产生移位,安装过程中必须设置防倾覆的临时固定设施。

固定在模板上的预埋件、预留孔和预留洞均不得遗漏,且应安装牢固,其偏差应符合《混凝土结构工程施工质量验收规范》(GB 50204)中的规定,见表2-1。

预埋件和预留孔洞的允许偏差 表2-1

项 目		允许偏差(mm)
预埋钢板中心线位置		3
预埋管、预留孔中心线位置		3
插筋	中心线位置	5
	外露长度	+10,0
预埋螺栓	中心线位置	2
	外露长度	+10,0
预留洞	中心线位置	10
	尺寸	+10,0

注:检查中心线位置时,应沿纵、横两个方向量测,并取其中的较大值。

2.3.3 模板拆除

模板拆除顺序与搭设顺序相反,遵循先支后拆、后支先拆、自上而下的原则,卸落应对称、均匀和有序地进行。在拆模时应精心操作,不允许用硬撬、猛烈敲打和强扭等方法进行,以免碰损混凝土表面,影响外观质量。

对于桥梁工程不同部位的模板拆除:侧模板在强度能保证其表面及棱角不致因拆模而受损坏时即可拆除,对于后张法预应力混凝土结构构件,侧模宜在预应力张拉前拆除;芯模和预留孔道的内模,应在混凝土强度能保证其表面不发生塌陷或裂缝现象时,方可拆除。承重模板应在混凝土强度能承受其自身重力及其他可能的叠加荷载时,方可拆除;拆除梁、板等结构的承重模板时,在横向应同时、在纵向应对称均衡卸落。对承重模板、拱架模板等拆除,如设计上另有规定,应按照设计规定执行。

简支梁、连续梁结构的模板宜从跨中向支座方向依次循环卸落,悬臂梁结构的模板宜从悬臂端开始顺序卸落。

2.3.4 模板应用

模板在实际桥梁工程中的典型应用有桥梁墩台、盖梁及各种形式的加劲梁等。

1) 桥梁墩台模板

同一工程相同截面尺寸规格且数量较多的桥梁墩柱宜采用定型钢模板(图2-15),薄壁墩台、肋板桥台及重力式桥台视情况可使用木模、钢模和钢木组合模板。墩柱钢模板安装前应进行试拼装,合格后安装;墩台圆弧或拐角处,应设计制作异形模板。常用截面形式包括矩形、圆端形及圆形等。

a) 矩形

b) 圆端形

c) 圆形

图 2-15 桥墩模板

2) 盖梁模板

盖梁模板主要由面板、纵横肋、支撑结构等组成(图2-16),面板是直接接触新浇混凝土的承力板,面板外侧间隔设置纵横肋;支撑结构则是支承面板、混凝土和施工荷载的临时结构,保证模板结构牢固地组合,做到不变形、不破坏,支撑结构将荷载传递至桥墩或支架。

图 2-16　盖梁模板

3)加劲梁模板

(1)空心板梁模板

空心板梁模板由外模、端模和内模组成。外模一般采用定型大块钢木组合模板,型钢作为外支撑,端模可采用整体式定型钢模板,内模可以采用橡胶气囊芯模、整体泡沫芯模、木模拼装芯模、整体抽拉式钢芯模等形式(图 2-17)。橡胶气囊芯模拆除方便,节省存放空间,但受所充气压大小、自身材料厚度、气囊固定筋的间距等因素影响较大。泡沫芯模具有重量轻、便于加工、操作简单和减少工序等显著优势。采用木模拼装芯模时,木模与混凝土接触面侧包上薄膜,由于混凝土水化热作用,薄膜受热变形,混凝土挤压模板,拆模困难,工人劳动强度大,施工成本高。钢芯模强度及刚度高,施工时不易上浮和变形,采用钢芯模施工,预制空心板梁箱室平整度、倒角的规则性容易控制,但也存在拆卸困难,存放时占空间较大的弊端。对于重量较轻的芯模,例如橡胶气囊芯模和泡沫芯模,为防止在混凝土浇筑过程中芯模上浮和偏位,应采取有效措施加以固定。

(2)小箱梁模板

小箱梁模板由外模、内模、端模和翼缘模板等部分组成(图 2-18)。箱梁外模应采用定型钢模、钢架或竹胶板,数量较少的异形小箱梁可采用竹胶板。内模宜采用钢模、钢木组合模等,且应定位准确、牢固,不得有错位、上浮和涨模等现象;当内模采用定型钢模时,结构可设计为拆装式或抽拉式,一般可为 4m 一节,拆装快速方便,同时满足刚度和强度的要求;端模可采用 8mm 厚钢板,为了拆装方便,可分为四部分(底板、两腹板、顶板)制作组拼成型,制作时要保证锚垫板的位置准确,拼装时要注意角度和坐标(锚垫板的中心)正确;翼缘部分因有许多外露钢筋,模板较难设计,钢板可在外露钢筋处做成凹槽。

a) 橡胶气囊芯模

b) 泡沫芯模

c) 钢芯模

图 2-17 空心板梁内模

a) 外模

b) 内模

图 2-18 小箱梁模板

(3) T 梁模板

T 梁模板多采用钢模板(图 2-19),除了内部之外,其他构造类似于小箱梁模板,组成有底模、侧模、端模、水平肋、竖向肋、斜撑等部件。各部分模板应能保证梁体各部形状、尺寸及预埋件的准确位置和接缝密贴。

a) 固定式　　　　　　　　　　　　b) 活动式

图 2-19　T 梁模板

2.4　钢筋工程

钢筋工程对桥梁的承载力、运营安全起着关键性的作用。本节简要介绍钢筋分类、钢筋加工、钢筋连接,以及桥梁工程中盖梁、桩基、墩柱和梁体等部位的钢筋施工技术,并对桥梁工程中钢筋的加工、焊接及安装等施工技术要求和质量控制方法进行介绍。

2.4.1　钢筋分类

1) 按加工方式分类

钢筋混凝土结构用的普通钢筋按加工方式可分为热轧钢筋和冷加工钢筋两大类,典型钢筋外形如图 2-20 所示。

a) 光圆钢筋　　　　　　　　　　　　b) 带肋钢筋

图 2-20　典型钢筋外形

热轧钢筋是经热轧成型并自然冷却的成品钢筋,由低碳钢和普通合金钢在高温状态下压制而成,主要用于钢筋混凝土和预应力混凝土结构的配筋。热轧钢筋有热轧光圆钢筋(HPB)、热轧带肋钢筋(HRB)和余热处理钢筋(RRB);其中根据强度有 HPB300、HRB400、HRB500、HRB600 和 RRB400 等不同强度等级。

冷加工钢筋有冷轧带肋钢筋(CRB)和冷轧扭钢筋,冷轧带肋钢筋是用热轧盘条经多道冷轧减径,一道压肋并经消除内应力后形成的一种带有二面或三面月牙形的钢筋。冷轧带肋钢筋的强度级别为 550MPa、650MPa、800MPa,规格 4~9mm,在预应力混凝土构件中,是冷拔低碳钢丝的更新换代产品。冷轧扭钢筋是用低碳盘圆钢筋经专用钢筋冷轧扭机调直、冷轧、冷扭,呈连续螺旋状,具有规定截面形状和节距,冷轧扭钢筋的直径以"标志直径"表示,指原材料(母材)轧制前的公称直径,标志直径有 6.5mm、8mm、10mm、12mm、14mm 等,冷轧扭钢筋的名称代号为 LZN。冷轧扭钢筋有特殊的螺旋形,铺设安装绑扎方便,不易移动,与混凝土握裹力强。

2)按钢筋作用分类

桥梁工程使用的普通钢筋按构造作用可分为纵向受力钢筋、箍筋和构造钢筋(图 2-21)。纵向受力钢筋是指在构件的主要受力部位沿着主要受力方向(一般为纵向)提供承载力的钢筋,并满足结构强度和刚度的要求。箍筋为垂直于构件轴线方向联结纵向受力主筋形成钢筋骨架的钢筋,其提供抗剪承载力或横向约束作用。箍筋的种类有单肢箍筋、开口矩形箍筋、封闭矩形箍筋、菱形箍筋、多边形箍筋、井字形箍筋和圆形箍筋等。构造钢筋为按照构造需要设置的钢筋,其不承受主要的作用力,只起拉结和分布的作用。

a)纵向受力钢筋、箍筋骨架

b)箍筋

图 2-21　不同作用的钢筋

2.4.2　钢筋加工

钢筋进场时,检查进场钢筋质量证明文件和外观质量,经检查合格的钢筋才能进场堆放至钢筋加工车间内。钢筋按牌号、炉罐号、规格、检验状态分别标识存放;堆放要整齐、条理,堆放时不得直接放在地上,离地面高度不少于 20cm(图 2-22)。钢筋进场后,按批抽取试件做尺寸及重量检测,做屈服强度、抗拉强度、伸长率、冷弯试验,待检测合格后方可下料加工。

a)钢筋质检

b)钢筋尺寸核对

c)钢筋堆放

图 2-22　钢筋进场

钢筋下料前,首先对施工图中各种规格的钢筋长度、数量进行核对,无误后进行下料。根据钢筋原材料长度与图纸设计长度并结合规范要求,在满足设计、规范要求的同时,减少钢筋损耗,合理搭配钢筋,错开接头位置,确定钢筋的下料长度。钢筋全部加工成型后,运至现场绑扎或存放在半成品堆放区(图 2-23)。

a)钢筋下料

b)钢筋半成品堆存

图 2-23　钢筋半成品制作

钢筋可采用数控化机械设备在专用厂房集中加工成型,常用钢筋弯钩主要有180°、135°和90°三种弯钩。180°弯钩常用于Ⅰ级钢筋;135°弯钩常用于Ⅱ、Ⅲ级钢筋和有抗震要求的箍筋中;90°弯钩常用于墩柱立筋的下部、附加钢筋和无抗震要求的箍筋中。其形状、尺寸应符合《公路桥涵施工技术规范》(JTG/T 3650)中的规定,见表2-2。

钢 筋 弯 曲 形 式　　　　　表2-2

弯曲部位	弯曲角度	弯曲形状	钢筋种类	弯曲直径 D	平直段长度
末端弯钩	180°		HPB300	≥2.5d	≥5d
末端弯钩	135°		HRB400 HRBF400 HRB500 RRB400	≥5d	≥5d
末端弯钩	90°		HRB400 HRBF400 HRB500 RRB400	≥5d	≥10d
中间弯折	≤90°		各种钢筋	≥20d	—

注:采用环氧涂层钢筋时,除应满足表内规定外,当钢筋直径 d≤20mm 时,弯钩内直径 D 应不小于5d;当 d>20mm 时,弯钩内直径 D 应不小于6d;平直段长度应不小于5d。

钢筋加工完成后,进行验收的弯折角度、长度及各部分尺寸的允许偏差见表2-3。

钢 筋 加 工 验 收 标 准　　　　　表2-3

序号	检查项目	允许偏差	检查方法
1	弯折角度	±3°	尺量
2	受力钢筋长度方向加工后的全长	±10mm	尺量
3	弯起钢筋各部分尺寸	±20mm	尺量
4	箍筋、螺旋筋各部分尺寸	±5mm	尺量

2.4.3 钢筋连接

钢筋连接接头宜设置在受力较小处,同一根钢筋不宜设置2个以上接头,同一构件中的纵向受力钢筋接头宜相互错开。钢筋连接方式可分为绑扎搭接、焊接、机械连接,钢筋的连接宜采用焊接接头或机械连接接头,绑扎接头仅当钢筋构造复杂、施工困难时方可采用。当受拉钢筋的直径大于28mm及受压钢筋的直径大于32mm时,不宜采用绑扎搭接接头;轴心受拉及小偏心受拉杆件(如桁架和拱的拉杆)的纵向受力钢筋不得采用绑扎搭接接头;直接承受动力荷载的结构构件中,其纵向受拉钢筋不得采用绑扎搭接接头。

1)绑扎搭接

受拉钢筋绑扎接头的搭接长度,参照《公路桥涵施工技术规范》(JTG/T 3650)的规定,如表2-4所示。受压钢筋绑扎接头的搭接长度,应取受拉钢筋绑扎接头长度的0.7倍。

受拉钢筋绑扎接头的搭接长度 表2-4

钢筋类型	HPB300		HRB400、HRBF400、RRB400	HRB500
混凝土强度等级	C25	≥C30	≥C30	≥C30
搭接长度	40d	35d	45d	50d

注:d 为钢筋直径。

2)焊接

钢筋连接采用焊接接头,常用的焊接方法可分为压焊(闪光对焊、电阻点焊、气压焊)和熔焊(电渣压力焊、电弧焊),焊接接头可节约钢材、改善结构受力性能、提高工效。

(1)对焊是钢筋接触对焊的简称,具有成本低、质量好、工效高的优点,对焊工艺又分为连续闪光焊、预热闪光焊、闪光—预热—闪光焊三种。对焊所使用的焊机及具体操作作业如图2-24所示。

a)对焊焊机　　　　　　　　　　　　b)钢筋对焊

图2-24 钢筋对焊机及对焊作业

(2)电渣压力焊(简称竖焊)是利用电流通过渣池产生的电阻热将钢筋端部熔化,再施加压力使钢筋焊合。该工艺操作简单、工效高、成本低,比绑扎连接和帮条焊节约30%钢筋,但电渣压力焊仅可用于竖向钢筋的连接,不得用于水平钢筋和斜筋的连接,具体现场施工如图2-25所示。

图2-25 电渣压力焊作业

(3)电弧焊是通过电焊机(图2-26)送出低压强电流,使焊条与焊件之间产生高温电流,将焊条与焊件金属熔化,凝固后形成一条焊缝。电弧焊在现浇结构中的钢筋接长、装配式结构中的钢筋接头、钢筋与钢板的焊接中应用广泛。电弧焊的主要接头形式:帮条焊、搭接焊和坡口焊等,具体焊接方式参照《钢筋焊接及验收规程》(JGJ 18)。

a)直流电弧焊焊机　　　　b)交流电弧焊焊机

图2-26 电弧焊焊机

帮条焊宜采用双面焊,不能双面焊时方可单面焊。帮条焊时,两主筋端面的间隙为2~5mm。正式施焊前,帮条焊应在帮条和主筋之间用四点定位焊固定。施焊时,引弧应在帮条钢筋的一端开始,收弧时应在帮条钢筋端头上,具体焊接形式如图2-27所示。

搭接焊宜采用双面焊,不能双面焊时方可单面焊。搭接前,先将钢筋端部按搭接长度预弯,保证被焊的两钢筋的轴线在同一直线上,具体焊接形式如图2-28所示。

坡口焊在施焊前应检查钢筋坡口面平顺,凹凸不平度不超过1.5mm。坡口平焊时,V形坡口角度为55°~65°;立焊时,坡口角度为45°~55°,其中下钢筋为0°~10°,上钢筋为35°~45°。钢筋根部间距:平焊时为4~6mm,立焊时为3~5mm,最大间隙均不宜超过

10mm。加强焊缝的宽度应超过 V 形坡口的边缘 2~3mm,其高度也为 2~3mm,焊接形式如图 2-29 所示。

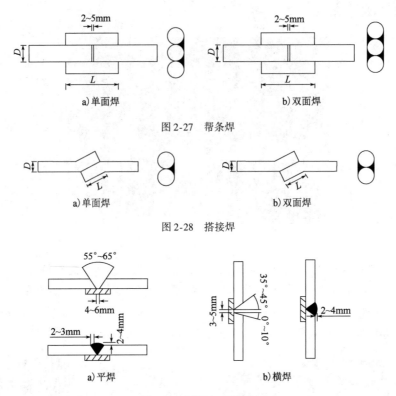

图 2-27 帮条焊

图 2-28 搭接焊

图 2-29 钢筋坡口焊接头

3)机械连接

钢筋机械连接又称为"冷连接",是继绑扎、焊接之后的第三代钢筋接头技术。机械连接具有接头强度高于钢筋母材、速度比电焊快、无污染、节省钢材等优点。

(1)套筒挤压连接

套筒挤压连接是将两根待连接钢筋插入一个特制钢套管内,采用挤压机和压模在常温下对套管加压,使两根钢筋紧固成一体(图 2-30)。该工艺操作简单、连接速度快、安全可靠、无明火作业、不污染环境,钢筋连接质量优于钢筋母材的力学性能。

(2)螺纹套筒连接

螺纹套筒连接是将两根待接钢筋的端部和套管预先加工形成螺纹,然后用手和力矩扳手将两根钢筋端部旋入套筒形成机械式钢筋接头(图 2-31)。螺纹套筒连接分锥形螺纹连接和直螺纹连接两种。锥形螺纹钢筋连接克服了套筒挤压连接技术存在的不足,但存在螺距单一的缺陷,已逐渐被直螺纹连接接头所代替。螺纹套筒连接的一般具体工艺流程:钢筋断料→剥肋滚压螺纹→丝头检验→套丝保护→连接套筒检验→现场连接→接头检验。

a) 套筒安装

b) 套筒挤压

图 2-30　套筒挤压连接

a) 接头滚压成型

b) 丝头长度检测

c) 直螺纹套筒

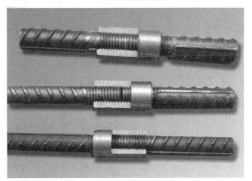
d) 连接剖面

图 2-31　螺纹套筒连接工艺

直螺纹连接的三种方法：

①镦粗螺纹连接：是把钢筋端头镦粗后制作的直螺纹和连接件螺纹咬合形成的接头再切削成型，镦头质量较难控制。

②滚压螺纹连接：是把带肋钢筋放进滚压机通过滚丝轮滚压成型，螺纹精度稍差，存在虚假螺纹现象。

③剥肋滚压螺纹连接:是先将钢筋接头纵、横肋剥切处理,使钢筋滚丝前的柱体直径达到同一尺寸,然后滚压成型。它集剥肋、滚压于一体,成型螺纹精度高,滚丝轮寿命长,是目前直螺纹套筒连接的主流技术。

2.4.4 典型构件钢筋

1) 桥梁桩基钢筋笼

桥梁桩基钢筋笼是由主筋、箍筋和加强箍通过焊接、绑扎等连接方式组合起来的整体构件,主要运用在桥梁桩基工程中。作为构成钢筋混凝土桩的一部分,钢筋笼起到骨架作用,与混凝土共同承受轴向压力、压弯作用。在材料加工区根据钢筋尺寸规格生产加工,加工机械设备主要有切断机、车丝机、弯曲机等。

(1)主筋加工

主筋作为钢筋笼的重要组成部分起着承受轴向压力和压弯的作用。根据所需规格型号尺寸截取后按既定顺序就位,首先是钢筋端部的处理,对端部弯曲或者有马蹄形切口的钢筋进行端部切除处理(图2-32),然后对钢筋进行套丝;将螺纹套筒拧在加工好的丝头上,用塑料保护帽保护没有拧套筒的一端。

a)主筋堆放

b)端部切除处理

c)主筋就位

图2-32 主筋加工

(2）箍筋加工

钢筋笼的箍筋起到防止纵向钢筋受力后压屈，固定纵筋位置，改善构件破坏的脆性，并与纵筋形成骨架、保证骨架的刚度等作用。若采用密间距的螺旋箍筋还可以起到约束核心内混凝土的作用，以提高承载力。箍筋加工时，钢筋通过弯曲机进行弯曲并焊接（图2-33），每节钢筋笼接头断面两端各2m的范围内可不布置螺旋筋，采用双面焊，搭接长度应符合设计规范要求。

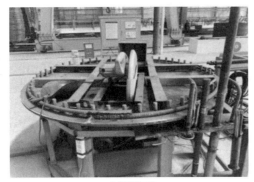 

a) 箍筋加工　　　　　　　　　　　b) 箍筋堆放

图 2-33　箍筋加工及堆放

(3）钢筋笼成型

钢筋在加工场加工成型，焊接均宜采用二氧化碳气体保护焊，在场地采用长线胎架一次焊接到位。钢筋笼成型宜采用智能化设备加工（图2-34），主筋安装完成后进行外螺旋箍筋的焊接及盘绕，将内部支撑加强箍按照图纸位置摆放并与已经安放的主筋进行焊接，整根通长的钢筋笼加工好之后，进行补焊加固。补焊部位包括：主筋和加强箍连接部位、十字加劲撑和加强箍之间等。

a) 锯切套丝生产线　　　　　　　　　b) 焊接

图　2-34

c)成型

图 2-34 钢筋笼加工

(4)声测管安装

当对桥梁的混凝土桩基进行完整性以及连贯性检验时,最常用到的方法就是超声波透射法,将其中的双孔法作为现场检测的主要方法,需要预埋声测管。钢筋笼制作完成后,进行声测管的安装,声测管管顶高程与护筒顶高程一致,声测管底高程与设计桩底高程相同;声测管的分节长度与钢筋笼的分节长度相同(图 2-35)。

图 2-35 声测管安装

(5)保护层垫块安装

混凝土保护层的质量与厚度是保证混凝土耐久性的重要前提,为混凝土结构在后期正常使用提供保障,在钢筋笼上安装混凝土保护层垫块则是控制混凝土保护层厚度的有效方法,保护层垫块一般采用高强度砂浆制作。保护层垫块有圆形混凝土垫块和梅花形垫块等(图 2-36),沿主筋方向每隔 2m 设置一道,一周均匀布置 4 块。在安装保护层垫块时,绑扎铁丝尾段不得伸入保护层内,保护层垫块不少于 4 个/m^2,以确保保护层满足规范及设计要求。在混凝土垫块的圆心处穿入圆钢,圆钢两端与相邻两根主筋之间焊接牢固,防止下放过程中掉落。

a)圆形垫块

b)梅花形垫块

c)圆形垫块安装

图 2-36　钢筋保护层垫块

2)桥梁梁体钢筋

以预制箱梁梁体钢筋施工为例,钢筋加工安装顺序:绑扎底板钢筋→绑扎腹板钢筋→预埋件安装→吊装底、腹板钢筋骨架入模→安装内模并二次调整保护层垫块→绑扎顶板钢筋。钢筋加工前必须进行调直处理,下料严格按设计要求。箱梁钢筋分2次绑扎,分别为底腹板钢筋和顶板钢筋,其中底腹板钢筋在胎膜上绑扎,安装好保护层垫块,底板和顶板钢筋保护层宜采用梅花形垫块,腹板钢筋保护层可采用圆饼形垫块,梅花形垫块直接卡在梁体主筋上,圆饼形垫块套在纵向钢筋上。经验收合格后,将钢筋骨架吊入支好的外模中,然后吊入内模,最后绑扎顶板钢筋,与底腹板钢筋形成整体。

(1)底、腹板钢筋

底、腹板钢筋绑扎及内模吊装如图 2-37 所示。底板和腹板主筋绑扎时,直接通过胎架定位板实现,按照之前设计图纸所示位置进行主筋定位;箍筋定位时,通过在主筋上按照设计图纸间距进行划线,然后进行箍筋安装和定位,其他位置钢筋按照设计图纸所示位置进行安装,对预应力管道的定位钢筋,需与箱梁腹板箍筋进行点焊连接,钢筋与波纹管相扰时,波纹管须避让钢筋,不得任意割断钢筋。

a)钢筋绑扎胎架

b)腹板钢筋

图 2-37

c) 底板腹板钢筋骨架

d) 外模及钢筋骨架吊装

e) 内模

f) 内模吊装

图 2-37　底板腹板钢筋绑扎及内模吊装

梁端锚固区螺旋筋必须确保螺距、圈数和直径满足施工要求。螺旋筋定位时须紧贴锚垫板，固定牢靠，中心与锚垫板喇叭管中心重合。为增强梁端锚固区混凝土的承压和抗裂能力，在锚垫板位置增设了锚下加强筋，加强筋按图设置。

（2）预埋件安装定位

底板腹板钢筋绑扎完成后将其整体吊入模板，在模板内绑扎横隔板及顶板钢筋前埋设预埋件，预埋件主要包括：波纹管（锚垫板）、临时吊点预埋件、临时预应力预埋件、体外预应力转向装置预埋件、其他附属设施预埋件及通气孔等。埋设预埋件前，需检查预埋件的尺寸、规格是否符合设计要求，焊缝质量是否满足其技术规范，如图 2-38 所示。

波纹管在安装前先检查有无脱扣、开缝、透光等有可能漏浆的现象，一旦发现，要处理好再安装。波纹管应定位准确，孔道平顺，接缝牢固密封，进浆口排气顺畅，端部预埋钢垫板应垂直于孔道中心线。当波纹管与普通钢筋发生干扰时，可适当调整钢筋位置。波纹管采用连接管对接，连接管应采用直径稍大的波纹管，长度为 25~30cm，接头应用胶带缠裹紧密，防止水泥浆渗入波纹管内。波纹管定位严格按图纸中二维坐标定位，定位筋纵向间距直线段可不大于 0.8m，曲线段可不大于 0.4m，定位筋为"井"字形结构，点焊固定在梁体钢筋上，点焊时须采取保护措施，防止焊花烧溅在波纹管上。在拼装外侧模或芯模之前，须对波纹管进行全面检查，坐标是否准确，线形是否平顺，是否有损坏或有砂眼，发现后应及时处理。

a) 波纹管安装定位

b) 预埋件检查

c) 波纹管穿入塑料衬管

图2-38 预埋件安装定位

锚后螺旋筋紧贴锚垫板设置,依照《公路桥梁预应力钢绞线用锚具、夹具和连接器》(JT/T 329)的规定直径、间距和长度制作,扁锚锚后螺旋筋采用配套使用的锚后螺旋筋。在浇筑混凝土前须穿入塑料衬管,以增强波纹管的刚度,并能有效阻止水泥浆渗入管道,在混凝土浇筑过程中,要经常抽动衬管。

(3) 顶板钢筋

典型顶板钢筋绑扎如图2-39所示。将底腹板钢筋吊装至底模和侧模内后,安装箱梁顶板钢筋,顶板钢筋安装时需按照设计图纸要求进行绑扎,使顶板钢筋与腹板钢筋形成整体。箱梁预制时,须注意端横梁钢筋、中隔板钢筋、护栏钢筋、伸缩缝钢筋、顶板钢筋、梁端连续处的钢筋预埋。预制箱梁在张拉槽口和负弯矩处,拉钩筋应进行加密,且顶板位置与下层纵横向钢筋交叉较多,因而在处理时,以顶板纵向钢筋控制为主,加密拉钩筋可适当避让纵向主筋,保证主筋的顺直度;处理负弯矩位置的钢筋时,一方面与纵向主筋、环向箍筋均有一定冲突,且布置数量较多,因而处理时,应严格控制纵向主筋和环向箍筋位置不发生变化,对于个别负弯矩钢筋可适当移动,以满足安装的要求,另一方面对于负弯矩钢筋可能与波纹管、锚垫板有冲突时,也以波纹管和锚垫板的位置不移动为准,适当移动部分负弯矩处钢筋。

a) 钢筋胎架　　　　　　　　　　　b) 绑扎成型

图 2-39　顶板钢筋绑扎

3) 墩柱钢筋

墩柱即桥梁中用于承载上部结构物重量的下部承重结构。墩柱截面多为圆形,也有椭圆形、方形、曲线形、抛物线形等。墩柱钢筋共分为三种类型:墩柱主筋、箍筋及拉结筋,根据类型及施工工艺分别可采用焊接、滚轧丝螺纹的连接方式。

墩柱钢筋笼一般采用胎具法制作,为确保墩柱预埋套筒和顶口主筋精度,除利用胎架制作保证精度外,在其底端部设置精度控制底座板,顶口设有主筋定位板,底座板也可作为墩柱底模板和套筒底口封浆设施。主筋安装遵循先主后次、先下后上的原则,即先在胎架上接长主筋,主筋连接好后,在主筋上画加劲箍筋定位线,按定位线依次从下往上绑扎加劲箍筋。墩身主筋采用焊接时,优先考虑纵向搭接双面焊。为方便振捣混凝土,拉结筋上应设置绑扎接头,绑扎接头长度不小于钢筋直径的 35 倍,典型墩柱钢筋绑扎成型如图 2-40 所示。

a) 胎架绑扎　　　　　　　　　　　b) 底座板

c) 墩柱主筋定位　　　　　　　　　d) 骨架绑扎成型

图 2-40　墩柱钢筋绑扎成型

墩柱钢筋骨架制作完成后,将其起吊运输至现场进行安装,在吊装和就位过程中为防止扭曲变形,钢筋笼内设置有强劲的内支撑或辅助支撑,如图2-41a)所示。安装时还应特别注意墩身钢筋预埋,为了保证钢筋预埋准确性,采用支架进行定位,在承台钢筋顶面仍应设置定位框以确保墩柱钢筋位置准确性。调整墩身预埋在承台中的预埋钢筋,使主筋直顺,逐根使用滚轧直螺纹套筒连接主筋,钢筋机械连接必须满足施工技术规范要求,如图2-41b)所示。墩身钢筋安装前,先进行承台预埋墩身钢筋检查、修整、清理,再与墩身主筋逐根连接,然后安装其他钢筋,并定位绑扎。钢筋现场连接绑扎时,每个交叉点都必须绑扎牢靠。钢筋现场连接时,对直径≤25mm的钢筋,除施工图纸中明确规定外,可按规范要求采用绑扎接头或焊接接头;直径>25mm的钢筋连接考虑套筒连接,连接前回收丝头塑料保护帽和套筒端头塑料密封盖,检查钢筋规格是否和套筒一致,并确保钢筋和套筒的丝扣干净、完好。

a) 墩柱钢筋吊装

b) 墩柱钢筋固定

图2-41 墩柱钢筋就位

4) 盖梁钢筋

盖梁指的是为支承、分布和传递上部结构荷载设置于墩顶部位的横梁,又称帽梁,其主要作用是支承桥梁上部结构,并将全部荷载传到下部结构。盖梁钢筋骨架(图2-42)可采用专用胎架制作加工成型,胎架由底座、支架、定位平台等组成。先在胎架外制作主筋及箍筋,然后在胎架上依次安装主筋、箍筋,完成钢筋绑扎。整个绑扎过程不允许发生跳步加工,整个过程边加工边测量,确保每一步加工的精度得到控制。

盖梁钢筋安装如图2-43所示,可以采用以下三种方法:

(1) 分片吊装

先把加工好的钢筋焊接成钢筋骨架片,而后在墩柱抱箍上搭设施工平台,采用两台小型自行式起重机将钢筋骨架片逐片吊到施工平台上,在施工平台上逐片拼接,而后焊接上横撑使之成为钢筋骨架整体,最后在该钢筋骨架上逐个安装箍筋使之成为成品。

(2) 两次吊装

在地面上搭设脚手架支架用来支撑钢筋骨架,将钢筋骨架形式上纵向剖开,加工成两部分,采用两台自行式起重机将两部分分别吊到已搭设好的施工平台上。而后焊接横撑使其成为整体,最后在该钢筋骨架上逐个安装箍筋使之成为成品。

a) 盖梁钢筋骨架片焊接

b) 盖梁钢筋骨架

图 2-42　盖梁钢筋骨架

a) 分片吊装

b) 整体吊装

图 2-43　盖梁钢筋骨架吊装

（3）整体吊装

在地面上搭设脚手架支架用来支撑钢筋骨架，根据设计图纸将钢筋半成品在脚手架支架上整体拼装成型，而后采用自行式起重机将钢筋骨架整体吊到已搭设好的施工平台上。

吊装时要防止盖梁钢筋骨架发生变形；骨架就位要准确，包括骨架间距、端头平齐、顶面平齐和骨架无变形；按照盖梁骨架的箍筋进行定位，确保钢筋保护层厚度误差不大于相应要求。另外，盖梁钢筋可能涉及一些其他辅助装置的安装，如盖梁吊点、保护层垫块、防雷接地板、预制连接套筒等。

2.5　混凝土工程

本节将对混凝土的种类、材料以及具体的施工方法进行介绍，此外对冬季混凝土施工和大体积混凝土施工等特殊条件下的混凝土施工进行了简要阐述。

2.5.1 混凝土分类

普通混凝土指以水泥为主要胶凝材料,与水、砂、石子,必要时掺入化学外加剂和矿物掺合料,按适当比例配合,经过均匀搅拌、密实成型及养护硬化而成的人造石材。混凝土硬化主要划分为两个阶段与状态:凝结硬化前的塑性状态,即新拌混凝土或混凝土拌和物;硬化之后的坚硬状态,即硬化混凝土或混凝土。混凝土强度等级以立方体抗压强度标准值划分为12级:C25、C30、C35、C40、C45、C50、C55、C60、C65、C70、C75及C80。公路桥涵受力构件的混凝土强度等级不低于C25;当采用强度标准值400MPa及以上钢筋时,不低于C30;预应力混凝土构件,不低于C40。另外,高性能混凝土、超高性能混凝土、工程用水泥基增强复合材料等也是混凝土工程中常用的材料。

高性能混凝土(High Performance Concrete,HPC)是指具有高强度、高耐久性、高流动性等多方面优越性能的混凝土,是在大幅度提高普通混凝土性能的基础上采用现代混凝土技术制作的混凝土。它以耐久性作为设计的主要指标,针对不同用途要求,保证混凝土的适用性和强度并达到高耐久性、高工作性、高体积稳定性和经济性。

超高性能混凝土(Ultra-High Performance Concrete,UHPC),也称作活性粉末混凝土(Reactive Powder Concrete,RPC),是一种纤维增强水泥基复合材料。其一般是由水泥、细集料、纤维、矿物掺合料、高效减水剂等加水后进行拌和,再经过凝结硬化后形成的一种具有超高抗压强度、抗拉强度等力学性能和较高耐久性能的混凝土,其抗压强度能达到120~180MPa。

工程用水泥基增强复合材料(Engineered Cementitious Composite,ECC),由传统混凝土的所有组成成分减去粗集料,掺入聚乙烯醇纤维(PVA纤维)作为增强材料形成。它含有水泥、砂、水、纤维和外加剂。其具有较高的延性和良好的微裂缝控制能力,在单轴荷载作用下的极限拉应变可以稳定达到3%以上,具有应变硬化特性。ECC在桥梁工程中有着良好的应用空间,如应用于桥面板、伸缩缝及桥墩的局部塑性铰区等。

2.5.2 混凝土材料

1)水泥

在水泥等原材料选择过程中,需要尽可能地采用普通硅酸盐水泥以及硅酸盐水泥等施工材料,要求所有施工材料的性能能够满足路桥工程的实际施工需求。

水泥类别:通用水泥、特性水泥。通用水泥包括硅酸盐水泥、普通硅酸盐水泥、矿渣硅酸盐水泥、火山灰质硅酸盐水泥、粉煤灰硅酸盐水泥、复合硅酸盐水泥等。通用水泥的优、缺点以及适用范围见表2-5。这些水泥主要应用于道路、桥梁、房屋建筑等土木工程。特性水泥包括快硬硅酸盐水泥、膨胀水泥、自应力水泥、高铝水泥等。

通用水泥的特性及适用范围　　　　　表 2-5

水泥名称	优点	缺点	适用范围	不适用范围
硅酸盐水泥	浇筑后快硬、早强，强度等级高；抗冻性好，耐磨性好，抗渗性强	水化热高、抗水性差、耐水性差	可用于高强混凝土的配制、先张预应力构件以及道路、低温下施工的工程	大体积混凝土、地下工程、易被化学侵蚀的工程
普通硅酸盐水泥	硬化后抗压强度较高且耐久性良好	抗冻性、耐磨性稍差，低温凝结时间较长，抗拉强度较低，抗变形能力较差	适应性较强，可配制强度等级较高的混凝土	不适用于大体积的混凝土工程和受化学侵蚀的工程
矿渣硅酸盐水泥	凝结时间稳定，强度稳定，水化热低，耐热性较好，对硫酸盐类侵蚀的抵抗能力及抗水性较好	抗大气性及抗冻性不及硅酸盐水泥；和易性较差，泌水量大	可用于大体积混凝土工程、水工及海工建筑	不宜于冬天露天施工使用
火山灰质硅酸盐水泥	保水性好，水化热较低	早期强度低，后期强度增大，需水性大	蒸汽养护构件，有抗渗要求的工程和工民建建筑	需要早强和受冻融循环，干湿交替的工程
粉煤灰硅酸盐水泥	水化热较低，吸水性较强	早期强度较低，需水性大，干缩性大	一般混凝土工程，配置建筑砂浆，蒸汽养护构件	有抗碳化要求的工程，对早期强度要求高的工程
复合硅酸盐水泥	早强要求高，和易性较好，容易成型	需水性大，耐久性较差	一般适应于混凝土工程，配置砌筑、粉刷用的砂浆	耐腐蚀工程

2）集料

在进行集料质量的选择过程中，要积极选用一些级配良好的碎石以及卵石来进行混凝土的浇筑工作，集料的碱活性指标也需要满足混凝土浇筑的具体需求。我国砂石集料消费呈逐年增长态势，过去以天然砂石为主，主要源于山川河流，随着天然砂石资源枯竭、生态保护要求提高和建设工程需求量持续增加，机制砂石逐渐替代天然砂石，弥补市场需求。

（1）细集料（砂）

细集料（砂）的类别有天然砂、人工砂和混合砂。

天然砂：经自然风化、水流搬运堆积形成的粒径小于 4.75mm 的岩石颗粒（图 2-44），其中，海砂、河砂、江砂都属于天然砂，但是对天然砂的大量开采，导致其资源越来越紧缺，且不合理的河道采砂行为对环境造成一定的危害，如破坏水生生物栖息地、形成水域水质污染、破坏水面景观，甚至可能影响河道堤防工程的防洪功能和涉河建筑物安全。

图 2-44　天然砂

人工砂：经除土处理的机制砂统称人工砂。机制砂是由机械破碎、筛分制成的粒径小于 4.75mm 的不同粒径的岩石颗粒(图 2-45)，但不包括软质岩、风化岩的颗粒，现今人工砂(机制砂)的使用越来越广泛。

a) 机械破碎

b) 不同粒径的岩石颗粒

图 2-45　机制砂

混合砂：经机制砂和天然砂混合制成的砂。

（2）粗集料

混凝土中常用的粗集料有碎石及卵石两种。

碎石是天然岩石、卵石或矿山废石经机械破碎、筛分制成的、粒径大于 5mm 的岩石颗粒，如图 2-46a)所示。卵石是由自然风化、水流搬运和分选、堆积而成的、粒径大于 5mm 的岩石颗粒。

集料的粒径大小对混凝土的工作性能和经济效益都有一定的影响，当集料体积一定时，集料粒径增加，小颗粒数量相对降低，总表面积减小。粗集料最大粒径应按混凝土结构情况及施工方法选取，但最大粒径不得超过最小边尺寸的 1/4 和钢筋最小净距的 3/4；在两层或多层密布钢筋结构中，粗集料粒径不得超过钢筋最小净距的 1/2，同时最大粒径不得超过 100mm。

在当前资源日趋紧张的条件下,废弃的混凝土块经过破碎、清洗、分级后可得到可再生碎石,如图2-46b)所示。可再生碎石按一定比例与级配混合,能够作为部分或全部代替天然碎石集料,经配比加入水泥、水配合形成再生混凝土。

a)天然碎石

b)再生碎石生产

图2-46 粗集料及再生生产

3)外加剂

图2-47 减水剂

混凝土外加剂是在拌制混凝土过程中掺入的用以改善混凝土性能的物质,掺量一般不大于水泥质量的5%,主要用来改善新拌混凝土性能或提高硬化混凝土性能。根据改善的目的不同,外加剂的类型有减水剂(图2-47)、引气剂、泵送剂、缓凝剂、速凝剂、早强剂、防水剂、阻锈剂等。减水剂、引气剂和泵送剂可以改善新拌混凝土的流动性,缓凝剂、速凝剂和早强剂可以调节新拌混凝土的凝结时间,引气剂、防水剂和阻锈剂可以改善混凝土耐久性。

4)水

混凝土拌和用水,按水源可以分为饮用水、地表水、地下水、淡化海水,以及经过适当处理或处置后的工业废水。参照《混凝土用水标准》(JGJ 63),不同类型混凝土对水质的要求见表2-6,对于设计使用年限为100年的结构混凝土,氯离子含量不得超过500mg/L。

混凝土的水质要求　　　　　　　　　　　　　　　　　表2-6

项　　目	预应力混凝土	钢筋混凝土	素混凝土
pH值	≥5.0	≥4.5	≥4.5
不溶物(mg/L)	≤2000	≤2000	≤5000
可溶物(mg/L)	≤2000	≤5000	≤10000
Cl^-(mg/L)	≤500	≤1000	≤3500
SO_4^{2-}(mg/L)	≤600	≤2000	≤2700
碱含量(mg/L)	≤1500	≤1500	≤1500

5）混凝土配合比

混凝土配合比是指混凝土中水泥、水、砂和石子等组成材料之间的比例关系，水与水泥之间的比例关系，常用水灰比表示；砂与石子之间的比例关系，常用砂率表示。混凝土配合比的设计优化能够有效保证混凝土的材料质量，在混凝土试配工作中需要根据施工场地的地质条件和使用环境温度等因素明确混凝土的坍落度和水灰比等重要指标，确保混凝土拌制合理性。其中，混凝土坍落度和水灰比的基本要求如下所示。

（1）坍落度即混凝土拌和物在自重作用下坍落的高度，其根据结构需要见表2-7。

混凝土坍落度　　　　　　　表2-7

序 号	结构物类型	坍落度（mm）
1	小型预制块、便于浇筑振捣的结构	0~20
2	桥涵基础、墩台等无筋或少筋结构	10~30
3	普通配筋率的钢筋混凝土结构	30~50
4	配筋较密，断面较小的钢筋混凝土结构	50~70
5	配筋较密，断面高而窄的钢筋混凝土结构	70~90

（2）水灰比影响混凝土的流变性能、水泥浆凝聚结构以及其硬化后的密实度，因而在组成材料给定的情况下，水灰比是决定混凝土强度、耐久性和其他一系列物理力学性能的主要参数，所以确定混凝土水灰比是控制混凝土质量的重要步骤，混凝土的最大水灰比和最小水泥用量见表2-8。

混凝土最大水灰比和最小水泥用量　　　　　　　表2-8

混凝土周围环境	无筋混凝土		钢筋混凝土	
	最大水灰比	最小水泥用量（kg/m³）	最大水灰比	最小水泥用量（kg/m³）
温暖地区或寒冷地区	0.6	250	0.55	275
严寒地区使用除冰盐	0.55	275	0.50	300
化学侵蚀环境	0.45	300	0.40	325

注：表中水灰比属于水与水泥用量的比值。

2.5.3　混凝土施工

混凝土施工包括混凝土拌制、运输、浇筑、振捣密实和养护等。

1）混凝土拌制

混凝土拌制前，应测定砂、石含水率，并根据测试结果和理论配合比调整材料用量，提出施工配合比。配置混凝土拌和物前，所使用的称料衡器应经过检验校正。水、水泥、外加剂及粉煤灰用量应准确到±1%，粗、细集料的用量应准确到±2%。混凝土工厂拌制的混凝土应拌和均匀，颜色一致，不得有离析和泌水现象。

拌制混凝土时，应根据当时的气温条件，调整拌和用水温度，气温低时采用热水拌和，但水温不应高于80℃，混凝土的入模温度不宜低于10℃；气温高时采用低温水拌制，并采取对集料遮盖、用凉水冲洗石料、对混凝土运输机具防晒等降低混凝土拌和温度的措施，控制混凝土的入模温度不高于30℃；搅拌站拌制混凝土及出料如图2-48所示。

a) 搅拌站

b) 混合料上料

c) 搅拌站出料

图2-48　混凝土拌制及出料

2) 混凝土运输

根据混凝土凝结速度、浇筑速度及混凝土运输距离选择混凝土搅拌运输车数量，使浇筑工作保持连续，并使混凝土运到浇筑地点时仍保持均匀性和规定的坍落度；混凝土采用搅拌运输车如图2-49a)所示，对寒冷、严寒或炎热的天气情况，搅拌运输车的搅拌罐和泵送管应有保温或隔热措施，运输途中应以2～4r/min的慢速进行搅动，卸料前应采用快挡旋转搅拌罐不少于20s；采用吊斗或其他方式运输时，运距不宜超过100m且不得使混凝土离析。

采用混凝土输送泵输送混凝土时，混凝土的供应宜使输送混凝土的泵能连续工作，泵送的间歇时间宜不超过15min；泵管应有可靠的支撑，减少泵管抖动造成泵送动力的损失，同时防止泵管接头处混入空气产生阻塞，混凝土泵车如图2-49b)所示。

3) 混凝土浇筑

具体浇筑方式有水平分层法和斜层法，中小跨径的T梁一般采用水平分层浇筑方式，对于其他梁体，当混凝土的供应量达不到水平分层浇筑的速度时，可采用斜层浇筑法，如图2-50所示。

a) 混凝土搅拌运输车

b) 混凝土泵车

图 2-49　混凝土运送机械

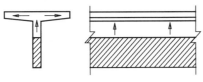

a) 水平分层浇筑　　　　　　　　b) 斜层浇筑

图 2-50　混凝土浇筑方式

混凝土的浇筑应连续进行,若因故中断间歇,其时间应小于前层混凝土的初凝时间或能重塑时间;混凝土的运输、浇筑及间歇的全部时间宜不超出《公路桥涵施工技术规范》(JTG/T 3650)中的规定时间,具体见表2-9,超出时应按浇筑中断处理,并应留施工缝,同时作出记录。

混凝土的运输、浇筑及间歇的全部允许时间(min)　　　　表2-9

混凝土强度等级	气温≤25℃	气温>25℃
≤C30	210	180
>C30	180	150

分层浇筑时,必须在前一层混凝土开始凝结之前,将次一层混凝土浇筑完毕,上下层同时浇筑时,上层与下层的前后浇筑距离应保持1.5m以上;在倾斜面上浇筑混凝土时,应从低处开始逐层扩展升高,并保持水平分层,混凝土分层浇筑厚度不应超过《公路桥涵施工技术规范》(JTG/T 3650)中的规定值,见表2-10。

混凝土分层浇筑厚度　　　　表2-10

振捣方式		浇筑层厚度(mm)
采用插入式振捣器		300
采用附着式振捣器		300
采用表面振捣器	无筋或配筋稀疏时	250
	配筋较密时	150

例如,箱梁桥梁段混凝土浇筑总的顺序为"底板→下倒角→腹板→顶板";总的原则为"由一端向另一端进行、左右对称、水平分层",一次布料分层厚度不得超过30cm。

(1)底板混凝土浇筑

采用在固定端模顶面挂设串筒并经溜槽输送至底板上进行浇筑,底板浇筑时以插入式振捣器振捣为主,附着式振捣器振捣为辅。浇筑时可从中央往两侧浇注,以防止混凝土向底板上翻(图2-51)。

图2-51 浇筑箱梁底板混凝土

(2)腹板混凝土浇筑

腹板浇筑混凝土在两边对称分层下料,一次性布料厚度不超高30cm。在顶板位置沿梁长方向放置竹胶板,能有效减少布料过程中外腹板钢模上出现"挂浆"现象(图2-52)。在混凝土浇筑过程中,严禁振捣棒直接碰撞波纹管、预埋管、预埋件,防止预留预埋管件变位。同时注意布料时严格控制下料速度,防止混凝土对预留预埋管件造成过大的冲击。

图2-52 浇筑箱梁腹板混凝土

(3)顶板混凝土浇筑

顶板混凝土由一侧向另一侧连续浇筑。采用插入式振捣器振捣,每一振点的振捣延续时间宜为20~30s,以混凝土停止下沉、不出现气泡、表面呈现浮浆为度。顶板浇筑完成后,先人工将表面浮浆刮除,再利用刮尺将表面刮平,刮尺两侧紧贴两侧端模顶面,保证混凝土表面与模板顶面齐平(图2-53)。

图2-53 浇筑箱梁顶板混凝土

4)混凝土振捣及收光

混凝土插入式振捣棒一般分为 $\phi 30mm$ 和 $\phi 50mm$ 两种[图2-54a)], $\phi 30mm$ 棒用于振捣钢筋密集部位, $\phi 50mm$ 棒用于钢筋较稀疏部位。混凝土振捣的目的是增加混凝土的密实度并排除内部空气,插入振捣时严禁碰撞钢筋和模板,振动棒与侧模保持 5~10cm 距离,移动间距不超过40cm。振捣时间应以被振捣混凝土表面停止沉落、表面起泡不再显著发生为度。

对混凝土振捣时,应特别注意梁体钢筋密集部位,不碰松模板或使钢筋移位。每次振捣完毕,振捣棒边振动边徐徐拔出,不得将棒斜拔或横拔,严禁在停振后把棒拔出,以免造成混凝土空洞。

对于一些难以插入振捣器的混凝土部位,应采用附着式振动器[又称平板式振动器,见图2-54b)]振动,其附着于模板的外表面,由于机械所产生的振动作用而使得混凝土密实。

混凝土浇筑完后采用收光机(图2-55)进行多次压实抹平,消除收缩裂纹,保证混凝土表面与模板顶面齐平。

5)混凝土养护

养护关键是对在凝结硬化过程中的混凝土进行温度和湿度的控制。养护类型分为:自然养护和蒸汽养护。

在混凝土浇筑施工结束之后,为了提升混凝土质量,避免裂缝等问题的发生,做好混凝土浇筑养护十分重要。需要时,在混凝土养护期间,通过埋设温度感应片对结构进行温度监控,定时测定混凝土芯部温度、表层温度以及环境气温、相对湿度等参数,并根据混凝土温度和环境参数的变化情况及时调整养护制度,严格控制混凝土的内外满足温差要求。

a)插入式振捣器　　　　　　　　b)附着式振动器

图 2-54　混凝土振捣设备

图 2-55　混凝土表面手扶式收光机

混凝土的标准养护:混凝土浇筑完毕后一般在 12 小时以内用湿土工布遮盖,采取喷雾、洒水等措施对混凝土进行保湿养护 7d 以上[《混凝土结构工程施工质量验收规范》(GB 50204)],每天的浇水次数以保持混凝土湿润状态为宜,养护过程中常用的自动喷淋如图 2-56 所示。若遇气温高或太阳曝晒时,则应在混凝土初凝后即覆盖湿土工布以免干缩裂缝。为了随时掌握混凝土的强度,每次浇筑混凝土时,现场制作三组同条件养护试块。

a)T梁养护　　　　　　　　b)箱梁养护

图 2-56　自动喷淋养护

混凝土的蒸汽养护(图2-57)可分静停、升温、恒温、降温四个阶段,混凝土的蒸汽养护应分别符合下列规定:

(1)静停期间应保持环境温度不低于5℃,浇筑结束4~6h且混凝土终凝后方可升温;

(2)升温速度不宜大于10℃/h;

(3)恒温期间混凝土内部温度不宜超过60℃,最高不得超过65℃,恒温养护时间应根据构件脱模强度要求、混凝土配合比情况以及环境条件等通过试验确定;

(4)降温速度不宜大于10℃/h。

a)蒸汽养护棚

b)箱梁蒸汽养护

图2-57 蒸汽养护

2.5.4 特殊条件下混凝土施工

1)冬季混凝土施工

室外日平均气温连续5d稳定低于5℃的施工环境称为冬季施工。为预防裂缝等质量问题发生,确保混凝土强度和耐久性,冬季桥梁混凝土正式施工前,需要做好准备工作,制定合理的施工方案,提前采取应对措施。

在冬季施工时,有时平均温度达到-10℃以下,在这种温度条件下很不适合混凝土浇筑施工。混凝土在拌制、运输、灌筑、捣实等过程中,必须确保混凝土可以长时间保持一定温度,防止热量散发过快。负温下制备混凝土时,可适当加热砂石集料,采用热水拌和,但水和砂石混合物的温度应不超过40℃,否则投入水泥时易发生假凝。除加热养护外,冬季混凝土也可掺用早强剂、防冻剂等拌制,以降低其冰点,使混凝土在负温下硬化。为了避免混凝土的温度快速下降,可以使用一些保温材料对构件进行覆盖,这样可以有效防止热量散失。

冬季养护较为常用的方法是蓄热法(图2-58),该方法操作较为简单,它的主要原理是依靠水泥水化热和混凝土拌和物本身的热量,在保温的条件下达到预定的温度,其养护温度可提高到10℃以上。

图 2-58　冬季混凝土保温

2) 大体积混凝土施工

我国《大体积混凝土施工标准》(GB 50496)规定:混凝土结构物实体最小几何尺寸不小于 1m 的大体量混凝土,或预计会因混凝土中胶凝材料水化引起的温度变化和收缩而导致有害裂缝产生的混凝土,称之为大体积混凝土。大体积混凝土主要的特点就是体积大,最小断面的任何一个方向的尺寸都大于 1m。它的表面系数比较小,水泥水化热释放比较集中,内部升温比较快,混凝土内外温差较大时(预计超过 25℃),容易使混凝土产生温度裂缝,影响结构安全和正常使用。所以必须解决水化热及随之引起的体积变形问题,以最大限度减少开裂。

大体积混凝土的设计强度等级宜为 C25~C50,并可采用 60d 或 90d 的强度作为混凝土配合比设计、评定和工程验收的依据。大体积混凝土施工时,要尽量减少水泥水化热,推迟放热高峰出现的时间,如通过调整组成成分降低水化热的方式,选用水化热低的通用硅酸盐水泥,降低水泥用量、掺入粉煤灰、掺加外加剂等;夏季施工时采用冰水拌和、砂石料场遮阳、混凝土输送管道全程覆盖洒冷水等措施可降低混凝土的出机和入模温度,条件许可时,尽可能避开高温时段。

大体积混凝土浇筑宜采用整体分层或推移式连续浇筑施工,以使混凝土的水化热能尽快散失,采用连续水平分层浇筑方式,混凝土浇筑层厚度应根据振捣器作用深度及混凝土和易性确定,整体连续浇筑时宜为 30~50cm;整体分层连续浇筑或推移式连续浇筑,应缩短间歇时间,并应在前层混凝土初凝之前将次层混凝土浇筑完毕。层间浇筑间歇时间不应大于混凝土初凝时间。当层间间歇时间超过混凝土初凝时间时,层面应按施工缝处理。

大体积混凝土浇筑后,温度变化曲线一般先是一个升温过程,升到最高点后慢慢降温,升温的速度要比降温的速度快。大体积混凝土应进行保温保湿养护,保持适宜的温度和湿度条件,养护时间不应少于 14d,应使混凝土硬化过程中产生的温差应力小于混凝土本身的抗拉强度,从而可避免混凝土产生贯穿性的有害裂缝。大体积混凝土养护时的温度控制一般有两种方法:一种是降温法,即在混凝土浇筑成型后,在结构内部布设冷却管、通循环水(图 2-59),实现热交换带走热量,从结构物的内部进行温度控制,减小内外温差;另一种是保温法,即混凝土浇筑成型后,通过保温材料或定时喷浇热水、蓄存热水等,提高混凝土表面及四周散热面的温度,从结构物的外部进行温度控制,保温材料可采用塑料薄膜、土工布、麻袋、阻燃保温被等,必要时,可搭设挡风保温棚或者遮阳降温棚。大体积混凝土施工温控指标应符合下列规定:混凝土浇筑体在入模温度基础上的温升值不宜大于50℃;混凝土浇筑体里表温差不宜大于25℃;混凝土浇筑体降温速率不宜大于2.0℃/d;拆除保温覆盖时混凝土浇筑体表面与大气温差不应大于20℃。

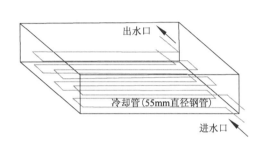

a)冷却水管立面排布　　　b)冷却水管安装

图2-59　冷却水管布置

为了掌握大体积混凝土升温和降温的变化规律,以及各种材料在各种条件下对温度的影响,需要对混凝土进行温度监测控制。监测点应能够反映浇筑体内最高温升、体表温差、降温速率及环境温度,监测点位置与数量可根据浇筑体的温度场分布情况和温控的规定确定,每条测试轴线上监测点位不宜少于4处;沿混凝土浇筑的厚度方向,应至少布置表面、底部和中心温度测点,测点间距不宜大于500mm;混凝土浇筑体表面、底面温度宜为混凝土浇筑体表面或底面以内50mm处的温度,测温点距边角和表面的距离应不小于50mm。平面测点间距一般为2.5~5m。测温频率:在混凝土温度上升阶段宜每2~4h测一次,温度下降阶段宜每8h测一次,同时应测大气温度。所有测温孔均应编号,进行混凝土内部不同深度和表面温度的测量。随时控制混凝土内的温度变化,及时调整保温及养护措施,使混凝土中心温度与表面温度的差值、混凝土表面与大气温度差值均不应超过25℃。在测温过程中,当发现温度差超过25℃时,应及时加强保温或延缓拆除保温材料,以防止混凝土产生温差应力和裂缝。

2.6　预应力施工

预应力混凝土结构由于具有跨径大、承载力高和抗裂性好等优势,在桥梁工程建设中广泛应用,尤其是在中大跨径混凝土桥梁,以及预制装配式桥梁工程中。本节探讨桥梁预应力施工技术要点,并简要介绍预应力施工过程的具体步骤。

2.6.1 预应力筋分类

预应力筋是指在预应力结构中用于建立预加应力的单根或成束的预应力钢丝、钢绞线或精轧螺纹钢筋等。

1)预应力钢丝

预应力钢丝是采用高碳钢热轧圆盘条经冷拉制成的再加工产品,包括冷拉钢丝、矫直回火钢丝、低松弛钢丝、镀锌钢丝和刻痕钢丝等[图2-60a)]。冷拉钢丝为圆盘条经铅浴淬火后拉拔而成的光圆钢丝,由于未经矫直回火处理,其伸长率较低;矫直回火钢丝由冷拉钢丝经矫直回火处理、消除拉拔时产生的内应力而成,与冷拉钢丝相比,屈服强度有所提高,延性和应力松弛性能均有改善;低松弛钢丝为冷拉钢筋经过稳定性处理(即在张力下进行回火稳定化处理)而成,以降低应力松弛,钢丝的弹性极限、屈服强度显著提高,应力松弛率降低至矫直回火钢丝的1/3~1/4;镀锌钢丝为预应力钢丝表面镀锌而成;刻痕钢丝为通过在光面钢丝表面上压出规律的凸肋或凹坑而形成的制品,刻痕可改善预应力钢丝与混凝土之间的黏结性能。预应力钢丝直径一般为3~12mm,一般标准抗拉强度为800~1860MPa,主要适用于先张法施工的预应力结构构件或捻制生产钢绞线。

a)预应力钢丝　　　　　　　b)钢绞线　　　　　　　c)精轧螺纹钢筋

图2-60　预应力筋

2)钢绞线

钢绞线是由多根钢丝在绞线机上绞合形成螺旋形绞线[图2-60b)],并经低温回火消除应力制成,碳钢表面可以根据需要增加镀锌层、锌铝合金层、包铝层、镀铜层、涂环氧树脂等表面涂覆层。钢绞线根据钢丝根数可分为2丝、3丝、7丝和19丝(图2-61),最常用的是7丝结构。钢绞线的主要特点是强度高和松弛性能好,展开时较挺直。常见抗拉强度等级为1860MPa,最常用的规格是直径15.2mm,主要用于后张预应力及先张预应力混凝土工程。

3)精轧螺纹钢筋

精轧螺纹钢筋是在整根钢筋上轧有不连续的外螺纹的大直径、高强度、高尺寸精度的直条钢筋[图2-60c)],整根钢筋上无纵肋且不连续的两侧螺纹在同一螺旋线上,其在任意截面处都可拧上带有内螺纹的连接器进行连接或拧上带螺纹的螺母进行锚固。以屈服强度划分级别，其代号为"PSB"加上屈服度值表示，强度远大于普通螺纹钢筋，一般公称直径范围为18~50mm，强度等级为785~1200MPa，其只能直线受力，不可焊接与弯折，配合精轧螺母、精轧连接器、垫片使用，具有连接、锚固简便，黏着力强，张拉锚固、施工方便等优点。

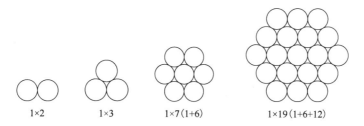

图2-61 钢绞线截面组成形式

预应力筋按黏结程度可以分为有黏结、无黏结和缓黏结等多种形式。

1）有黏结预应力筋

有黏结预应力筋是比较常用的预应力筋形式，简单来说就是构件预留孔洞，混凝土达到强度后穿钢筋、装锚具、张拉、锚固，再高压灌浆。预应力筋和混凝土之间不允许存在滑移，后期也不允许调整张拉应力。

2）无黏结预应力筋

无黏结预应力筋是带防腐隔离层和外护套的专用预应力筋。无黏结不同于有黏结的一点是：在张拉完毕后，预应力筋和混凝土之间允许产生纵向滑移。无黏结预应力筋不需要预留孔道，施工程序相对简单，尤其是在建造小跨度桥梁时可以省去张拉支架，加快施工进度。

3）缓黏结预应力筋

缓黏结预应力筋施工是指预应力筋与混凝土间采用缓黏结材料隔离，在预应力筋张拉施工时，可以保证其自由伸缩，在张拉施工完成后再发生凝结的一种施工工艺，无须压浆工序。缓黏结预应力工艺有效解决了有黏结压浆工序及压浆质量问题和无黏结局部应力损失较大等问题。

2.6.2 预应力张拉工艺

1）先张法

先张法一般用于直线布筋的中小型桥梁预制构件，如空心板梁等，其工艺是在浇筑混凝土之前，先进行预应力筋的张拉，并将其临时锚固在张拉台座上，然后立模浇筑混凝土，待混凝土达到规定强度后，逐渐将预应力筋放松，利用预应力筋的弹性回缩及其与混凝土之间的黏结作用，使构件获得预应力。先张法施工流程如图2-62所示，张拉台座及预应力张拉如图2-63所示。台座一般由台面、反力支座、横梁等组成，是先张法生产中的主要设备之一，要求有足够的强度和稳定性。先张法依靠混凝土与预应力筋之间的黏结力将预张拉力传给混凝土。先张法施工的各道工序全部在固定台座上进行,不需复杂机械设备,施工适用性强,但只适用于预应力筋为直线型构件。

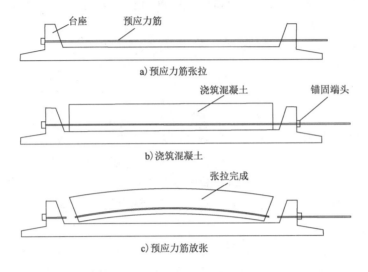

图 2-62　先张法施工流程图

a) 张拉台座

b) 预应力张拉

图 2-63　先张法示例

2) 后张法

后张法工艺是先制作留有预应力筋孔道的混凝土结构体,待其混凝土达到规定强度后,再在孔道内穿入预应力筋,并进行张拉和锚固,最后进行孔道压浆,使预应力筋与混凝土构件形成整体,最后浇筑端部封锚混凝土,具体施工流程如图 2-64 所示。后张法依靠构件端部的锚具将预应力筋的预张拉力传给混凝土,并使混凝土产生预应力,端部需要专门的锚具。后张法施工的各道工序全部直接在构件上进行,无需专门的张拉台座,张拉预应力吨位不受限制,尤其适合大型预应力混凝土构件,且同时适用于直线和曲线预应力筋。典型后张法施工的 T 梁和箱梁如图 2-65 所示。

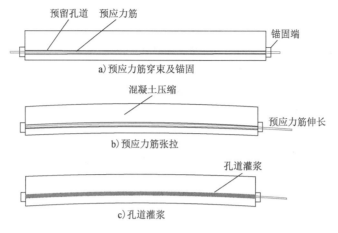

图 2-64 后张法施工流程图

a) T梁筋束后张

b) 箱梁端部后张

图 2-65 后张法示例

2.6.3 预应力张拉机具

预应力张拉机具主要包括高压油泵、千斤顶、波纹管、锚具和夹具等。预应力张拉主要有电动张拉和液压张拉两大类。电动张拉机具仅用于先张法,液压张拉机具同时可用于先张法与后张法。液压张拉机具由液压千斤顶、高压油泵和外接油管组成,张拉机具应装有测力仪器,以准确监测预应力值。张拉机具应由专人使用和保管,并定期维护和校验。

1) 高压油泵

预应力高压油泵主要给预应力液压机具提供动力,油泵的额定油压和流量都必须满足配套机具的要求。目前工程常用的预应力液压千斤顶油压基本都在 50MPa 以上,且具有流量较小,能够连续供高压油等特点。典型高压油泵如图 2-66a) 所示。

2) 千斤顶

预应力张拉过程中使用的千斤顶主要有穿心式千斤顶和前卡式千斤顶两种。

a) 高压油泵　　　　b) 穿心式千斤顶　　　　c) 前卡式千斤顶

图 2-66　千斤顶设备

(1) 穿心式千斤顶

穿心式千斤顶是一种利用双液压缸张拉预应力筋和顶压锚具的双作用千斤顶[图 2-66b)],主要用于群锚的整体张拉,配上撑脚及拉杆后,还可以张拉镦头锚和冷铸锚,广泛用于先张、后张法的预应力施工。

(2) 前卡式千斤顶

前卡式千斤顶是一种张拉工具锚内置于千斤顶前端的穿心式千斤顶[图 2-66c)],可自动夹紧和松开工具锚夹片,它的工作特点使施工工艺简化,节省张拉时间,而且缩短了预应力筋预留张拉长度,主要用于各种有黏结筋和无黏结筋的单根张拉。

3) 波纹管

波纹管是指用塑料或金属制成的可折叠皱纹片沿折叠伸缩方向连接成的管状物件(图 2-67)。波纹管主要是用于后张法桥梁施工中,其主要作用是在浇筑混凝土时保护钢绞线不被污染,保证张拉的质量,张拉后在波纹管内按规定要求压浆,使管内钢绞线与梁体固结,形成一个整体受力,以达到张拉的效果。

a) 塑料管　　　　　　　　　　b) 金属管

图 2-67　波纹管

4) 锚具

锚具是后张法用于保持预应力筋拉力并将其传递到混凝土(或钢)结构上所用的夹持预应力筋的永久性锚固装置,典型锚具类型介绍如下:

(1)摩阻式锚具,有夹片式锚具、压花型锚具及钢质锥形锚具等。

夹片式锚具分为单孔夹片锚具和多孔夹片锚具,由工作锚板、工作夹片、锚垫板、螺旋筋组成,其为依靠摩阻力锚固的锚具,该类型锚具主要用于预应力钢绞线的张拉端锚固。夹片式锚具具有自动跟进、放张后自动锚固、锚固效率系数高、锚固性能好、安全可靠等特点。如图 2-68 所示。

a) 单孔夹片锚具

b) 多孔夹片锚具

c) 单孔锚固

d) 多孔锚固

图 2-68　夹片锚具及锚固

压花型锚具又称 H 型锚具,它包括带梨形自锚头的一段钢绞线、支托梨形自锚头用的钢筋支架、螺旋筋、约束圈等,钢绞线梨形自锚头采用专用的压花机挤压成型,适用于预应力钢绞线的固定端锚固,如图 2-69 所示。

钢质锥形锚具又称弗氏锚具,由锚圈和锚塞组成,其也为依靠摩阻力锚固的锚具,可锚固 6~30 根 $\phi5$ 或 12~24 根 $\phi7$ 的高强钢丝束,常用于后张法预应力混凝土结构和构件中。现在在实际工程中使用较少。

(2)承压式锚具,有墩头锚具、螺钉端杆锚具、挤压锚具等(图 2-70)。

墩头锚具可张拉 $\phi5$、$\phi7$ 高强钢丝束。常用镦头锚分为 A 型和 B 型,A 型由锚杯和螺母组成,用于张拉端;B 型为锚板,用于固定端。预应力筋采用钢丝镦头器镦头成型,张拉使用穿心式千斤顶,主要用于后张法施工及桥梁拉索等锚固中。螺钉端杆锚具每套包含螺钉端杆,螺母和垫板,其可锚固粗钢筋,主要用于桥梁工程中的横向、竖向预应力。挤压锚具(又称P型锚具)由挤压头、螺旋筋、锚板、约束圈组成,它是在钢铰线端部安装钢丝衬圈和挤压套,利用挤压机将挤压套挤过模孔,使其产生塑性变形而握紧钢铰线,形成可靠锚固。

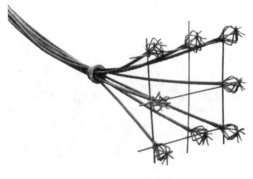

a)整体锚固体系　　　　　　　　　b)钢绞线梨形锚头

图2-69　压花型锚具体系及锚头

a)墩头锚具　　　　　b)螺钉端杆锚具　　　　　c)挤压锚具

图2-70　承压式锚具

5)夹具

在先张法构件施工时,夹具是用于保持预应力筋的拉力并将其固定在生产台座(或设备)上的临时性锚固装置。在后张法结构或构件施工时,夹具是在张拉千斤顶或设备上夹持预应力筋的临时性锚固装置(又称工具锚)。

2.6.4　预应力施工过程

先张法和后张法的施工过程有所不同,以后张法为例,预应力混凝土施工过程主要包括:

1)预应力孔道成型

孔道预留[图2-71a)]是制作后张法构件的关键工序,孔道预留的质量直接影响预应力筋是否能顺利穿孔及张拉。孔道预留的方式有埋置式和抽拔式。埋置式可采用金属波纹管、塑料波纹管等,波纹管接头采取必要防护措施,防止漏浆堵塞,并在波纹管上预留灌浆孔、沁水孔或出气孔等。抽拔式常用的有橡胶抽管、钢管拔管等,适用于直线形预应力筋孔道成孔。抽拔式抽管时间应结合现场实际水泥品种、混凝土强度等级、预应力构件浇筑顺序及天气情况而定,常温下一般在浇筑后 3~6h 即可抽拔芯管。桥梁工程中以埋置式为主。

a) 孔道预留　　　　　　　　　　　　b) 预应力筋穿束

图 2-71　预应力筋孔道预留及穿束

2) 预应力筋穿束

预应力筋可在浇筑混凝土之前或之后穿入预留管道[图 2-71b)],称为"穿束"。预应力孔道成型后,应及时检查孔道是否畅通,如有塌陷、堵塞情况应及时处理。穿束前,可用空压机吹风等方法清理孔道内的污物和积水,以确保孔道畅通。

3) 预应力筋张拉

预应力筋张拉宜采用穿心式千斤顶,如图 2-72 所示。预应力筋张拉时,应先调整到初应力 σ_0,该初应力根据钢束长度宜为张拉控制应力 σ_{con} 的 10%~25%,伸长量值应从初应力时开始量测;预应力筋长度在 30m 以下时,初应力一般取 10%~15%;预应力筋长度为 30~60m 时,取 15%~20%;预应力筋长度大于 60m 时,取上限 25% 控制应力作为初应力;预应力筋长度过长(如超过 100m)时,25% 的上限亦有可能达不到初应力的目的,则需要现场试验确定初应力大小。

4) 孔道压浆

图 2-72　预应力筋张拉

为使孔道内预应力筋不被锈蚀,并与混凝土构件形成整体,增加结构的耐久性,当预应力筋张拉完成后,即应进行孔道压浆工作(图 2-73)。灌浆前,预留孔道用压力水冲刷干净、湿润。孔道压浆工艺有"一次压注法"和"二次压注法"两种,前者用于长度不大的直线形孔道,后者用于较长的孔道或曲线形孔道。压浆应选择合适的压力进行施工,如压力过大,易胀裂孔壁,压力过小又无法压浆密实。压浆顺序应先下孔道后上孔道,以免上孔道漏浆把下孔道堵塞。直线形孔道压浆时,应从构件的一端压到另一端,曲线形孔道压浆时,应从孔道最低处开始向两端进行。

图 2-73　孔道压浆

5）封锚

为了避免锚头锈蚀，并防止其在使用过程中松动，应将锚固端用混凝土封固，如图 2-74 所示。孔道压浆后应立即将梁端水泥浆冲洗干净，并将端面混凝土凿毛。在绑扎端部钢筋网和安装封端模板时，要妥善固定，以免在浇筑混凝土时因模板变位而影响梁长。封端混凝土的强度应不低于梁体的强度。混凝土浇筑完成后，应进行养护。

a）封锚模板

b）封锚端

图 2-74　封锚

2.7　预制装配施工

在我国大力发展装配式结构的背景下，桥梁建设涌现出以构件预制化生产、装配式施工为特征的新型生产方式，减小了现场施工的难度，易于保证施工质量，施工速度快。对于桥梁上部结构预制装配施工，需合理设置接缝位置、划分节段，重点考虑体外预应力及节段间剪力键连接设计；对于桥梁下部结构预制装配施工，重点考虑预制桥墩节段之间、预制墩身与盖梁、预制墩身与承台之间的连接，如通过灌浆套筒连接、普通混凝土湿接缝连接、插槽式连接等多种方式实现。

2.7.1 上部结构预制装配

预制桥梁材料有预应力混凝土和钢材,主要分为整孔预制、分片预制及节段预制三种。整孔预制受限于设备的吊装重量,主要用于铁路桥梁或宽度较窄的桥梁,采用整孔架设法施工;分片预制常用于城市大宽度桥梁,现场进行横向装配;节段预制常用于箱形梁桥,纵向节段拼装减少吊装重量。本节主要介绍混凝土桥梁预制装配。

1) 整孔预制

整孔预制梁施工如图 2-75 所示,是指将梁体按起吊安装设备的能力,先在预制场逐孔预制,然后用各种安装方法将预制构件安装在墩台和临时支架上,再现浇接头混凝土,最后,通过张拉部分预应力筋使梁体安装到位的施工方法。

整孔预制梁的运梁和架设设备复杂。由于超大型箱梁的重量一般在 500t 以上,因此运梁设备在技术上需要突破许多原有概念,包括:使用多组钢轮或轮胎、新型轴承结构、转向装置,负荷分配和补偿机构,启动、停车和运行的稳定性等。对于如此巨大的梁体,即使从制梁现场到架设施工地点的距离不超过几千米,运梁和架设的过程也是十分复杂的。图 2-76a)为两台 1200t 级轮胎式搬运机

图 2-75 整孔预制箱梁

正起吊、搬运一片整孔预制箱梁,图 2-76b)为中国中铁科工集团研制的"越海号"运架装备在浙江杭甬高速复线架设 1800t 重的箱梁。

a) 移梁

b) 架设

图 2-76 整孔预制箱梁移梁和架设

2) 分片预制

分片预制都是在工厂经过全面流水线制造,不仅其施工质量能够得到保障,同时在施工现场只要准确将每一片单独的梁体按照定位点将其连接和安装即可。分片预制装配式

桥梁的上部结构主要为板梁、T梁、组合箱梁等结构形式(图2-77),这种施工方式更加适用于中小跨径桥梁。

a)T梁

b)组合箱梁

图2-77 梁分片预制

以组合箱梁为例,预制梁架设分为取梁阶段、移梁阶段和落梁阶段,如图2-78所示。

(1)取梁阶段:履带式起重机取梁时,梁车由施工便道行驶至履带式起重机作业半径范围内。履带式起重机站位及行驶方向应尽量保持与盖梁方向一致。吊起小箱梁,缓缓起升,将小箱梁吊起10cm高度后停住。对小箱梁进行试吊,检查小箱梁、起重机、吊具的稳定性。

(2)移梁阶段:小箱梁试吊无异常后,双台履带式起重机缓缓起钩,转动把杆,控制梁端方向,将小箱梁转至履带式起重机前方,履带式起重机往前移动,行至预定位置,两台起重机调整梁的方向及位置,至待架设位置处停止。

(3)落梁阶段:技术人员检查小箱梁对位情况,盖梁上纵横控制线与小箱梁中心线吻合后,起重机同时缓慢松钩,将小箱梁落在盖梁临时支座上,完成该片梁架设。

a)移梁

b)落梁

图2-78 组合箱梁架设

3)节段预制

节段预制拼装施工如图2-79所示,是将整跨桥梁梁体沿垂直于桥梁纵轴线方向切割,将梁体划分为若干个节段,将拟建桥梁的空间设计坐标转换、分解成为预制厂内各个节段的预控制坐标,在预制厂内采用密贴镶合匹配浇注法将所有节段逐一制作完成。

节段预制拼装施工工序包括:

(1) 节段梁堆放

节段必须按能避免翘曲和二次应力的方式堆放,地坪能为节段提供良好的支承;节段的腹板下方和紧靠腹板处应支架起来,叠堆时应将上面节段的重量由腹板直接传递,避免顶、底板弯曲传力,典型堆放形式如图2-80所示。

图2-79 箱梁节段预制场

图2-80 节段梁堆放

(2) 节段梁运输

节段合理搬运的起吊点应选取合适,以便把节段应力控制在允许的范围内;由于混凝土梁体节段自重较大,因此混凝土梁体节段预制场地一般选在离桥位较近处,采用轮胎式搬运机、运梁车、运梁轨道车或船舶运输至桥位拼装(图2-81)。

a) 汽车运输

b) 船运

图2-81 节段梁运输

(3) 节段梁吊装

在施工现场采用大型架桥机设备将制作完成的梁体节段,沿桥纵向循序排列,并连接成整体就位于桥梁墩台上;在架设节段预制梁时,可采用平衡悬臂法或其他吊装方法进行施工。平衡悬臂法即以一个桥墩为中心,按对称顺序拼装节段,主要步骤如图 2-82 所示。

a)架桥机就位

b)起吊

c)拼装

d)成型

图 2-82 平衡悬臂法施工

(4)节段接缝拼接

通常采用胶接法、湿接法两种方法处理。

①胶接法:体内、体外混合预应力桥梁和循环冻融地区应采用胶接缝,涂以环氧树脂(图 2-83),胶接缝处体内预应力筋管道口拼合前应设密封垫圈。

a)梁节段截面涂胶

b)涂胶完成

图 2-83 节段接缝胶接法

②湿接法:梁体节段间采用现浇混凝土把梁块连成整体,节段间预留连接钢筋,湿接法能弥补节段接合面的细小缺陷,密封性好,能有效防止水汽入侵,如图2-84所示。

图 2-84 节段接缝湿接法

综合上述两种接缝方法的特点(表2-11),胶接缝因其将相邻预制节段直接进行拼接,周期较短,而湿接缝则是现场在相邻预制节段之间现浇预留拼缝,周期较长,但湿接缝的施工工艺要求要低于胶接缝,对桥梁的线形控制难度小。

节 段 接 缝 对 比 表2-11

序号	比较项目	胶 接 缝	湿 接 缝
1	定义	相邻预制节段之间采用剪力键咬合,匹配面用胶粘剂黏结形成的接缝	相邻预制节段之间预留一定距离现浇形成的接缝
2	施工周期	周期较短,一般5d/孔	周期较长,一般11~13d/孔
3	预制梁段精度要求	精度要求高,施工难以控制,长线法或长短结合所需场地面积大,工艺复杂	精度要求低,施工中便于控制,预制场地要求小,工艺简单
4	节段线形调整	线形控制难度大	线形控制难度小,易于调整
5	预应力	多次施加临时预应力,二次纵向张拉	一次纵向张拉
6	接缝质量控制	接缝质量控制难度大,在承载能力极限状态时,其抗弯和抗剪承载力均低于湿接缝连接	接缝质量控制难度小,抗弯和抗剪承载力均高于胶接缝连接
7	抗震能力	抗震性能差,地震时,混凝土剪力键可能出现脆性破坏,梁体被突然剪断	抗震性能强,接缝处设计同预制梁段
8	接缝处混凝土耐久性	冻融循环地区若桥面防水有问题,水易渗入接缝导致混凝土剪力键逐渐破坏;海洋环境,多雨等不良环境地区,有害物质也会侵入接缝处导致混凝土剪力键出现耐久性病害	接缝处混凝土一般均设计为高性能混凝土,耐久性好,抗病害性强

2.7.2 下部结构预制装配

装配式墩台是将墩台沿垂直方向按一定模数分成若干构件,在预制场地进行预制浇筑,通过车船运输至现场,起吊拼装。装配式墩台的主要特点是:在预制场预制构件,受周围环境干扰少,但对运输、起重机械设备要求较高。装配式墩台施工工序主要为预制构件、安装连接与混凝土填缝等,其中安装连接的拼装接头是关键工序,主要连接部位有墩柱与承台、墩柱与盖梁、墩柱节段接缝、盖梁节段接缝等。

1) 预制构件

装配式柱式墩系将桥墩分解成若干构件,如承台、柱、盖梁(墩帽)等(图2-85),在工厂或现场集中预制,再运送到现场装配。

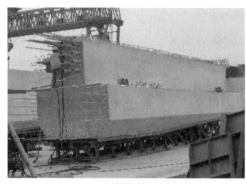
a) 盖梁预制

b) 墩柱预制

图2-85 预制下部构件

2) 拼装接头

常用的拼装接头连接方式有以下几种:

(1) 有黏结后张预应力筋连接

有黏结后张预应力筋连接构造往往配合砂浆垫层或环氧胶接缝构造实现节段预制桥墩的建造,预应力筋可采用钢绞线或精轧螺纹钢等高强钢筋。该构造特点是预应力筋通过接缝,实际工程应用较多,计算设计理论以及施工技术经验成熟。

(2) 灌浆套筒连接

在预制混凝土构件中预埋的金属套筒中插入钢筋并在它们之间的间隙灌注灌浆料而实现的钢筋连接,可应用于墩身与盖梁的连接,以及墩身节段之间的连接。典型灌浆套筒连接桥墩与检测如图2-86所示,墩身与盖梁或承台之间的接触面往往采用砂浆垫层,墩身节段之间采用环氧胶接缝构造。构造特点是施工精度要求较高,现场施工所需时间短,同时也不需要张拉预应力筋,现场工作量显著减小,其力学性能与传统现浇混凝土桥墩类似,因此具有一定的经济优越性。

a) 灌浆套筒连接桥墩

b) 灌浆套筒剖开检测灌浆密实度

图 2-86　灌浆套筒连接桥墩及检测

（3）灌浆金属波纹管连接

在混凝土预制构件中预留钢筋插孔，钢筋插入预留孔后，灌注灌浆料等形成锚固。目前常用的是在承台或者盖梁中预埋波纹钢管，该连接构造常用于墩身与承台或墩身与盖梁的连接，预制墩身通过其伸出的主钢筋插入预埋于盖梁或承台内的灌浆金属波纹管中，在墩身与盖梁或承台之间的接触面往往采用砂浆垫层，墩身节段之间采用环氧胶接缝构造，如图 2-87 所示。该构造方式具有力学性能好、造价低、现场施工时间短的优点，其力学性能类似传统现浇结构，但需要满足足够的纵筋锚固长度，用于墩柱与承台连接时安装施工不是十分方便。

（4）承插式（杯口式）连接

承插式连接通过在承台中预留孔洞，将预制墩身插入基础对应的预留孔内，插入长度一般为墩身截面尺寸的 1.2～1.5 倍，底部铺设一定厚度的砂浆，在墩身与孔洞的间隙灌入嵌缝材料，形成嵌固连接，如图 2-88 所示。其主要用于墩身与承台处的连接，也可在盖梁底部预留孔洞实现墩身与盖梁之间的连接。承插式连接现场需要浇筑一定的混凝土，施工容许误差较大，施工工序简单，无需特殊的施工装备。

图 2-87　灌浆金属波纹管连接

图 2-88　承插式连接

(5)湿接缝连接

预制拼装桥墩或盖梁预先伸出一定数量的钢筋,通过与相邻构件预留钢筋搭接后浇混凝土(湿接缝)方式连接,这也是目前国内较多采用的节段拼装的设计构造,能够用于墩身与承台或盖梁与盖梁的连接,典型连接方式如图 2-89 所示。采用此种方式,现浇湿接头的现场工作量大、连接工作时间长。采用该构造建造桥墩等,力学性能往往与传统现浇混凝土桥墩结构类似。

a)盖梁

b)桥墩

图 2-89 预制盖梁及桥墩湿接缝连接

2.7.3 预制构件运输及吊装设备

预制构件的运输和安装是装配式桥梁施工中的关键工序,需结合施工现场条件、工程规模、桥梁跨径、工期条件、设备能力等具体情况,以安全、可靠、经济、适用、快速为原则,合理选择预制构件的安装方法。其中,以桥梁上部结构梁体的运输居多,以下主要针对预制梁的运输及吊装进行介绍。

1)预制构件运输

当预制工厂距桥梁工地较远时,通常可用大型平板拖车、火车或驳船将预制构件运至工地存放,或直接运至桥头或桥孔下进行架设。运输过程中,预制构件的放置要符合受力方向,为了防止构件发生侧倾、滑动或跳动等现象,需要在构件两侧设置斜撑和木楔等进行临时固定。预制构件在起吊和堆放时,应按设计规定的位置布置吊点或支承点。

2)预制构件吊装

(1)起重机型号的选择

选择原则:所选起重机的三个参数,即起重量 Q、起重高度 H 和工作幅度(回转半径)R 均需满足结构吊装要求。

起重机的起重量按下式选择。

$$Q \geqslant Q_1 + Q_2 \tag{2-1}$$

式中:Q_1——构件质量(t);

Q_2——索具质量(t)。

起重机的起重高度(停机面至吊钩的距离)H按下式计算,其示意图如图2-90所示:

$$H \geqslant h_1 + h_2 + h_3 + h_4 \tag{2-2}$$

式中:h_1——墩顶至地面高度(m);

h_2——安装间隙(m),应不小于0.3m;

h_3——绑扎点至构件起吊后底面的距离(m);

h_4——索具高度(绑扎点至吊钩的距离,m)。

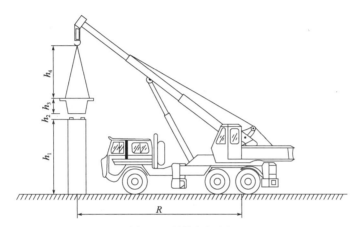

图2-90 吊装高度示意

R——回转半径,回转中心至吊钩的水平距离;

三个参数的关系:当起重臂长度一定时,随着仰角的增加,起重量和起重高度增加,而回转半径减小;当起重臂仰角不变时,随着起重臂长度的增加,回转半径和起重高度增加,而起重量减小。

当起重机的停机位不受限制时,对回转半径没有要求;当起重机的停机位受限制时,需根据起重量、起重高度和回转半径三个参数查阅起重机性能曲线来选择起重机的型号及臂长;当起重机的起重臂需跨过已安装的结构去吊装构件时,为避免起重臂与已安装结构相碰,应采用数解法或图解法求出起重机的最小臂长及回转半径。

(2)吊装设备及其工作流程

根据架梁的空间对架设进行分类,有陆地架设、浮吊架设和高空架设等,每一类架设工艺中,按起重、吊装等机具的不同,又可分成汽车起重机吊装、履带式起重机吊装、门式起重机架设、架桥机架设和浮式起重机吊装等。

①汽车起重机吊装

对于中小跨径桥梁,可采用汽车起重机或履带式起重机安装构件。如果是岸上的引桥或者桥墩不高时,可以视吊装质量的不同,用一台或两台(抬吊)起重机直接在桥下进行吊装,如图2-91所示。

a) 汽车起重机

b) 单车抬吊

c) 双车抬吊

图 2-91　汽车起重机吊梁

②履带式起重机吊装

履带式起重机如图 2-92 所示,由行走机构、回转机构、机身及起重臂组成。其特点是操作灵活、使用方便,起重臂可分节接长、机身可 360°回转,在平坦坚实的道路上可负重行走,换装工作装置后可成为挖土机或打桩机使用,是一种多功能、移动式吊装机械。

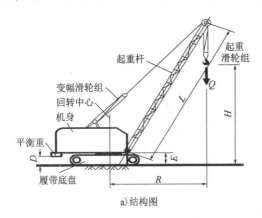

a) 结构图　　　　　　b) 实物图

图 2-92　履带式起重机

③门式起重机吊装

门式起重机俗称龙门吊,是桥式起重机的一种变形,是桥架通过两侧支腿支撑在地面轨道上的桥架型起重机(图2-93)。在结构上由门架、大车运行机构、起重小车和电气部分等组成。承载加劲梁下安装两条支脚,可以直接在地面的轨道上行走。有单加劲梁和双加劲梁不同形式,单加劲梁式主结构简单,制造安装方便,自身质量小,双加劲梁式承载能力强,跨度大、整体稳定性好;加劲梁结构有箱形梁和桁架梁等形式。门式起重机具有场地利用率高、作业范围大、适应面广、通用性强等特点。其在预制场内装卸预制构件时得到广泛使用;当桥梁高度不大,桥梁孔数不多,沿桥墩两侧不难铺设轨道时,可以采用门式起重机进行架梁,梁运到后,用门式起重机起吊、横移,并安装在预定位置,一孔架设完成后,起重机前移,再架设下一孔。

a)预制场内装卸

b)架梁

图2-93 龙门架及应用

④架桥机架设

架桥机属起重机特种设备,它的用途是将梁场预制好的梁片放置到桥墩上,架桥机与一般的桥式起重机最大的不同是它能够自行过孔。按用途分公路桥梁架桥机、铁路桥梁架桥机、高速铁路桥梁架桥机等;按结构形式分为单梁架桥机、双梁架桥机、桁架式架桥机等,可用于梁片的单片整片架设,也可以用于梁端的节段拼装架设,典型架桥机如图2-94所示。

架桥机的运用应结合现场条件、工程规模、桥梁跨径和工期条件等相关因素考虑使用,架设梁体主要施工步骤一般有喂梁、提梁、送梁就位,然后落梁等关键步骤,典型施工流程如下所示。

a)喂梁:运梁车喂梁,天车吊梁前移(图2-95)。

b)提梁:架桥机接管预制梁,运梁车离开,保证前后两个提升小车同步提梁(图2-96)。

c)送梁:天车送梁至待架跨位置,两提升小车同步吊梁前行至待架跨上方停止(图2-97)。

桥梁施工技术

a) 单梁架桥机　　　　　　　　　　　　b) 双梁架桥机

c) 桁架式架桥机

图 2-94　架桥机

图 2-95　运梁车喂梁　　　　　　　　　　图 2-96　架桥机提梁

d) 落梁：提升小车同时下落，待预制梁距支座顶面约 15cm 时停止落梁，启动前支装置和中支装置的横移电机，整机带动预制梁同步横移，把预制梁放到合适的位置上（图 2-98）。

图 2-97　架桥机送梁就位　　　　　　图 2-98　架桥机落梁

⑤浮式起重机吊装

浮式起重机吊装是利用浮运、浮式起重机等设备将梁体、桥墩等桥梁构件运至预定桥孔位置安装就位的施工方法。浮式起重机是用于水上起重作业的工程船舶,又称起重船、浮吊船。浮式起重机按航行状态,分为自航式和非自航式;按船型分为驳型、单体型、双体型和半潜型;按起重设备形式分为固定式和旋转式,如图 2-99 所示。

a)固定式　　　　　　　　　　　　　b)旋转式

图 2-99　浮式起重机

自航浮式起重机备有动力装置、推进器、舵等,可在水上独立航行;若采用桨翼竖装的平旋推进器,还可左右移位和原地转向,故作业时机动性好。非自航浮式起重机移位时用绞缆设备牵引,长距离航行时靠拖轮拖带。

固定式浮式起重机的起重臂不能水平旋转,整个船靠拖轮拖带转向,或是靠船向各个方向抛锚,通过牵拉不同方向的锚链,而实现重物回转的。旋转式起重船的起重系统建立在一个转盘上,吊杆与转盘连为一体,工作时吊杆随转盘水平旋转。旋转式起重船的起重机设有旋转、起升和变幅机构,有些船上还设有行走机构,起重臂多为桁架式。旋转式起重船可在水平面上作 360°旋转,吊臂通过变幅绞车改变仰角获得不同的舷外跨距,依靠电动机驱动的起升绞车实现起吊物的升降起落,动作灵活。

浮式起重机施工工艺流程:选择浮式起重机参数→吊耳板设计→确定浮式起重机进场时间→浮式起重机装配→浮式起重机吊运→就位→浮式起重机撤场。浮式起重机设备的起吊能力与吊臂仰角、吊装高度以及吊装距离有关,以某200t浮式起重机为例,其工况见表2-12。

某200t浮式起重机工况 表2-12

吊臂仰角 α(°)	荷载(t)	高度(m)	距离(m)
75	200	44.5	3.5
70	183	43.0	7.9
65	166	41.5	11.7
60	150	39.5	15.5
55	133	37.5	18.7
50	117	34.5	22.0
45	100	31.5	25.5

选择浮式起重机参数时,根据浮式起重机设备的技术参数和吊装梁段的重量和尺寸以及施工现场桥位处水深、水流等环境条件,对吊重、吊高和吊幅进行核算。浮式起重机吊梁在负重状态下的吃水深度应满足现在施工水域的水深要求。在吊梁安装就位时,浮式起重机应避免较大的晃动,确保落梁平稳、就位准确。吊装高度 H(图2-100)按下式计算。

$$H \geqslant h_1 + h_2 + h_3 + h_4 + h_5 \tag{2-3}$$

式中:h_1——支座顶面距水面高度(m);

h_2——吊装预留净空间(m),应不小于0.3m;

h_3——梁高(m);

h_4——吊钩绳长(m);

h_5——吊绳绳长(m)。

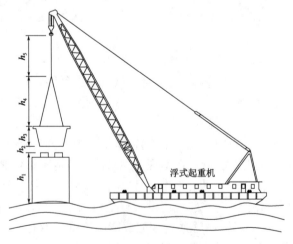

图2-100 浮式起重机高度示意

2.8 小结

各种结构形式的桥梁,尤其是钢筋混凝土及预应力混凝土桥梁,其建造过程通常都离不开支架、模板、钢筋、混凝土等常规施工技术。本章主要针对钢筋混凝土及预应力混凝土桥梁施工中涉及的一般通用性施工技术,结合最新施工技术规范和标准,介绍了支架、模板、钢筋、混凝土、预应力及预制装配施工等施工技术,突出相关材料、构造、装备及技术要点。在介绍成熟的桥梁通用施工技术和施工工艺的基础上,注重与当前实际工程的结合,强调新材料、新技术、新工艺和新装备。

当前,我国桥梁建设正由传统的建造方式向工业化、数字化、智能化建造变革。桥梁智能建造领域的技术新进展主要体现在:新型预制装配施工技术、轻质高强材料、智能建造设备、数字化施工管理等方面。桥梁的装配式建造是加快施工速度、减少现场污染、实现低碳化建设的有效手段。在国家政策的引导下,装配式桥梁结构在各类工程中虽已得到了部分应用,但还远未完全推广,发展潜力巨大。桥梁向大跨度、轻型化、智能化发展,必须对传统的建筑材料进行革命性突破。目前,超高性能混凝土、高强高性能钢材、耐候钢、纤维增强复合材料、高性能灌浆料等新材料已经在桥梁工程领域推广应用,并显示出巨大的应用前景。混凝土智能浇筑设备、预应力智能张拉及智能压浆设备、大型智能化运输和吊装设备、大体积混凝土温控设备等新型桥梁建造设备大大改善了传统设备施工效率较低、劳动力需求大且安全风险高的问题。

未来深水、跨海等更加复杂的桥梁建设环境,对桥梁的建筑材料、施工工艺和施工装备都提出了更高要求,加强新技术和新材料的应用,对于发挥桥梁工程建设在社会经济发展过程中的积极贡献具有重要作用。

1. 简述支架的组成部分,并归纳各组成部分的作用。
2. 支架按不同构造形式和结构形式分别有哪些分类?
3. 简述盘扣式支架的原理及特点。
4. 支架搭设的流程有哪些?其中支架预压的目的是什么?
5. 桥梁工程中的哪些场合下能够采用附着式支架?其有哪些应用形式?
6. 模板按照材料和安放位置可分为哪些类型?各有哪些特点?

7. 长线法和短线法预制节段箱梁模板的使用有什么异同点?
8. 桥梁典型构件钢筋按照构造要求分类有哪些? 各类钢筋起什么作用?
9. 钢筋连接采用焊接接头时,有哪些焊接连接方式?
10. 桥梁桩基钢筋有哪些类型钢筋组成,施工时注意哪些问题?
11. 钢筋连接的方式有哪些?
12. 桥梁工程中常用的混凝土种类有哪些? 它们在工程使用过程中各有什么特点?
13. 冬季进行混凝土施工时,应采取哪些措施来保证混凝土的质量?
14. 预应力筋按不同方式分类有哪些? 简述各类预应力筋适用条件。
15. 预应力张拉的方式有哪些? 它们的适用条件是什么?
16. 简述后张法的施工过程。
17. 预应力锚具类型有哪些? 各类型的锚具有什么特点?
18. 桥梁上部结构预制的方式有哪些? 简述各类预制方式的特点。
19. 混凝土节段接缝拼接有哪些方式? 各有什么特点?
20. 桥梁下部结构的拼接接头方式有哪些? 各有什么特点?

第3章

高墩、钢塔施工

3.1 概述

随着社会经济的发展及交通需求的增加,我国交通运输网覆盖面越来越大,进而要求桥梁的架设能够适应各种地形和地质条件。如果交通规划路线穿过大江、大河、深沟、峡谷,往往需要采用大跨径桥梁跨越,其中,连续梁桥、连续刚构桥、悬索桥、斜拉桥被广泛采用。相应地,作为其下部结构的钢筋混凝土塔柱、高墩的应用十分常见。本章主要介绍了高大模板支撑系统、翻模施工、爬模施工和滑模施工等常用的高墩施工方法,并简要介绍了钢塔柱的施工方法与工艺流程。

3.1.1 高墩和钢塔的发展历程

1)高墩发展历程

一般而言,铁路桥梁墩顶的设计高程至承台或底部系梁高程之差(H)达15m的可以界定为高墩,其中:15m≤H<25m 可定为一般高墩;25m≤H<35m 可定为较高墩;H≥35m 可定为超高墩。

国外从20世纪中叶开始就建造了很多高墩桥梁。如奥地利欧罗巴桥,桥墩高146m,为钢筋混凝土箱形截面墩,壁厚35~55cm,桥梁全长1128m,最大跨长138m,建于1963年;德国科赫塔尔高架桥,桥墩高178m,为混凝土薄壁箱形截面墩,桥梁全长1128m,最大跨长138m,建于1979年;美国圣地亚哥松谷溪桥,桥墩高113m,全长520m,建于1974年。欧罗巴桥和科赫塔尔高架桥均采用了单肢墩,而松谷溪桥采用了双肢墩。目前,世界上墩高最高的桥梁为法国米约多塔斜拉桥,该桥七座混凝土桥墩的平均高度超过75m,其中2、3号桥墩分别高达245m和220m。

我国于新中国成立初期建成了多种截面形式的混凝土高墩,但为了施工方便,这些高墩都采用了重力式实体混凝土结构。随着交通事业的发展,在山区修建的桥梁墩高往往达40m以上,此时设计要求的墩身截面尺寸很大,混凝土用量也很多,采用实体墩显然已很不经济。

20世纪70年代以后,空心墩在我国桥梁工程中不断得到发展与应用。与实体墩相比,空心墩在不影响桥梁安全性的前提下使得桥墩经济化、轻型化。此后,随着设计水平的提高和施工技术的成熟,高墩的壁厚越来越薄,并且逐渐省去了隔板的设置,进一步减少了材料的使用和工程造价。

近年来,随着桥梁建设更多地向西部和山区发展,高墩数量迅速增多,施工方法也越来越先进。爬模、翻模等先进施工技术的大量应用,不仅缩短了墩身建造时间,而且更好地保证了施工质量。目前,超过100m的墩身高度已屡见不鲜。2013年3月,在历时33个月、克服种种困难后,贵州赫章特大桥顺利建成,该桥11号墩高达195m,成为"亚洲第一高墩"[图3-1a)]。2016年10月27日,创下桥梁建设7个"世界第一"的汝郴高速湖南赤石大桥通车,该桥跨径380m,最高桥墩182m,为世界第一高混凝土斜拉桥桥墩[图3-1b)]。

a)贵州赫章特大桥　　　　　　　　　　b)湖南汝郴高速赤石大桥

图3-1　我国代表性高墩桥梁

2)钢塔发展历程

自1955年世界第一座现代化斜拉桥面世以来,钢桥塔在欧洲、日本均有着非常广泛的应用。如1955年由德国工程师设计建造的瑞典斯曹姆松特桥(182.6m),1959年德国西奥多尔-豪玉斯桥(260m)、塞弗林桥(301m),1968年澳大利亚巴特曼桥(205m),1970年日本丰里桥(216m),1977年南斯拉夫萨瓦河铁路桥(253.7m),1987年泰国湄南河桥(450m),1999年日本的多多罗桥(890m)等均采用钢桥塔。

我国早期修建的斜拉桥和悬索桥中,除了禹门口龙门黄河桥(352m)、山东东营黄河桥(288m)、香港汀九桥(448m+475m)等少数桥梁外,几乎都采用混凝土桥塔。新中国成立早期,我国的钢材产量有限,相对于钢桥塔来说,混凝土桥塔的造价较低,也几乎不需要保养维修。对于同等外部尺寸的截面,混凝土桥塔比钢桥塔的刚度大,且混凝土桥塔能够方便地塑造出与全桥相协调的外形。因此,出于众多因素,我国在20世纪80年代以前一直没有在大跨度桥梁中采用钢桥塔;然而,随着经济与技术的发展,钢产量与品质不断提高,我国的工程建设环境也发生了重大变化,各类钢结构建筑的修建数量越来越多。首次采用钢-混凝土混合桥塔的南京长江三桥(南京大胜关长江大桥)[648m,图3-2a)]填补了我国在该领域的空白,进一步提升了中国在桥梁钢结构上的设计制造能力;随后,北京新首钢大桥桥塔、江苏泰州长江大桥中索塔、宁波象山港大桥塔柱[图3-2b)]也采用了钢塔柱。

a)南京长江三桥(南京大胜关长江大桥)　　　b)宁波象山港大桥

图3-2　我国代表性钢塔桥梁

3.1.2　高墩类型

高墩可以根据结构形式划分为实体桥墩、薄壁式空心桥墩等。

实体桥墩是指桥墩由实体结构组成[图3-3a)],又称重力式桥墩。这类桥墩的特点是依靠自身重力(包括上部结构重力)来平衡外力,保证桥墩的稳定,其体积和自重较大。实体桥墩的截面形式主要有圆形、方形、矩形、圆端形等。

薄壁式空心桥墩是墩身为空腔体的桥墩[图3-3b)],是实体墩向轻型化发展的一种结构形式,可以节省圬工材料,还能减轻重量,减小墩身对基底及地基的应力,该类结构形式广泛应用于高桥墩。采用这种桥墩可以大量节省墩身工程量,相比于一般混凝土桥墩可节省20%~30%,相比于钢筋混凝土高墩可节省50%以上。桥墩壁厚也因采用的材料不同而不同,当采用混凝土浇筑墩身时,壁厚一般不小于50cm;当采用钢筋混凝土浇筑时,墩身壁厚一般不小于30cm。

3.1.3　桥塔类型

高墩桥塔是斜拉桥、悬索桥等缆索桥梁的主要受力构件,桥塔的形状展示出大跨缆索桥梁的雄伟特征,主导着桥位处的环境空间,反映桥梁的时代特点。桥塔自身孕育着张力,具有动态美。其高耸挺拔的姿态有着景观标志作用,在桥梁设计与施工中占据了重要的地位。

a) 实体桥墩

b) 薄壁式空心桥墩

图 3-3 典型高墩

1) 桥塔的构造形式

桥塔的构造形式主要由缆索布置形式、加劲梁跨度、桥面宽度等因素决定。

桥塔在顺桥向的形式有单柱形、A 形、圆形和倒 Y 形等几种。单柱塔构造简单,应用最广。A 形和倒 Y 形桥塔在顺桥向的刚度大,有利于承受桥塔两侧的不平衡拉力,能抵抗较大的弯矩并减少塔顶的纵向位移、减少梁的挠度,但因其施工复杂,故较少使用。

桥塔在横桥向的形式有单柱形、双柱形、门形、H 形、梯形、A 形、倒 V 形、倒 Y 形、菱形等。柱式塔构造简单,但承受横向水平荷载能力较差。门形塔有较好的刚度来抵抗横向风力,一般适用于宽度不大的双索面桥。A 形、倒 Y 形、菱形桥塔的横向刚度大但构造复杂、施工难度大,多用于对抗风、抗震要求较高的大跨径和漂浮体系斜拉桥,可适用于单索面或双索面布置。典型桥塔类型如图 3-4 所示。

2) 桥塔的受力形式

从受力性能上来分类,桥塔的结构形式主要有以下两种:

(1) 刚性塔

刚性塔为塔顶水平变位量相对较小的桥塔。刚性塔可做成单柱形状,也可做成 A 字形状。刚性塔一般用于多塔(桥塔数量为 3 个或 3 个以上)悬索桥,特别是位于中间的桥塔,可通过提高桥塔的纵向刚度来控制塔顶的纵向变位,从而减小梁内应力。

(2) 柔性塔

相对于刚性塔,柔性塔为塔顶水平变位量相对较大的桥塔。在大跨度三跨(双塔)形式的悬索桥中,桥塔几乎全是做成柔性的。柔性塔塔柱下端一般做成固结的单柱形式。

a) 单柱桥塔(南京浦仪公路跨江大桥)

b) H形桥塔(四川北盘江大桥)

c) 倒Y形桥塔(四川夷陵长江大桥)

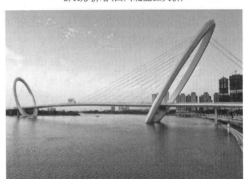
d) 圆形桥塔(南京青奥步行桥)

图 3-4 典型桥塔类型

3.2 高墩施工

常见的高墩施工方法一般包括满堂支架法、无支架施工法、高大支模塔式起重机施工法等。

(1) 满堂支架施工法

满堂支架施工法是一种长期被采用的方法,施工时需要大量的模板支架。通过搭设满堂支架,在支架上拼装钢、木模板,建立模板支架临时支撑体系。继而在模板内部绑扎钢筋,并通过自卸混凝土升降斗或混凝土输送泵垂直浇筑混凝土,养护混凝土至龄期后拆模。该方法不需要大型吊装设备,施工质量稳定、方案成熟,但也存在着支架模板消耗量大、工期长等问题,对山区桥梁及高度超过 20m 桥墩的施工存在很大局限性。

(2) 无支架施工法

无支架施工法大幅地减少了施工辅助结构及桥上施工作业量,显著改善了工作条件,加快了工程进度,现代桥梁施工中已普遍采用此方法。利用型钢及抽拉杆,根据桥墩外形尺寸制作胎具,并在钢筋加工车间利用胎具加工整体钢筋笼;将钢筋笼运送到施工现场,整体吊装就位,在钢筋笼外侧套装模板,泵送混凝土一体浇筑完成。在整个施工过程中,采用了模架一体化施工,无需搭设脚手架,但需要在墩顶搭设操作平台,以方便工人对钢筋笼进行纠偏和完成混凝土振捣作业。该方法适用于高度小于15m的墩柱施工,而当墩柱高度超过15m时,则需要进行分节段浇筑,施工难度陡增。

(3)高大支模塔式起重机施工法

当墩高超过30m时,可在墩旁安设塔式起重机,并将塔式起重机通过预埋件与墩身相连。由塔式起重机完成墩身的立模、拆模以及工程材料的运输工作。但当桥墩高度超过60m时,对于塔架的高空吊装要求过高,该方法已不适用。

除了以上三种传统的方法外,高墩施工方法主要还有翻模、爬模和滑模三种。20世纪70年代初至80年代末,液压滑动模板在铁路和公路高墩桥梁施工中应用非常广泛;20世纪90年代以后,液压(或电动)翻升模板、液压爬升模板和电动升降脚手架等新型模板体系开始出现,使施工单位有了更多选择。

3.2.1 高大模板支撑系统施工

1)工艺原理与特点

通常认为,混凝土墩柱模板支撑高度超过8m,或搭设跨度超过18m,或施工总荷载大于15kN/m²,或集中线荷载大于20kN/m的模板支撑系统为高大模板支撑系统(高支模系统)。对于墩身较为复杂的城市高架桥墩[图3-5a)]或墩身截面尺寸变化不大且墩高较低的公路桥墩[图3-5b)],可以适当采用高支模施工方案。

a)城市高架桥墩　　　　　　　b)公路圆墩

图3-5　高大模板支撑系统

将高支模施工技术应用到桥梁高墩工程中,能够在保障整个工程质量的同时,提升施工环节的规范性和便利性。但在高支模施工技术的应用过程中,危险性较高,这主要是由于施工模板自身具有独立性,模板支撑高度较高;施工单位应依据国家现行相关标准规范,结合工程实际,编制高大模板支撑系统的专项施工方案,并经过专家论证方可实施。

2)施工流程

桥墩高大模板支撑系统施工流程主要包括:测量放样、爬梯搭设、钢筋绑扎、支模安装、浇筑混凝土等过程,如图3-6所示。

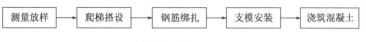

图3-6 高大模板支撑系统施工流程

(1)测量放样

测量放样要精确放出墩身的平面位置,通过桩顶中心点引出四个控制点。通过控制点利用引线和检定钢尺对墩身位置进行校核,吊垂线检测墩身垂直度,辅以缆风绳校正。

在模板安装完成后,墩顶高程采用全站仪与检定钢尺相结合的方法进行控制。利用基准点将高程引至模板顶面,并将墩身、系梁顶高程利用模板顶高程引至模板内侧并明确标识出。可在顶层模板内侧引测多个高程标识点,以保证墩顶高程。

墩身垂直度采用全站仪控制,测点依墩高选择合理位置布置,并沿线路方向和垂直线路方向分别进行控制,保证墩身垂直度。

(2)爬梯搭设

施工人员上下作业采用爬梯(图3-7)。搭建第一节爬梯时,可在底部采用型钢制作底座,底座插打钢筋锚固在土体中;底部墩柱浇筑前,爬梯利用缆风绳锚固在钢筋地锚或混凝土预制块重力式地锚上。地锚与缆风绳间需用匹配的钢丝绳连接,禁止用钢筋代替,且缆风绳应选用圆股钢丝绳,直径一般不小于8mm。

底部以上各节墩柱浇筑时,将新增高的爬梯段采用扣件式钢管脚手架与下部墩柱固定,以增强爬梯的整体稳定性,确保安全。

a)构造原理 b)实例

图3-7 爬梯结构构造及实例

(3)钢筋绑扎

钢筋笼在钢筋加工场加工成型后,用平板车运送至现场[图3-8a)],起重机配合人工安装。钢筋笼在运输过程中,应采取增加支垫或其他适当的措施防止其变形。钢筋笼宜采用吨位适宜的起重机起吊以防止变形。

由于圆柱墩主筋伸入桩顶系梁,在施工桩顶系梁时,需进行首节圆柱墩钢筋笼的安装。根据设计,圆柱墩主筋与桩基主筋进行搭接,并采用单面焊接,焊接长度为10倍主筋直径。

钢筋笼单节长度较长时,一次接长较高,为确保施工安全,同时防止钢筋笼变形,钢筋笼接长后应及时在钢筋笼顶端设置对称的缆风绳[图3-8b)],并牢固锚固在地面,待模板安装完成后,将锚固点转换至模板顶。

a)钢筋笼运输　　　　　　　　　　b)钢筋笼安装完成

图3-8　钢筋笼运输与安装

(4)支模安装

墩身模板采用专业厂家加工而成的大块组合钢模板。对于曲面形结构,面板由钢板卷制而成,使用法兰盘螺栓连接,标准节长度一般取3m左右,调节节段长度取1m。底层10m左右可一次性浇筑,以上各层进行分节浇筑,高度根据具体墩高适当调整。

为提高混凝土外观质量,模板需进行试拼,再在现场安装(图3-9)。模板拼装时按照模板出厂时的编号顺序依次拼装。拼装完成后用手持电砂轮将错台打平。模板安装前必须用电动钢丝刷打磨表面锈迹,达到光滑、明亮无污垢后,涂刷脱模剂。脱模剂采用机油和柴油调制,体积比为3:7,使用过程中可根据具体效果对配比进行优化调整。已经涂刷脱模剂的模板应尽快使用,若超过24h未使用应清洗后重新涂刷脱模剂。

由于墩柱施工时间长,模板周转次数较多,因此在施工过程中要特别做好模板的保护。当模板暂时不用时,应统一存放并采用支垫方木或型钢、绳套等措施牢固固定在坚实的地面上,上部盖彩条布防雨,防止沾染污泥,影响模板质量。

(5)浇筑混凝土

混凝土浇筑前,对模板、钢筋进行检查,做好记录,并核对是否符合设计要求。

混凝土由拌和站集中拌制,并由混凝土罐车运输至现场,现场宜采用泵送混凝土,整体一次浇筑成型[图3-10a)],并采用插入式振捣棒振捣。振捣棒振捣时,注意快插慢拔,振点布置合理。插入式振捣棒的移位间距不超过振捣棒作用半径的1.5倍,与侧模保持

5~10cm 的距离,且插入下层混凝土中的深度为 5~10cm;每一振点的振捣延续时间一般为 20~30s,以混凝土停止下沉、不出现气泡、表面显现浮浆为度,以避免欠振、漏振。

a) 模板工厂试拼装

b) 模板与支撑现场安装

图 3-9 高大模板安装

混凝土浇筑期间,还应设专人检查模板、钢筋等的稳固情况,发现松动、变形、移位时,及时处理。

混凝土终凝后开始养护。夏季宜采用塑料薄膜包裹[图 3-10b)],可在墩顶设置底部开小孔的水桶养护,确保墩柱混凝土表面保持湿润即可;冬季可包裹土工布进行保温养护,不可洒水。混凝土养护时间不得少于 7d,混凝土强度达到 2.5MPa,且能保证其表面及棱角不致因拆模而受损时方可拆模。

此外,墩柱混凝土采用分节浇筑时,施工过程中需设置施工缝;在上节墩柱浇筑的混凝土强度达到 10MPa 后,利用小型手持气锥凿除施工缝位置的松散混凝土全露出粗集料,方才进行后续工序施工。

a) 泵送混凝土

b) 拆模、养护

图 3-10 混凝土浇筑与养护

(6)横梁支模与混凝土浇筑

①支撑搭设、模板安装:墩身混凝土强度达到要求以后,安装底部支撑胎架与横梁模板。横梁模板采用胎架支撑、抱箍支撑或两者相结合的形式。如果采用抱箍支撑,则特制

焊有牛腿的钢箍固定在墩柱上,牛腿上架设两根工字钢纵梁作为承力结构,两根工字钢间用拉杆连接,在工字钢上,横铺小槽钢,再在其上铺设底模及侧模,底模铺设好后,测量调整模板位置。两侧模间设拉杆连接防止胀模,如有必要,在两侧设缆风绳以调整固定模板位置。模板安装完毕后检查位置及高程,随后进行固定。

②绑扎钢筋:将墩柱顶接缝处混凝土凿毛,清除废渣后模板涂抹脱模剂,绑扎横梁钢筋。用起重机将钢筋笼吊入模板内安装,钢筋绑扎严格控制保护层厚度。

③混凝土浇筑:混凝土由起重机吊装入模或泵送入模。浇筑时应采用斜向分段,水平分层的方法,分点下料,混凝土直接落差不应大于2m。横梁混凝土应一次浇筑完毕,振捣要求同墩柱。

④模板拆除及混凝土养护:横梁模板的跨度一般大于4m,根据规范要求,混凝土达到设计强度的75%以上时方可拆除。拆除后宜采用塑料薄膜包裹养护,顶面覆盖,洒水养护7d以上。

典型混凝土桥塔横梁施工如图3-11所示。

a) 桥塔横梁(沪通大桥)

b) 高架桥横梁(南京地铁S3号线)

图3-11 典型混凝土桥塔横梁施工

3.2.2 翻模施工

1) 工艺原理

翻模是利用已浇混凝土段顶节模板(未拆除的)作为嵌固段,以其作为支撑依托,承担新装模板、工作平台等荷载,从而实现模板安装的稳定性、安全性,同时也确保新旧混凝土接缝平顺。模板提升(安装)、拆除及钢筋等物品的垂直运输均由塔式起重机完成,混凝土浇筑采用输送泵垂直输送入模。如此循环往复,完成施工。翻模具体流程(图3-12)为:

(1) 搭设支架,绑扎钢筋,竖立模板,浇筑第一节混凝土。
(2) 加高支架,并将第一节混凝土伸出的纵筋接长,绑扎第二节钢筋笼。
(3) 在底层外模板上方吊装上一节外模,并将底层内模板提升。

(4)通过对拉螺栓等措施将内、外模板固定,浇筑第二节混凝土。

(5)加高支架,并将第二节混凝土伸出的纵筋接长,绑扎第三节钢筋笼。

(6)拆除底层混凝土外模板,提升、上翻至第二节外模板上方,继续提升内模板,进行下一节段混凝土施工。

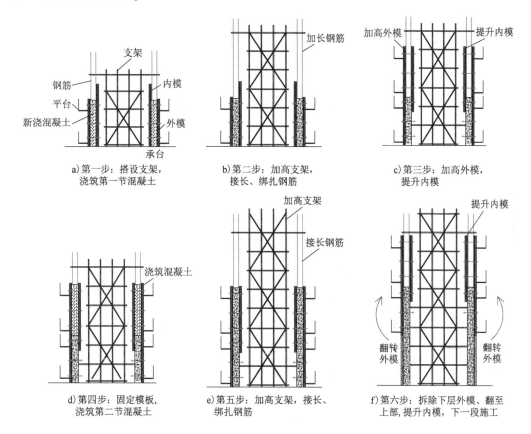

图 3-12 空心薄壁桥墩翻模施工原理步骤

翻模施工结构体系可分为塔式起重机翻模(图3-13a)和液压翻模(图3-13b)两种。前者的工作平台支撑于钢模板的牛腿支架或横竖肋上,通过塔式起重机提升模板及工作平台;后者的工作平台与模板分离,工作平台支撑于提升架上,模板的提升靠固定于墩身主筋上的手动葫芦来完成。

2)结构体系

翻模装置由工作平台、顶杆及提升设备、内外吊架、模板系统等部分组成。

(1)工作平台

工作平台(图3-14)由辐射梁、内外钢环、栏杆及扶手等组成,各部件之间采用螺栓连接。工作平台既是工人进行混凝土灌注、振捣、吊架悬挂和中线水平控制等作业及堆放小型料具的场地,又是提升架、吊架等的支撑结构。

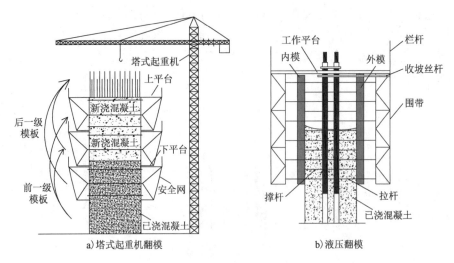

图 3-13 翻模施工结构体系

图 3-14 工作平台

(2) 顶杆及提升设备

塔式起重机翻模主要依靠高空塔式起重机进行模板的循环使用。上层钢筋绑扎过程中,待混凝土达到拆模强度后,可拆除主体下两层模板;模板可采用人工配合手拉葫芦拆除。顶层模板不动,作为下一层墩身模板的持力点;拆除的模板通过起重机直接吊在上层模板上,待上层钢筋绑扎完毕后,再将模板安装到位,进入下段工序。

液压翻模的提升设备由千斤顶、操纵台、分油器组成,是工作平台提升的动力设备。顶杆设于套管内,套管与辐射梁相连,沿圆周布置,可在墩底实心段内预设或在第三层安装,以保证顶杆在墩身混凝土浇筑完毕后的顺利拆除。顶杆通过多次丝杆对接,随套管的不断提升一直将作业平台顶至墩顶。

(3) 模板系统

模板系统是翻模的重要组成部分,由外模和内模两部分组成,外模分固定和抽动两种类型。该模板的特点是用固定模板和抽动模板的不同组合来解决墩身收坡的变截面问题。内模分为固定、抽动和错动三种模板类型,采用型钢支撑围带,模板之间用螺栓连接,内模板间采用圆钢作为拉筋使之成为整体。

3)工艺流程

翻模是由上、下两组同样规格的模板组成,随着混凝土的连续灌注,下层混凝土达到拆模强度后,用起重机配合自下而上将模板拆除,接续支立,如此循环,完成桥墩的灌注施工。典型高墩翻模施工工艺流程,如图3-15所示。

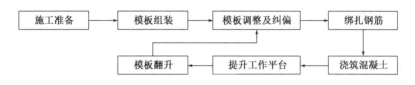

图3-15 翻模工艺流程

(1)施工准备

施工前应进行模板调试、塔式起重机安装以及测量控制。

模板调试:一般采用4套翻模,在模板安装前需要对模板进行试装和调试,并检查模板的平整度以及接缝的密合度等。

塔式起重机基础施工及塔式起重机组装(图3-16):塔式起重机选型一般要结合桥梁上部施工要求而定。塔式起重机安装时,其钢筋预埋与墩底承台同时进行施工,并需采取一定措施保证塔式起重机基础与承台混凝土结合牢固,以确保塔式起重机基础稳固。

图3-16 塔式起重机基础施工及塔式起重机组装

测量控制:应测量墩柱四角的三维坐标,确保墩柱平面位置准确,尤其需要确保墩柱的垂直度满足规范要求。

(2)模板组装

初次设立墩身模板进行测量定位时,准确测量出墩身四角的平面位置,确定模板边线,测量承台顶面高程。

为了方便底节模板在混凝土浇筑完成后的顺利拆除,底节模板安装前应在模板底部边线外部砌筑一层厚砂浆平台,并在墩底设置连接模板,连接模板的上端与墩身翻模模板,下端直接支承在垫层上。

模板安装采用塔式起重机和人工配合的方法。第一节模板精确就位、临时固定,起吊第二节模板至第一节模板上方缓缓下放,推模就位;当第二节模板底边就位、模板立稳并扶直后,通过拉杆和两层模板之间的连接螺栓完成模板的固定和调整。

(3)模板调整及纠偏

在模板组拼成形后,所有螺栓留出少量松动余地,进行整体调整,注意完成前后方向、左右方向的偏斜调整[图3-17a)]。

(4)绑扎钢筋

钢筋绑扎[图3-17b)]按照主筋连接→箍筋绑扎→垫块施工→钢筋检查的顺序进行,竖向钢筋一般采用直螺纹套筒连接,其他钢筋则采用焊接连接。钢筋定位时,确保保护层垫块满足需要,且不得少于4个/m^2。

a)调整模板

b)绑扎钢筋

图3-17 调整模板、绑扎钢筋

(5)浇筑混凝土

混凝土浇筑前对混凝土接触面做凿毛处理。通过测量确定墩底高程,使用砂浆对模板周边进行找平与塞缝。混凝土严格控制配合比,采用混凝土搅拌运输车泵送混凝土入模(图3-18),分层浇筑、分层振捣,分层厚度按20~30cm控制。振捣人员在模板上口振捣,混凝土振捣时遵循"快插慢拔"原则,每一振点延续振捣的目的主要是使振动棒带出混凝土中气泡,且需保证混凝土不再沉落、表面呈现浮浆状。上层混凝土的振捣要在下层混凝土初凝前进行,并且应插入下层混凝土10cm。在浇筑过程中注意均衡下料,防止模板偏斜,不得漏振、过振。

墩身混凝土浇筑完成后1h内应对混凝土保温、保湿养护。拆模后,在墩身侧面混凝土表面湿润情况下喷专用养护剂进行养护;墩身顶面混凝土可采用土工布覆盖、洒水湿润进行养护。

图 3-18 墩身混凝土浇筑

(6)拆模及模板翻升

待上节混凝土达到规定强度后,便可进行拆模以及模板翻升,以进行下节混凝土的浇筑工作。拆模时应确保拆除过程安全稳定进行。施工技术人员应佩戴好安全带并站立于安全平台上,首先利用手拉葫芦将底部要拆除的模板连接在上面一节模板的横肋处并拉紧,解除各对拉螺栓和部分上下节模板间的连接螺栓(保留 3~5 颗螺栓,仅拧松而不解除),随后采用绳索或小型倒链套在螺栓孔内往外轻拉模板。当模板稍有松动时,将其连接在起重机吊装钢丝绳上,并拆除保留的上下节模板连接螺栓,使下节模板完全脱离混凝土墩身,再由起重机吊至指定位置,进行翻模的准备工作。

翻模时,应确保起重机在模板中心位置吊钩起吊,防止吊装翻升过程中触碰上层模板,增加施工难度。因此,翻模过程中应控制好模板重心,确保模板吊装翻升过程中保持平直。模板翻升完成后检查模板组装质量,检查合格后及时安放撑木、拧紧拉筋及上下节模板间的连接螺栓。拆模及塔式起重机翻模实例如图 3-19 所示。

图 3-19 拆模与塔式起重机翻模

3.2.3 滑模施工

1）工艺原理及结构体系

滑模施工是利用液压提升装置滑升模板以浇筑竖向混凝土结构的施工方法（图3-20）。按照混凝土构件的平面形状，在地面（或一定的高程）将一整套液压滑模装置组装好，随后利用液压千斤顶在支承杆上爬升，带动提升架、模板、操作平台一起上升。每浇筑一层混凝土后就进行模板滑升，直至结构浇筑结束。滑模装置主要由模板系统、操作平台系统和液压提升系统三大系统组成。滑模施工需对模板系统经常进行调平，以保证墩柱垂直。

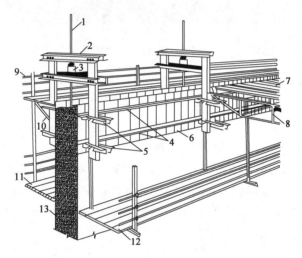

图3-20 液压滑模模板组成示意图

1-支承杆；2-提升架；3-液压千斤顶；4-围圈；5-围圈支托；6-模板；7-操作平台；8-平台桁架；9-栏杆；10-外挑三角架；11-外吊脚手架；12-内吊脚手架；13-混凝土

(1) 模板系统

①模板

典型滑模模板系统如图3-21所示。其中，模板一般采用定型组合钢模，根据实际情况在边框增加与围圈固定相适应的连接孔。模板按其所在部位及作用不同，可分为内模板、外模板。模板依赖围圈带动其沿混凝土表面向上滑动。为方便施工，保证施工安全，外模板的上端比内模板可高出150~200mm。

②围圈

围圈（图3-22）的主要作用是增加模板刚度，并为后续工序施工（墩顶帽梁）提供工作平台。模板与围圈的连接、围圈与提升架的连接一般采用焊接刚性连接。围圈在工作时，承受由模板传递来的混凝土侧压力、冲击力和风荷载等水平荷载及滑升时的摩阻力、操作平台自重荷载、作用于操作平台上的静荷载和施工荷载等竖向荷载，并将其传递到提升架、千斤顶和支承杆。

图 3-21　滑模模板系统组装

图 3-22　模板系统围圈

③提升架

提升架宜采用钢材制作，其主要作用是提升混凝土及墩身钢筋等材料，可采用单横梁"Π"形架、双横梁的"开"形架或单立柱的"Γ"形架（图 3-23），其横梁与立柱必须刚性连接，两者的轴线应在同一水平面内。当千斤顶爬升时，通过提升架带动围圈、模板及操作平台等一起向上滑动，并将爬升时产生的竖向荷载传递到千斤顶和支承杆。

（2）操作平台系统

①操作平台

操作平台系统分为操作平台和辅助平台两部分（图 3-24）。

滑模的操作平台即工作平台，是进行钢筋绑扎、混凝土浇筑、模板滑升控制、预埋件安装等工作的场所，也是钢筋、预埋件等材料和千斤顶、振捣器等小型备用机具的暂时存放场地。操作平台一般采用木板铺平,为防止坠物,平面必须密实、平整并保持清洁。

②辅助平台

辅助平台则主要用于检查混凝土的质量、模板的检修和拆除、混凝土表面装修和浇水养护等工作。辅助平台安装在操作平台下方,平面采用木板铺密实,悬挂于桁架和提升架下。为了保证安全,其外侧设置防护栏杆并挂设安全网。

图3-23　"Γ"形提升架　　　　　　　图3-24　操作平台和辅助平台

(3)液压提升系统

液压提升系统(图3-25)主要由支承杆、液压千斤顶、液压控制系统和油路等组成,其通过供油、回油使千斤顶的活塞不断地被压缩、复位,从而使得千斤顶在支承杆上爬升实现模板装置向上滑升。

①液压千斤顶

采用穿心式液压千斤顶,其中心穿过支承杆,在给千斤顶供油和回油的周期性作用下向上滑升。

②液压控制系统

液压控制系统是提升系统的心脏,主要由能量转换装置(电动机、高压泵等)、能量控制和调节装置(换向阀、溢流阀、分油器等)和辅助装置(油箱、油管等)三部分组成。

图3-25　液压提升系统

③支承杆

支承杆也称爬杆,是滑升模板滑升过程中千斤顶爬升的轨道,也是整个滑模装置及施工荷载的支承杆件。支承杆的直径要与所选千斤顶的规格相适应;为节约钢材,采用加套管的工具式支承杆时,应在支承杆外侧加设内径比支承杆直径大2~5mm的套管,套管的上端与提升架横梁的底部固定,套管的下端与模板底齐平,套管外径最好做成上大下小的锥度,以减小滑升时的摩阻力;工具式支承杆的底部一般用钢靴或套管支承。

2)滑模施工工艺流程(图3-26)

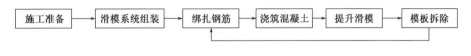

图3-26 滑模施工工艺流程

(1)施工准备

滑模施工前必须做好准备工作,主要包括以下几方面内容:

①滑模设计。对滑模装置系统进行设计,并通过对滑模荷载的分析计算,选择合理的液压系统及支承杆承载能力和数量。

②混凝土基础面的处理。其包括混凝土基础面的凿毛、冲洗等,必须在滑模安装前处理完毕。

③测量控制点线。在滑模安装前,必须为滑模的安装提供必要的控制点线。

④滑模组装调试。根据滑模施工的要求,从滑模的制作安装到组装调试必须对每道工序进行检查控制。首先,滑模装置系统的设计必须符合规范要求;其次,滑模的组装应满足模体偏差的要求:提升架在两个方向的垂直度允许偏差2mm;模板上口、下口半径允许偏差±2mm;提升架前后位置允许偏差5mm;千斤顶中心轴线垂直度允许偏差为0mm;相邻模板的平整度允许偏差1mm;安装千斤顶横梁高程允许偏差5mm;工作盘的平整度允许偏差20mm。

(2)滑模系统组装

滑模装置应按以下顺序进行组装:

①安装提升架与上下围圈。先组装提升架,使横梁与立柱在同一平面内,然后安装围圈,安装时按照"先内后外,先上后下"的顺序进行,安装时注意将井字架槽钢开口朝向对称布置。

②安装墩壁模板。按照"先内后外"的顺序安装,并将墩壁模板做成上小下大的形状(图3-27)。

③组装操作平台。根据放线位置,将桁架就位找平找正后,安装水平支撑和垂直支撑,铺设平台模板。

④安装液压提升系统。安装液压千斤顶及液压控制装置。

⑤安装支承杆。在液压系统试验合格后,将支承杆插入轨座内,滑升时不断接长。

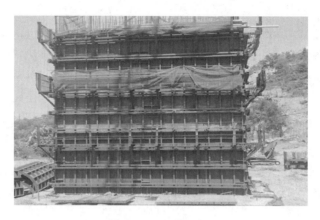

图 3-27 安装墩壁模板

(3)绑扎钢筋

滑模施工的特点是钢筋绑扎、混凝土浇筑与模板滑升平行作业,三者循环进行。模板定位检查完成后,即可进行钢筋的安装,钢筋绑扎应与混凝土的浇筑及模板的滑升速度相配合,在绑扎过程中,应随时检查,以免发生差错;每层混凝土浇筑完毕后,在混凝土表面上至少应有一道绑扎好的横向钢筋作为后续钢筋绑扎时的参考;竖向钢筋绑扎时,应在提升架的上部设置钢筋定位架,以保证钢筋位置准确。

(4)浇筑混凝土

滑模宜灌注低流动度或半干硬性混凝土,灌注时应分层、分段、对称地进行,分层厚度为 20~30cm,灌注后混凝土表面距模板上缘有不小于 10~15cm 的距离;混凝土入模时,混凝土要均匀分布,应采用插入式振捣器捣固,振捣时应避免触及钢筋、顶杆和模板;混凝土拆模时强度应在 0.2~0.4MPa,并在拆模 8h 后开始养护(图 3-28)。

图 3-28 滑模施工混凝土浇筑

(5)提升滑模

滑升模板共分三个阶段,分别是初升、正常滑升及终升。根据《公路桥涵施工技术规范》(JTG/T 3650)规定,在滑升过程中,模板的滑升速度不宜大于 250mm/h,滑升时需检测并控制模板的位置;施工需要连续进行,如需中断施工,则要在中断前将混凝土浇筑齐平,并在中断期间继续缓慢地滑升模板,保证模板与混凝土不会粘住。

①初升:从开始灌注混凝土到模板首次试升为初次滑升阶段。初灌混凝土的高度一般为60~70cm,分3次灌注,在底层混凝土达到一定强度时即可试升。将所有千斤顶同时缓缓起升5cm,以观察底层混凝土的凝固情况,当混凝土已具有0.2~0.4MPa的脱模强度,可以再缓慢提升;滑模的初次滑升要缓慢进行,并需要对液压装置、模板结构以及有关设施进行负载状态的全面检查,发现问题及时处理,待一切正常后方可进行正常滑升。

②正常滑升:施工转入正常滑升时,应尽量保持连续作业,每次提升高度不大于30cm;由专人观察脱模混凝土表面质量,以确定合适的滑升时间和滑升速度;正常滑升过程的时间间隔不应超过2h,在滑升过程中,根据气温变化控制滑升时间。

正常滑升程序为:绑扎钢筋→浇筑混凝土→混凝土达到出模强度→提升操作平台→校正→绑扎钢筋→浇筑混凝土。此外,为使已脱模混凝土表面具有适宜的硬化条件,防止发生裂缝,对脱模混凝土表面应根据季节分别按照冬季施工、夏季施工养护要求进行养护。

③终升。当模板滑升至离墩顶高程1m左右时,滑模进入终升阶段,此时应放慢滑升速度,并进行准确测量,保证最后浇注的一层混凝土顶部高程和位置准确。

(6)滑模拆除

施工完毕后,利用提升架、滑轮配合卷扬机在高处拆除滑模。

拆除顺序为:操作平台清理→液压系统拆除→模板拆除→门形提升架拆除→围圈解体。

3)滑模施工质量控制要求

施工过程中严格控制每道工序,进行过程控制,对钢筋的绑扎和连接、混凝土的振捣、滑模提升面的修整及养护按照施工规范要求进行检查验收,确保施工质量。

(1)混凝土浇筑控制

①严格控制混凝土配合比、水灰比,调整混凝土坍落度;

②滑升前对钢筋安装进行验收;

③滑升时注意控制初升、正常滑升与终升时间,防止表面裂纹;

④滑升过程中对预埋件的安装位置,固定牢固程度进行检查。脱模后应及时清理使其外露,位置偏差不应大于20mm。

(2)滑模施工的精度控制

滑模施工操作平台水平度、垂直度及扭转偏差的控制是滑模施工环节最为重要的一部分。滑模施工操作平台一旦发生倾斜,将导致顶杆弯曲、墩台结构发生偏转并致使滑升困难。因此,在模板滑升前,需采用水准仪对整个操作平台所有千斤顶的高程进行观测、校平,并在每根支撑杆上标出明显的水平线,以此水平线为基点,每当模板滑升一定高度后均需观测各千斤顶的高差。通常,在同一水平面上的千斤顶高差不能大于2cm,相邻千斤顶的高差不能大于1cm。

墩台垂直度偏差不应超过墩台高度的0.2%,且不超过2cm。因此,在滑模施工过程中,每滑一段距离便需进行中心校正。一旦出现中心偏移的情况,需立即查清原因,并进行针对性的纠正。纠正时,一般可将偏斜一侧千斤顶抬高2～4cm,随后缓慢校正,且每次校正量不宜过大。

为合理控制滑模施工的扭转偏差,模板必须对称组装,提升架必须垂直安装,且混凝土浇筑时应有计划地改变方向,以利于平台的扭转控制。平台扭转的纠偏方式主要有双千斤顶法、千斤顶底座加垫法及外力法等。

4)滑模施工中出现问题及处理

滑模施工中可能出现滑模体倾斜、平移、扭转、变形,以及混凝土表观缺陷、支承杆弯曲等问题,其产生的根本原因在于千斤顶工作不同步,荷载不均匀,混凝土浇筑不对称,纠偏过急等。因此,在施工过程中首先要把好质量关,加强观测检查工作,确保良好运行状态,发现问题及时处理。

具体问题和处理方案有:

(1)竖向偏斜:利用千斤顶高差自身纠偏或施加一定的外力给予纠偏。纠偏不能操之过急,以免造成混凝土表面拉裂,模体变形,爬杆弯曲等事故发生。

(2)支承杆弯曲:支承杆弯曲时,采用加焊钢筋或斜支撑,弯曲严重时,切断支承杆,重新接长后再与下部支承杆焊接,并加焊"人"字形斜支撑。

(3)模板变形:对部分变形较小的模板,采用撑杆加压复原,变形严重时,将模板拆除修复。

(4)混凝土表观缺陷:采用局部立模,补上比原混凝土等级高一级的细集料膨胀混凝土,并用抹子抹平。

3.2.4 爬模施工

1)工艺原理

爬模是一种适用于现浇钢筋混凝土竖向(或倾斜)结构的模板工艺,在桥墩、塔柱等高耸结构的施工中十分常见。

基本原理:在施工阶段将模板依附在结构物的外侧面上,通过液压油缸对导轨和爬架交替顶升来实现模板的上升运动。随着模板的逐层上升,不断在模板内侧绑扎钢筋、浇筑混凝土,实现了用少量模板完成整片构件的混凝土浇筑工作。导轨和爬模架都支撑在埋件支座上,在爬模施工过程中,导轨和爬模架互不关联,二者相互运动。

爬模具体流程(图3-29)为:

(1)搭设模板、绑扎钢筋、浇筑第一节混凝土,并在第一节混凝土上固定爬升系统和操作平台。

(2)第一节混凝土达到拆模强度后,后移模板脱模,固定模板,导轨爬升。

(3)将导轨固定至第一节混凝土,爬架爬升至下一节混凝土浇筑高度处。

(4)将模板前移至混凝土浇筑位置,绑扎钢筋,浇筑混凝土。

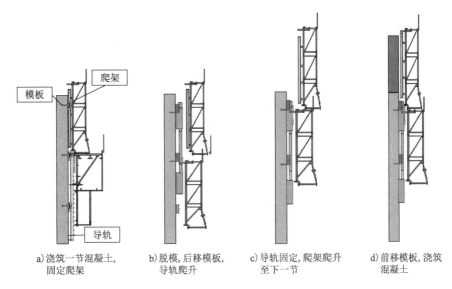

a) 浇筑一节混凝土，固定爬架　　b) 脱模，后移模板，导轨爬升　　c) 导轨固定，爬架爬升至下一节　　d) 前移模板，浇筑混凝土

图 3-29　爬模流程示意

由于具备自爬的能力，爬模过程无需起重机械的吊运，这减少了施工中运输机械的吊运工作量。此外，由于整个结构仅需要使用一个液压滑动模板，一次组装，爬升过程中不用再支模、拆模、搭设脚手架和运输等，混凝土保持连续浇筑，施工速度快，可避免施工缝。爬模具有节省模板、材料和劳力，减轻劳动强度，降低施工成本，施工安全等优点。爬模也可以实现逐层分块安装，故其垂直度和平整度易于调整和控制，可避免施工误差的积累。图 3-30 为桥墩爬模施工的实际场景。

图 3-30　桥墩爬模施工实例

2）爬模结构体系

整个液压爬模装置包括模板系统、爬升系统和操作平台系统三部分。其中，模板系统主要由模板组成；爬升系统由爬架、埋件系统、液压系统、导轨、后移装置、围护栏等组成；操作平台系统由主平台、上操作平台、液压操作平台、模板平台等组成。典型爬模结构体

系的具体组成如图3-31所示。

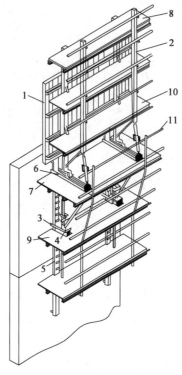

图3-31 爬模施工示意

1-模板;2-爬架;3-埋件系统;4-液压系统;5-导轨;6-后移装置;7-主平台;8-上操作平台;9-液压操作平台;10-模板平台;11-围护栏

(1)模板系统

由于是高空作业,爬模施工一般采用轻质高强的模板体系,如组拼式钢模板、钢框胶合板模板和木梁胶合板模板等。典型模板系统构造如图3-32所示。

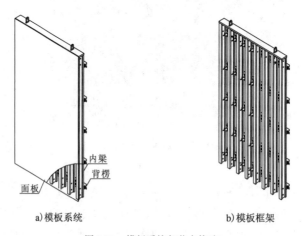

图3-32 模板系统与节点构造

(2)爬升系统

爬升系统一般包括埋件支座系统、导轨系统和液压系统(图3-33)。埋件支座系统包括埋件板、高强螺杆、爬锥、受力螺栓和埋件支座等,用以连接模板系统与已浇筑混凝土。导轨是整个爬模系统的爬升轨道,它可由H型钢及一组梯档(梯档数量依浇筑高度而定)组焊而成,供上、下换向盒的棘爪将荷载传递到导轨,进而传递到埋件支座系统上。液压系统包括液压泵、油缸、上换向盒和下换向盒,其中液压泵和油缸向整个爬模系统提供升降动力,而上、下换向盒是爬架与导轨之间进行力传递的重要部件,改变换向盒的棘爪方向,可实现提升爬架或导轨的功能转换。为了保证爬架和模板系统安全顺畅地提升,提升系统应对称、均匀、缓慢地提升。

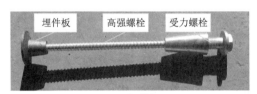
a)埋件系统

b)支座

c)爬模导轨、液压与埋件支座系统

图3-33 爬模爬升系统

(3)操作平台系统

操作平台系统由操作平台、中间平台、上操作平台、外架立柱、栏杆、安全网等组成(图3-34),其是材料、工具、设备堆放,以及施工人员进行操作的主要场所。

3)爬模施工工艺流程

按一循环一节模板施工,当上一节模板混凝土灌注完毕并经过养护后,即开始爬升。爬升就位后,拆下一节模板,同时绑扎上节钢筋,并把拆下的模板立在上节模板上,再进行混凝土灌注、养护、爬模、爬升等工序。如此循环往复,两节模板连续循环倒用,直至完成整个墩身。爬模施工整个工艺流程如图3-35所示。

图3-34 操作平台系统

图3-35 爬模施工工艺流程

(1)施工准备

组装前根据工程特点及施工条件,准备好爬模所需的原材料、机具和设备。根据爬模工作特点及前提,应先浇筑承台之上的首节墩身混凝土(图3-36)。

图3-36 首节段混凝土浇筑示例(广东牛田洋特大桥)

(2)爬模系统组装

在安装之前需对承台进行清理,并找寻平放线;然后依次安装预埋件、附墙挂件、支座、导轨、提升架、液压系统、后移装置和模板。此外,根据《公路桥涵施工技术规范》

(JTG/T 3650)规定,作用于爬模上接料平台、脚手平台和拆模吊篮的荷载应均衡,不可超载,严禁混凝土吊斗碰撞爬模系统。典型爬模系统组装如图3-37所示。

a) 爬架安装　　　　　　　　　　b) 模板拼装

图 3-37　典型爬模系统组装

(3) 绑扎钢筋

墩柱主筋使用应严格按照设计要求,箍筋与主筋之间采用绑扎连接或者焊接连接,钢筋绑扎需要严格按照设计完成,需要更均匀的绑扎,并错开接头。

(4) 浇筑混凝土

混凝土应采取分层对称的形式进行浇筑,且在振捣时同样需分层进行。待混凝土入模后,将其均匀倒入设定位置。需进行严格控制混凝土的浇筑高度,待混凝土达到一定的抗压强度后,方可进行脱模操作。

(5) 爬模提升

待混凝土达到一定强度后可进行爬升模板。首先,需要对模板进行清理和调整,将爬架挂设在对应的预埋件安装点上,对模板的垂直度进行调整和校对,并保证模板沿墩身周边方向始终保持顺向搭接。检验合格后,进行爬模提升,顶升油缸活塞杆支撑在下爬架上,向上顶升,通过上爬架、外套架带动整个爬模向上爬升。典型模板提升过程如图3-38所示。

图 3-38　爬模提升

3.2.5 高墩施工工艺对比

表3-1针对翻模施工、滑模施工和爬模施工的适用范围,优、缺点等方面进行了对比。一方面,这三种方法都具有安全度高、浇筑的混凝土实体及外观质量好等优点;另一方面,这三种方法也都需要在施工初期投入大量的设备,且不便于在施工和养护期间进行混凝土保温和蒸汽养护。因此,翻模、滑模和爬模主要适用于体量较大、高度较高的墩柱、桥塔施工。

在滑模施工中,模板内壁始终与混凝土相接触,混凝土脱模时间早,墩身的垂直度控制好坏取决于千斤顶的同步顶升程度,因此滑模施工主要用于等截面或变截面薄壁空心墩等结构形式单一、断面变化少、无局部凸出物的墩柱形式,适用范围及外观质量不如翻模和爬模施工。

在提升方式方面,爬模与滑模实际只需要一套模板系统就可以完成整个浇筑过程,主要采用自动化的液压爬升系统和千斤顶顶升系统;而翻模施工则需要两套以上的模板循环浇筑,因此可采用手拉葫芦等人工设备。

在施工效率方面,三种方法均能实现快速支模、浇筑与拆模的循环作业,能够满足高墩施工的要求。

翻模施工、滑模施工和爬模施工的对比 表3-1

项　目	施 工 方 法		
	翻模施工	爬模施工	滑模施工
适用范围	等截面或变截面的实体或薄壁空心墩等,范围较广	浇筑钢筋混凝土竖直或倾斜结构,墙体、桥梁墩柱、索塔塔柱等,范围较广	适宜浇筑低流动度或半干硬性混凝土,适用结构形式单一、断面变化少、无局部凸出物及其他预埋件等物体,如等截面或变截面薄壁空心墩
优点	实体及外观质量好	实体及外观质量好	施工速度快,安全度高
缺点	施工进度较慢,不便于在施工和养护期间进行混凝土保温和蒸汽养护	投入大,施工质量相对较差,不便于在施工和养护期间进行混凝土保温和蒸汽养护	投入大,施工质量相对较差,不便于在施工和养护期间进行混凝土保温和蒸汽养护
施工效率	塔式起重机翻模模板分2~3节,每次浇筑4~6m高;液压翻模共3节,每次浇筑1.5m高;5~6d一个循环,每天1m	每次混凝土浇筑4.5~6m高;5~6d一个循环,每天1m	一般混凝土的浇筑及滑升速度为0.2m/h,模板高度0.9~1.5m
外观质量	由于采用整体大块钢模板,并且脱模时间有保证,所以混凝土外观质量易于控制、施工接缝易于处理	由于采用整体大块模板,并且脱模时间有保证,所以混凝土外观质量易于控制、施工接缝易于处理	脱模时间早,混凝土外观需经过涂抹才能保证光滑;墩身的垂直度控制好坏取决于千斤顶同步顶升程度

续上表

项　目	施 工 方 法		
	翻模施工	爬模施工	滑模施工
钢筋及小型机具垂直运输	塔式起重机翻模采用塔式起重机、缆索等；液压翻模采用塔式起重机、缆索、卷扬机提升系统等	塔式起重机、缆索等	卷扬机提升系统
混凝土垂直运输	塔式起重机翻模采用输送泵、塔式起重机、缆索等；液压翻模采用输送泵、缆索、卷扬机提升系统等	输送泵、塔式起重机、缆索等	卷扬机提升系统
模板提升方式	塔式起重机翻模采用塔式起重机、缆索；液压翻模采用手拉葫芦	液压爬升系统	千斤顶顶升系统
养护措施	喷洒混凝土专用养护剂与蓄水养护相结合	喷洒混凝土专用养护剂与蓄水养护相结合	喷洒混凝土专用养护剂与蓄水养护相结合
垂直度控制措施	全站仪、铅垂仪、垂线	全站仪、铅垂仪、垂线	全站仪、铅垂仪、垂线

3.3 钢塔柱施工

3.3.1 施工简介

桥梁钢塔柱一般先将钢板预制连接成格子形截面的节段，节段在现场吊装拼接成塔柱。早期的钢塔柱无论节段内还是在节段间的连接均采用铆接，构件加工精度要求高。随着栓焊技术的发展，钢塔节段在工厂焊接制造，然后将节段运输到工地架设并用高强螺栓连接。钢塔柱一般支承于一块厚钢板上，厚钢板与桥墩混凝土栓接，并均匀传递塔柱压力至桥墩。

3.3.2 钢塔柱的选型及构造

1）钢塔柱结构的选型

对于桥梁钢塔柱结构的选型，应符合下列原则：

(1)桥塔自承台以上可采用全钢结构,也可以采用部分钢结构。

(2)钢塔柱的选型应根据桥面的缆索布置、加劲梁的断面形状、下部构造等因素进行综合考虑后确定。

(3)根据构造需要,钢塔柱按塔柱的数量可分为一肢、两肢、四肢等类型,两肢、四肢钢塔柱应设置若干道横系梁,以保证各肢共同受力。

对于斜拉桥的横桥向结构形式,单柱形、倒V形或A形、倒Y形适用于单索面。双柱式、门式(两根塔柱可以竖直,也可以略带倾斜)、H形(两根塔柱可以是折线形,也可以布置成竖直形或倾斜形)、倒V形、倒Y形适用于双索面。

对于斜拉桥的顺桥向结构形式,单柱形桥塔构造简洁,轻盈美观,施工方便,是常用的塔形。A形和倒Y形在顺桥向的刚度大,有利于抵抗桥塔两侧斜拉索的不平衡力,抗震能力强,但施工复杂,在需要将桥塔的顺桥向刚度做得更大,或者需要有4根塔柱来分散塔架的内力时可以采用。

对于悬索桥的横桥向形式,应综合各影响因素进行合理考虑。在悬索桥的顺桥向,刚性塔一般用于多塔悬索桥(桥塔数量为3个及以上),特别是位于中间的桥塔,通过提高桥塔的纵向刚度,减小塔顶纵向位移,从而减小梁内的应力。柔性塔因塔顶水平变位量相对较大,适用于大跨悬索桥,是现代大跨悬索桥常选择的塔柱形式。

2)钢塔柱构造

对于钢塔柱构造要求,应符合《公路钢结构桥梁设计规范》(JTG D64)的相关规定,具体如下:

(1)截面选型

钢塔柱宜采用单室结构,截面形式多采用矩形或箱形截面,少数采用T形或准十字形等其他截面。当塔柱截面较大时,可在钢塔内布置横桥向和顺桥向竖隔板,将塔柱截面分为多室。考虑抗风需要,也可采用带切角的截面,或根据受力需要选用其他截面形式。

(2)截面构造

①根据钢塔柱在施工中与成桥后的受力状况,确定截面高度方向上壁板的厚度。

②加劲肋的尺寸与间距应满足结构局部稳定的要求。根据截面受力需要和横隔板的约束情况,以壁板不发生局部屈曲为原则,尽可能使截面各个部分不产生应力折减。

③壁板间、壁板与加劲肋间焊缝根据受力和构造要求确定,对机加工的节段,离端面600~1000mm范围内需要加大焊缝尺寸。

(3)横隔板

横隔板是为保持钢塔截面形状、增强其横向刚度而设置的垂直于塔柱主受力方向的部件。钢塔内部设置的横隔板应对壁板提供足够的支撑刚度,防止壁板失稳。在满足壁板加劲刚度的情况下,也可以采用中间大部分挖空的横肋结构。横隔板宜按4m间距设置。

(4) 连接构造

钢塔节段划分应充分考虑节段运输的方便与节段安装时的设备吊装能力。较矮的钢塔节段之间可采用焊接的方式连接;较高的钢塔宜采用高强度螺栓与端面接触共同受力的连接形式。考虑端面接触共同受力时,应在高强度螺栓拼接板上开设金属接触率检查孔。

(5) 塔顶、索鞍布置

塔顶或索鞍在钢塔上的布置应尽量避免使桥塔受扭。

3.3.3 钢塔柱吊装施工方法

根据吊装设备不同,钢塔安装常用的施工方法有浮式起重机施工法[图3-39a)]和塔式起重机施工法[图3-39b)]两种。

1) 浮式起重机施工法

浮式起重机施工法是将部件或桥塔节段由水上浮式起重机架设施工。其优点是可以大大缩短工期,但由于浮式起重机起吊高度有限,且受桥位地理环境影响较大,一般适用于80m以下的中等跨度桥。

2) 塔式起重机施工法

塔式起重机施工法是在桥塔侧旁预先安装塔式起重机,吊装桥塔节段。其优点是施工的垂直度易得到控制。起重机根据吊装能力和工期进行选择和架设。

采用单台塔式起重机吊装的方案对塔式起重机起重性能要求较高,且施工进度相对较慢。也可在索塔横桥向两侧各布置一台,减小吊装半径,对塔式起重机起重性能要求相对降低,且两台塔式起重机同时施工进度相对较快,但设备成本较高。

a) 浮式起重机

b) 塔式起重机

图3-39 钢塔柱起重机施工

3.3.4 工艺流程

1) 钢塔柱加工

钢塔柱一般先在工厂分段加工制作,然后运至现场安装,其主要制作流程(图3-40)如下:

(1)放样与号料:根据设计加工图和工艺文件,在钢板上标识零件的切割线及栓孔位置,并预留制作和安装时的焊接收缩余量及切割、刨边和铣平等加工余量。

(2)切割下料与矫正:采用焰切、剪切、锯切等方法将号料完成的钢材沿切割线加工成钢材零件,并对钢板进行矫正以减轻甚至消除其在前期轧制、运输、切割过程中产生的变形。

(3)制孔:根据设计的高强螺栓规格,采用机器样板设备在钢板上钻孔。钻孔时,将机器样板覆盖在料件上,样板和料件对齐后,用卡具卡紧,钻头通过样板上的钻孔套钻孔,钻孔套较母体略高,起到钻头导向作用,从而保证准确制孔。

(4)组装与试拼:钢塔柱的各个部分应在工厂分别组装、焊接,再整体试拼;试拼时桥塔呈水平状态,先安装横梁,然后从塔根部向塔顶部安装;各构件精度满足要求后,才能运往现场安装,定位固定后进行焊接施工;焊接时,同一断面上、下两面先同时施焊,后焊两个立面。

(5)焊接:焊接前,考虑焊接收缩余量或采取预防变形措施以减少焊接变形和残余应力;焊接时,采用无衬垫的双面熔透焊和有衬垫的单面坡口焊等方法,并尽量采用平焊;焊接完成后,采用砂轮对焊缝打磨,并采用超声波探伤、射线探伤等方法进行检验。

(6)涂装:针对钢塔柱的腐蚀,目前主要采用涂装的方法。涂装系统的选用应考虑桥梁所处的自然环境、使用年限、结构类型和施工方法等因素,主要有铅系防锈涂装系统和重防腐涂装系统两大类。近年来,大部分桥梁选用较为可靠的重防腐涂装系统,以富锌涂料为防锈底漆,使用氯化橡胶、聚氨酯等合成树脂涂料的涂装系统,具有耐久性好、维修周期长等特点。

图 3-40 钢塔柱加工流程

2)钢塔柱的现场架设

钢塔柱按设计节段制作完成,在工厂试拼并调整后,分节段运输到桥位处,严格按照施工方案进行安装(图 3-41),具体包括钢塔柱的架设和横梁安装两个步骤。

(1)钢塔柱的架设

①塔基部分的架设。塔基架设时,根据塔基重量,利用相应等级的浮式起重机架设,先将其竖直吊起放入塔基底板上,对准预埋螺栓,调整塔基高程,采用无收缩水泥浆注入的稀砂浆填充调整,以保证塔基与基础的密贴,最后拧紧螺母。

②下塔柱架设。下塔柱架设前,应制订架设计划,确定浮式起重机的停泊位置。计算塔体从水平状态到竖直状态时各阶段反力状况。

③上塔柱架设。上塔柱也采用浮式起重机架设,考虑浮式起重机扒杆高度与正常水位高的关系,确定起吊的最佳时机。塔上部架设作业程序为:起重机就位→升高起重(起高 1.5m 以上)→起重机移位→下放 1m 左右→轴线精确对准→分阶段放松吊绳,释放荷载→连接部栓焊施工→吊点解除→起重机撤离。

(2)横梁安装

在横梁安装前,一般需先搭设临时支架,支架结构一般采用落地钢管支架。将横梁先搁置在临时支架上,再通过设置在支架上的调位系统对横梁进行精确调位,最后与塔柱匹配连接。对于横梁较轻的情况,也可以省去钢管支架,直接将横梁吊放在钢塔柱牛腿上,但需要通过计算满足承载力要求,如图3-42所示。

图3-41　塔柱吊装　　　　　　图3-42　横梁安装

横梁吊装可根据起吊设备选择采用大节段整体吊装或小节段分段吊装。采用分段吊装时,为了减少对塔柱线形的影响,保证横梁两端同塔柱均匀对称传递荷载,需在横梁节段间连接完成后,再进行横梁与塔柱之间的连接。

在横梁吊装前,通过主动横撑调整塔柱之间的距离,一般要求塔柱之间的距离大于横梁长度 20~30mm。

钢横梁与钢塔柱之间一般采用高强螺栓群连接。横梁吊装到位后,先调整匹配一端接口将顶板、底板和腹板拼接板全部安装到位,打入一定数量的销钉,并安装一部分临时固定螺栓。等到温度稳定后,保持塔柱所处的相对均匀的温度场,再开始匹配另一端接口,此时需要调整的误差已经非常清楚,采用对应的措施即可调整到位,打入顶板、底板和腹板拼接板销钉,完成横梁的匹配。

3.4　典型案例

3.4.1　湖北武汉大道金桥

1) 工程概况

湖北武汉大道金桥位于武汉市汉口地区南北向重要的城市快速路上。桥塔顺桥向为柱形、横桥向为A形,塔肢斜率为1:4.3,由塔座,下、中、上塔柱及下、中、上横梁等部分组成,采用C55混凝土。桥塔高101.7m(从承台顶面算起),其中桥面以上高79m,高跨比为0.57。下塔柱横桥向宽3.5~6m、顺桥向宽6.5~8m,采用单箱单室截面。中、上塔柱横桥向宽3.5m、顺桥向宽6.5m,采用单箱单室截面,基本壁厚为1.3m×1.5m,在根部及与下横梁交界范围内壁厚逐渐增大。桥塔横梁采用箱形截面,为预应力混凝土结构;其中下横梁为加劲梁 0 号节段,采用双层箱形截面预应力混凝土结构,桥面顶宽由 40.930m 渐变至 42.261m,在横梁处梁高 6.80m,设双向 1.5% 横坡。桥塔构造如图 3-43 所示。

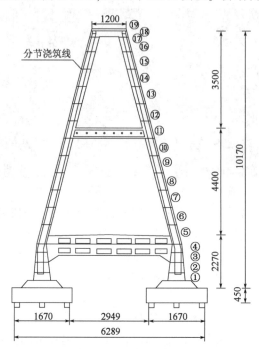

图 3-43 武汉大道金桥桥塔示意(尺寸单位:cm)

2)桥塔总体施工方案

(1)塔座按常规施工方法组织施工;

(2)塔柱总高 99.7m,分 19 个节段浇筑施工。下塔柱分 4 个节段采用翻模施工;中、上塔柱采用液压自动爬模系统施工,第 5~10 节段浇筑高度均为 5.85m,考虑斜拉索导管的安装及布置的问题,第 11 节段浇筑高度为 5.5m,第 12~17 节段浇筑高度为 5.35m,第 18 节段浇筑 3.6m 直到塔上横梁底部,然后拆除爬模系统;

(3)下、中、上横梁采用支架法施工,其中,中横梁与桥塔采用异步施工;

(4)为控制桥塔施工状态下的应力和变形,根据施工计算,在进行中、上塔柱施工时每隔一段距离设置一道水平主动横撑。

3)桥塔施工

(1)下塔柱翻模施工

①钢筋及预埋件安装完毕后,用汽车起重机安装第 1 节段模板,浇筑第 1 节段混凝土;

②待第 1 节段混凝土强度满足设计要求后,拆除模板,保留 1.2m 节段模板,并用汽车起重机安装下一节段模板,浇筑第 2 节段混凝土;

③待第 2 节段混凝土强度满足设计要求后,拆除模板,保留 2.2m 节段模板,并用汽

车起重机安装节段模板,浇筑第 3 节段混凝土(与下横梁第 1 层一起浇筑);

④待第 3 节段混凝土强度满足设计要求后,拆除模板,保留 1.2m 节段模板,并用汽车起重机安装 3.6m 节段模板,浇筑第 4 节段混凝土(与下横梁第 2 层一起浇筑)。由于塔柱较高、截面较大,混凝土施工时设置多个下料点,采用串筒下料。浇筑方式采用水平分层、两侧同时对称、分节段浇筑。待已浇筑段混凝土强度达到 2.5MPa 后,人工凿除施工缝表面的水泥砂浆和松散层,经凿毛处理后用高压空气将混凝土表面清理干净。

(2)中、上塔柱施工爬模施工

中、上塔柱采用液压自动爬模系统施工。塔柱模板采用爬模施工,为全封闭结构,确保了桥塔施工期间人员安全。

(3)中横梁施工

①在塔柱爬模施工时,同步搭设中横梁钢管支架,拼装中间 15m 段贝雷梁支架,进行中间 13m 中横梁模板、钢筋、预应力管道安装及混凝土浇筑施工;

②待爬模越过中横梁位置后,安装两边 3m 段贝雷梁,搭设两边中横梁支架,完成中横梁钢筋、模板及预应力管道安装,进行两边 4.35m 合龙段混凝土浇筑及中横梁预应力束施工。

3.4.2 江苏泰州长江大桥

1)工程概况

江苏泰州长江大桥位于长江江苏段的中部,是连接中国江苏省泰州市高港区和镇江市扬中市的特大桥梁。桥梁全长 62.088km,宽度 33m,全线采用双向六车道。

泰州长江大桥采用"三塔两跨"悬索桥桥型方案,其中,中索塔为钢结构,边索塔为混凝土结构。中塔塔高 191.5m,纵向人字形,其纵向从下到上共分为三个区段:下部斜腿段、交点附近的曲线过渡段及上部直线段。斜腿段倾斜度为 1:4,直线段与斜腿段按圆曲线过渡,曲线半径为 100m,其中曲线过渡段的高度为 22.587m,上部直线段坡度为 3.9:192,钢塔柱横向为门式框架结构,设置两道横梁。钢索塔按设计节段制作完成并在工厂试拼调整后,运输到桥位处,按施工组织设计安装,塔柱节段间采用高强螺栓连接。该钢桥塔施工中采用的大节段制造和安装技术在中国为首次使用。

中索塔钢塔柱共划分为 13 个节段(图 3-44),节段长度除 D0 外其余为 10.775~20.0m 不等。其中 D0 底节段为钢-混凝土结合段,通过 34 根预加拉力的锚拉杆固定在塔柱底部混凝土内预埋的锚固件上。D1~D3 位于斜腿段,D4~D5 位于曲线过渡段,其余节段均在直线段。钢塔柱 D4 与 D5 节段间采用焊接接头,其余节段间的连接均采用高强螺栓传力与端面金属接触相结合的方式。泰州长江大桥中索塔吊装照片如图 3-45 所示。

2)钢塔施工难点

(1)钢塔柱节段重量大(单节段最大质量为495t)、吊装高度高;

(2)节段几何尺寸精度要求高,且其安装定位及调位精度要求高;

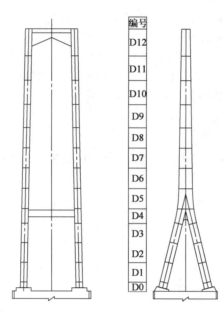

图 3-44 江苏泰州长江大桥中索塔示意

a) 首节段吊装

b) 下塔柱吊装

c) 合龙段(D5节段)吊装

d) 下横梁吊装

图 3-45

e)上塔柱吊装　　　　　　　f)上横梁吊装　　　　　　　g)完成远景

图 3-45　江苏泰州长江大桥中索塔吊装

(3) 钢塔柱端面加工及锚杆定位精度要求较高;

(4) 钢-混凝土结合段 D0 与标准节段不同需采用特殊工艺;

(5) 上下塔柱过渡段 D4、D5 节段,其断面尺寸大、重量大、受力状态复杂,采用了全断面焊接连接,其大断面、大重量钢塔节段焊接连接为国内首次采用。

3) 工艺流程

(1) 水上运输

节段涂装完成后,用液压移梁平车将节段运输至 3000t 级码头部位,用 800t 浮式起重机吊至节段立身胎位处,进行立身作业。立起后,在码头安装工作平台等附属设施,进行端面保护,然后采用 800t 浮式起重机吊至驳船上。

(2) D0 段安装

在承台上预先安装节段导向装置,借助辅助牵引使 D0 节段平稳穿入预埋于承台内的 34 根螺杆锚固,并设置锚固螺杆定位架以确保锚固螺杆定位精确。

(3) 桥塔节段吊装

钢塔节段制作完成后,运输至指定地点进行吊装。吊装就位后,对节段进行微调,确保对位线对正、匹配工装密贴。节段安装到位后进行金属接触率检查。按位置号安装拼接板、施拧高强度螺栓。对调整接口,依据测量、调整情况,进行调整接口拼接板配制。经检测合格后,再安装下一个节段。

(4) D4 与 D5 节段焊接连接

D4 与 D5 节段断面尺寸大、重量大、受力状态复杂,因此是其施工难点。D4 与 D5 节段连接采用全断面焊接。

桥位安装时,纵横向以节段外侧定位工装密贴为原则,同时检查预拼装时所划对位线是否对齐;竖向定位以 D5 节段坡口加工时预留部位密贴为原则,同时检查坡口部位的接口缝隙。节段安装定位后用临时连接,以保证桥位施工过程中的安全。

先进行焊前预热,预热温度由焊接试验结果确定,预热方法用火焰烘烤法,并严格控制预热温度处在焊接工艺要求的范围内;然后进行定位焊,焊接采用手工电弧焊;定位焊缝两端应修磨不小于 1:5 的过渡斜坡，以便正式焊接，并避免接头根部位置产生缺陷。当定位焊缝出现裂缝或其他严重缺陷时，应将缺陷清除，重新进行定位焊。

由于壁板很厚，为减小焊接填充量，对坡口根部 12~14mm 范围内，采用手工电弧焊进行焊接；然后采用药芯焊丝 CO_2 气体保护焊进行填充盖面，先将内侧焊缝焊接 60%，从外侧清根后焊接外侧焊缝 50%，再焊完内侧焊缝，之后焊完外侧焊缝。为了控制焊接变形，焊接时采用对称施焊。在焊接过程中，始终进行高程、水平度、垂直度的测量观测，发现异常情况及时暂停。

对作为定位基准的部位，待其他部位焊接过半后，采用气刨方法达到焊接要求坡口尺寸，然后焊接填充。

3.4.3 江苏南京浦仪大桥

1) 工程概况

江苏南京浦仪大桥为双索面斜拉桥，斜拉索呈空间索面布置，全长 2100m。该桥是国内最宽的独柱钢塔斜拉跨江大桥，主桥桥面总宽 54.4m，桥面从中间被桥塔分开，如同两座并排的独立桥。浦仪大桥塔柱示意如图 3-46 所示。

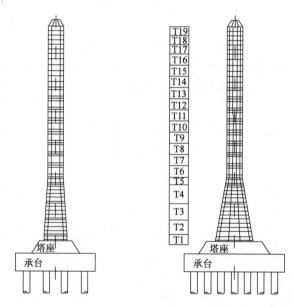

图 3-46 南京浦仪大桥钢塔柱结构图

2) 塔柱结构特点

大桥西段的 19 号索塔塔高 164.4m，共分为 19 个节段，设有 16 组斜拉索，每组 4 根（江侧和岸侧分别设 2 根），其中，0 号索从横桥向伸出塔壁，采用锚管锚固方式，锚管和单腹板锚梁支撑在隔板上，腹板与塔壁焊接，双腹板锚梁底下设置 T 形垫梁。在施工期间，双腹板锚梁水平方向一侧固定，一侧自由，固定端和自由端交错布置。成桥后，钢锚梁两侧均采用 M30 高强螺栓固定。

钢塔柱根部设置塔柱与承台及塔座连接的 T1 节段,T1 节段底部 2.25m 处设置垫板,垫板上共布设 50 根直径 110mm 的螺栓,锚固于塔柱底部混凝土中;T1 节段底部设置厚 150mm 的承压板,承压板与塔座混凝土之间采用 50mm 厚压浆层使承压板底混凝土接触面受力均匀。

3) 钢索塔节段安装

大桥钢塔柱吊装过程如图 3-47 所示。

a) 首节段吊装

b) 标准节段吊装

c) 顶节段吊装

图 3-47 南京浦仪大桥钢塔柱吊装过程

(1) T1～T5 节段安装

索塔 T1～T5 节段纵向不分块,采用浮式起重机整体吊装。节段接头采用栓接接头。

① T1 节段吊装

T1 节段运输至浮式起重机吊点正下方后固定运输船舶,安装起吊吊索;待所有吊点全部连接完毕后,浮式起重机开始起钩,使吊索张紧。起吊过程分级进行,根据 T1 节段的自重,每 100t 为一个级别,通过浮式起重机上自带的拉力计进行控制,每增加一个级别,检查吊索、卡环等,无任何问题后施加下一级,直至 T1 节段被吊起,脱离运输船。

② T1 节段安装

使用浮式起重机将 T1 节段移动至船头距索塔中心线约 24.5m 处,浮式起重机主钩中心与索塔中心竖向重合时开始下放 T1 节段,当 T1 节段接近预埋锚固螺栓时,检查 T1 节段底部承压板上开孔与索塔锚栓的相对位置,准确无误后缓慢垂直下放 T1 节段,待承压板全部穿过锚固螺栓,放置在塔座混凝土上之后,利用水平千斤顶微调 T1 节段水平位置,精度满足要求后,解除浮式起重机吊索,T1 节段安装完成。

③T2~T5 节段安装

T2~T5 节段吊装与 T1 节段吊装工序相同。两个节段对接,调整接头保证后续安装精度,最后使用螺栓将两个节段连接。

(2)T6~T19 节段安装

索塔 T6~T19 节段纵向均分为两块。T6~T19 节段运输至桥位处后,采用浮式起重机转运至索塔周转平台,再采用塔式起重机垂直起吊安装。塔式起重机布置在索塔承台中跨侧桥轴线上,基础置于承台上;塔式起重机共设置四道附墙,其中第一道附墙距塔式起重机根部 48.0m,其余三道附墙间距为 36.0m 和 30.0m 两种,四道附墙分别位于 T5、T9、T13 和 T16 节段;附墙与塔柱之间设置钢梁,钢梁与索塔节段之间采用栓接连接。

T6~T19 节段安装步骤如下:

①T6~T19 节段安装前,先在 T5 节段安装第一道附墙,然后吊装 T6~T9 节段,安装完成后顶升;

②在 T9 节段安装第二道附墙,安装完成后,吊装 T10~T13 节段,然后顶升;

③在 T13 节段安装第三道附墙,吊装 T14~T16 节段,安装完成后顶升;

④在 T16 节段安装第四道附墙,最后吊装 T17~T19 节段。

节段安装时采用在下节塔柱的螺栓孔上连接限位装置的形式对上节塔柱进行精确定位,精度控制在 5mm 以内。在定位完成后,采用匹配件进行临时固定连接。为使待安装节段能够较容易地与已安装节段定位、对接,在已安装节段与待安装节段间安装匹配件,现场塔柱节段间完成安装后解除匹配装置。现场精确调位时,优先保证各匹配件的位置准确。

3.5　小结

随着我国中西部地区桥梁建设的高速发展,以及跨越大江、大河、深沟、峡谷的大跨径桥梁建设的增多,高墩、钢塔柱的建造数量不断增加,其施工难度亦越来越大。

本章主要介绍了常见的高墩施工方法,包括高大模板支撑、翻模、滑模、爬模等方法。相较于传统的高大模板支撑施工,翻模、滑模和爬模具备施工速度快、安全度高、外观质量好、机械化程度高、模板可循环利用等特点,已成为面向当代桥梁工程高大墩柱、索塔施工较为合适的工艺方法。因桥梁高墩、索塔混凝土浇筑属于大体积混凝土浇筑范畴,施工时应监控好温差变化对结构开裂的影响,并做好施工缝处理、高墩垂直度控制等工序,这是当前及未来高墩施工过程中需重点关注的难点。

桥梁钢塔柱精度要求高,制造、施工难度大,通常代表一个国家钢结构的加工、制造、施工技术水平。钢塔柱建造多采用节段预制-现场拼装的方法,本章主要介绍了常用的钢塔柱架设方法,包括浮式起重机施工法、塔式起重机施工法等。由于钢塔柱节段数量多易导致累积误差、施工控制难度大,如何在制造阶段控制好节段形态,并在现场拼装阶段确保钢塔柱线形调整的准确性及安装精度,是当前及未来钢塔柱制造、施工所面临主要难点。

1. 高墩和桥塔的分类有哪些?分别举出具体案例。
2. 高大模板支撑施工的具体流程有哪些?相对于传统模板支撑工程有哪些不同?
3. 简述翻模、滑模和爬模三种施工方法的原理。
4. 翻模、滑模和爬模三种施工方法的流程分别是什么?
5. 翻模、滑模和爬模三种施工方法的优缺点分别是什么?适用范围有什么不同?
6. 翻模、滑模和爬模三种施工方法之间有什么区别?
7. 翻模、滑模和爬模施工中的模板如何实现爬升?
8. 滑模施工的三个施工阶段是什么?滑模施工中如何进行质量控制?
9. 桥梁钢塔柱的选型有哪些原则?
10. 钢塔柱的构造要求有哪些?分别具有什么作用?
11. 钢塔柱的施工方法有哪些?其各有什么不同?
12. 简述钢塔柱吊装的施工流程。
13. 简述钢塔柱的架设过程。
14. 分别说明湖北武汉大道金桥、江苏泰州长江大桥和江苏南京浦仪大桥施工方案的异同点。

第4章

深基础施工

4.1 概述

桥梁基础是结构与地基接触的承载构件,其作用是将桥梁上部的荷载传递给地基,是桥梁下部结构的重要组成部分。依据埋置深度的不同,桥梁基础可分为浅基础和深基础两类。浅基础一般是指埋深小于5m的基础,其作用是把所承受的荷载扩散分布于地基的浅层。深基础是指埋深较大,以下部坚实土层或岩层作为持力层的基础,其作用是把所承受的荷载相对集中地传递到地基的深层。大跨径桥梁基础常位于江河湖海等水体以下,且上部结构传递的荷载较大,浅基础往往不能满足承载能力和基础深度的要求,因此深基础是最常使用的基础类型。深基础施工要充分考虑水文地质、周围环境、荷载条件和结构形式等因素,力争做到施工过程安全可靠、施工技术简便可行、施工造价合理节约。本章主要介绍挡水围堰、桩基础、沉井基础和地下连续墙等深基础施工的关键技术要点。

4.2 挡水围堰

桥梁深基础的修建,主要困难在于防水侵入、防土塌陷以及冲刷、滑坡等。除沉井、沉箱基础本身具有阻水功能外,各类桩基础的施工常需要设置挡水围堰。另外,在桥梁深水基础中,沉井、沉箱基础之上往往也会加设临时性挡水围堰,以便沉井、沉箱基础上部承台等结构的施工。因此,挡水围堰虽然是临时性结构,但其在深水基础施工中扮演了排水阻水的重要作用,能够为围堰内部基础施工提供极大的便利。

4.2.1 挡水围堰分类

当桥梁位于浅水区域时,可以采用在桥墩附近堆积出高于水面的人工岛屿的方法,变水中施工为陆地施工,此方法通常被称为筑岛围堰(图4-1)。

图4-1 筑岛围堰

当桥梁修建于水深较大的深水区域时,由于桥位处的水文、地质、气象和航道等条件的不同,挡水围堰的结构形式和施工方法会有较大的区别。常用的桥梁深水基础挡水围堰包括:钢板桩围堰、钢吊箱围堰和钢套箱围堰(图4-2)。

a)钢板桩围堰　　　　　　b)钢吊箱围堰　　　　　　c)钢套箱围堰

图4-2 深水基础围堰分类

4.2.2 钢板桩围堰施工

钢板桩围堰主要由钢板桩、钢围檩(也称钢围笼)和支撑组成(图4-3)。钢板桩起防水、挡土及水下封底混凝土模板的作用;钢围檩作为下沉管柱的悬挂和导向结构,同时用作钢板桩的支撑,其顶层又作为施工平台,为一种临时辅助结构,待墩身修出水面后全部拆除;支撑为受压构件,常设计成对撑式带有水平及立面联结系的空间桁架结构。

图 4-3　钢板桩围堰构造

钢板桩围堰施工工艺流程包括:钢板桩组拼、导向架及定位桩安装、钢板桩插打、钢板桩围堰合龙、抽水堵漏、安装内支撑、围堰内主体结构施工及钢板桩拔出,如图 4-4 所示。

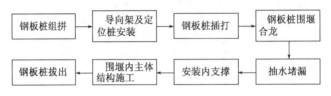

图 4-4　钢板桩围堰施工工艺流程

1) 钢板桩组拼

钢板桩到场后,应对规格、外形、锁口进行检查,凡有弯曲、锁口不合等情况均先调整;当钢板桩不够长时,可用相同材料焊接加长;围堰转角处,使用特制角桩(用同种钢板桩拼焊而成);清除钢板桩锁口杂物,并涂以黄油、锯屑混合物,以减小插打阻力,减少漏水(图 4-5)。

图 4-5　钢板桩

2) 导向架及定位桩安装

在测量监控下,进行导向架就位,然后在钢板桩围堰四角精确地打入钢管桩做定位桩,再在钢管桩上设置牛腿,布设围堰导向框(图 4-6)。

a) 安装定位桩

b) 在钢管桩上设置牛腿

c) 围堰导向框

d) 限位装置

图 4-6　安装导向架及定位桩

3) 钢板桩插打

为了确保插打位置准确,第一片钢板桩是插打的关键。先在导向架上设置一个限位框架,大小比钢板桩每边放大 1cm,插打时钢板桩桩背紧靠导向架,边插打边将吊钩缓慢下放。插打过程应使用全站仪实时监测钢板桩位置,以确保钢板桩插正、插直。以第一片钢板桩为基准,再向两边对称插打钢板桩,插一片打一片,即将每一片钢板桩打到设计深度再开始下一片。到剩下最后 5 片时,可先插后打,若合龙有误,用特制的异形钢板桩使之合龙,合龙后,再逐根打到设计深度(图 4-7)。

图 4-7　钢板桩插打施工

4) 钢板桩围堰合龙

围堰即将合龙时,测量两侧钢板桩底部的直线距离,根据钢板桩宽度,计算出所需钢板桩的片数,如无法凑到整数片,可以增加钢板桩,钢板桩插打时采用向外绕圆弧的方式。为了便于合龙,合龙处的两片桩应一高一低。方形钢围堰有4个面,打完的每一片钢板桩都要沿导向架的法线和切线方向垂直,合龙应选择在角桩附近(一般离角桩4~5片),如果距离有差距,可调整合龙侧相邻边与导向架的距离。为了防止合龙处两片桩不在一个平面内,一定要调整好角桩方向,让一侧钢板桩锁口与对侧钢板桩锁口尽量保持平行(图4-8)。

图4-8 钢板桩围堰合龙

5) 抽水堵漏并安装内支撑

钢板桩围堰合龙后,即可抽水,并安装各道内支撑。在钢板桩围堰抽水过程中,发现有漏水的,要边抽水边堵漏。可采用以下方法进行堵漏:①在渗漏的围堰外侧放锯末加细煤灰或谷糠和黄土沿钢板桩四周放入,随水夹带至漏缝处自行堵塞;②在局部渗漏的地方,可在围堰的内侧用刮刀将干海带或棉纱、细麻丝插进钢板桩缝隙内,以达到止水效果。安装支撑要及时,一般可采用边抽水、边安装内支撑的方法。抽水时应每抽1m稍停一段时间,以使内支撑稳步受力(图4-9)。

a)抽水清淤

b)内支撑安装

图4-9 钢板桩围堰抽水与支撑

6）围堰内主体结构施工

钢板桩围堰施工完毕，围堰内主体结构（承台等）即可立模板，绑扎钢筋，浇筑混凝土，并养护至规定时间（图4-10）。主体结构施工期间应注意围堰的防漏检查，辅以一定的排水措施。

7）钢板桩拔出

待主体结构施工完成，应向围堰内回填土至与河床面同高，填平后逐渐向围堰内灌水，自下而上拆除内支撑。拔桩时先用打拔桩机夹住钢板桩头部振动 1~2min，使钢板桩周围的土松动，产生"液化"，以减少土对桩的摩阻力，然后慢慢地往上振拔（图4-11）。拔桩时注意桩机的负荷情况，发现上拔困难或拔不上来时，应停止拔桩。此时可先振动 1~2min 后，往下锤 0.5~1.0m，再往上振拔，如此反复即可将桩拔出。

图4-10 主体结构立模板绑扎钢筋　　　　图4-11 钢板桩拔出

4.2.3 钢套箱围堰施工

钢套箱围堰是桥梁水中施工常用的一种围堰结构形式，大多数情况下用于承台工程混凝土的浇筑施工，用来防水和充当模板。钢套箱围堰多适用于河流浅滩、河水不太深且流速小的水中桥墩承台修建。一般来说，其承台底高程与河床面高程相差不大或承台底埋入河床深度较浅。钢套箱围堰刚度大，其阻水面积大，下沉施工前，常需对河床加以整平。

钢套箱围堰主要由壁板与加劲肋、内桁架支撑或底板等几部分组成。其断面形式依承台结构的形式而定，主要有矩形、方形、八卦形等。壁板与加劲肋是主要的防水结构，同时也承受围堰内抽水后四周外侧水压力；内桁架支撑是主要的受力结构；底板视其实际需要可设可不设。钢套箱围堰多采用水下封底混凝土的方法阻水堵漏，封底混凝土同时还承受反向水压力，故其厚度比吊箱围堰大。

一般情况下，钢套箱围堰安放在基桩钻填后进行，如有特殊需要，也可在桩基础施工前进行安放，此时钢围堰还充当桩基施工平台。钢套箱围堰的施工方法依其结构形式、施工程序、起吊能力及设计技术要求等因素确定,就其起吊方式而言,主要分为整体吊装下沉和现场组拼下沉两种。整体吊装下沉是指先在岸边将围堰完全拼装好,用起重船一次起吊就位下沉,须有大吨位水上起重船,河水深度应能满足船只吃水深度。整体吊装施工工期短,但费用可能较高。现场组拼下沉是指首先在已施工好的桩基顶面上搭设施工平台,按设计要求组拼好套箱围堰,然后利用桩顶预埋钢支撑支点,安放卷扬机拼装成自拼式临时起重机,将组拼好的围堰起吊、下放就位。现场组拼下沉方法具有施工简单、费用较低的优点,但工期较长。

图 4-12 钢套箱围堰构造

钢套箱围堰典型施工工艺流程主要包括加工试拼、组拼吊装与定位、钢套箱下沉、清淤与封底、抽水及内支撑安装、承台施工及钢套箱拆除(图 4-13)。

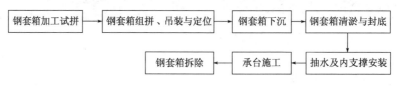

图 4-13 钢套箱施工工艺流程

1)钢套箱加工与试拼

为方便拼装、吊装,钢套箱应根据起重机的起重能力分节、分块。钢板和型钢骨架按分块、分段尺寸采用自动切割机进行下料,在制作平台上焊接加工,即先将钢板平铺在加工平台上,然后将型钢骨架布设在钢板上,再按照左右对称原则进行焊接。框型结构先焊对角,再焊另外两个对角;长焊缝应先断焊再满焊;小件可以用胎具压牢焊接,大件根据变形预测做反变形拼接(图 4-14)。

钢套箱试拼工作可在临时支架上进行,在支架上先放两根托梁,然后在上面铺设钢板,测量放线并确定位置,符合要求后,将钢板临时点焊固定。侧模拼装从长方向中间开始,顺序延伸,最后拼装短方向并合龙。侧模试拼过程中,应检测安装侧模平面尺寸、垂直度及对角线方正情况、侧模间的栓孔连接情况。钢套箱的每个分块和最后拼装完成的整体,均应进行煤油渗透试验,以保证套箱壁板整体密水性能,试验检查不合格的部位应进行补焊和复验。

2)钢套箱组拼、吊装与定位

(1)钢套箱组拼

钢套箱组拼可利用已有墩位钻孔平台作为拼装钢套箱的支撑,也可将钻孔灌注桩钢护筒作为拼装钢套箱的支撑。采用钢护筒作为支撑时,先在钢护筒上同一水平高度焊接承重牛腿,然后在牛腿上放置工字钢作为套箱临时底梁,再在底梁上拼装成箱体(图4-15)。

图4-14 钢套箱加工

图4-15 钢套箱组拼

(2)钢套箱吊装

当钢套箱平面尺寸较小、重量较轻时,可以采用浮式起重机整体起吊[图4-16a)]。钢套箱可在岸边组拼,顶升后牵引下水;或在岸边滑道上进行拼装,拼装完毕后借助滑移设备滑移入水。用推轮将钢套箱推至浮式起重机作业区,然后用浮式起重机起吊钢套箱下沉就位。当钢套箱整体重量较重、高度较高时,可以在岸上分节组拼,然后采用浮式起重机分节吊装[图4-16b)]。

a)整体吊装

b)分节吊装

图4-16 钢套箱吊装

(3)钢套箱的定位

钢套箱下沉入水后受水流及水压力的作用,钢套箱会随水流漂移,因此需采取定位措施以确保钢套箱施工符合要求(图4-17)。定位装置分上定位和下定位两部分:钢套箱上定位,可在墩位施工平台外围钢管桩的侧面横向焊接工字钢作为钢套箱的导向定位框架;钢套箱下定位,当水流流速较小时,可通过钻孔平台每边钢管支撑桩上设置的倒链葫芦调整,当水流流速较大时,则通过设置于其下部1/3处的锚缆调整。

a)定位系统

b)定位调整

图4-17 钢套箱定位

3)钢套箱下沉

(1)浮式起重机辅助下沉

钢套箱制作好,可采用驳船拖运至桥墩位置水域,根据设计吊点,采用浮式起重机直接起吊钢套箱下沉就位。

(2)墩位作业平台辅助下沉

当为中小型钢套箱时,可将在岸上分块加工的钢套箱运至墩位作业平台上组拼。在钻孔钢护筒上设起吊分配梁,再由起吊系统滑车组起吊钢套箱,并将钢套箱临时悬挂于钢护筒支撑牛腿上。拆除墩位平台,解除临时吊挂,由起吊滑车组将钢套箱缓缓下沉就位。

当钢套箱分层接高时,待第一层套箱下沉到比水面高0.5m位置时停止下沉,临时固定好后,第二层套箱直接在第一层套箱上进行拼装,按第一层施工方法进行安装。如此循环作业,分层下沉、分层安装,直到到达设计高程,至此整个套箱下沉作业全部完成(图4-18)。

a)第一层下沉

b)第二层接高

图4-18 套箱分层下沉接高

(3)除土下沉

对于无底钢套箱,河床以下部分的下沉可采用除土下沉的方法。为减少围堰着床后的吸泥工作量,可先根据地质勘探资料,明确河床淤泥厚度,并在无底钢套箱着床前用挖泥船清淤,待着床后,再用高压水管和吸泥机除土下沉。吸泥时应注意要由钢套箱的周边往中心均匀出土,以使钢套箱围堰均匀下沉。

当水深较浅时,用高压水破土,砂石泵吸泥;当水深较深时,用高压水破土,空气吸泥机吸泥,相应的管径及台数根据土质情况确定。施工中因下沉系数太小,自重下沉困难时,可采用在套箱的顶部加载的方法助沉,直至沉入设计土层及高程。

(4)钢套箱下沉时的纠偏措施

钢套箱下沉过程中,要采用多次测量和系统比较的方法监测钢套箱的下沉情况,实时监测钢套箱的坐标,求得各轴线偏移和高程、底中心偏移、刃脚高程、扭角、倾斜等。如果发现钢套箱下沉倾斜,常用的纠偏方法如下:

①围堰内部偏挖:在围堰较高一侧内部刃脚处多挖土,在围堰下沉时纠正倾斜。

②围堰顶面压重:在围堰较高一侧的顶面压重,可采用钢轨等悬吊压重,纠正倾斜。

③围堰外侧挖填:在围堰较高一侧的外侧挖土,以减小土摩擦力;在围堰较低一侧的外侧填土,以增加土摩擦力。

4)钢套箱清淤与封底

(1)钢套箱河床清淤

当钢套箱通过除土下沉至设计位置后,在进行封底混凝土灌注前,可采用高压水管和吸泥机在钢套箱内侧彻底清除河床沉淀下的淤泥,以免影响封底混凝土的质量。

(2)钢套箱封底混凝土施工

根据钢套箱平面位置关系布设封底导管,考虑封底混凝土的流动半径,导管按每2~3m布设3~4根,封底混凝土应从钢套箱一侧向另一侧灌注,封底混凝土灌注必须连续,不能中断。封底先从一根导管开始,当灌注的混凝土流至邻近另一根导管并埋住该导管时,开始对该导管灌注,先前的导管不能拔出移位。当封底混凝土高度达到设计要求后,将先前的导管移至下一灌注位置,以此类推,直至封底完成(图4-19)。

钢套箱封底过程与封底后未抽水之前,钢套箱内外水位均保持一致,使钢套箱底部内外压力基本平衡,避免水压力对封底混凝土产生附加压力。封底混凝土达到设计强度要求后,抽出钢套箱围堰内的水,清除杂物,找平封底混凝土顶面,验收后进入下一道工序。

5)抽水及内支撑安装

当封底混凝土强度达到设计强度后,即可封闭钢套箱上所设的连通管,进行抽水施工。若在承台施工中,内支撑对其有障碍,则需对内支撑进行置换。根据钢套箱内支撑的设计位置,可以将底层的内支撑用钢丝绳先下沉至封底混凝土上,并将钢丝绳引出;然后抽水,当抽水至第一层内支撑时,停止抽水,安装第一层内支撑;接着抽水,安装第二层内支撑,直至内支撑安装完毕,将套箱内水抽干,进行承台施工(图4-20)。

图 4-19 钢套箱封底混凝土灌注　　　　图 4-20 钢套箱内支撑安装

6) 承台施工

按设计图纸绑扎钢筋,并根据实际情况设置冷却管,待验收合格后逐层浇筑混凝土,直至设计高程。混凝土浇筑完毕后及时进行养护,养护时间不少于7d(图 4-21)。

a) 绑扎钢筋　　　　b) 浇筑混凝土　　　　c) 混凝土养护

图 4-21 钢套箱围堰内承台施工

7) 钢套箱拆除

承台混凝土达到设计强度后,可进行钢套箱拆除(图 4-22)。根据浮式起重机的起吊重量可分段切割整体吊出或分块切割分块吊出。其具体方法是:

图 4-22 钢套箱拆除

(1)拆除套箱内、外相干的物件,凿开吊耳眼孔,由潜水工在外壁板用潜水氧-电弧切割作业来实现。切割时应考虑钢套箱截面形式(单壁、双壁)、水流速度和水深的影响,每切割一段,应由潜水员检查是否割通。

(2)当切割完毕后,由潜水员再一次检查壁板割缝,确认无漏割钢板后,由潜水员挂好吊钩,待潜水员及设备撤离至安全地点后,全面检查水域,确认无障碍后起吊。

(3)对于较小钢套箱,常采用螺栓连接分节拼装而成,拆除时由潜水员拧掉螺栓即可,其他步骤同上。

4.2.4 钢吊箱围堰施工

钢吊箱围堰是指悬吊在水中的有底套箱。在水深流急的大江大河或潮涌浪高的海域中采用钢吊箱围堰修建大型桥梁深水基础时,由于桥渡处的水文、地质、气象、航道等条件各不相同,因此,钢吊箱的施工技术也各有差别。当承台底面距河床面较高,或承台以下为较厚的软弱土层、且水深流急,可采用钢吊箱围堰作为承台施工的平台[图4-23a)]。另外,钢吊箱围堰也可先通过定位桩下沉就位,从而作为桩基施工的围堰和导向装置。桩基施工完成后,在吊箱内灌注水下混凝土封底,即可浇筑承台混凝土[图4-23b)]。根据钢吊箱用途不同,施工方法可分为用钢吊箱围堰修建承台和用钢吊箱围堰修建桩基。

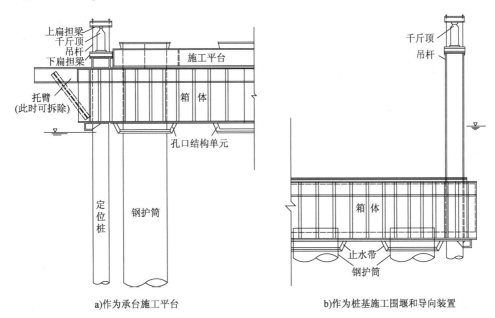

图4-23 钢吊箱围堰构造

1)用钢吊箱围堰修建承台

目前,大型桥梁深水桩基承台的尺寸越来越大,为实现承台的干作业施工,多采用钢吊箱围堰作为承台施工的平台:在深水中桩基完成后,使用起吊设备将内装有扁担梁且已拼成整体的钢吊箱围堰悬挂在定位桩的桩顶,然后灌注水下混凝土封底,抽水后浇筑承台混凝土。此时,吊箱围堰的作用即为实现承台的干作业施工,其底板是封底混凝土的控制面,侧板为浇筑封底混凝土及承台混凝土的侧模,同时吊箱围堰的顶面也作为混凝土浇筑施工的工作作业面。依据加工拼装与下沉就位的方法,又可分为以下几种:

(1)工厂整体制作吊装

钢吊箱在工厂制作好,由驳船拖运至施工的墩位旁,然后利用浮式起重机直接起吊钢吊箱下沉就位,并将钢吊箱吊挂于钢护筒顶部所设钢牛腿上(图4-24)。如苏通大桥3号墩钢吊箱和京九复线东江二桥钢吊箱的施工均采用了此法。这种方法中钢吊箱的制作质量好,但只适用于中小型的钢吊箱。

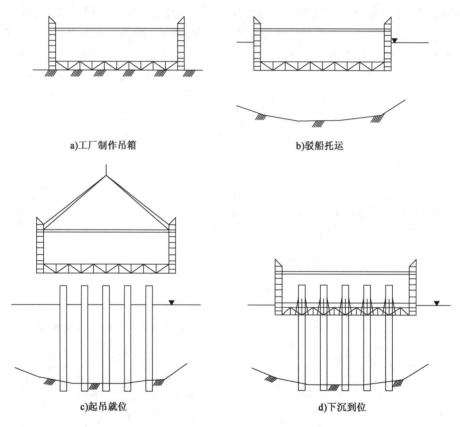

a)工厂制作吊箱　　　　　　　　b)驳船托运

c)起吊就位　　　　　　　　d)下沉到位

图4-24　钢吊箱工厂整体制作吊装、下沉

(2)水上分节散拼吊装

钢吊箱分节分块制作,将完成的分块吊箱拼成两半,分别采用驳船装载下水,之后在水上合龙成整节,拖运至墩位旁,使用浮式起重机吊装钢吊箱下水自浮,接高钢吊箱后定位、固定(图4-25)。如武汉白沙洲大桥钢吊箱施工即采用此法。这种方法需要在水下焊接、拼装钢吊箱,所以钢吊箱质量较难保证。

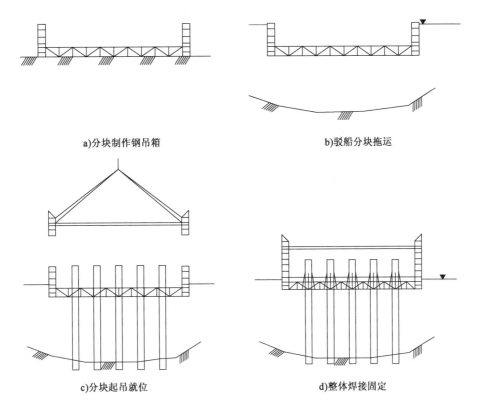

a)分块制作钢吊箱　　　　b)驳船分块拖运

c)分块起吊就位　　　　d)整体焊接固定

图4-25　钢吊箱水上分节散拼吊装焊接

(3) 岸边整体制作吊装

在岸边组拼钢吊箱,气囊顶升后牵引下水,或在岸边滑道上拼装钢吊箱,借助滑移设备滑移入水,用推轮将钢吊箱推至浮式起重机作业区,然后用浮式起重机起吊钢吊箱下沉就位(图4-26)。为了便于钢吊箱浮运,在钢吊箱底板加工时,钢护筒及吊杆的孔洞暂不开孔,在就位前,根据现场测量结果再开孔。这种方法在钢吊箱的施工中应用较多,钢吊箱可以分节吊装,下水后再接高,也可以一次整体吊装。如南京长江二桥采用此法分节吊装后再接高,而润扬大桥南汊桥北桥塔则采用一次性整体吊装到位。这种方法简便易行,但需要大吨位的浮式起重机,且起吊设备受波浪影响较大。

(4) 原位制作逐步下放

在墩位处现场拼装钢吊箱,然后由钢护筒上方的固定吊点下沉钢吊箱就位。钢吊箱可以整体下放,也可以逐节下放后接高,这种方法不需要大型起吊设备,起吊时受周围环境的影响相对也较小,但在钢吊箱起吊后拆除墩位平台时,操作空间有限,对工期有一定的影响(图4-27)。

钢吊箱围堰施工承台的典型工序流程具体包括钢吊箱的加工拼装、下沉就位、检查堵漏、封底浇筑和承台施工(图4-28):

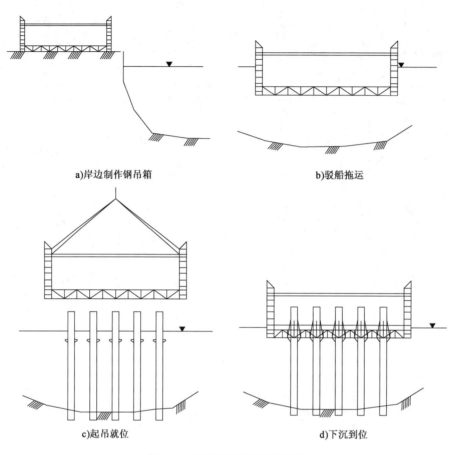

图 4-26 钢吊箱岸边整体制作吊装

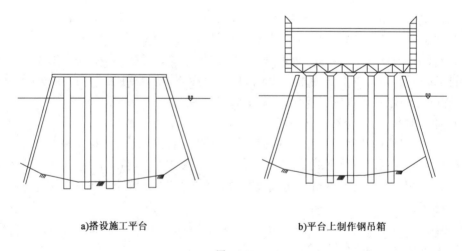

图 4-27

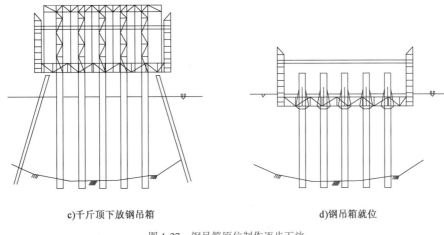

c)千斤顶下放钢吊箱　　　　　　　　d)钢吊箱就位

图 4-27　钢吊箱原位制作逐步下放

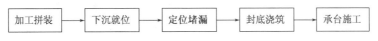

图 4-28　钢吊箱围堰施工承台施工流程

（1）加工拼装。考虑钢吊箱尺寸和重量，可以采取整体拼装和分块拼装两种方式，拼装检验合格后整体或分块运至施工点位（图 4-29）。

（2）下沉就位。钢吊箱运至桥位后，用浮式起重设备等吊装下沉，下沉到预定位置后，准备固定就位（图 4-30）。

图 4-29　钢吊箱加工拼装　　　　　　　图 4-30　钢吊箱下沉就位

（3）检查堵漏。吊箱沉至设计高程后，复核其平面位置，如不满足要求，可将千斤顶安放在定位桩护筒外壁与吊箱侧板之间，用以调整吊箱水平位置，待其满足要求后，在四角护筒与吊箱侧板之间用定位器焊接定位。随后潜水员下水，将底板堵漏封板紧固在护筒上（图 4-31）。

（4）封底浇筑。封底混凝土主要起四个主要作用：一是用为平衡重主体；二是防水渗漏；三是抵抗水浮力在吊箱底部形成弯曲应力；四是作为承台的承重底模。因封底混凝土灌注是吊箱围堰施工成败关键之一,泵送混凝土应采用多点导管快速灌注,灌注宜从下游端开始依次倒移向上游前进。此外,宜适当提高封底混凝土坍落度及强度等级,以提高混凝土的流动性和延长混凝土的初凝时间(图4-32)。

(5)承台施工。封底完毕不少于5天,可抽干吊箱内积水,然后拆除吊杆梁及底层水平内支撑等,清理高出的封底混凝土。最后按常规方法绑扎承台钢筋、预埋墩身钢筋及其他预埋件,浇筑承台混凝土(图4-33)。

a)定位

b)水下堵漏

图4-31 钢吊箱定位堵漏

图4-32 钢吊箱封底混凝土浇筑

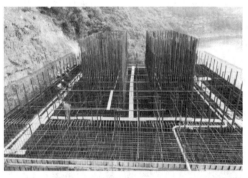
图4-33 钢吊箱承台施工

2)用钢吊箱围堰修建桩基

在船坞或岸边拼装钢吊箱,然后浮运至墩位处。钢吊箱下沉到位后,周边插打定位桩,将钢吊箱固定于定位桩上,在钢吊箱底板孔洞内插打钢护筒后,进行灌注桩施工。后续浇筑封底混凝土等工序和前述施工方法一样(图4-34)。南京长江三桥和东海大桥钢吊箱的施工中都采用了此法。这种方法是钢吊箱在钻孔桩施工前就位,在钢吊箱上插打钢护筒后进行钻孔桩施工,同时节省了平台部分费用及工期。但如果没有导向设施,沉桩时,桩的自由度大,如施工操作不当,容易引起损坏。又由于吊箱阻水面积大,在有潮水涨落处或强水流冲击时,悬挂吊箱的定位桩易遭损坏。

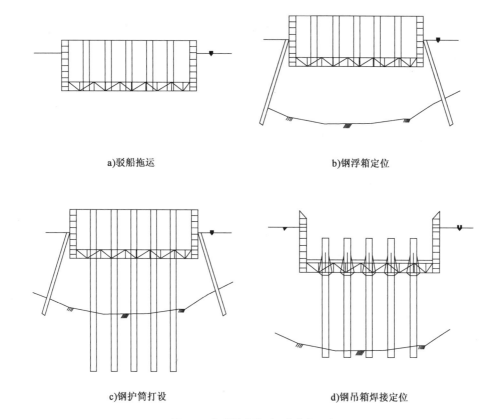

a) 驳船拖运　　　　　　　　b) 钢浮箱定位

c) 钢护筒打设　　　　　　　　d) 钢吊箱焊接定位

图 4-34　钢吊箱整体浮运定位桩固定

用钢吊箱围堰修建桩基的典型施工步骤包括拼装吊箱、浮运下沉、插打定位桩、吊箱固定、施工桩基、浇筑封底、封底堵漏、施工承台、切割拆除、吊出围堰（图4-35），钢吊箱施工的大多数步骤与钢套箱施工类似，在此不再一一赘述，可参考本章4.6节。

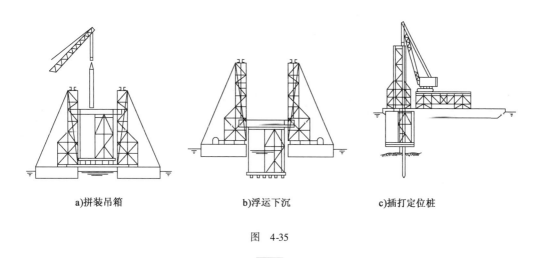

a) 拼装吊箱　　　　　b) 浮运下沉　　　　　c) 插打定位桩

图　4-35

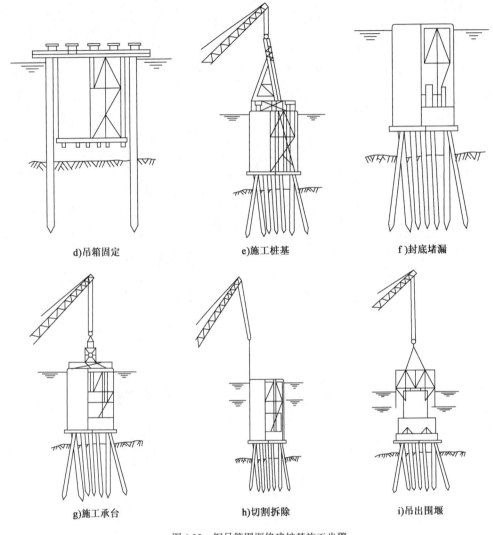

图 4-35　钢吊箱围堰修建桩基施工步骤

4.3　桩基础

4.3.1　桩基础分类

1）桩基础构造特点

桩基础是以桩体外壁与其周围土壤的摩擦力或桩端的支撑力来传力的基础。桩基础

与其他形式的深基础相比,具有以下特点:

(1)桩基础通过桩侧摩擦阻力和桩端支撑力,将荷载传递给桩周土体,或深层岩层、砂层或坚硬的黏土层,从而获得承载能力。

(2)桩基础具有很大的竖向刚度,因而采用桩基础的桥梁,沉降小且均匀,可以满足对沉降要求特别高的上部桥梁结构的安全需要和使用要求。

(3)桩基础具有很大的侧向刚度和抗拔能力,能抵抗台风引起的巨大水平力、上拔力和倾覆力矩,并能抵抗水流冲击力和改善桥梁结构的抗震性能。

(4)桩基础水上施工时,设备需求相对较小,桩基础施工精度更易得到保证。

2)常用桩基础类型

按照成桩方法分为钻孔灌注桩、预制沉桩(包括振入、压入、旋入)两大类,对于预制沉桩,根据材料类型又分为预应力混凝土管桩和钢管桩。

(1)钻孔灌注桩

钻孔灌注桩是指采用不同的钻孔方法,在地层中按要求形成一定形状的井孔,达到设计高程后,将钢筋骨架吊入井孔中,再灌注混凝土(有地下水时灌注水下混凝土),形成桩基础的一种施工工艺(图4-36)。根据井孔中土(钻渣)的祛除方法不同,成孔方式有旋转钻进成孔、冲击钻进成孔、冲抓钻进成孔等,钻孔灌注桩桩径、桩长可根据设计需要确定,适用范围广。

a)钻孔施工　　　　　　　　b)吊放钢筋笼

图4-36　钻孔灌注桩

(2)预应力混凝土管桩

预应力混凝土管桩又可分为后张法预应力管桩和先张法预应力管桩。先张法预应力管桩是采用先张法预应力工艺和离心成型法制成的一种空心筒体细长混凝土预制构件,主要由圆筒形桩身、端头板和钢套箍等组成(图4-37)。管桩按外径分为300mm至1000mm等规格,实际生产的管径以300mm、400mm、500mm、600mm为主。预应力混凝土管桩具有强度高、施工迅速等优点,目前已广泛应用于房屋建筑、码头和桥梁等工程。

(3)钢管桩

钢管桩一般是在工厂用钢板螺旋焊接而成(图4-38),其具有耐打性好、穿透硬土层能力强、水平承载力大、抗弯能力强等特点,能有效地打入坚硬的桩端持力层,作为承受地震作用、波浪力等水平力的基础形式。另外,钢管桩的外径和壁厚的种类多,便于选用合适的桩的尺寸,最大外径可达3m以上。

a)制作过程

b)脱模过程

图4-37 预应力混凝土管桩制作与脱模

a)钢管桩制作

b)插打钢管桩

图4-38 钢管桩制作与插打

4.3.2 钻孔灌注桩施工

钻孔灌注桩施工的主要施工流程包括准备工作、钻进成孔、清孔、吊放钢筋笼和灌注混凝土(图4-39)。

图4-39 钻孔灌注桩施工流程

1)准备工作

(1)场地准备

钻孔施工场地的平面尺寸,应满足钻孔成桩作业的需要,其顶面高程应高于桩施工期间可能的最高水位1.0m以上,在受波浪影响的水域,尚应计入浪高的影响。当桩位于旱地时,可在原地适当平整并填土压实形成施工平台;当桩位于浅水区时,宜采用筑岛法施工;当桩位于深水区时,宜搭设钢制平台,当水位变动不大时,也可采用浮式工作平台,但在水流湍急或潮位涨落较大的水域,不宜采用浮式平台。

当钻孔施工采用浮式平台时,其组成船舶大小应根据水流情况、平台尺寸及作用荷载等因素确定,所有船舶均应在四个方向抛锚定位,并应在钻孔桩施工期间每天对其位置的准确性进行监测和控制。

(2) 埋设护筒

埋设护筒[图4-40a)]的作用是固定桩位,引导钻头(锥)方向;保护孔口,防止孔口土层坍塌;隔离孔内外表层水,并保持孔内水位高出施工水位以保护孔壁免于坍塌。

(3) 制备泥浆

钻孔泥浆一般由水、黏土和添加剂按适当比例配制而成[图4-40b)]。在钻孔过程中,由于泥浆的相对密度比地下水的大,且通常保持孔内泥浆液面高于孔外地下水位,故孔内泥浆的液柱压力足以平衡孔外地下水压力,从而形成对孔壁土体的一种液体支撑。同时,促使泥浆渗入孔壁土体,在其表面形成一层细密而透水性很小的泥皮,保护孔壁免于坍塌。另外,泥浆还有悬浮钻渣的作用,利于钻进正常进行。

a) 埋设护筒

b) 泥浆池

图4-40 准备工作

2) 钻进成孔

钻孔灌注桩施工,应根据孔径、孔深、桩位处的水文情况、地质情况、施工环境条件等因素来确定钻孔机械设备,所选用的钻机及钻孔方法应能满足施工质量和施工安全的要求。钻孔灌注桩常用的成孔方法有旋转钻进成孔、冲击钻进成孔和冲抓钻进成孔。钻机就位前,应对钻孔的各项准备工作进行检查;钻机安装后,其底座和顶端应平稳。不论采用何种方法钻孔,钻孔的孔位必须准确;开钻时应慢速钻进,待导向部位或钻头全部进入地层后,方可正常钻进。钻机在钻进施工过程中不应产生位移或沉陷,否则应及时处理。

(1) 旋转钻进成孔是利用钻头旋转切削土体钻进,并常配以循环泥浆进行护壁排渣的一种成孔方法。该方法一般适用黏性土、粉土、砂土、含少量砾石/卵石(含量小于20%)的土层。旋转钻机按泥浆循环的方式不同分为正循环和反循环两种。

正循环旋转钻孔是利用泥浆泵以高压的方式将泥浆从泥浆池压入钻杆内,经钻头喷射冲刷孔底,泥浆挟带钻渣沿钻孔上升并经孔口排至沉淀池,经沉淀净化再循环使用的一种成孔方法(图4-41)。其特点是钻进与排渣同时连续进行,在适用的土层中钻进速度较快,但需设置泥浆池、沉淀池等,施工占地较大,且机具设备较复杂。

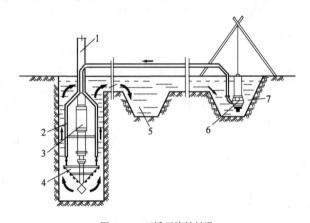

图4-41　正循环旋转钻孔
1-钻杆;2-送水管;3-主机;4-钻头;5-沉淀池;6-潜水泥浆泵;7-泥浆池

反循环旋转钻孔是指泥浆由泥浆池流入钻孔内同钻渣混合,然后用真空泵或其他方法(如空气吸泥机等)将混合物从钻头的钻杆下口吸进,通过钻杆中心排出至沉淀池,经沉淀再循环使用的一种成孔方法(图4-42)。相比正循环旋转钻孔,反循环旋转钻孔钻进的排渣效率较高,但接长钻杆时装卸麻烦,且钻渣容易堵塞管路。

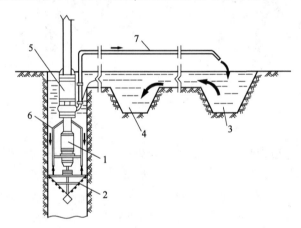

图4-42　反循环旋转钻孔
1-主机;2-钻头;3-沉淀池;4-泥浆池;5-砂石泵;6-抽渣管;7-排渣管

(2)冲击钻进成孔通过不断地提锤、落锤反复冲击破碎土石或把土石挤入孔壁中,随后用泥浆浮起钻渣或用掏渣筒或空气吸泥机排出而形成钻孔(图4-43)。冲击钻进成孔适用于黏性土、粉土、砂土、碎(砾)石土、岩层等地质情况。采用冲击钻机冲击成孔时,应使用小冲程开孔,并应使初成孔的孔壁坚实、竖直、圆顺,能起到导向的作用。待钻进深度超过钻头全高加冲程后,方可进行正常的冲击。冲击钻进过程中,孔内水位应高于护筒底口 500mm 以上;掏取钻渣和停钻时,应及时向孔内补水,保持水头高度。

(3)冲抓钻进成孔利用冲抓钻机冲抓锤自重,通过冲入土体、抓土、提升、弃土后继续冲抓钻进而形成钻孔(图 4-44)。该方法一般适用于黏性土、砂土及夹有碎卵石的砂砾土层。

图 4-43 冲击钻进成孔设备

图 4-44 冲抓钻进成孔设备

3)清孔

(1)清孔目的及方法

清孔的目的是除去孔底沉淀的钻渣和泥浆,以保证灌注的混凝土质量及桩的承载力。清孔方法应根据设计要求、钻孔方法、机具设备条件和地层情况决定,常用的方法有吸泥清孔、掏渣清孔、换浆清孔等。

①吸泥清孔。吸泥清孔是将高压空气经风管射入孔底翻起泥浆和沉渣,用吸泥管排出孔外,同时及时向钻孔内注水以防止孔内水头下降而导致孔壁坍塌。该方法适用于冲击钻进成孔,不适用于土质松软、孔壁易坍塌的井孔。

②掏渣清孔。用抽渣筒掏清孔内钻渣,适用于冲击钻进成孔、冲抓钻进成孔。

③换浆清孔。换浆清孔适宜于正、反循环旋转钻孔,可在钻孔完成后不停钻、不进尺,继续循环换浆清渣,直至达到清理钻渣和泥浆的要求。

(2)清孔注意事项

①钻孔深度达到设计高程后,应对孔径、孔深和孔的倾斜度进行检验,满足成孔质量要求后方可清孔。

②不论采用何种清孔方法,在清孔排渣时必须保持孔内水头,防止坍孔。

③在吊入钢筋骨架后,灌注水下混凝土之前,应再次检查孔内泥浆的性能指标和孔底沉淀厚度;如超过规范规定值,应进行第二次清孔,符合要求后方可灌注水下混凝土。

④不得用加深钻孔深度的方式代替清孔。

4)吊放钢筋笼

吊放前应检查孔底深度是否符合设计要求,孔壁有无妨碍其吊放和准确就位的情况。

钢筋笼吊放时应避免骨架碰撞孔壁,随时校正其位置,并保证骨架外混凝土保护层厚度。钢筋笼吊放至设计高程后,应固定其位置,然后再次进行孔底检查,达到要求后即可灌注混凝土(图4-45)。

a)吊放　　　　　　　　　　　　b)定位

图4-45　钢筋笼吊放定位

5)灌注混凝土

(1)准备工作

①应按水下混凝土灌注数量和灌注速度的要求配齐施工机具设备,设备应满足桩孔在规定时间内灌注完毕的要求并确保其完好率,对主要设备应有备用[图4-46a)]。

②水下混凝土宜采用钢导管灌注,导管的内径宜为200~350mm。导管使用前应进行水密承压和接头抗拉试验,严禁采用压气试压[图4-46b)]。进行水密试验的水压应不小于孔内水深1.3倍的压力,也不应小于导管壁和焊缝可能承受灌注混凝土时最大内压力的1.3倍。

a)灌注机具　　　　　　　　　　　b)灌注导管

图4-46　灌注混凝土

(2)技术要求

①混凝土运至灌注地点时,应检查其均匀性和坍落度等,不符合要求时不得使用;水下混凝土的灌注时间不得超过首批混凝土的初凝时间。

②首批灌注混凝土的数量应能满足导管首次埋置深度 1.0m 以上的需要;首批混凝土入孔后,混凝土应连续灌注,不得中断;在灌注过程中,应保持孔内的水头高度;导管的埋置深度宜控制在 2~6m,并应随时测探桩孔内混凝土面的位置,及时调整导管埋深。

③灌注时应采取措施防止钢筋骨架上浮。当灌注的混凝土顶面距钢筋骨架底部 1m 左右时,宜降低灌注速度;混凝土顶面上升到骨架底部 4m 以上时,宜提升导管,使其底口高于骨架底部 2m 以上后再恢复正常灌注速度。

④对变截面桩,应在灌注过程中采取措施,保证变截面处的水下混凝土灌注密实;混凝土灌注至桩顶部位时,应采取措施保持导管内的混凝土压力,避免桩顶泥浆密度过大而产生泥团或桩顶混凝土不密实、松散等现象;灌注的桩顶高程应比设计高程高出不小于 0.5m,当存在地质较差、孔内泥浆密度过大、桩径较大等情况时,应适当提高其超灌的高度;超灌的多余部分在承台施工前或接桩前应凿除,凿除后的桩头应密实、无松散层。

⑤采用全护筒钻机施工的桩在灌注水下混凝土时,护筒应随导管的提升逐步上拔,上拔过程中除应保证导管的埋置深度外,同时应使护筒底口始终保持在混凝土面以下。施工时应边灌注、边排水,并应保持护筒内的水位稳定。

⑥灌注中发生故障时,应查明原因,合理确定处置方案,进行处理;在灌注过程中,应将桩孔内溢出的水或泥浆引流至适当地点处理,不得随意排放。

4.3.3 预制沉桩施工

预制沉桩工艺主要包括锤击沉桩、静力压桩和振动沉桩等。沉桩的施工参数包括锤击数、贯入度、压桩力等。在相似场地中积累了一定施工经验后,可以根据这些施工参数预估单桩承载力的大小,以及判断桩尖是否达到持力层的位置。如果场地内不同区域之间施工参数出现明显变化,将预示地基不均匀;个别桩施工参数出现明显变化时,可能是桩遇到障碍物或桩身已经损坏,因此设计制定沉桩控制标准时,有时要求设计高程和锤击贯入度双重控制。

1)沉桩设备

把桩沉入土中所需的机具主要有打桩锤、打桩架、桩帽、送桩及射水沉桩设备等。

(1)打桩锤

目前常用的打桩锤有坠锤、单动汽锤、双动汽锤、柴油锤和振动锤等(表4-1)。

各种类型锤的适用情况 表4-1

沉桩机具类别	适 用 情 况
坠锤	轻型坠锤以沉木桩为土
	重型及特重型龙门锤适用于钢筋混凝土桩
单动汽锤	除木桩外适用于各类桩
双动汽锤	适宜用于相对较轻型的桩
	使用压缩空气时可在水下沉桩
	可用于沉拔钢板桩

续上表

沉桩机具类别	适 用 情 况
柴油锤	导杆式锤适用于木桩、钢板桩
	筒式锤适用于钢筋混凝土桩、钢管桩
	不适宜在过硬或过软的土中沉桩
振动锤	适用于沉拔木桩、钢板桩或混凝土管桩
	宜用于砂土、塑性黏土及松软砂黏土
	在卵石夹砂及紧密黏土中效果较差

①坠锤。坠锤靠人力或绞车提升,每分钟锤击数 3～4 次,至多 10 次左右,故打桩效率很低(图 4-47)。轻型的坠锤重力 1～5kN,重型者可达 30～50kN。

②单动汽锤。其主要由汽缸和活塞组成,汽缸提升靠蒸汽或压缩空气,控制配合阀便能使汽缸提升或下落,靠汽缸的自重打桩(图 4-48)。单动汽锤构造较简单,施工中很少出故障,但锤击频率不高,一般为 15～30 次/min,至多 40～60 次/min。冲击部分重力一般有 15～60kN 多种规格,重型者 60～150kN。

图 4-47 坠锤

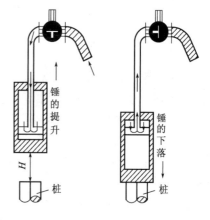

图 4-48 单动汽锤

③双动汽锤。打桩时,其外壳(汽缸)固定于桩头上,汽缸里的活塞连同冲击锤才是锤击部分。构造上使得锤的下落不仅靠自重,同时还有蒸汽(或压缩空气)作用着,故称双动汽锤(图 4-49)。锤的下降速度比单动汽锤快,锤击频率较高,重型锤 900 次/min 左右;轻型锤可达 300 次/min 左右。但其锤击能量不大,故宜用于轻型桩。如果将双动汽锤倒装于桩上,则可用于拔桩,故常用其来沉、拔钢板桩围堰的钢板桩。

④柴油锤。其构造与前述桩锤截然不同,它本身既是桩锤又是动力发生器,其工作原理与柴油机相同,故不必配备产生蒸汽或压缩空气的一套笨重的动力设备(图 4-50)。

⑤振动锤。主要由电动机、传动齿轮或链条以及振动箱组成(图 4-51)。振动箱下的支座刚性连接在桩头上。箱中装有成对负荷轴,轴上带有偏心轮,由电动机通过齿

轮或链条带动朝着相反方向等速旋转,使各对偏心轮永远位于对称位置。这样,由它产生的离心力之合力也就永为竖向。故当每对偏心轮转动一周,即产生一周正弦型上下振动力,并通过刚性连接直接传到桩上,再加上锤、桩等重量的作用,桩自会快速地振入土中。

图4-49 双动汽锤

图4-50 柴油锤

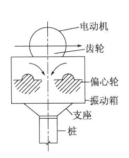

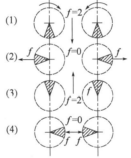

图4-51 单频振动锤

如果各对偏心轮的转速全相同,则产生如上所述的正弦型振动,即所谓"单频率"振动,其振动力为上下对称;如果在上述基础上另加一对或数对静力矩较小但转速快一倍的偏心轮,则由这两者相加而成的振动合力称为"双频"振动,其向下振动力大于向上者,故更利于沉桩。这种锤若倒过来,则可用于拔桩,如用于拔出钢板桩等。

（2）打桩架

打桩架也是沉桩的主要设备之一,它在沉桩施工中除起导向作用外(即控制桩锤沿着导杆的方向运动),还起到吊锤、吊桩、吊插射水管等作用(相当于起重机)(图4-52)。桩架可分为

图4-52 打桩架

图 4-53　桩帽

自行移动式打桩架和非自行移动式打桩架。自行移动式打桩架在施工中得到了较多的应用,按其行走部分的特征可分为导轨式、履带式和轮胎式三种。

(3)桩帽

打桩时,要在锤与桩之间设置桩帽(图4-53)。桩帽既要起缓冲而保护桩顶的作用,又要保持沉桩效率。因此,在桩帽上方(锤与桩帽接触一方)需填塞硬质缓冲材料,如橡木、树脂、硬桦木、合成橡胶等,厚50~250mm,在桩帽下方(桩帽与桩接触一侧)应垫以软质缓冲材料(即桩垫),如麻饼(麻编织物)、草垫、废轮胎等。桩垫的厚度和软硬是否恰当,将直接影响沉桩效率。

(4)送桩及射水沉桩设备

遇到以下情况,需要送桩:当桩顶设计高程在导杆以下,此时送桩长度应为桩锤可能达到最低高程与预计桩顶沉入高程之差,再加上适当的富余量;当采用管桩内射水沉桩时,为了插入射水管,需用侧面开有槽口(宽0.3m,高1~2m)的送桩。

射水多作为沉桩辅助措施与锤击或振动沉桩相配合。例如,当桩重锤轻,或遇到砂土、砂卵石层用锤击下沉有困难时,可采取锤击与射水相配合的措施来沉桩。实心桩只能采用外射水,空心桩一般用内射水,但当桩下沉较深或穿过土层较硬、桩身周围摩擦阻力较大、使用内射水配合锤击难以下沉至设计高程时,可再加外射水。

射水设备包括水泵站、输水管路、射水管及射水嘴(图4-54)。射水管管径多在76mm以内,用带法兰盘接头的无缝钢管做成,下端接有射水嘴。射水效果取决于水压和水量,即水压要大到能冲散土层,同时又要有足够的水量使冲散的土颗粒沿桩侧上升,冲出地面。

2)沉桩工艺要点

(1)沉桩顺序

群桩沉桩时,一般应从中间开始,向两端或四周进行,有困难时也可分段进行(图4-55)。这样做的目的是使土的挤出现象比较缓和,使各桩的入土深度不致过于悬殊,以免造成不均匀沉降。

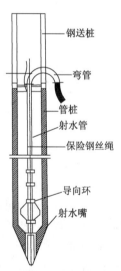

图4-54　射水沉桩

(2)吊点布置

桩在吊运和吊立时的受力情况(图4-56)和一般受弯构件相同,应按正负弯矩相等的原则确定吊点位置,吊运时通常采用2个吊点,而将桩吊立到打桩机的导向架时则通常采用1个吊点。

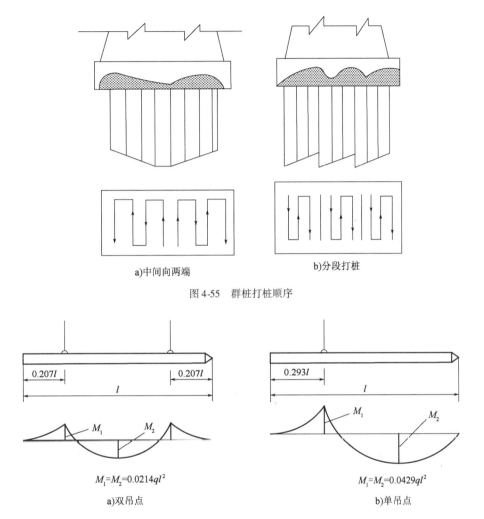

a) 中间向两端　　　b) 分段打桩

图 4-55　群桩打桩顺序

$M_1=M_2=0.0214ql^2$　　　　$M_1=M_2=0.0429ql^2$

a) 双吊点　　　b) 单吊点

图 4-56　预制桩吊点及桩身弯矩

(3) 沉桩注意事项

①锤击沉桩前,应检查桩锤、桩帽和桩轴线是否一致,并检查桩位和倾斜度。要求桩位偏差不得大于 2cm,倾斜度不得超过 1/400,四角桩只允许向内偏差。施工完成时,竖直桩的垂直度偏差不得大于 1%。斜桩的倾斜度偏差不得大于倾角(桩轴线与竖直线的夹角)正切值的 15%。

②打桩初期应严格控制桩锤动能,如单动汽锤应控制其落距,双动汽锤应控制汽压,柴油锤应控制供油量。目的是防止桩在入土初期沉入过快而造成桩位及方向偏差。正常打桩阶段,原则上应采用重锤低击,以充分发挥锤的打桩效率,并避免将桩打坏。重锤低击可通过选取锤与桩重的比值来实现。

③振动沉桩在砂土中效果最佳,在砂夹卵石或黏性土中,则应与射水配合。其配合

方法是:初期可单靠自重和射水下沉;当下沉缓慢或停止时,可用振动,并同时射水;随后振动和射水交替进行,即振动持续一段时间后桩下沉速度由大变小时,如每分钟下沉小于5cm,或桩顶冒水,则应停止振动,改用射水。射水适当时间后,再进行振动下沉。要特别注意合理地控制振动持续时间,不得过短,也不得过长。振动持续时间过短,则土的结构未能破坏;过长,则容易损坏电动机及磨损振动锤部件,一般不宜超过 10~15min。

④无论哪种情况,当桩下沉到距设计高程还差 1~1.5m 时,即应停止射水而仅用锤击或旋入将桩沉到设计高程,以保护桩底土的承载力。

⑤若出现如下异常现象,应及时检查、处理:桩突然急剧下沉,或同时发生倾斜和移位(一般是桩身断裂、接头断裂或桩尖劈裂所致);桩突然难以下沉、桩锤严重回跳(可能是桩尖遇到障碍物或硬土层,此时切不可强行硬打,宜适当延续锤击视其能否突破障碍,如无效,应拔出,换成开口钢靴桩尖原位或移位下沉);桩头、法兰盘附近混凝土出现裂纹或剥落(可能由于锤重不合适或桩身混凝土质量欠佳所致)。

4.3.4 桩基础检测

1)桩基础常见问题

桩基础施工过程中,由于成孔灌注质量或沉桩施工,常会出现断桩、缩颈、塌孔、开裂、夹泥、沉渣过厚等问题(图 4-57)。

图 4-57 桩基础常见问题

2)桩基础检测内容及方法

桩基础常规检测内容与方法(表 4-2)主要包括以下三个方面:

桩基础常规检测内容与方法　　　　　表4-2

检测内容	检测方法	检测时间
孔径、垂直度、沉渣厚度	各类成孔检测法	成孔后立即检测
确定单桩竖向抗压极限承载力； 判定竖向抗压承载力是否满足设计要求； 通过桩身内力及变形测试，测定桩侧、桩端阻力； 验证高应变法的单桩竖向抗压承载力检测结果	单桩竖向抗压静载试验	桩身混凝土强度达到设计要求； 休止期：砂土，7d；粉土，10d；黏土，非饱和，15d，饱和，25d
确定单桩竖向抗拔极限承载力； 判定竖向抗拔承载力是否满足设计要求； 通过桩身内力及变形测试，测定桩的抗拔摩阻力	单桩竖向抗拔静载试验	28d
检测灌注桩桩长、桩身混凝土强度、桩底沉渣厚度，判定或鉴别桩周岩土性状； 判定桩身完整性类别	单桩水平静载试验	28d以上
判定单桩竖向抗压承载力是否满足设计要求； 检测桩身缺陷及其位置，判定桩身完整性类别； 分析桩侧和桩端土阻力	高应变法	同静载试验
检测桩身缺陷及其位置，判定桩身完整性类别； 受桩长桩径限制，多用于中小直径桩	低应变法	混凝土强度达到设计强度的70%，约14d
检测灌注桩桩身混凝土的均匀性、桩身缺陷及其位置，判定桩身完整性类别； 不受桩长桩径限制，多用于大中直径桩	声波投射法	混凝土强度达到设计强度的70%，约14d左右；或达到一定的强度
现场检测水泥搅拌桩桩身强度； 现场检测碎石桩桩身密实性	动力触探法	水泥搅拌桩：7d或7d以内； 碎石桩：成桩后
检测混凝土是否达到设计要求的强度等级	取样试件试验	28d
判定或鉴别桩底岩土性状；检测灌注桩桩长、桩身混凝土强度、桩底沉渣厚度；判定桩身完整性类别	钻芯法	28d以上

(1) 几何受力条件检验

桩的几何受力条件主要是指有关桩位的平面布置、桩身倾斜度、桩顶和桩底高程等，要求这些指标在容许误差的范围之内。例如桩的中心位置误差不宜超过50mm，桩身的倾斜度应不大于1/100等，以确保桩在符合设计要求的受力条件下工作。

(2)桩身质量检验

桩身质量检验是指对桩的尺寸、构造及完整性进行检测,验证成桩质量。

①灌注桩

钻孔灌注桩在终孔后,应对桩孔的孔位、孔径、孔形、孔深和倾斜度进行检验;清孔后,应对孔底的沉渣厚度进行检验。孔深、孔径、孔形、倾斜度和孔底沉渣厚度宜采用专用仪器检测,孔深可采用专用测绳检测,桩孔直径可采用钢筋检孔器(图4-58),倾斜度可用钻杆测斜法,但量测应从钻孔平台顶面起算至孔底。

图4-58 下放钢筋检孔器

对桩身的完整性进行检验时,检测的数量和方法应符合设计要求。一般宜选择有代表性的桩采用无破损法检测,重要工程或重要部位的桩宜逐桩检测;设计有规定或对桩的质量有疑问时,应采用钻取芯样法检测,当需检验桩底沉渣与地层的结合情况时,其芯样应钻至桩底0.5m以下。桩身混凝土和桩底后压浆中水泥浆的抗压强度应符合设计规定。每桩的试件取样组数应各为3~4组,混凝土和水泥浆的检验应分别符合规范要求。钻孔灌注桩成桩质量应符合表4-3的规定。经检验桩身质量不符合要求时,应研究处理方案,报批处理。当设计或合同有要求时,钻孔灌注桩应进行单桩承载力试验。

钻孔灌注桩成桩质量标准　　　　　　表4-3

检 查 项	规定值或允许偏差
孔的中心位置(mm)	群桩为100;单排桩为50
孔径(mm)	不小于设计桩径
倾斜度(%)	钻孔<1;挖孔<0.5
孔深(m)	摩擦桩:不小于设计规定;支承桩:比设计深度超深不小于0.05
沉渣深度(mm)	摩擦桩:符合设计规定;设计未规定时,对于直径≤1.5m的桩,≤200;对桩径>1.5m或桩长>40m或土质较差的桩,≤300。支承桩:不大于设计规定;设计未规定时,≤50
清孔后泥浆指标	相对密度为1.03~1.10;黏度为17~20Pa·s;含砂率<2%;胶体率>98%

注:1.清孔后的泥浆指标,是从桩孔的顶、中、底部分别取样检验的平均值。本项指标的测定,限指大直径桩或有特定要求的钻孔桩。
　　2.对冲击成孔的桩,清孔后泥浆的相对密度可适当提高,但不宜超过1.15。

②预制桩

预制桩制作时,应检验桩的钢筋骨架、尺寸、混凝土质量是否符合设计要求。检测项目包括主筋间距、箍筋间距、吊环位置与露出桩表面的高度、桩顶钢筋网片位置、桩尖中心线、桩的横截面尺寸和桩长、桩顶平整度及其与桩轴线的垂直度、钢筋保护层厚度等。一般桩顶与桩尖不容许有蜂窝等损伤,表面蜂窝面积不应超过桩表面积的0.5%,收缩裂缝宽度不应大于0.2mm。长桩分节施工时需检验接桩质量,接头平面尺寸不允许超出桩的平面尺寸,注意检查电焊质量。

(3)桩基承载力试验检测

桩基承载力试验检测是确定单桩极限承载力最可靠有效的方法。对于打入桩,习惯使用最终贯入度和桩底高程来控制单桩承载力,而钻孔灌注桩还缺少在施工过程中实时监测承载力的直接手段。因此,灌注桩的单桩承载力常需要采用桩基承载力试验确定。

单桩静载试验包括垂直静载试验和水平静载试验两项。其中垂直静载试验是采用堆载或锚桩等反力装置,由千斤顶施力于单桩,并记录桩顶位移变化,通过分析力与桩顶沉降(Q-S)曲线、桩顶沉降和时间(S-lgt)曲线等资料,确定单桩的轴向承载力(图4-59)。

水平静载试验是采用模拟水平受力桩的实际工作条件的方法确定单桩水平承载力的试验方法(图4-60)。单桩水平载荷试验宜采用单向多循环加卸载试验法,当需要测量桩身应力或应变时宜采用慢速维持荷载法。加载直至桩达到破坏标准为止,测量并记录每级荷载下不同时间的桩顶水平位移,并根据水平位移与水平荷载及时间的关系分析确定单桩的横向水平承载力。

图4-59 单桩垂直静载试验

图4-60 单桩水平静载试验

对于确定单桩竖向承载力的动力检验法,无论是高应变法还是低应变法,均是近几十年来国内外发展起来的新的测试手段,目前仍处于发展和继续完善阶段。国内外工程实践证明,用静力检验法测试单桩竖向承载力,尽管检验仪器与设备笨重、造价高、劳动强度大、试验时间长,但迄今为止还是其他任何动力检验法无法替代的基桩承载力检测方法。对于重大桥梁工程、地质条件复杂或成桩条件较差的桩基工程,均需做单桩承载力检验。

4.4 沉井基础

4.4.1 沉井基础分类

当上部结构荷载较大、基础需要埋置较深时,沉井基础也是常用的基础类型之一。沉井基础刚度大,能承受对基础作用的较大的弯矩,且沉井基础有较大的承载面积。当作为桥梁深水基础时,沉井基础下沉过程中,可以兼顾承载和防水,无需再专门为桩和管桩基础做防水围堰。

1)沉井基础构造与特点

沉井基础是一个井筒状的结构物,是从井内挖土、依靠自身重力克服井壁摩阻力后下沉到设计高程,然后采用混凝土封底并填塞井孔使其成为桥梁墩台或其他结构物的基础。沉井基础通常由刃脚、井壁、凹槽、隔墙、井孔、射水管、封底混凝土、顶板等部分组成(图4-61)。沉井基础的整体性强、刚度大,有较大的承载面积,其埋置深度可以很大,且能承受较大的竖向荷载和水平荷载。沉井既是基础,又能在施工过程中作为挡土和挡水的围堰结构物。

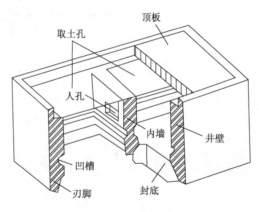

图4-61 沉井一般构造

2)沉井基础类型划分

沉井基础可按不同的方法进行分类,每种类型的沉井都具备各自的特点及适用条件。

(1)按平面形状分类

根据沉井的平面形状可分为圆形、矩形和圆端形三种基本类型;按井孔的布置方式又可分为单孔、双孔及多孔沉井(图4-62)。

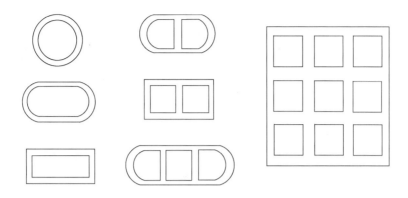

图 4-62 沉井按平面形状分类

圆形沉井在下沉过程中易于控制方向,若采用抓泥斗挖土,可比其他沉井更能保证其刃脚均匀地支承在土层上;在侧压力作用下,井壁仅受轴向应力作用,即使侧压力分布不均匀,弯曲应力也不大,能充分利用混凝土抗压强度大的特点,多用于斜交桥或水流方向不定的桥墩基础。

矩形沉井制造方便、受力有利,能充分利用地基承载力。沉井四角一般为圆角,以减小井壁摩阻力和除土清孔的困难。在侧压力作用下,井壁受较大的挠曲力矩;且流水中阻水系数较大,冲刷较严重。

圆端形沉井控制下沉、受力条件、阻水冲刷均较矩形者更有利,但其施工较为复杂。

对平面尺寸较大的沉井,可在沉井中设置隔墙,构成双孔或多孔沉井,以改善井壁受力条件及均匀取土下沉。

(2)按剖面形状分类

按剖面形状分类,可分为柱形、阶梯形和锥形沉井(图4-63)。柱形沉井井壁受力较均衡,下沉过程中不易发生倾斜,接长简单,模板可重复利用,但井壁侧阻力较大,若土体较为密实且下沉深度较大时,下部易悬空并造成井壁拉裂,因此一般多用于入土不深或土质较松软的情况。阶梯形沉井和锥形沉井井壁侧阻力较小,抵抗侧压力性能较合理,但施工较复杂,模板消耗多,沉井下沉过程中易发生倾斜,多用于土质较密实、沉井下沉深度大、自重较小的情况。实际设计施工中,阶梯形沉井井壁的台阶宽一般取 100~200mm,锥形沉井井壁坡度一般取 1/20~1/50。

(3)按井壁材料分类

按井壁材料可将沉井分为混凝土沉井、钢筋混凝土沉井和钢沉井。混凝土沉井因抗压强度高,抗拉强度低,多做成圆形,且仅适用于下沉深度不大(一般 4~7m)的松软土层。钢筋混凝土沉井抗压抗拉强度高,下沉深度大,可做成重型或薄壁就地制造下沉的沉井,在工程中应用最广。钢沉井由钢材制作,其强度高、质量轻、易于拼装,适于制造空心浮运沉井,但用钢量较大。

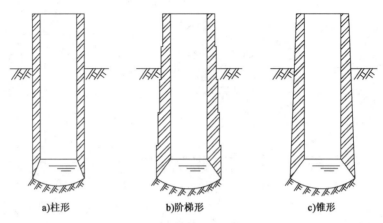

图 4-63 沉井剖面形状

（4）按施工方法分类

按施工方法可将沉井可分为陆地沉井、筑岛沉井和浮运沉井。陆地沉井是指在陆地上制作和下沉的沉井,是较常用的一种沉井类型。在河道中施工沉井时,如果河流不能断流,在河床水位较浅的条件下,可以用砂石材料在河床上筑岛,岛面高程在水位50cm 以上,这样在岛面上制作并下沉的沉井为筑岛沉井。浮运沉井是指先在岸边预制,再浮运就位下沉的沉井,通常在深水地区（一般大于 10m）,或水流流速大、有通航要求、人工筑岛困难或不经济时采用（图 4-64）。

图 4-64 沉井按施工方法分类

4.4.2 陆地沉井与筑岛沉井基础施工

沉井施工工艺流程主要包括筑岛与场地平整、铺设垫木或修筑土模、底节沉井制作、抽除垫木、底节沉井下沉、沉井接高下沉、施工井顶围堰、清基封底、浇筑顶盖（图 4-65）。

1）筑岛与场地平整

一般情况下,应在整平场地上铺上厚度不小于 0.5m 的砂或砂砾层。如天然地基土质较好,只需清除地面杂物并平整地面。为了减小沉井制作时的自重下沉速度,可在基础位置处挖一浅坑,在坑底制作沉井,坑底应高出地下水面 0.5~1.0m（图 4-66）。

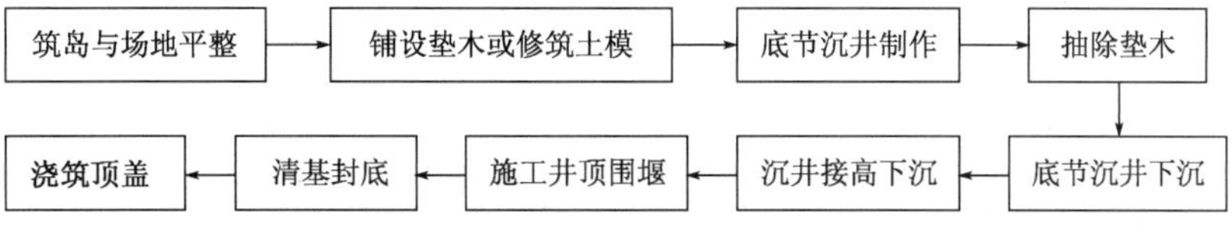

```
筑岛与场地平整 → 铺设垫木或修筑土模 → 底节沉井制作 → 抽除垫木
                                                           ↓
浇筑顶盖 ← 清基封底 ← 施工井顶围堰 ← 沉井接高下沉 ← 底节沉井下沉
```

图 4-65 沉井施工工艺流程

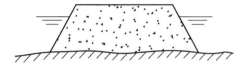

图 4-66 筑岛与场地平整

当水流速不大,水深在 3m 以内时,可采用水中筑岛的方法进行沉井施工。筑岛材料应采用透水性好、易于压实的砂性土或碎石土等,且不应含有影响岛体受力及抽垫下沉的块体,筑岛的尺寸应满足沉井制作及抽垫等施工的要求。对无围堰的筑岛,应在沉井周围设置不小于 1.5m 宽的护道,且其临水面坡度宜为 1:3~1:1.75;在淤泥等软土上筑岛时,应将软土挖除,换填或采取其他加固措施。在施工期内,应采取必要措施保证岛体的稳定,坡面、坡脚不应被水冲刷损坏,各种筑岛围堰的适用范围见表 4-4。

各种筑岛围堰的适用范围　　　　　表 4-4

围堰类别	适用范围		
	水深(m)	流速(m/s)	施工注意事项
土岛	<1.5	很小	土岛的护道宽度不小于 2m,与水接触的土坡不应陡于 1:2
草袋麻袋围堰筑岛	<4.0	1~2	草袋装土不宜过满;草袋上下左右互相错缝搭接;草袋分层之间应用土填实,并堆放整齐
钢板桩围堰筑岛	3~5	<2.0	河床土质应能适用打入板桩
石笼围堰筑岛	<3.5	<3.0	主要用于水深流急且不宜打入板桩的岩石、砂类卵石等河床;为保证筑岛安全,应进行偏心及稳定验算

2) 铺设垫木或修筑土模

底节沉井刃脚踏面窄,底面积小,若直接在土面上制造百吨甚至上千吨自重的沉井,将会发生不均匀沉陷,导致沉井破坏。一般采用垫木法,即通过在刃脚下铺设垫木的方法来扩大刃脚支承面,若在地基较好的情况下,也可采用土模法,即在土面上按刃脚内侧斜面形状和尺寸挖成或填筑成截头锥台形,其优点是既可以扩大刃脚支承面,又能替代刃脚内模板(图 4-67)。

采用垫木法时,常用普通枕木与短方木相间对称铺设,沿沉井刃脚满铺一层;在刃脚的直线部分垂直于刃脚铺放,圆弧部分则径向铺放,沉井隔墙下也必须铺设垫木;隔墙与刃脚连接处的垫木应搭接成整体,以免灌注混凝土时发生不均匀沉陷,导致开裂。垫木铺

设还应满足以下要求:

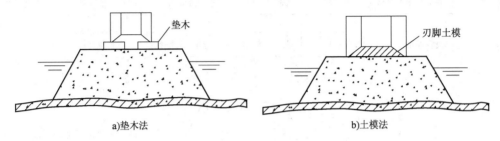

图 4-67 刃脚支垫

(1)垫木中心应正对井壁中心铺设,各垫木的顶面应与钢刃脚的底面贴合。在钢刃脚下应加垫厚钢板;相邻两垫木顶面高差不得大于 5mm;沉井各垫木顶面高差不大于 30mm。

(2)为抽垫方便,垫木下应用砂填实,其厚度一般不小于 30mm[图 4-68a)]。垫木间应用砂填充,调整垫木高程时,不得在其下垫塞木块、木片、石块等。

(3)定位垫木的位置,一般根据沉井在自重作用下受挠的正负弯矩大体相等而定。圆形沉井应布置在相隔 90°的四个点上,矩形沉井和圆端形沉井则应对称布置于长边,每个长边各设两点[图 4-68b)]。

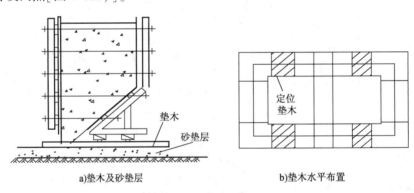

图 4-68 垫木铺设

3)底节沉井制作

垫木铺好后即可制作底节沉井,其工序包括立内模、焊接刃脚角钢、绑扎钢筋、立外模、灌注混凝土(图 4-69)。

由于沉井制造工序多、时间长,在整个沉井施工中,用于制造沉井的时间占很大比例,故应组织平行作业,做好各工序的衔接,尽量缩短制作时间。

4)抽除垫木

底节沉井混凝土强度达到设计强度 70% 时可拆除内外模板,待混凝土达到规定强度后,就可以拆除垫木下沉。垫木要分区、对称、同步地按顺序抽出,并注意用砂土及时回填捣实,以防止沉井偏斜。

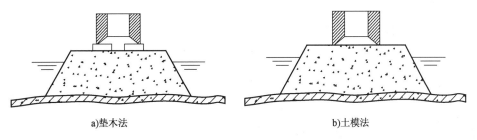

a) 垫木法　　　　　　　　　b) 土模法

图 4-69　底节沉井制作

抽除垫木应于沉井内外两边配合进行。先掏挖垫木下砂垫层，于沉井内锤打、棍撬，从沉井外向外逐根迅速抽出。抽出几根后，随即以碎石填塞刃脚并砸紧，再分层填砂并洒水夯实，必要时可将沉井内填砂面提高，以增加支承面积，使定位垫木不致被压断。沉井刃脚斜面上的底模，一般在抽垫时拆除。

沉井在抽垫过程中会有一定下沉，下沉的程度则因回填质量而有所不同。一般在抽除 2/3 垫木以前，下沉量不大，下沉也比较均匀；继续抽垫时，下沉量逐步加大，抽垫和回填工作也越来越困难，甚至有下沉很快来不及回填并压断垫木的现象。因此，应在沉井下沉量不大、有条件做好回填时，及时将回填土夯实，以减小沉井后期抽垫的沉降。抽垫至最后阶段，则应全力以赴，尽快地将剩余垫木同时全部抽出，使沉井平稳地落入土层。

5）底节沉井下沉

当混凝土强度达到设计强度时，从井内除土使沉井下沉，应减少或消除刃脚的正面阻力；当支承面的反力小于自重与摩阻力之差时，沉井开始下沉，直至平衡，再行挖土（图 4-70）。沉井下沉有两种形式，即分次制作多次下沉和分节制作一次下沉。沉井下沉主要是通过从沉井内均匀除土以消除或减小沉井刃脚下的正面阻力，有时也同时采用减小井壁外侧土摩阻力的办法，使沉井依靠自身的重量逐渐地沉入地下。

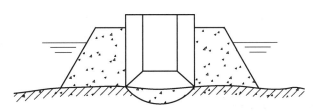

图 4-70　底节沉井下沉

沉井下沉施工可分为排水下沉和不排水下沉两种，一般是依据沉井所处的水文、地质情况而定。在渗水量不大（每平方米沉井面积渗水量小于 $1.0 m^2/h$）的稳定黏性土中，一般采用排水开挖井内土，即排水下沉；当遇到地下水位较高的粉、细砂地层，出现渗水量较大而无法抽干或者大量抽水会影响邻近建筑物安全的情况，或黏性土挖出后可能出现漏水翻砂等情况时，一般采用水下抓泥、射水吸泥方法除土，即不排水下沉（图 4-71）。

① 排水下沉

排水下沉是指通过抽水降低井内水位，工人直接下到井底进行挖土下沉的方法。该方法施工条件较好,下沉速度一般较快,且容易控制下沉方向;下沉中遇到障碍容易处理,下沉偏斜也可以得到及时的发现和纠正;另外,排水下沉也便于基础底层的检验和处理。

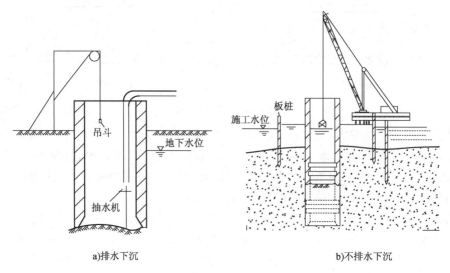

图 4-71　沉井下沉示意图

实际施工中,当遇到坚硬土层时,可能出现挖平刃脚仍不下沉的现象,就需要掏空刃脚下土壤,这时应比照抽垫木的方法,分段顺序掏土至刃脚底,随即回填砂砾,最后将支垫位置的土也换成砂砾后,再分层分圈逐步挖出砂砾使沉井下沉。

根据现场施工条件,排水下沉施工时还可辅以空气幕、射水、局部爆破等助沉方法,以利沉井平稳顺利下沉。其中,空气幕助沉法对于大型沉井较为有效,必要时可以配合砂套(图 4-72)。井壁砂套助沉是通过松散的回填砂在井壁凹槽范围内隔绝井壁与原状土的直接接触;空气幕助沉则是通过在沉井井壁内预设若干层管路,每层管路上设置诸多小孔,对管内通入压缩空气,再向沉井的壁外喷射,射出的空气短时存在于井壁上预留的气龛上,多余压气即沿井壁上升,在沉井周围形成一层空气帷幕。两种方法均是通过降低沉井井壁与土壤之间的摩擦力,来实现促进沉井下沉的目的。

a)空气幕设备

b)井壁砂套回填砂

图 4-72　砂套结合空气幕辅助沉井下沉

②不排水下沉

不排水下沉是指在沉井内外水头相同的静水条件下,利用抓土斗、吸泥器等机具挖土下沉的方法。该方法适用于地下水位较高的粉、细砂地层;或渗水量较大无法抽干;或大量抽水会影响邻近建筑物安全的情况。不排水下沉可以有效地防止流砂,确保安全。

可采用抓斗、水力吸泥机或空气吸泥机(图4-73)等在水下挖土除泥。水中除土,可将沉井中部挖成锅底状。在砂及砾石类土中,一般当锅底比刃脚低1.5m左右时,沉井即可下沉,并将刃脚下的土挤向锅底中央,只要继续在中间挖土,沉井就继续下沉;在黏性土或胶结层中,四周的土不易向中间塌落,可以靠近井壁偏挖,并辅以高压射水松土。

为避免沉井发生较大倾斜,锅底深度不宜超过2m;相邻土面高差不宜大于0.5m。靠近刃脚处,除处理胶结层和清理风化岩外,除土和射水都不得低于刃脚。另外还应注意提前挖除隔墙下的土,勿使其顶住沉井。

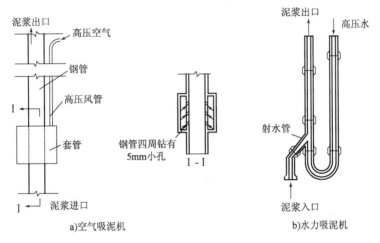

图4-73 吸泥机原理示意图

6)沉井接高下沉

底节沉井施工完成,可以对沉井分节接高和下沉,并应保证接高沉井与原沉井保持在同一轴线上(图4-74)。当多节沉井施工时,制造与下沉两项工作交替进行,具体参考施工流程3)~5),另外,混凝土灌注与接高应符合以下要求:

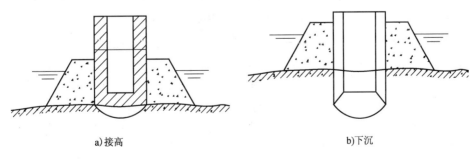

图4-74 沉井接高下沉

(1)浇筑混凝土应沿着井壁四周均匀对称进行施工,避免高差悬殊,压力不均。当井壁厚度较大又有防水要求时,可采用凸式或凹式施工缝。

(2)高度在10m以内的沉井,可不分节。需分节施工时,下一节沉井浇筑之前,应对前节沉井做好阻沉措施,防止在浇筑的时候,前节沉井产生不均匀沉降,造成沉井断裂。

(3)底节沉井混凝土强度达到设计强度的70%以上,方可浇筑下一节。施工连接缝处的接触面必须经过凿毛、吹洗干净等处理。

(4)接高沉井的模板不可支撑在地面和落地的脚手架上;否则,下节沉井下沉时,会撑坏沉井模板。可利用下节的混凝土拉杆来固定上节模板,并在下节混凝土中预埋牛腿以支撑支架。

(5)沉井接高加重促沉时,往往在加重到超过地基承载力极限时,会突然下沉,并同时产生较大的倾斜。为避免此种情况发生,可在刃脚下提前适当回填或支垫。

7)施工井顶围堰

沉井顶面一般位于最低水位或地面以下,因此沉井沉至设计高程之前,一般应作井顶围堰,才能在继续下沉时防止水、土进入井孔中(图4-75)。

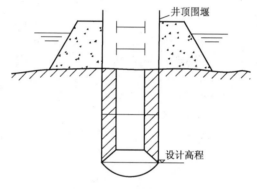

图4-75 施工井顶围堰

8)清基封底

沉井下沉至设计高程,经过观测在8h内累计下沉量不大于10mm或沉降速率在允许范围内,即沉井下沉已经稳定时,进行清基处理后,即可进行沉井封底[图4-76a)]。

与沉井排水下沉和不排水下沉类似,封底混凝土浇筑也分为排水封底和不排水封底两种。当沉井穿越的土层透水性较低,井底涌水量小,且无流砂现象时,沉井应干封底。干封底能节约混凝土,确保封底质量,并能加快工程进度。在地下水位较低的沉井基础,或刃脚周围经堵漏后井内无渗水时,井底可在无水的情况下按一般混凝土灌注进行封底。但水一般难以完全抽干,通常需要在连续排水的条件下进行干封底。

新灌注的混凝土底板在未达到设计强度之前无法承受地下水压力,因此排水问题是关系到整个沉井干封底成败的关键。每个井孔的底部最低处均应放置不少于一个集水井,且不宜靠刃脚太近,以免带走刃脚下的泥砂使沉井倾斜增大;集水井埋设后应在每个井孔内设置数条排水沟(图4-77)。井内抽水所用水泵,其排水量应大于渗入井内的水量,且为应对突发渗水,还需设置一定数量的备用水泵。

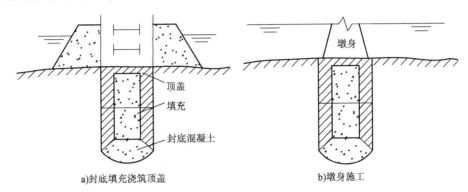

图4-76 下沉结束后沉井施工

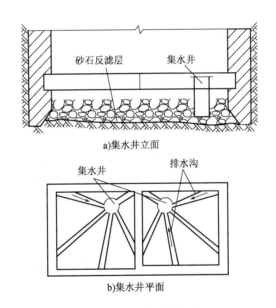

图4-77 沉井集水井布置

当沉井采用不排水封底时,或虽采用排水下沉但干封底有困难时,可采用导管法灌注水下混凝土封底,灌注要求与钻孔灌注桩水下灌注类似,不再赘述。

9)浇筑顶盖

当封底混凝土达到一定强度后,即可抽水填充或浇筑钢筋混凝土底板,井孔填充与否应按设计要求处理,最后浇筑钢筋混凝土顶盖和墩台身混凝土[图4-76b)]。当墩台身筑出水面后,即可拆除井顶围堰。

4.4.3 浮运沉井基础施工

在深水中修筑沉井,当人工筑岛有困难时,可采用浮运沉井。浮运沉井就是把沉井底节做成浮体结构,使其在水中漂浮,然后使用船只将其托运到设计位置,再灌水下沉使其落在河床上,壳体内填充混凝土,就地接高除土下沉。浮施工前必须查明河岸地形、设备条件,进行技术经济性比较,确定合理的制作场地、结构形式及下水方案。

1)浮运沉井制作与运输

如果河岸地形条件允许,应尽可能在岸上搭设预制沉井平台,沿岸坡铺设滑道,将制作好的底节沉井顺着滑道滑入水中(图4-78)。

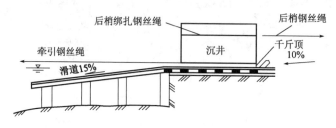

图4-78 浮运沉井下水

当河岸不具备制作条件时,也可以在桩支架或浮船支架平台上制作沉井(图4-79)。当沉井混凝土达到设计强度后,再进行起吊、拆平台、落水、接高及填充空腔混凝土等工序。

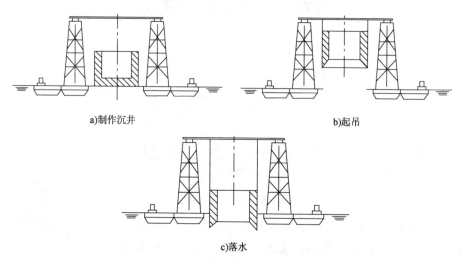

图4-79 利用浮船搭架制作沉井

2)浮运沉井浮体结构形式

一般常用的浮体结构形式有双壁浮运沉井、带临时性井底的浮运沉井和钢气筒浮运沉井等。

(1) 双壁浮运沉井

双壁浮运沉井一般是用钢或钢丝网水泥等轻而薄的材料制成的、由薄壁隔成一个个空格的壳体结构,入水后能浮于水上,浮运就位后向井壁腔内灌水下沉,落于河床上后再逐格对称地灌注水下混凝土,使其变成普通的重力式沉井(图4-80)。双壁浮运沉井适用于入水较深、平面尺寸较大的情况,其制造简单、结构安全可靠,部分材料可收回重复使用。

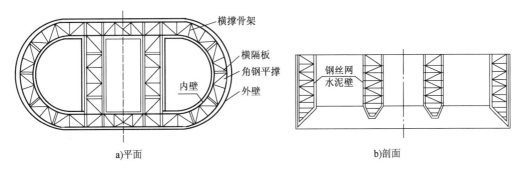

图4-80 双壁浮运沉井

(2) 带临时性井底的浮运沉井

这种浮体结构形式是在沉井四周外墙之间加设临时性井底(图4-81),临时性井底必须保证底板水密,且便于水下拆除,一般多采用木料制作临时性井底,八字形斜撑在井孔内壁特制的檐口上。沉井浮运定位后,向井内灌水,使沉井逐渐下沉。当落床稳定后灌注井壁混凝土,即可拆除支撑,打开临时性井底,以后按一般沉井施工。该形式仅适用于浅水和水流速低的场合。

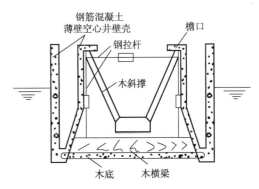

图4-81 带临时性井底的浮运沉井

(3) 钢气筒浮运沉井

当河水很深、沉井很大、分孔很多时,可在井孔位置上装置若干个钢制压气筒,通过向气筒内打气来增加浮力。带钢气筒的浮运沉井多采用圆形截面构造,其主要由双壁沉井底节、单壁钢壳、钢气筒等组成(图4-82)。双壁钢沉井底节为可自浮于水中的壳体结构;底节以上井壁为单壁钢壳,用于防水及接高模板;钢气筒为沉井提供浮力,并可通过充气放气调节沉井的上浮、下沉或校正偏斜。沉井进入河床一定深度后,割除气筒即成为取土井孔,之后按一般沉井施工。

4.4.4 沉井施工防偏与纠偏

沉井下沉的过程就是防偏与纠偏的过程。有偏移,就有偏心力距和附加应力,对地基承载不利;若偏移过大,墩台身还可能偏位悬空,致使沉井报废。因此,施工的过程中应均匀除土,防止沉井偏斜,并及时调整沉井的倾斜和位移,其在下沉初期尤为重要。

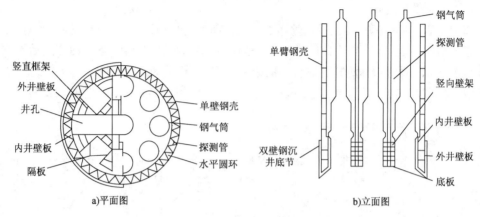

图 4-82 钢气筒浮运沉井构造

1) 沉井偏斜原因

沉井施工中总会发生一定的偏斜,因此要随时监测沉井下沉位置和方向,发现偏斜要及时分析原因并及时纠正。常见偏斜原因主要有沉井下为倾斜岩层、井内除土或井外堆载不对称、井内涌砂及障碍物等。为防止或减轻偏斜,在施工中要采取适当的防止性措施(表4-5)。

沉井偏斜原因及防止措施　　　　表 4-5

序号	偏斜原因	防止措施
1	沉井下硬土层或岩面有较大倾斜,沉井沿倾斜层下滑	可在沉井倾斜较低的外侧填土,增加被动土压力,阻止沉井滑动,并尽快使刃脚嵌入此层土内
2	井外弃土高差过大或沉井一侧的土因水流冲刷致使沉井偏斜	弃土不应靠近沉井;水中下沉时,可利用弃土调整井内外土面高差,必要时对河床进行防护
3	沉井刃脚下土层软硬不均致使沉井下沉不匀	通过挖土调整刃脚下支撑面积,或适当回填支垫土层较软的一边
4	抽垫不对称或抽垫后回填不及时,或回填砂土夯实不够	严格按抽垫工艺施工
5	刃脚下掏空过多,沉井突然下沉	严格控制刃脚下除土量
6	井内水头过低,沉井涌砂,涌砂通道处刃脚下支撑力骤降	一般情况下保持井内水头不低于井外,砂土层中开挖不靠近刃脚;沉井入土不深时不采用抽水下沉的方法
7	沉井部分刃脚下有障碍物,致使沉井的下沉不均匀	施工前经钻探查明有胶结层时,可采用钻孔投放炸药爆破的方法,预先破碎硬层;铁件一般可采用水下切割排除;孤石可由潜水员水下排除或爆破炸碎
8	除土不均匀,井内泥面相差过大	严格控制泥面高差

2)沉井纠偏方法

对已经出现偏斜的沉井必须根据偏移情况、下沉深度等条件分析制定纠偏方法。纠偏方法尽管多种多样,但其共同的规律是在下沉中纠偏,即边沉边纠。具体方法如下:

(1)井内偏挖加垫法

为提升纠偏效果,可采用一侧偏挖土,另一侧加支垫相结合的纠偏方法。即在刃脚较高的一侧井内挖土而在刃脚较低的一侧加支垫,随沉井的下沉,高侧刃脚可逐渐降低(图4-83)。

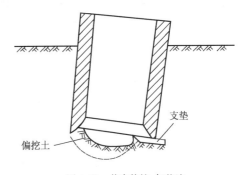

图4-83 井内偏挖、加垫法

(2)井外偏挖、井顶偏压或套拉法

此为将偏挖土与井顶偏压重或井顶套拉法相结合的方法,其目的是提高单纯偏挖土的纠偏效果,多用在入土较深时的纠偏(图4-84)。井外挖槽因土方量大,一般只挖1.5~2m,再配合偏压和套拉联合纠偏。

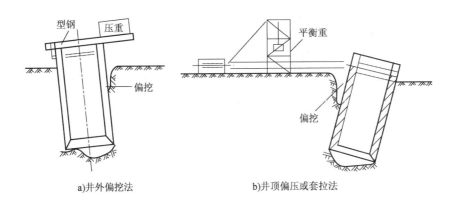

a)井外偏挖法　　b)井顶偏压或套拉法

图4-84 井外偏挖、井顶偏压或套拉法

(3)井外支垫法

用枕木垛托住栓于沉井顶面的挑梁,借助枕木垛下的大面积支承力阻止该侧沉井下沉,能够比较有效地纠正沉井倾斜,但必须防止千斤绳受力过大而断裂。

(4)井外射水法

在沉井刃脚较高的一侧井外射水,破坏其外壁摩阻力,促使该侧沉井下沉,是水中沉井纠偏的一种方法。使用时,射水管的间距不宜超过2m。

(5)摇摆法下沉

当沉井入土深度不大,但偏移量较大且沉井结构中心线与设计中心线平行时,可采用摇摆法下沉逐渐克服土的侧压力以正位。其做法是将偏移方向一侧先落低15~20cm,再将另一侧落低与该侧成水平,如此反复下沉使沉井回到正确位置。

(6) 倾斜法下沉

当沉井入土深度不大,但偏移量较大且沉井结构中心线与设计中心线相交于刃脚下一定深度时,可沿沉井倾斜方向下沉,在沉井刃脚接近设计位置时,把沉井调到正确位置。

4.4.5 沉箱与组合式沉井

随着桥梁跨度不断增大,基础入土、入水深度不断增加,尤其是近年来国外海湾、海峡大桥不断兴建,基础施工需要面对超大荷载和复杂地质条件,此要求往往限制了沉井基础的应用范围。经过不断探索,工程师们提出了沉井基础的几种改进形式:当传统沉井基础底部想创造无水施工条件时,可以采用气压沉箱基础;因地基有倾斜岩体层等因素引起沉井基础下沉困难而无法将上部荷载有效传递到预期地基深度时,可以采用沉井下设置桩基的混合式基础,或称为组合式沉井基础。

1) 沉箱基础

沉箱基础主要由顶盖、刃脚、工作室、箱顶坊工、升降井孔、气闸及箱顶管路等组成(图4-85)。沉箱基础即是将沉井底节做成一个有顶盖的施工作业工作室,然后在顶盖板上装设井管及气闸,此沉箱也可被称为气压沉箱。当桥梁深水基础需修建在透水性很大的且含有难于处理的障碍物土层中或基底需要经过特殊处理的情况下,沉井无法下沉时,可采用沉箱基础。需要指出的是,由于气压沉箱内气压高、噪声大、条件艰苦,工人易患上沉箱病,曾逐渐被淘汰使用;但随着无人化、自动化施工技术的创新,气压沉箱又逐渐焕发生机。

图4-85 沉箱基础

2) 组合式沉井基础

在水深很深且存在非常厚的覆盖层或地质条件很复杂的情况下,当施工技术无法将单一形式的基础下沉到达预期深度时,可以采用两种不同形式的基础,以接力的方法来修筑桥梁深水基础,通常称这种形式的基础为组合基础。组合基础在施工中,不仅能起到深水基础工程的围水与施工平台作用,而且可以参与部分结构受力,既增加了深水基础工程结构的整体性能,又提高了下部结构的防撞能力,方便施工,降低了工程造价。

所谓组合基础的组合,指的是在外形结构上的组合,而不是指两种基础作用与性质上的组合。这里以南京长江大桥2号墩的沉井加管柱组合基础(图4-86)施工为例进行介绍。

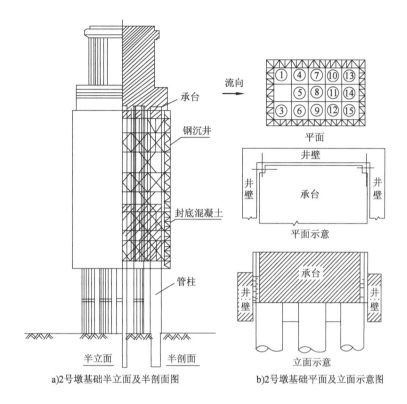

图 4-86　南京长江大桥 2 号墩基础形式

南京长江大桥主桥桥 2 号墩需要通过约 30m 深江水和 40m 厚覆盖层,按当时的技术条件,修建单一的管柱基础或沉井基础,在设计上和施工上都缺少经验、存在困难。但建设专家不畏困难,经协同攻关和多方论证,最终确定了钢沉井加管柱的组合基础方案。具体施工步骤如下:

①首节钢沉井拼装下沉。第一节钢沉井在岸边拼装船上组拼,拼好后,拼装船与导向船联结,然后用拖轮一并拖至墩位。导向船定位后,装好大部分锚碇设备,采用水上起吊设备吊起沉井,移走拼装船,而后将沉井徐徐放下,使沉井自浮于水面,补装导向船上的侧锚绳与导向结构,收紧全部吊点[图 4-87a)]。

②次节钢沉井拼装下沉。采用两艘吊船对称拼装第二节沉井,放松主吊点,使沉井自浮于水面,收紧平衡重吊点,拆除不便在水下拆除的主吊点,灌注刃脚混凝土,并于井壁内灌水,下沉沉井就位[图 4-87b)]。

③三至五节沉井拼装下沉。用同样方法拼装下沉第三至第五节沉井完毕后,安装第五节沉井上的主吊点;收紧主吊点,水下拆除底层平衡重吊点;将平衡重吊点移至第五节沉井上,收紧平衡重吊点[图 4-87c)、d)]。需要注意的是:每次灌注混凝土或注水下沉

时,应同时放松平衡重绞车使沉井随时处于自浮状态,下沉完毕后,收紧平衡重,利用锚绳调直,并使沉井壁露出水面4m,以便电焊拼接;每次接高沉井时,应使平衡重吊点受力,以承受不均匀荷载;为防止倾斜,沉井接高后,应慢慢放松绞车绳索,使吊点渐渐减少吊重,从而使沉井平稳下沉。

④六至七节沉井拼装下沉。首先拼装下沉第六节沉井,并于井孔内吊装4个直径3m的钢气筒,然后拼装下沉第七节钢沉井,并安装第一层防水围堰,向钢气筒内打气,同时于井壁内注水,注水重量等于全部浮筒的浮力[图4-87e)]。

⑤沉井落底。落底时,应先松主吊点,待沉井落底后,再分两次向井壁内注水,每注水一次,松主吊点下沉一次。沉井沉入河床少许后,用锚绳与主吊点进行调整,然后放松全部吊点,浮筒放气,使沉井逐渐沉入河床。如河床不平,可在河床低洼处的沉井内外侧抛填粗砂,在河床高的一侧吸泥,使刃脚承托均匀[图4-87f)]。

⑥继续吸泥下沉。在井孔内吸泥,井壁内注水下沉,沉井沉入河床3m后,调直沉井,拆除浮筒,继续在井壁内注水、吸泥下沉至稳定深度;拼装上层防水围堰,插好钢板桩后在钢板桩槽内灌注混凝土;继续吸泥下沉至设计高程[图4-87g)]。

⑦插打管桩。安装起吊管柱用的天车,在沉井周围抛片石防止局部冲刷,观察沉井稳定后,吊装并插打管柱;管柱全部插好后,有次序地对称地振动下沉管柱;下沉管柱必须正直,避免翻砂或倾斜,以防搅动沉井[图4-87h)]。

⑧灌注管桩混凝土。吊放钢筋骨架,灌注管柱内的填充水下混凝土[图4-87i)]。

⑨沉井封底封顶。井孔内吸泥至设计高程,灌注封底水下混凝土,安装封顶水下混凝土模板,灌注封顶水下混凝土;混凝土达到一定强度后,围堰内抽水,灌筑承台、墩身及顶帽[图4-87j)]。

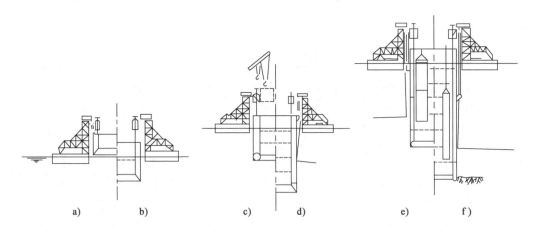

图 4-87

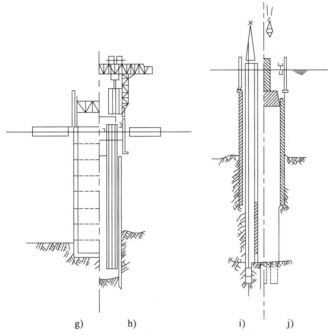

图 4-87　组合基础施工步骤图(南京长江大桥 2 号墩基础)

a)首节钢沉井拼装下沉;b)次节钢沉井拼装下沉;c、d)三至五节沉井拼装下沉;e)六至七节沉井拼装下沉;f)沉井落底;g)吸泥下沉;h)插打管桩;i)灌注管桩混凝土;j)沉井封底封顶

4.5　地下连续墙

桥梁深基础用地下连续墙是利用挖槽设备沿深基础周边土中开挖一定宽度、长度和深度的深槽,在槽内放入预先制作好的钢筋笼,然后浇筑混凝土形成的具有防渗(水)、挡土和承重功能的连续钢筋混凝土墙体(图 4-88)。

图 4-88　地下连续墙基础施工

地下连续墙在结构性能、施工方法、环境影响和施工速度等方面具有以下特点：

（1）作为深基坑支护结构，墙体刚度大、整体性好，结构变形和地基土变形较小，对周边的地基扰动小，防渗截水性能好，施工时振动小、噪声低，环境干扰小。

（2）施工占地少，不需降水，不用开挖大量的土方量，不需挡土护坡，不需模板与支撑，把施工护坡与永久性工程融为一体，可昼夜施工，缩短工期，整体工效高，质量可靠。

（3）适用范围广，可作为地下主体结构的一部分，或单独作为地下结构的外墙，既可作为防渗结构及隔震墙等，也可作为承重的深基础。

（4）当仅作为围护挡墙时，会造成浪费，增加成本，弃土及废泥浆如处理不当，会造成新的环境污染。

（5）适用于多种地质条件，可穿过软土层、砂卵石层和进入风化岩层，可用作刚性基础代替桩基础、沉井和沉箱基础。

4.5.1 地下连续墙分类

根据截面结构形式，地下连续墙主要分为条壁式、井筒式和支护式三种。

1) 条壁式地下连续墙

条壁式地下连续墙是由平面长度不小于2.5倍宽度的一个或多个墙段单元组成的分离或连接组合但不封闭的地下连续墙基础，可分为单壁式[图4-89a)]、平行复壁式[图4-89b)]、自由复壁式[图4-89c)]、组合复壁式[图4-89d)~h)]等。

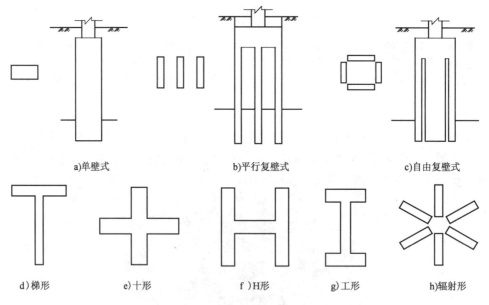

图4-89 条壁式地下连续墙基础类型

2) 井筒式地下连续墙

井筒式地下连续墙由多个墙段单元相互刚性连接或外围墙刚性连接而内隔墙铰接组

成平面封闭断面并通过顶板相连而成的地下连续墙基础,可分为单室型和多室型两种形式(图4-90)。

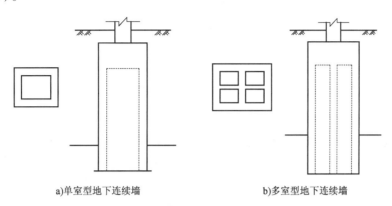

图4-90 井筒式地下连续墙类型

3)支护式地下连续墙

支护式地下连续墙是以地下连续墙作为基坑开挖支护结构,内部全体开挖到要求的深度后,在基坑内部构筑钢筋混凝土结构而形成的基础形式,地下连续墙作为基础结构的一部分参与承担上部结构荷载作用。

4.5.2 地下连续墙施工

地下连续墙的挖槽方法虽有很多,但各种方法的施工顺序都基本相同,施工工艺流程主要包括导墙施工、泥浆制备、槽段开挖、刷壁清底、吊放钢筋笼、浇筑混凝土和槽段接头施工(图4-91)。

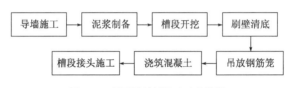

图4-91 地下连续墙施工工艺流程

1)导墙施工

采用泥浆护壁挖槽构成的地下连续墙应先构筑导墙,导墙的作用包括:①控制地下墙的平面位置、墙体厚度和垂直程度;②保持地面土体稳定;③维持泥浆液面。导墙的材料、平面位置、形式、埋置深度、墙体厚度、顶面高程应符合设计要求;设计未要求时,应符合以下规定:

(1)导墙位于地下连续墙的墙面线两侧,和地下墙中心线平行。导墙一般由钢筋混凝土构成,墙体厚度满足施工要求,混凝土强度等级不宜低于C20,导墙的断面形式可根据地质情况自行选定,如倒L形、I形、C形、L形等(图4-92)。

(2)地下墙两侧导墙内表面之间的净距应比地下连续墙厚度宽40mm,导墙应每隔1.0~1.5m加设支撑,在导墙的混凝土达到设计强度之前,禁止任何重型机械和运输设备在附近行走、停置或作业,以防导墙受压变形(图4-93)。

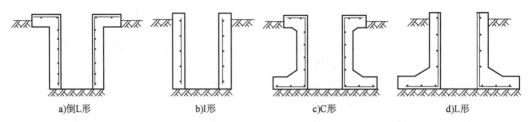

a)倒L形　　　　　b)I形　　　　　c)C形　　　　　d)L形

图4-92　导墙的几种断面形式

a)导墙钢筋绑扎

b)导墙加设支撑

图4-93　导墙施工

(3)导墙底端埋入土内的深度应大于1m;基底土层应夯实,如地基土较松散或较软弱时,构筑导墙前应采取加固措施;导墙背后应使用黏性土回填并夯实,防止漏浆。导墙顶面应高出施工地面5~10cm,以防雨水流入槽内稀释及污染泥浆。

2)泥浆制备

地下连续墙槽段开挖时,需使用泥浆护壁,护壁泥浆的功能主要包括:①防止槽壁坍塌。泥浆从槽壁表面向土层内渗透到一定范围就黏附在土颗粒上,在槽壁上形成泥皮(不透水膜),使得泥浆的静水压力有效地作用在槽壁上,防止槽壁的剥落和坍塌(图4-94)。②悬浮土渣:如果不能迅速排走在挖槽过程中形成的土渣,会使泥浆的阻力增大,降低挖槽效果,混凝土质量下降,钢筋笼也难以插入。科学地调制泥浆,可使土渣悬浮,通过泥浆循环将其携带出地面。

泥浆材料主要包括膨润土、增黏剂、分散剂、加重剂和防漏剂等,需要根据土层类型确定合理的泥浆配合比(表4-6)。一般情况下可选用经济成本低的膨润土,当预计施工过程中易受阳离子污染时,宜选用钙膨润土;增黏剂CMC(CMC是一种重要的纤维素醚,是天然纤维经过化学改性后所获得的一种水溶性好的聚阴离子纤维素化合物,易溶于水)对促进泥皮形成有明显的效果,其黏度越大,防漏效果越好,但价格也越贵;分散剂的作用是提高泥水分离性,可以防止盐分或水泥对泥浆的污染,一般选用碳酸钠(Na_2CO_3)和碳酸氢钠($NaHCO_3$)分散剂处理被水泥污染的泥浆,选用铁硼木质素磺酸钠分散剂处理被盐分污染的泥浆;加重剂的作用是增加泥浆密度,提高泥浆槽壁的稳定性,一般选用重晶石;防漏剂的作用是堵塞地基土中的孔隙,防止泥浆漏失,一般防漏剂的粒径相当于漏浆层土砂粒径10%~15%效果最好。

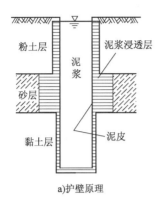
a)护壁原理

b)泥浆护壁实图

图4-94 地下连续墙泥浆护壁原理及实图

泥 浆 配 合 比　　　　　　表4-6

土层类型	膨润土(%)	增黏剂CMC(%)	纯碱Na_2CO_3(%)
黏性土	8~10	0~0.02	0~0.5
砂性土	10~12	0~0.05	0~0.5

3）槽段开挖

单元槽段是指地下连续墙施工时,根据地下连续墙平面构造要求和可施工性,将墙体沿长度方向划分成的施工单元（图4-95）。一般来讲,单元槽段的长度越长,可减少接头数量,提高墙体整体性和截水防渗能力,简化施工,提高工效。当地质条件良好、施工条件允许时,可采用2~4个最小挖掘长度组成一个槽段,长度为2~8m居多。

依据槽段划分,分段进行槽段泥浆护壁开挖。在导墙内注入护壁泥浆,并保持液面高度,通过泥浆的静水压力防止开挖过程中槽壁坍塌或剥落。维持挖成的孔形不变,在成槽之后浇筑水下混凝土,把泥浆置换出来,在地下构筑成一段混凝土单元墙段。常用的成槽设备根据其挖掘机理,可分为以下几类：

(1)抓斗成槽机

抓斗成槽机以履带式起重机来悬挂抓斗,抓斗以其斗齿切削土体,切削下的土体收容在斗体内,从槽段内提出后开斗卸土,如此循环往复进行挖土成槽（图4-96）。抓斗成槽机是目前国内地下连续墙成槽的主力设备,具有结构简单、易于操作和维修、运转费用低等特点,广泛应用在较软弱的冲积地层,但对大块石、漂石、基岩等不适用,且当土层标准贯入度值大于40时,效率很低。

(2)冲击钻进式成槽机

冲击钻进式成槽机通过冲击破碎和抽筒掏渣的工法成槽,即冲击钻机利用钢丝绳悬吊冲击钻头进行往复提升和下落运动,依靠其自身的重量反复冲击破碎岩石,然后用一只带有活底的收渣筒将破碎下来的土渣石屑取出而成孔（图4-97）。一般先钻进主孔,后劈打副孔，主副孔相连成为一个槽孔。冲击钻进式成槽机对地层适应性强，适用一般软土地层，也可使用砂砾石、卵石、基岩。其操作简便、成本低，不失为一种经济适用型工艺，但成槽效率低，成槽质量较差。

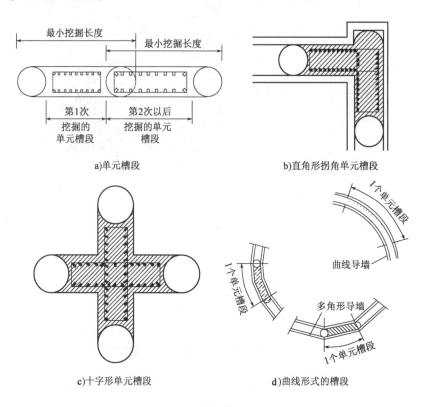

a)单元槽段　　　　　　　　b)直角形拐角单元槽段

c)十字形单元槽段　　　　　　d)曲线形式的槽段

图4-95　单元槽段设置

a)蛤式抓斗　　　　　　　　b)成槽施工

图4-96　抓斗成槽机

a)冲击钻头　　　　　　b)成槽施工

图 4-97　冲击式成槽机

(3) 液压铣槽机

液压铣槽机以动力驱使安装在机架上的两个鼓轮(也称铣轮)相互反向旋转来削掘岩土破碎成小块,再利用泵吸反循环系统将土渣泥浆混合物抽吸到地面。通过专用除砂设备将泥土和岩石碎块从泥浆中分离,净化后的泥浆重新抽回槽中循环使用,如此往复,直至成槽(图 4-98)。液压铣槽机是目前国内外最先进、效率最高的地下连续墙成槽设备,适用各类较为均质的土层类型(包括基岩),成槽深度可达上百米。缺点是设备费用昂贵,维护成本高;不适用含有漂石、大孤石的地层,需配合使用冲击钻进工法或爆破。

a)铣削钻　　　　　　b)铣槽机

图 4-98　液压铣槽机

(4) 多头钻成槽机

多头钻成槽机是利用两个或多个潜水电机,通过传动装置带动钻机下的多个钻头旋转,等钻速对称切削土层,用泵吸反循环的方式排渣(图 4-99)。土渣泥浆混合物进入振动筛,较大砂石、块状泥团由振动筛排出,较细颗粒随泥浆流入沉淀池,通过旋流器多次分离处理排除,清洁泥浆再供循环使用。此设备具有挖掘速度快、机械化程度高的特点,成槽深度可达 40m 左右,但设备体积、自重大,且对含卵石、漂石土层的成槽适应性差,更不能用于基岩等坚硬土层。

4) 刷壁清底

成槽后应采用刷壁器(图4-100)对相邻段混凝土的端面进行清刷,刷壁应达到底部,刷壁次数不得少于20次,且刷壁器上无泥。刷壁后,在浇筑地下连续墙之前还必须清除以沉渣为主的槽底沉淀物,即清底。

图4-99 多头钻成槽机

图4-100 刷壁器

清底的基本方法有置换法和沉淀法两种。置换法是在挖槽结束之后,立即对槽底进行泥浆置换,在土渣还没有沉淀之前就用新泥浆把槽内泥浆置换出槽外。沉淀法是在土渣沉淀到槽底之后进行清底,一般宜在插入钢筋笼之前清底,之后容易受钢筋笼妨碍,不可能完全清理干净。常用的清底方法有吸泥泵排泥法、空气升液排泥法和带搅动翼的潜水泥浆泵排泥法等(图4-101)。

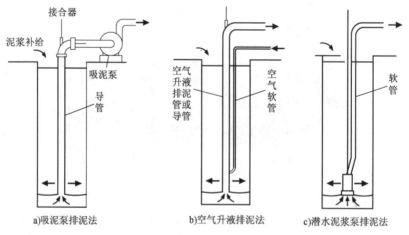

图4-101 清底排泥方法

5) 吊放钢筋笼

钢筋笼在堆放、运输、装卸、吊入作业过程中,易发生变形,为此需采用有一定刚性的纵向钢筋桁架,并用箍筋、主筋平面内加斜拉筋及连接钢筋等措施补强,使钢筋笼在吊运过程中具有足够的刚度,避免巨大的钢筋笼变形而影响入槽(图4-102)。

a)起吊

b)下放

图4-102 地下连续墙钢筋笼吊放

钢筋笼起吊前,要仔细检查起吊架的钢索长度,使之能够水平地吊起。在起吊时使用H形钢或工字钢作为起吊扁担。为防止钢筋笼变形,在钢筋笼的头部及中部两点进行双索或四索同时起吊,吊离地面后再逐渐转换成垂直状态。钢筋笼的下端不得在地面上拖引或碰撞其他物体。此外,需在钢筋笼下端系上拖绳以人力操纵,防止起吊后在空中摆动或吊入时碰撞槽壁(图4-103)。

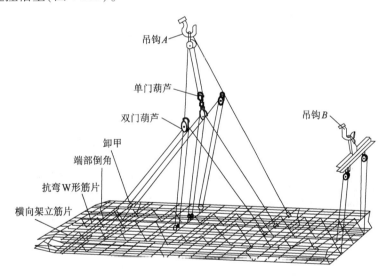

图4-103 地下连续墙起吊钢筋笼的方法

当钢筋笼需要接长时,可采用连接钢板。提前在加工平台上将上下钢筋笼连接端的纵向钢筋准确地焊接到连接钢板上,分段吊放时只要将上、下段钢筋笼的连接钢板对齐,用夹板和高强度螺栓将上下段连接起来,并用扭矩扳手拧紧高强螺栓(图4-104)。此种方法虽然必须额外采用连接钢板及夹板等,但因施工时间短,又减少了搭接长度,仍可以降低总造价、提高施工质量。

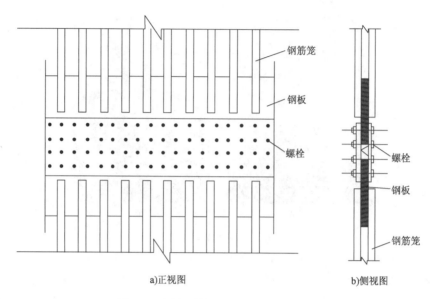

图 4-104　螺栓联结器连接地下连续墙钢筋笼

6) 浇筑混凝土

地下连续墙混凝土采用导管在泥浆中灌注(图4-105),由于导管内混凝土密度大于导管外的泥浆密度,利用两者的压力差使混凝土从导管内流出在管口附近一定范围内上升替换掉原来泥浆的空间。水下导管浇筑的要求与钻孔灌注桩和沉井封底混凝土的水下混凝土导管灌注相似,在此不再赘述。

图 4-105　地下连续墙混凝土导管浇筑施工

图 4-106　地下连续墙槽段接头管构造

7) 槽段接头施工

为了保证地连墙接头处施工质量、有效地防止混凝土绕流,槽段接头(图4-106)多采用接头管(也称锁口管)。在未开挖槽段一端紧靠土壁安放接头管,管下端放至槽底并插入50cm以上,阻挡混凝土与未开挖槽段土体黏合,并起混凝土侧模作用,待混凝土浇灌后,逐渐拔出接头管,在浇筑段端部形成半圆形的混凝土接缝面。

提拔接头管要掌握好混凝土的浇灌时间、浇灌高度、混凝土的凝固硬化速度,不失时机地提动和拔出。常用的接头管上拔方法有起重机提拔及液压千斤顶顶拔两种,前者适用于长度18m以内,直径600mm以下接头管提拔;后者适用于直径较大,埋置较深接头管顶拔,也是国内外使用最广的方法(图4-107)。

图4-107　地下连续墙接头管拔出

4.6　典型案例

4.6.1　钢吊箱围堰施工(苏通大桥)

1)工程概况

苏通大桥为主跨1088m双塔双索面七跨连续钢箱梁斜拉桥,主桥位于河槽内,施工水深15m左右,为典型的大型深水基础,其主6号墩施工中采用了钢吊箱兼作承台施工围水结构和永久结构防撞体系,长55.1m,宽35.6m,高13.7m,重达1248t,采用整体吊装工艺。

2)施工难点

(1)承台规模大,工期紧,质量要求高,设计施工难度大。

(2)水深流急,尤其抽水后10m左右的水头差对围堰刚度要求大,具有相当的风险。

(3)长江口强潮河段浪大、风强、潮高,水位变化快,定位难度大。

(4)封底混凝土方量多达4026m³,水上连续浇筑难度大、风险高。

3)钢吊箱结构设计

钢吊箱结构尺寸拟定和总体构造主要考虑水文地质条件、抽水后水头差等(图4-108)。考虑定位精度,钢吊箱的平面尺寸误差控制在50mm以内,钢吊箱的内轮廓采用承台外轮廓,同时加工只允许正偏差,钢吊箱底高程取承台底高程减封底厚度及底板厚度。

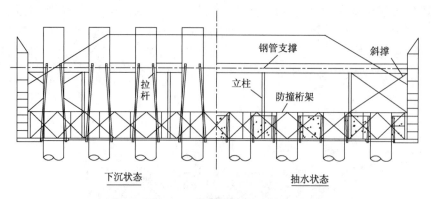

图 4-108 吊箱总体构造示意

经过优化,钢吊箱与封底混凝土结合兼做桥梁结构的防撞结构,在吊箱底板顶面设置防撞桁架,防撞桁架与底板及壁板刚性连接,起到连接封底混凝土与壁板共同受力的作用。钢吊箱吊点处局部荷载较大,吊点必须布置于壁板龙骨处。作为传递和分布吊点集中力的吊耳,除自身应具有足够的强度和稳定性外,还必须加强其与钢吊箱的连接,耳板长度伸入吊箱3m并穿过两层水平桥架,2块耳板之间通过条形孔塞焊,形成整体、共同受力。

钢吊箱下水、浮运过程中,底板承受较大荷载,底板太弱易产生拱底、甚至底板严重变形破坏等现象。为此吊箱需通过船台滑道下水,下滑入水过程中,整个吊箱荷载集中作用在与滑道接触的吊箱结构上,在吊箱底板设计,相应地在滑道位置处通长布置了1道加劲梁;底板在下水浮运过程中,应为密封状态,面板部分不开孔,同时进行加劲处理。

4)钢吊箱关键施工技术

(1)整体吊装

根据吊装计算,结合现场跨距和吊高要求,选取1300t浮式起重机进行吊装。浮式起重机2个主钩各挂4个吊点,共在吊箱顶面钢箱龙骨位置处对称布置8个吊点。

(2)试吊、底板开孔

钢吊箱吊装质量达1200t以上,为了确保吊装安全,钢吊箱在吊装前进行试吊。试吊过程中应严格观察卸扣、吊耳、臂板、内支撑等关键结构的变化情况及浮式起重机2个主钩荷重刻度盘读数情况,确保各吊点受力均匀。试吊稳定后,在底板上的理论桩位处按设计桩径+25cm的值为半径开孔。

(3)吊装就位

开孔完成后,浮式起重机缓慢起钩使吊箱底面高出护筒顶面50cm,紧缆前移,靠近吊箱设计位置,通过4个角点处的导向头,大致移位至设计位置正上方后,由吊箱内的指挥员根据36根护筒与底板开孔的参照位置指挥浮式起重机微调就位,36根护筒完全套入吊箱底板后,浮式起重机缓慢落钩,每下降50cm及时观测护筒与底板间隙情况,调整吊箱平面位置(图4-109)。

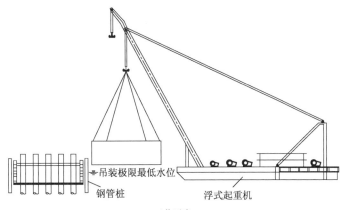

图 4-109 苏通大桥钢吊箱吊装

(4) 钢吊箱定位

施工期间江段日潮差达到 3m,定位难度较大。施工中采取竖向限位型钢反压措施进行竖向锁定,采用千斤顶可调系统进行水平定位(图 4-110)。经过 3 个涨落潮时段的努力,完成了吊箱的定位,平面最大偏差仅 23mm,小于允许值值 100mm。

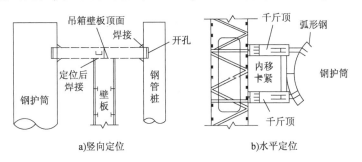

图 4-110 钢吊箱定位示意

(5) 钢吊箱封底

对于为适应吊装要求而开孔造成的护筒与底板间约25cm的空隙,应利用封堵板及麻袋装干混凝土封堵严实。封堵板在吊箱套入护筒后接近水面时预摆放在护筒周围,吊箱下放到位后,安排潜水工水下拉拢封堵板贴紧护筒,拧紧连接螺栓,再用袋装干混凝土封堵剩余的空隙。

封底混凝土共计4026m³,一次性浇筑体积大,浇筑时间长。考虑到恶劣天气影响可能导致混凝土浇筑中断,为降低风险,将封底混凝土分为3个仓,每仓1300m³左右,3个仓相对独立一次性连续对称浇筑完成,成功封底。

4.6.2 钻孔灌注桩施工(福州乌龙江大桥复线桥)

1)工程概况

福州乌龙江大桥复线桥位于原乌龙江大桥下游50m处,二者的桥轴线基本平行,复线桥建成后,与现有的乌龙江大桥构成双向4车道,可以改善福州城市南出口交通状况。新建复线桥采用六跨预应力连续刚构组合体系,主跨跨径144m,加劲梁采用单箱单室箱梁,宽度12m,基础采用钻孔灌注桩。根据地质勘探资料,4号墩位于乌龙江主航道的右侧,离大堤约250m,墩位处河床面高程 $-34.46 \sim -31.41$m,地势较为平缓。墩位处表部覆盖层厚 $8.10 \sim 10.85$m的中砂,强风化基岩及中风化基岩缺失,微风化岩面高程为 $-42.46 \sim -43.61$m,发育2条近垂向节理裂隙密集带,最大垂向厚度8.0m,微风化岩体埋深较浅、强度高,适合采用钻孔灌注桩作为基础。本例重点介绍钻孔灌注桩施工中钻孔平台的安装。

2)钻孔灌注桩关键施工技术

(1)定位桩和钻孔平台搭设

钻孔平台的搭建是工程得以成功的先决条件,4号墩钻孔平台处于深水中,钢管桩和钢护筒的自由长度达50m以上。水上钻孔平台安装前,应先进行定位柱(钢管桩)插打,然后安装联结系及钻孔平台。

①钢管桩插打

在起重船上安装导向架,导向架需与船舱甲板龙骨可靠锚固。浮式起重机将钢管桩起吊放置于导向框内后,临时固定,进行钢管桩接高工作。在钢管桩接高工作完成后,利用测量仪器定出桩位中心线,吊放钢管桩,测量钢管桩中心偏差及倾斜度并进行调整,符合要求后钢管桩整体下插,在进入河床的瞬间应再次调整钢管桩中心偏差及斜度,符合要求后迅速着床(否则应再次调整导向),此时在自重作用下,钢管桩入土。在钢管桩各项偏差满足要求的前提下,利用打桩锤下沉钢管桩,钢管桩入土浅时,任何偏载或水平力极易造成钢管桩的倾斜,打桩时先打2~3锤;检查钢管桩的倾斜度,调整完毕,接着增加打桩次数;然后校正桩的倾斜度,当钢管桩入土深度达到3m后,方可连续沉桩。4号墩位处,由于水深流急,单根钢管桩插打完后,无法自稳,故在起重船上设置有两套导向系统。施工时,两根钢管桩全部接高完毕后,及时顺序插打,并连接成整体(图4-111)。

②钻孔平台搭设

钢管桩下沉、钢护筒插打及锚桩施工完成后,及时焊接桩间连接系;利用浮式起重机安装桩帽及横桥向桩顶分配梁、贝雷梁;安装贝雷梁之间的平联连接系,构成完整的钻孔平台结构骨架;在平台面上满铺桥面板,形成钻孔工作平台(图4-112)。主桥4号墩由于墩位处水深流急且覆盖层浅,单纯靠定位桩的锚固,在水流力及风力的作用下,无法保证整个钻孔平台的稳定,故同时采用了锚碇系统辅助整个平台结构抵抗水平力,确保平台在基础施工期间的整体稳定性。

图4-111 钢管桩插打施工

图4-112 钻孔平台搭设

(2)钢护筒插打施工

钢护筒插打施工需要在钻孔平台顶面安装导向架,导向架设置上下两层导向,均安装平面位置调整装置,调节范围±150mm。导向架上下层之间的间距应小于8.0m,并具有足够的刚度,能够满足水流流速以及风力作用时下放钢护筒的使用要求;导向架由贝雷梁及型钢杆件连接成框形,结构强劲,具有足够刚度,确保钢护筒导向精度。导向架在平台上的位置相对固定,且不会因振动下沉钢护筒而移动;导向架上导向打开后可让振动锤顺利通过,下层导向顶面应低于钢护筒顶设计高程,确保钢护筒下放过程中始终有一层导向。

(3)钻孔灌注成型

在钻孔平台上架设钻孔设备,通过泥浆护壁钻孔时注意保持孔内超压。防止塌孔最主要的办法就是保持钻孔中泥浆对孔壁有一定的向外压力,因此在整个钻孔过程中,任何时候都必须保持孔中有稳定的水头压力。一般孔内水位宜比孔外水位高出1.5~2.0m,当孔外水位发生变化时,应密切观察孔内水位变化及测量孔深,检查孔壁有无破坏,发现问题及时采取措施处理。

钻孔完成后及时清孔,不能停歇过久,以免使泥浆、钻渣沉淀增多而造成清孔工作的困难甚至塌孔。钢筋笼吊入桩孔时,动作要慢,对准孔中心,对准孔位轻放、慢放,以防刮到孔壁。下放过程中,还应注意观察孔内水位情况,如有异样,立即停止,检查是否塌孔。钢筋笼下放到位后,应与护筒、钻机等连接牢固,防止在混凝土灌注过程中,发生掉笼或浮笼现象。

钢筋笼就位后,采用水下导管灌注混凝土,混凝土灌注工作应连续不间断进行。灌注过程中,必须对每根桩做好灌注记录,并按规定留取混凝土试件,即每100m³应制取2组试件,且每根桩一般不少于4组试件。试件放入试验室标养池内养护,养护28d后测试其抗压强度。钻孔桩成型后,除进行常规质量检测外,尚须对桩进行承载力检测。

4.6.3 沉井施工(沪苏通大桥)

1)工程概况

沪苏通长江大桥是新建沪通铁路的控制性工程,主航道桥为(140+462+1092+462+140)m两塔钢桁梁斜拉桥(图4-113)。主航道桥26~31号墩均采用沉井基础,沉井上部为钢筋混凝土结构,下部为钢结构。28号和29号主墩(桥塔墩)采用倒圆角的矩形沉井基础,沉井顶平面尺寸为86.9m×58.7m,倒圆半径为7.45m,平面布置24个12.8m×12.8m的井孔,沉井总高分别为105m和115m,沉井钢结构部分高度分别为50m和56m(图4-114)。

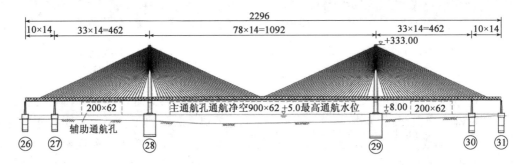

图4-113 沪苏通长江大桥主航道桥总体布置(尺寸单位:m;高程单位:m)

2)沉井施工总体方案

根据桥位处自然条件,结合总体施工安排,经多种技术方案比选,确定主航道桥沉井施工总体方案如下:28号、29号主墩钢沉井在船坞内制造成整体,出坞、浮运至墩位处,采用大直径钢管桩锚碇系统及液压千斤顶多向快速定位技术,精调定位着床,灌注井壁混凝土后,分段接高混凝土井壁,分次下沉直至设计高程;同时,29号主墩采取河床预防护技术以解决沉井着床前后,河床冲刷过深的难题。

3)沉井关键施工技术

(1)桥塔墩钢沉井整体制造、出坞浮运技术

28(29)号主墩钢沉井高50(56)m,自重超1万t,在桥址上游10km的船厂内分节制造,整体组拼。28(29)号主墩钢沉井分节高度8m+7×6m(8m+8×6m),钢沉井每节在平面上分为35个块单元,其中,高8m的底节在船坞内组拼成整体,并灌注高2.5m的刃脚混凝土;其余高6m的节段在船坞后方的场地上分别焊接成2个大段,利用16000kN门式起重机分段吊装至船坞内接高,直至全高(图4-115)。

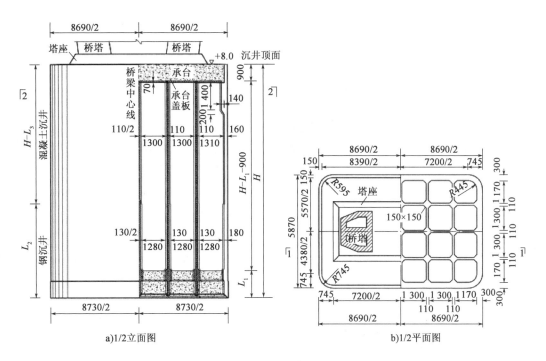

图 4-114　桥塔墩沉井结构(尺寸单位:cm;高程单位:m)

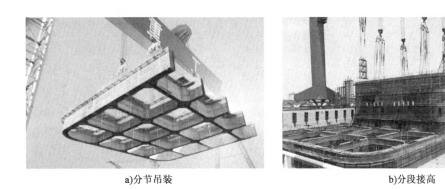

图 4-115　钢沉井制造

28(29)号主墩钢沉井结构自重大,吃水深度超限,不满足浮态出坞的要求。在沉井的第 3 节段 12 个井孔内(距刃脚约 16m),利用钢结构将 12 个井孔临时封闭,当船坞放水至刃脚吃水深超过 4.5m 时,利用 2 台空压机向助浮井孔内打气至 132(140)kPa,然后船坞继续放水,至沉井自浮,此时沉井吃水深 7.5m,满足浮态出坞条件。浮运过程中,通过观察气压表和液位计控制沉井吃水深度,随时用空压机向相应的助浮井孔内补充空气(图 4-116)。沉井浮运到位,并过完全部锚绳后,进行初定位,然后放气,拆除助浮盖板,准备沉井着床。

图 4-116　沉井浮运

(2)大直径钢管桩锚碇系统及液压千斤顶多向快速定位技术

28(29)号主墩钢沉井采取大直径钢管桩锚碇系统方案,该锚碇系统由大直径钢管桩、混凝土蛙式重力锚、钢丝绳和钢绞线、导缆器及转向座等组成。28号主墩上、下游各布置4根直径3500mm、壁厚32mm的钢管桩,钢管桩入土深度为30m。南、北边锚各采用4个蛙式重力锚,单个锚重约880t(图4-117)。钢管桩和重力锚与沉井之间采用直径110mm的钢丝绳连接,为防止钢丝绳受力后产生的扭转对钢绞线造成不利影响,在隔舱顶面设置了防扭支架,以约束连接锚座。

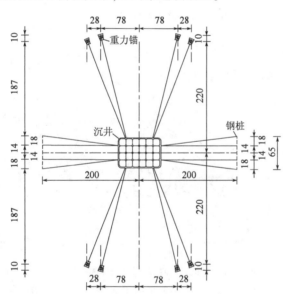

图 4-117　主墩锚碇系统平面布置(尺寸单位:m)

矩形沉井定位时,需要精确控制其顺、横桥向和平面扭角3个自由度,设计要求在沉井下沉到位后平面偏差不大于1/150沉井高度,扭角不大于1°。沉井在着床过程中,随着潮位、流速、流向和入水深度的变化,沉井的平面位置会不停地变化,因此要求收锚装置能够多方向、同步快速调整。采用连续千斤顶方案进行沉井快速定位。该方案主要由连续千斤顶、液压泵站、计算机控制系统和附件4个部分组成,共设8个控制点和1个控制柜,每个控制点控制2台千斤顶,既可同步作业,又可一组单独作业,以实现3个自由度的快速调整(图4-118)。在着床过程中,通过同步收紧上游或下游的主锚索,调整沉井上、下游中心位置;通过同步收紧南侧或北侧边锚索,调整沉井南、北侧中心位置;通过同步收紧南、北侧对角的边锚索和对角的主锚索,调整沉井的平面扭角。

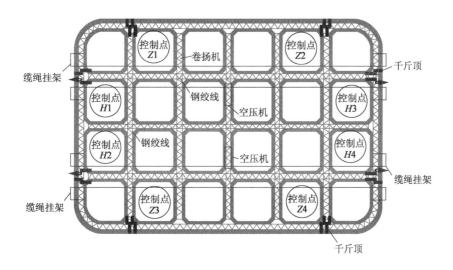

图 4-118　主墩沉井多向快速定位系统平面布置

4.6.4　超大"∞"字形地下连续墙施工(南京长江第四大桥)

1) 工程概况

南京长江第四大桥采用双塔三跨悬索桥方案,高速公路标准,双向六车道,设计行车速度采用100km/h,车辆荷载等级为公路-I级。主桥桥跨布置为 166 + 409 + 1418 + 364 + 119 = 2476m。南锚碇基础采用井筒式地下连续墙结构形式,平面形状为"∞"形,长82.00m,宽59.00m,由两个外径59m的圆和一道隔墙组成,墙厚为1.50m(图4-119)。

图 4-119　南京长江第四大桥南锚碇超大"8"字形地下连续墙基础

2)地下连续墙施工难点

本基础工程有以下主要特点和难点：

(1)南锚基础平面形状采用"∞"形，长82m，宽59m，壁厚1.5m，由两个外径59m的非完整圆和一道隔墙组成。这种规模形式的地连墙基坑在国内第一、世界罕见，其受力较复杂，因此要求作为主要围护结构的地下连续墙具有较高的施工精度及接缝质量控制。

(2)地下连续墙四周紧邻大堤、石油管线、国家粮库等重要构造物，保护等级高。故对地下连续墙施工质量，尤其对接缝质量要求高，需确保不出现漏水情况。

(3)地下连续墙施工平台高程为6.5m，底高程为-35.000~-45.000m，嵌入中风化砂岩约3.0m，最大深度达51.5m。

(4)地下连续墙采用铣接法进行连接，对接缝质量要求高。

(5)"Y"形槽的结构形式在国内尚属首次，其成槽施工及钢筋笼的下设为本工程的最大难点。

3)"Y"形特殊槽段施工技术

"Y"形槽段位于隔墙与外墙交接处，"Y"形槽平面尺寸及形式较为复杂，又可分为5个小的槽段分区(图4-120)，采用五铣成槽方式，并采用多台冲击钻机配合铣槽机成槽。槽孔基岩面以上覆盖层采用铣槽机铣削，基岩先采用冲击钻破碎，然后用铣槽机修孔。

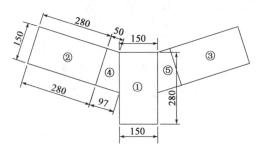

图4-120 "Y"形槽段平面布置图(尺寸单位：cm)

(1)地基加固处理

①为加强成槽期间上部淤泥质黏土层槽孔的稳定性及减小设备荷载对成槽的影响，在槽孔内外侧采用两圈深层搅拌桩进行加固(图4-121)。

②为确保"Y"形槽槽孔的稳定，槽段内侧拐角处土体采用2根直径80cm的塑性混凝土桩进行加固处理，塑性桩与地下连续墙净间距为20cm，塑性混凝土强度控制在2~3MPa之间(图4-122)。

(2)铣槽工艺

"Y"形槽施工采取五铣成槽，按照图4-120中①~⑤编号顺序进行施工。槽段施工分为三步：第一步，施工第一铣至基岩，布置1台冲击钻机凿除基岩部分，然后用铣槽机将第一铣修孔至设计高程；第二步，施工第二铣、第三铣至基岩，二、三铣点各布置1台冲击钻机同时凿除基岩部分；第三步，铣槽机将第二、三铣修孔至设计高程，然后将第四铣、第五铣至设计高程(图4-123)。

a) 平面图　　　　　　　　　　　b) 立面图

图 4-121　深层搅拌桩加固地基(尺寸单位:cm;高程单位:m)

a) 塑性混凝土桩位置　　　　　　b) 塑性混凝土桩实物

图 4-122　"Y"形槽段处塑性混凝土桩

a) 铣槽机施工　　　　　　　　　b) 冲击钻机施工

图 4-123　"Y"形槽铣槽

(3) 钢筋笼制作吊装

"Y"形槽钢筋笼重量大,结构形式特殊,根据配备起重机的起吊能力,在特制的同一胎架上分三节制作(图4-124)。为满足钢筋笼起吊要求,需在钢筋笼吊点处对钢筋笼进行加固。

图4-124 "Y"形槽钢筋笼图

钢筋笼沉放采用两台起重机进行,即一台150t履带式起重机和一台50t履带式起重机。150t履带式起重机为主吊,50t履带式起重机为副吊,用于抬运及空中翻转之用。8个主吊吊点布置在每节钢筋笼的上方;4个副吊吊点布置在钢筋笼的中、下部。根据钢筋笼截面重心位置,使吊心与钢筋笼重心重合,当吊具吊心与钢筋笼重心重合后,各钢丝绳在钢筋笼截面上的投影相等,此时所有钢丝绳同步受力,根据此原理来寻找吊点[图4-125a)]。为确保吊装工艺,施工前可对钢筋笼重心做模拟实验[图4-125b)]。

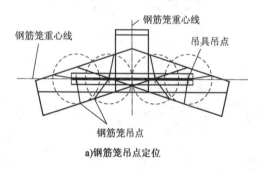
a)钢筋笼吊点定位

b)模拟吊装

图4-125 钢筋笼吊点设计

(4)混凝土浇筑

"Y"形槽混凝土浇筑布置三根导管[图4-126a)],每根导管分别配设一个容积为1.4m³的大料斗,以确保首盘混凝土顺利浇筑。浇筑过程中将严格控制好三套导管浇筑速度,经计算,三套导管以1∶1.3∶1的速度灌输混凝土时,能有效确保混凝土面同步上升[图4-126b)]。

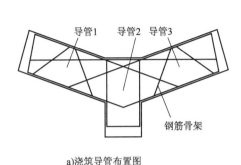

a) 浇筑导管布置图　　　　　　　　b) 三套导管联合浇筑

图 4-126　混凝土浇筑

4.7　小结

深基础是桥梁结构的重要传力构件,尤其是一些大跨径桥梁,深基础的规模庞大,平面尺寸、深度巨大,其在工期、造价、技术难度等方面,对整个工程都起到重要的影响,其施工方法与地质条件、基础类型及受力特点等密切联系。本章不仅介绍了深基础涉及的支护或挡水围堰,还针对深基础中常用的桩基础、沉井基础和地下连续墙等做了一一介绍。

挡水围堰的主要类型有钢板桩、钢套箱、钢吊箱等,钢板桩插打与组装较为灵活,既可以作为基坑支护又可以作为挡水围堰,使用广泛;钢套箱、钢吊箱施工难度相较钢板桩更大,但适合作为大型深水基础的围堰。

桩基础的主要类型有钻孔灌注桩和预制桩等,施工方法相应地分为现场钻孔灌注和预制沉桩两种主要方式。

沉井基础按照施工方法主要分为陆地沉井、筑岛沉井和浮运沉井,不同施工方法在沉井组装和运输方面有一定差异。沉井基础的下沉施工其实是一个防偏与纠偏的过程,要做到边沉边纠。

地下连续墙的主要类型有条壁式地下连续墙、井筒式地下连续墙、支护式地下连续墙,施工过程中要重视导墙、泥浆和接头管作用和施工要求。

随着新型基础形式和创新性施工方法的不断产生,深基础施工技术将不断革新和发展。

1. 深基础主要包括哪些类型？有何共同特征？
2. 深水基础在施工过程中可能会遇到哪些挑战？
3. 深水基础挡水围堰的类型有哪些？构造上有何共同特征？
4. 简述钢板桩、钢套箱和钢吊箱围堰各自的适用条件。
5. 钢板桩围堰的施工过程需要注意哪些技术问题？
6. 简述钢套箱的结构构造及施工技术要点。
7. 简述钢吊箱的结构构造及施工技术要点，以及其与钢套箱的异同之处。
8. 预制桩和钢管桩在施工过程中有何异同点？
9. 在钻孔灌注桩施工过程中，正循环和反循环各自的优缺点有哪些？
10. 在钻孔灌注桩施工过程中，泥浆和钢护筒的作用分别是什么？
11. 简述沉井基础的主要构造和受力特点，以及沉井基础的类型及适用范围。
12. 陆地沉井和浮运沉井在施工过程中需要注意的共同问题有哪些？
13. 阐述沉井基础常用助沉方法和助沉原理。
14. 沉井施工纠偏的方法有哪些？
15. 简述地下连续墙的结构特点、常见类型和应用场景。
16. 导墙的作用是什么？在施工过程中应注意什么问题？
17. 地下连续墙在施工过程中的成槽机械有哪几类？各自特点分别是什么？

第 5 章

桥梁钢结构施工

5.1 概述

桥梁钢结构是指主要承重结构由钢材制成的桥梁结构体系。由于钢结构具有自重轻、强度高、塑性及韧性好、抗震性能优越、装配化程度高、造型美观等众多优点,在桥梁工程领域已得到了大量的应用,是大跨度桥梁结构的首要选择。桥梁钢结构从铆钉结构发展到焊接结构,从销栓连接发展到全焊连接。由于众多新技术、新材料、新设备、新工艺的创新与发展,桥梁钢结构形式也越来越丰富,从单一的桁梁、板梁发展到桁梁拱、钢管拱、钢箱拱、钢箱梁、混合梁、结合梁等。本章主要介绍典型桥梁钢结构的制造与施工流程,包括预处理、放样、切割、钻孔、焊接或螺栓连接(栓接)、组拼、涂装、运输、吊装和架设等。

5.2 钢构件加工

桥梁钢构件加工的一般工序可大致分为准备工作、预处理、放样、切割、料件加工、矫正、钻孔、拼装、焊接或栓接、涂装,如图 5-1 所示。

图 5-1　桥梁钢结构施工的一般工序

5.2.1　准备工作

钢构件加工的准备工作有:将钢桥设计图转换成工厂制造图;准备钢构件制造所必需的材料,并对进场的材料进行复检(图 5-2);依据设计要求进行焊接与栓接工艺试验,制定用于钢桥的焊接工艺或栓接工艺;编制制造工艺流程。

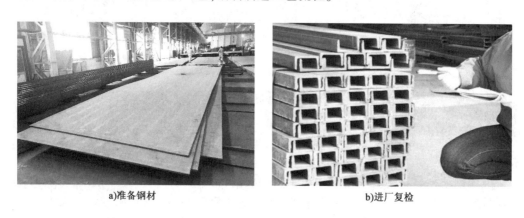

图 5-2　钢材施工准备

根据《公路桥涵施工技术规范》(JTG/T 3650)规定,钢结构的制造应按确定的加工图和制造工艺进行。制造及验收应使用经检定合格的计量器具,并应按有关规定进行操作。

5.2.2　钢构件预处理工艺

由于轧制后冷却收缩不均匀和运输堆放中的各种影响,加工厂使用的钢构件和型材会存在形变、锈蚀等各种问题。为了保证构件加工质量,加工厂在下料前应对钢料进行冲砂和清锈,并涂上防锈涂料,这个工艺过程称为钢材预处理。根据各种板厚变形情况,采用辊板机进行辊板,矫正钢板平面度,消除钢板轧制内应力,如图 5-3a)所示。针对钢板表面含油污、氧化皮和铁锈多的情况,采用专用钢板预处理生产线对钢板进行除锈、喷底漆和烘干,以保证钢材的除锈质量达到 Sa2.5 级、粗糙度 40~80μm。喷涂 20μm 厚醇溶性无机硅酸锌车间底漆一道进行防护,如图 5-3b)所示。

a)辊板机矫正平面度

b)喷涂防护

图 5-3 钢材预处理

5.2.3 放样、号料和切割

1)放样

放样是指依据设计图纸上标注的尺寸及构件加工制造工艺要求的标准尺寸使用专用设计软件将构件放样、标注尺寸、打印加工图(图 5-4),并送往相应的车间下料,再进行加工制造的过程;尤其对于复杂节点空间的构件必须要放样,在放样过程中,需和加工人员进行细致的沟通,及时发现施工图的差错并改正,避免加工出错。放样的准确性直接影响产品的质量。

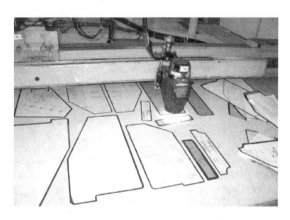

图 5-4 数控机床放样

钢结构放样的操作软件可以分为三维软件和二维软件两类。在三维软件方面,一般多采用三维布置设计管理系统 PDMS(Plant Design Management System),并在放样完成后使用该软件检验各种碰撞;在二维软件方面,一般多采用绘图工具软件 AutoCAD。在完成钢结构平面放样图的绘制工作后,再由相关人员去实地检验构件拼装的可行性和碰撞问题。

2)号料

号料是指通过样板、样箱、样条或草图等工具在钢板或型材上划出构件的展开形状或尺寸的工艺流程。号料时，要根据加工图纸及有关技术文件，复核所用钢材的材质、规格和外观，如不符合规定，则应及时反馈到质量、生产、供应部门。号料的要点如下：

(1) 号料前核对钢板的牌号、规格，检查表面质量。

(2) 严格按工艺图进行号料，保证钢材轧制方向与构件受力方向一致。钢板及大型零件的起吊转运采用磁力吊具，保证钢板及下料后零件的平整度。

(3) 对于所有零件，均需要根据放样结果采用无余量一次下料工艺。

根据《公路桥涵施工技术规范》(JTG/T 3650)规定，放样及号料应符合：

(1) 应根据加工图和工艺文件进行，应预留制作和安装时的焊接收缩余量及切割、刨边和铣平等加工余量。

(2) 对形状复杂、在图中不易确定尺寸的零件，应通过放样校对或利用计算机作图校对后确定。

(3) 放样或号料应严格按配料单指定的钢料材质、规格进行；当钢料不平直或有锈蚀、油漆等污物时，应矫正清理后再放样或号料。号料外形尺寸的允许偏差应为 ±1mm。

3) 切割

桥梁钢构件制造切割技术主要包括机械切割法[图 5-5a)]、等离子切割法[图 5-5b)]、气割法[图 5-5c)]和激光切割法[图 5-5d)]等，前两者采用较多，而后两种较少，这是由于机械切割法与等离子切割法的设备更易于携带，且规模化生产，能够有效控制成本。

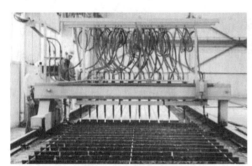

a) 门式直条机械切割机

b) 等离子切割机

c) 气割机

d) 激光切割机

图 5-5 切割机

具体而言,较长矩形板件一般采用门式直条机械切割机精切下料[图5-6a)],隔板等形状复杂的板件通常采用数控切割机精切下料[图5-6b)],较薄的主要零件采用等离子切割[图5-6c)];型钢采用锯切机或气割焰切下料;钢板对接坡口采用火焰精密切割或刨边机加工;过渡斜坡采用斜面铣床加工。切割完成后,需用砂轮打磨坡口[图5-6d)]。

a)长大零件精切下料(板肋等)

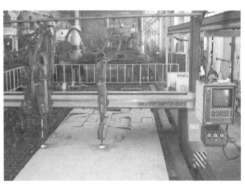

b)复杂零件精切下料(隔板等)

c)较薄零件精切下料

d)砂轮打磨精密切割坡口

图5-6 不同尺寸钢板的切割案例

表5-1给出了各种切割方法的切割原理、设备及相应特点。传统机械切割法主要利用剪刀、锯片的相对运动或摩擦发热把钢材剪断,剪板机等小型剪切机的速度快、效率高,但仅能剪切厚度小于30mm的钢材且切口略粗糙;弓锯床、带锯床、圆盘锯床等中大型剪切机的切割精度高,主要用于柱、梁等型钢的切割,但设备费用较高。等离子切割法、气割法和激光切割法利用高温等离子焰流、高压氧气射流或高能量激光为"切割刃具",则无需固定的锯床,切割精度高,且能够更加有效地切割各种厚度、各种材质的金属构件,适用于钢梁等大批量钢材的切割作业。

各种切割方法的原理和特点　　　　　　　　　表 5-1

序号	方法	切割原理	切割设备	特点
1	机械切割法	利用上下两剪刀的相对运动切断钢材	剪板机、联合冲剪机、型钢冲剪机	剪切速度快,效率高,能剪切厚度小于30mm的钢材,但切口略粗糙
		利用锯片的切削运动把钢材分离	弓锯床	可以切割角钢、圆钢和各类型钢构件
			带锯床	用于切割角钢、圆钢和各类型钢构件,切割速度快且精度好
			圆盘锯床	切割速度慢,但切割精度高,主要用于柱、梁等型钢的切割,设备费用高
		利用锯片与工件间的摩擦发热使金属熔化而被切断	摩擦锯床	切割速度快,应用广,但切口不光洁,噪声大
			砂轮锯床	砂轮锯能切割不锈钢及各种合金钢等
2	等离子切割法	利用高温等离子焰流将切口处金属及其氧化物熔化并吹掉来完成切割	等离子切割机	等离子弧的焰流高温和高速,任何高熔点的氧化物都能被熔化和吹走,能切割任何金属,特别是不锈钢、铝等
3	气割法	氧气与可燃气体混合产生火焰使金属表面燃烧,放出热量促使下层金属自行燃烧;通以高压氧气射流,吹除氧化物引起一条狭小的割缝	手工切割机、半自动切割机、特型切割机、光电跟踪切割机、数控切割机、多头切割机	能够切割各种厚度的钢材,设备灵活,费用经济,切割精度也高,是目前使用最广泛的切割方法
4	激光切割法	高能量激光作为"切割刃具"	激光切割机	既可用于金属材料的切割,又可用于非金属材料的切割

根据《公路桥涵施工技术规范》(JTG/T 3650)规定,切割应符合以下要求:

(1)切割前应将钢料表面的浮锈、污物清除干净。钢料应放平、垫稳,割缝下面应留有空隙。切割工艺应根据其评定试验结果编制,切割表面不应产生裂纹。

(2)采用剪切工艺时,钢板厚度宜不大于12mm,剪切边缘应平整,无毛刺、反口、缺肉等缺陷。剪切的尺寸允许偏差不大于±2mm,边缘缺棱不大于1mm,型钢端部垂直度不大于2mm。采用手工气割时,其尺寸的允许偏差为 ±2mm。

(3)精密切割表面硬度应不超过维氏硬度 HV350,切割面垂直度应不大于 0.05 倍板厚,且不大于 2.0mm。主要零件的切割边缘表面不应有崩坑,表面粗糙度 Ra 应不大于 25μm。

5.2.4 焊接和栓接

1)焊接

(1)焊接符号定义

焊接符号是工厂语言中的一种,它可以统一焊接结构图纸上的符号。我国的焊缝符号由国家标准《焊缝符号表示法》(GB 324)规定,以简明的符号或字头代表各种焊接方法,如表5-2所示,主要分为 I 形、V 形、U 形、喇叭形、角焊缝、点焊缝等。

焊缝代号的基本符号 表5-2

序号	焊缝名称	焊缝形式	基本符号
1	I 形焊缝	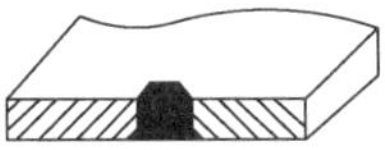	 ||
2	V 形焊缝	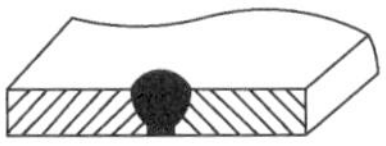	 V
3	钝边 V 形焊缝		 Y
4	单边 V 形焊缝	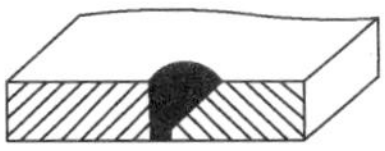	 V
5	钝边单边 V 形焊缝	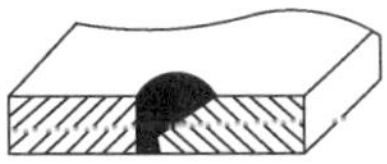	 V
6	U 形焊缝	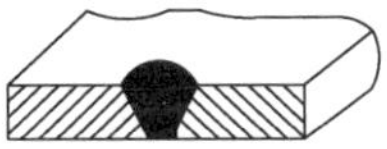	 Y

续上表

序号	焊缝名称	焊缝形式	基本符号
7	单边U形焊缝		
8	喇叭形焊缝		
9	单边喇叭形焊缝		
10	角焊缝		
11	塞焊缝		
12	点焊缝		
13	缝焊缝		
14	封底焊缝		
15	堆焊缝		
16	V形锁底焊缝		

(2)焊前准备工作

为了保证钢构件的焊接质量,钢构件制造前,应进行焊接工艺评定试验,并对试验结果进行评审,保证产品的焊接质量可靠。对焊工进行培训和考试,保证焊接人员达到理想的操作技能水平;对焊接设备进行规定,以便保证其使用性能满足工艺的需要;对焊条、焊丝、焊剂、保护气体等焊接材料进行严格的复验,保证原材料的可靠性(图5-7)。

一般应制定焊接原则要求,对焊前清理、焊前预热、定位焊缝、焊缝防护、操作要点等方面做出详细规定,以便保证焊接质量的稳定性和良好性。对各关键工序、单元件或部件的制造编制详细的焊接工艺,对焊接方法、焊接顺序、焊接变形的控制方法等进行优化,以便保证各关键工序、单元件或部件的制造精度满足设计图纸的要求。制定焊缝的检测方法、检测部位、检测比例的详细要求,对焊缝缺陷的修补提出特别要求,以便保证产品最终的焊接质量全面达标。

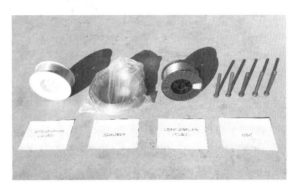

图5-7 焊接材料检测

(3)焊接方法及适用范围

根据构件的特点,结合工厂实际情况,包括工装、起重设备能力、场地等,选择合适的焊接方法。桥梁钢结构主要采用埋弧自动焊、气体保护焊和手工电弧焊,其各自的特点与适用范围见表5-3,其常用的焊接设备如图5-8所示。

不同焊接方法的适用范围 表5-3

焊接方法	特点与要求	适用范围
埋弧自动焊	具有效率高、质量高、机械化程度高的特点,对于底板对接和不等厚钢板对接处适合平焊的焊缝有质量保证	一般用于桥梁钢板纵横对接焊和工字形、箱形杆件主焊缝等长直焊缝平位或船位焊
气体保护焊	施焊前需要对焊接电流、焊丝干伸长度和气体流量进行细心调试,确保焊丝的加热和熔化及焊缝成型的质量	适用于钢梁梁段的对接焊缝及连接焊缝
手工电弧焊	手工操作的焊条和被焊接件作为两个电极,利用焊条与焊件之间的电弧热量熔化金属进行焊接;设备简单、操作方便、能进行全位置焊接,适合焊接多种材料	结构复杂、空间狭小的全位置焊接

a) 埋弧自动焊　　　　　b) 气体保护焊　　　　　c) 手工电弧焊

图 5-8　焊接设备

埋弧自动焊具有效率高、质量高、机械化程度高等优点，主要用于杆件长直焊缝的平焊，焊缝质量较好；气体保护焊适用于梁段的对接焊，焊接质量良好，但施焊前需要对焊接电流、焊丝干伸长度和气体流量进行细心调试。在工厂进行大型杆件焊接作业时，优先采用埋弧自动焊和气体保护焊这样速度快、质量高的焊接形式。然而，施工现场难免会遇到复杂、空间狭小位置的焊接作业，此时，选用设备简单、操作方便的手工电弧焊较为适宜。

（4）焊接施工一般要求

根据《公路桥涵施工技术规范》（JTG/T 3650）和相关规范规定，焊接的一般要求应满足：

①焊接工艺应根据焊接工艺评定报告编制，施焊时应遵守焊接工艺，不得随意改变焊接参数。焊接材料应根据焊接工艺评定确定，焊剂、焊条应按产品说明书烘干使用，对储存期较长的焊接材料，使用前应重新按标准检验。

②焊接工作宜在室内进行，焊接环境的相对湿度应小于80%；焊接环境的温度，对低合金高强度结构钢应不低于5℃，普通碳素结构钢应不低于0℃。主要钢构件应在组装后24h内焊接。

③焊前预热温度应通过焊接性试验和焊接工艺评定确定；预热范围宜为焊缝每侧100mm以上，且宜在距焊缝30~50mm范围内测温。

④定位焊采用手工电弧焊或CO_2气体保护半自动焊；定位焊焊缝长度为50~100mm，间距400~600mm，定位焊应距焊缝端部30mm以上，焊脚尺寸大于4mm且应小于1/2设计焊脚高度；定位焊不得存在裂纹、夹渣、气孔、焊瘤等缺陷。定位焊如出现开裂现象，须先查明原因，再用碳弧气刨清除原定位焊缝，并由装配人员重新定位；定位工作严禁采用锤击法或疲劳破坏的方式拆除，须采用气割。切割时应留3~5mm的余量，然后铲掉余量、磨平。

⑤采用埋弧焊焊接的焊缝，应在焊缝的端部连接引出板，引出板的材质、厚度、坡口应与所焊焊件相同；引出板长度应不小于100mm。埋弧自动焊如在焊接过程中出现断弧现

象,必须将断弧处刨成1:5的坡度,搭接50mm施焊;埋弧自动焊焊剂覆盖厚度不应小于20mm,且不大于60mm,焊接后应待焊缝稍冷却再敲去熔渣。

⑥CO_2气体保护焊的气体纯度应大于98.5%。CO_2气体保护焊在风速超过2m/s、手工电弧焊在风速超过8m/s时,应采取良好的防风措施如挡风板等,防止偏弧导致焊缝产生气孔。

⑦对接焊缝焊接时,焊缝两端装设引、熄弧板,引、熄弧板的材质和坡口形式与母材保持一致。

⑧角焊缝的转角处包角应良好,焊缝的起落弧处应回焊10mm以上。

⑨焊缝区域30mm范围内不得有水、锈、氧化皮、油污、油漆或其他杂物。现场焊接时采用防风雨棚进行局部防风。遇有雨天时一般停止施工,若因进度要求需赶工时,除局部加热和防风外,整条焊缝需置于有效的防风雨棚保护下才能施工。

(5)焊缝要求

①对接焊缝必须按规范要求开具相应的"V"形坡口,各焊缝高度应符合规范要求。

②焊缝不应有裂纹和沿焊缝边缘的未熔合、气孔、夹渣、咬边等焊缝缺陷。

③自动焊或半自动焊采用的焊丝和焊剂,应保证熔敷金属的力学性能不低于现行国家标准《埋弧焊用非合金钢及细晶粒钢实心焊丝、药芯焊丝和焊丝-焊剂组合分类要求》(GB/T 5293)和《埋弧焊用热强钢实心焊丝、药芯焊丝和焊丝-焊剂组合分类要求》(GB/T 12470)中相关的规定。

④手工焊接用焊条的质量,应符合《热强钢焊条》(GB/T 5118)或《非合金钢及细晶粒钢焊条》(GB/T 5117)的规定,宜采用低氢型焊条,且选择的焊条型号应与主体金属相适应。

(6)焊缝检测

焊缝施焊完毕后需要对焊缝外观进行检查,确保焊缝的结构尺寸符合要求,外形美观,没有烧穿、咬边、气孔、裂纹、夹渣等缺陷。检查合格后使用超声波、射线、磁粉等方法进行检测。

①超声波检测

原理:超声波检测是利用材料及其缺陷的声学性能差异对超声波传播波形反射情况和穿透时间的能量变化来检验材料内部缺陷的无损检测方法。在超声波仪器示波屏上,以横坐标代表声波的传播时间,以纵坐标表示回波信号幅度。对于同一均匀介质,脉冲波的传播时间与声程成正比。可由缺陷回波信号的出现判断缺陷的存在;又可由回波信号出现的位置来确定缺陷距探测面的距离,实现缺陷定位;通过回波幅度来判断缺陷的当量大小。

特点:超声波检测的仪器便于携带、检测厚度大、灵敏度高、速度快、成本低,对人体无害,能对缺陷进行定位和定量。然而,超声波检测对缺陷的显示不直观,检测技术难度大,容易受到主、客观因素的影响,探伤结果不便保存,具有一定的局限性。

适用范围：超声波检测可用于钢箱梁顶板、底板、腹板、横隔板的横向对接焊缝和纵向对接焊缝，T形接头和角接接头熔透焊缝，Ⅱ级焊缝部分熔透焊缝，焊角尺寸≥12mm的角焊缝，现场工地对接焊缝。超声波探伤检测初检不合格段可进行复检，复检不合格必须进行修复（不超过3次），修复后重新检测，确保钢梁焊接质量（图5-9）。

 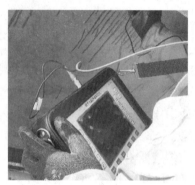

a)检测现场　　　　　　　　　　　b)测试仪器

图5-9　超声波检测

②射线检测

原理：当射线通过被检测物体时，物体中有缺陷的部位（如气孔、非金属夹杂等）与无缺陷部位对射线的吸收能力不同，透过有缺陷部位的射线强度高于无缺陷部位的射线强度。因此，可以通过检测透过被检物体后的射线强度的差异，来判断被检物体中是否存在缺陷[图5-10a)]。

特点：射线检测的优点包括缺陷直观，定性准确，尺寸量测准确，检测结果可长期保存，对体积型缺陷（气孔、夹渣类）检出率高等。但该方法也存在容易漏检，不适宜较厚的工件，对缺陷在工件中厚度方向的位置、尺寸（高度）的确定较困难，检测成本高，速度慢等不足。

适用范围：射线检测可用于钢箱梁顶板、底板、腹板、纵隔板的横向和纵向对接焊缝，梁段间对接焊缝（顶、底板T形交叉焊缝，腹板对接焊缝）和工地现场Ⅰ级焊缝。

③磁粉检测

原理：铁磁性材料工件被喷涂在其上的磁粉磁化后，由于缺陷的存在，工件表面和近表面的磁力线发生局部畸变而产生漏磁场，在合适的光照下形成目视可见的磁痕，从而显示缺陷的位置、大小和严重程度[图5-10b)]。磁粉检测的基础是缺陷处漏磁场与磁粉的磁相互作用。

特点：磁粉检测的优点包括效率高、成本低、设备简单、操作方便、检测速度快、费用低廉，能直观地显示缺陷的形状、位置、大小，可大致判断缺陷的性质，检测灵敏度高（可检测的最小缺陷宽度可达0.1μm），适应性好，几乎不受工件大小和几何形状的限制。但该方法仅可用于检测铁磁性金属材料表面和近表面缺陷，难以定量缺陷的深度。

a)射线检测

b)喷涂磁粉检测

图5-10 射线检测与磁粉检测

适用范围:磁粉检测可用于连接锚箱或吊耳板的熔透角焊缝、U形肋对接焊缝、U形肋与顶(底)板角焊缝、横隔板与顶(底)板角焊缝、腹板与底板角焊缝等。

(7)焊缝缺陷修复

①碳弧气刨:使用石墨棒或碳棒与工件间产生的电弧将金属熔化,并用压缩空气将其吹掉,实现在金属表面上加工沟槽。可采用此方法修复探伤检测不合格的熔透型焊缝,并对焊缝背面进行清根处理(图5-11)。

a)清根前

b)清根后

图5-11 碳弧气刨清根

②电弧螺柱焊:螺柱在陶瓷或石墨支撑圈内引燃电弧得以加热,然后加压实现的焊接。可采用此方法对不合格的剪力钉焊脚修复(图5-12),为保证剪力钉焊接位置的精准,施焊前需用墨线弹出方格网,然后放上焊接瓷环,再使用螺柱焊机进行焊接。

③焊接变形火焰矫正:焊接时,熔化的金属及近缝区母材受热膨胀,产生塑性变形;凝固时,焊缝和近缝区金属收缩,使焊缝纵向和横向收缩,从而使焊件产生变形。可以采用火焰矫正法(图5-13),利用火焰对构件进行局部加热并随之快冷,使较长的金属在冷却后收缩,以达到矫正变形的目的。热矫正加热温度一般为600~800℃,但不得超过800℃。加热矫正后应缓慢冷却,严禁使用水冷。

a)不合格处标记　　　　　　　　　　b)焊脚修复

图 5-12　电弧螺柱焊

a)施加火焰　　　　　　　　　　b)火焰矫正

图 5-13　焊接变形火焰矫正

④焊脚尺寸不足、焊缝咬边 >1mm 时,采用手工电弧焊进行补焊,然后再修磨匀顺。

⑤焊缝内部缺陷的返修先用碳弧气刨或砂轮机清除后,再采用手工电弧焊或药芯焊丝 CO_2 气体保护焊进行焊接,焊条使用 J507 低氢钠型焊条。焊前预热 50~100℃。

⑥焊接裂纹清除时应沿裂纹两端各外延 50mm,焊接坡口要求光顺圆滑,打磨掉尖角缺口,焊前预热 100~150℃防止裂纹扩展。

⑦返修焊缝焊后均要求打磨光顺,其质量要求与原焊缝相同,返修焊缝的最小长度大于 50mm。

⑧焊缝同一部位的返修次数不宜超过两次,保证一次修补成功,确保焊缝工程质量;超过两次以上的返修在查明原因后制定相应的返修工艺;返修工艺须经技术总负责人同意、监理工程师批准后才能实施。

2)螺栓连接(栓接)

螺栓连接(栓接)分为普通螺栓连接和高强度螺栓连接。普通螺栓用普通扳手拧紧,通过螺杆承受剪力、杆件孔壁承受压力或者螺杆受拉来传力。高强度螺栓则用高强度钢材制成并经热处理,用特制的、能控制扭矩或螺栓拉力的扳手拧紧,使螺栓有较高的规定预拉值,从而把被连接的板件高度夹紧,使部件接触面产生很大的摩擦力,并通过摩擦力或者板件之间的预拉力来传力。

螺栓在构件上的排列应简单、统一、整齐而紧凑,通常分为并列和错列两种形式(图5-14)。并列比较简单整齐,所用连接板尺寸小,但并列排放的螺栓对构件截面的削弱较错列方式大。螺栓错列排放不如并列紧凑,所需连接板的尺寸较大。

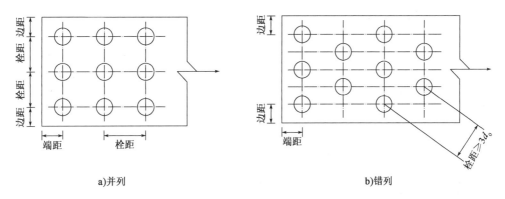

图5-14 并列与错列螺栓布置示意图(d_0为钻孔直径)

螺栓在构造上的排列应考虑以下要求:

(1)受力要求

垂直于受力方向:对于受拉构件,各排螺栓的中距及边距不能过小,避免螺栓周围应力集中,相互影响,同时防止钢板截面削弱过多而降低其承载能力。

平行于受力方向:端距应按连接钢板抗挤压和抗冲剪强度相等的原则确定,以使钢板在端部不致被螺栓冲剪撕裂。《钢结构设计标准》(GB 50017)规定:端距不应小于$2d_0$(d_0为钻孔直径);受压构件的中距不宜过大,否则在连接板容易发生鼓起、翘曲现象。

(2)构造要求

螺栓的边距及中距不宜过大,否则钢板间不能紧密贴合,潮气易侵入缝隙使钢材锈蚀。

此外,高强度螺栓连接还需要满足以下要求:

①由制造厂处理的钢桥杆件的摩擦面,安装前应复验所附试件的抗滑移系数,合格后方可安装,并应符合设计要求。

②高强度螺栓的设计预拉力、施加预拉力应符合表5-4的要求。

高强度螺栓的预拉力   表5-4

螺纹规格(mm)	M22	M24	M27	M30
设计预拉力P(kN)	190	225	270	355
施加预拉力P_c(kN)	210	250	300	390

③高强度螺栓连接副在运输过程中应轻装轻卸,储存时应分类分批存放,不得混淆,并防止受潮生锈,在使用前应进行外观检查并应在同批内配套使用。

④施工前,高强度螺栓连接副应按出厂批号复验扭矩系数,每批号抽检不少于8套,其平均值和标准偏差应符合设计要求。设计无要求时平均值在0.11~0.15范围内,其标准偏差应小于或等于0.01。复验数据应作为施拧的主要参数。

⑤安装钢梁的高强度螺栓的长度必须与安装图一致。安装时,高强度螺栓应顺畅穿入孔内,不得强行敲入,穿入方向应与全桥一致。高强度螺栓不得作为临时安装螺栓。被栓合板的表面应垂直于螺栓轴线,否则应在螺栓垫圈下面加垫斜坡垫板。

⑥施拧高强度螺栓应按一定顺序,从板束刚度大、缝隙大之处开始,对大面积节点板应由中央向外进行施拧,并应在当天终拧完毕。施拧时,不得采用冲击拧紧和间断拧紧。

⑦用扭矩法施拧高强度螺栓连接副时,初拧、复拧和终拧应在同一工作日内完成。初拧扭矩应由试验确定,一般为终拧扭矩的50%。终拧扭矩应按公式计算:

$$T_c = K \cdot P_c \cdot d \tag{5-1}$$

式中:T_c——终拧扭矩(kN·m);

K——高强度螺栓连接副的扭矩系数平均值;

P_c——高强度螺栓的施工预拉力(kN),见表5-4;

d——高强度螺栓公称直径(mm)。

⑧转角法施拧高强度螺栓可按照《钢结构高强度螺栓连接技术规程》(JGJ 82)的规定执行。

⑨高强度螺栓施拧采用的扭矩扳手,在作业前后均应进行校正,其扭矩误差不得大于使用扭矩的±5%。

⑩高强度螺栓终拧完毕应按下列规定进行质量检查:

a.检查扭矩扳手必须标定,其扭矩误差不得大于使用扭矩的±3%,且应进行扭矩抽查。

b.松扣、回扣法检查,先在螺栓与螺母上做标记,然后将螺母退回30°,再用检查扭矩扳手把螺母重新拧至原来位置测定扭矩,该值不小于规定值的10%时为合格。

c.对主桁节点及板梁柱体和纵、横梁连接处,每栓群以高强度螺栓连接副总数的5%抽检,但不得少于2套,其余每个节点不少于1套进行终拧扭矩检查。

d.每个栓群或节点检查的螺栓,其不合适者不得超过抽检总数的20%,如超过此值,则应继续抽检,直至累计总数80%的合格率为止。然后对欠拧者补拧,超过者更换后补拧。

根据《公路桥涵施工技术规范》(JTG/T 3650)规定,公路钢结构桥梁所用的高强度螺栓连接副可选用大六角头和扭剪型两类,并应在专业螺栓厂制造,其规格、质量应符合现行《钢结构用高强度大六角头螺栓》(GB/T 1228)、《钢结构用高强度大六角螺母》(GB/T 1229)、《钢结构用高强度垫圈》(GB/T 1230)、《钢结构用高强度大六角头螺栓、大六角螺母、垫圈技术条件》(GB/T 1231)及《钢结构用扭剪型高强度螺栓连接副》(GB/T 3632)的相关规定。

5.2.5 钢构件加工

按照构件的受力性能和组成形式,钢结构加劲梁主要可以分为钢板梁、钢箱梁、钢桁梁等,以下重点介绍钢箱梁和钢桁梁。

1)钢箱梁零件加工

钢箱梁是由顶板、腹板、横隔板、悬臂、底板等单元组成,根据组合梁的拼装工艺,对组合梁节段进行单元件划分(图5-15)。

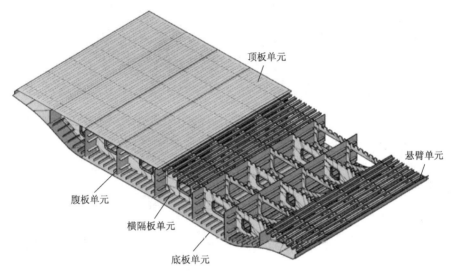

图5-15 钢箱梁单元件划分

(1)顶板单元

顶板单元(图5-16)一般由面板及U肋(板肋)组成,纵肋常用U肋加条形肋或全部采用U肋,有时面板单元不设置横肋仅有纵肋。

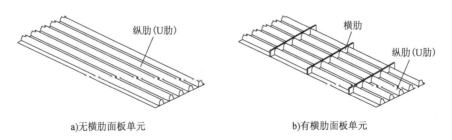

a)无横肋面板单元 b)有横肋面板单元

图5-16 顶板单元示意

顶板单元制作流程主要包括:

①组装:采用U肋组装定位机床组装,该方法精度高、效率高、无损伤,能够控制组装

精度及 U 肋与面板组装间隙[图 5-17a)]。

②切割:按线切割焊接边坡口,保证板边直线度符合要求[图 5-17b)]。

③焊接:宜采用"门式多电极焊接专机 + 平位反变形胎架"焊接,提高焊接精确性和可靠性,焊缝成型良好,保证焊接质量,提高生产效率[图 5-17c)]。

④修整:对焊接变形进行修整,保证板单元平面度符合要求,对焊缝包头部位打磨,减少疲劳病害[图 5-17d)]。

a)U 肋组装

b)按线切割

c)门式多电极焊接机焊接

d)焊接修整

图 5-17 顶板单元制作流程

(2)底板单元

底板单元(图 5-18)一般由底板、纵肋组成,纵肋常用 U 肋加条形肋或全部采用 U 肋,也有的全部采用条形肋。

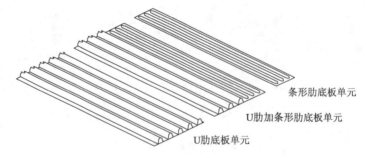

图 5-18 底板单元

底板单元制造工艺流程为:

①精切下料:预处理后,采用门式精密切割机精切下料并调直、折弯。对于双定尺底板预处理后直接划线组装纵肋。

②划线:划纵横基准线,并以基线为基准组装 U 形肋、板肋,重点控制 U 肋间距、组装间隙,板肋垂直度。

③拼装焊接:利用门式多级自动焊接设备焊接 U 肋,焊接完成后修正焊接变形,修正纵横基准线,火焰切割周边余量。

底板单元制作工艺措施如下:

①U 肋采用折弯成型工艺[图 5-19a)],确保 U 肋外形尺寸,采用二次切边工艺,确保板单元外轮廓尺寸[图 5-19b)]。

②采用平台划线或激光数控划线工艺,保证纵肋组装精度。

③采用自动定位组装设备组装[图 5-19c)],保证 U 肋、板肋组装尺寸,重点控制隔板位置和两端处的组装尺寸。

④采用"平位反变形焊接"方法,利用门式多电极自动焊接设备对称并同时施焊同一 U 肋的两条焊缝[图 5-19d)],保证 U 肋焊接质量,并防止扭曲变形。

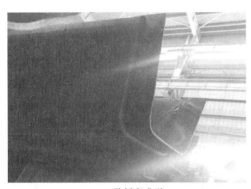
a)U肋折弯成型

b)U肋形状固定

c)U肋自动定位组装

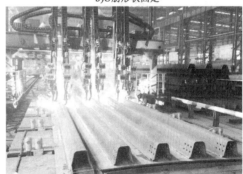
d)U肋门式多电极自动焊接

图 5-19 底板单元制作工艺

(3)腹板单元

腹板由面板及板肋组成,主要承受上部荷载剪力与加强面板局部抗变形能力,工艺流

程为:

①组装:严格控制零件下料尺寸,采用板肋组装定位机床组装,保证板肋高度方向、定位尺寸和与腹板垂直度,控制组装精度及板条肋与面板组装间隙,保证隔板接头板的纵向间距尺寸和其与腹板的垂直度[图5-20a)]。

②切割:按线切割焊接边坡口,保证板边直线度符合要求[图5-20b)]。

③焊接:采用"门式多电极焊接专机+平位反变形胎架"焊接,提高焊接精确性和可靠性,保证焊接质量[图5-20c)]。

④修整:对焊接变形进行修整,保证板单元平面度符合要求[图5-20d)]。

a)组装　　　　　　　　　　　　　　b)切割

c)焊接　　　　　　　　　　　　　　d)修整

图5-20 中腹板制作流程

(4)横隔板单元

横隔板单元的制作精度直接影响着箱梁的断面尺寸精度。横隔板单元由面板、加劲肋、翼缘板等组成,其制作工艺流程为:

①精切下料、划线:面板预处理后,采用数控精切下料,根据要求预留工艺量。划出面板水平竖直基线和加劲肋组装位置线。

②组装与焊接(图5-21):组装加劲肋和人孔加强圈,在刚性平台约束下焊接。由于横隔板较薄,极易产生焊接变形,因此采取对称、分散、同方向的焊接方法以减小焊接变形。焊后采用压力机和火焰加热进行矫正,重点保证隔板的平面度。

③修整验收:修整变形后验收。

图 5-21　焊接机器人焊接横隔板

(5) 悬臂单元

悬臂单元(图 5-22)作为钢箱梁重要组成部分,由面板、U 肋/板肋、横向加劲及挡板等零件组成,其制作工艺流程为:

①在反变形胎架上定位面板,然后组装定位 U 肋和板肋。

②以纵横基线为基准,定位横向加劲板,注意控制其垂直度。

③以横基线为基准定位组装挡板。

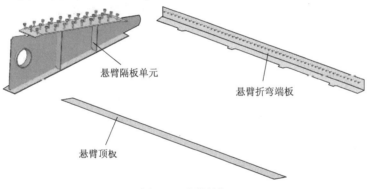

图 5-22　悬臂制作

(6) 顶板、底板、腹板单元关键项点控制

顶板、底板、腹板单元作为钢箱梁的基本单元,其制作精度关系到钢箱梁的整体质量,因此针对其结构特点,对其制作关键项点采取了相应控制措施。

①U 肋(板肋)制作精度控制

钢板经辊平预处理后,采用门式精密切割机下料,并利用矫正设备对平面度及直线度进行矫正。U 肋(板肋)制作精度控制流程如图 5-23 所示。

②顶板、底板、腹板单元组装精度控制

顶板、底板、腹板单元组装精度控制主要包括:U 肋(板肋)组装位置、U 肋(板肋)与顶板、底板、腹板的组装间隙。顶板、底板、腹板单元组装精度控制如图 5-24 所示。

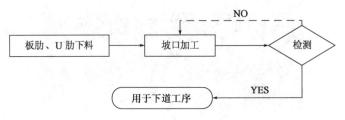

图 5-23 U肋(板肋)制作精度控制流程

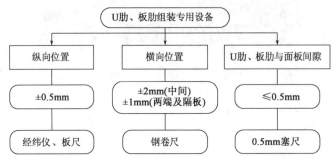

图 5-24 组装精度控制

③顶板、底板、腹板单元尺寸控制

为了保证钢箱梁拼装的箱口尺寸及箱体长度,对顶板、底板、腹板单元尺寸进行严格控制。尺寸控制如图 5-25 所示。

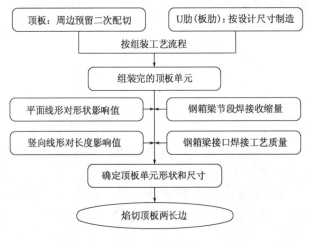

图 5-25 尺寸控制

典型成型的钢箱梁单元件实物如图 5-26 所示,成型的钢箱梁节段如图 5-27 所示。

2)钢桁梁加工

除了钢箱梁桥外,桥梁钢结构的另一种重要形式为钢桁梁桥。简支钢桁梁由主桁、纵梁、横梁、桥门架、纵联等部分组成,分布如图 5-28 所示。

a) T肋板单元件　　　　　　　　　　b) U肋板单元件

图 5-26　钢箱梁单元件

图 5-27　钢箱梁节段

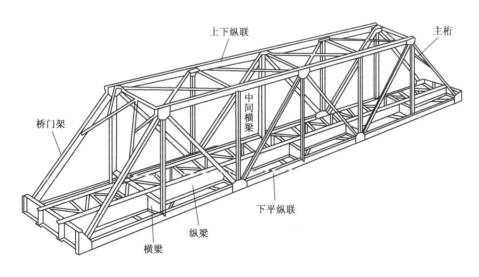

图 5-28　简支桁架桥各组成部分

(1)⊥形、H形、工形、箱形杆结构

①⊥形杆件由面板与腹板组成[图5-29a)]。

②H形[图5-29b)]、工形[图5-29c)]杆件由上、下面板与腹板组成。有时,在工形杆件腹板上加装肋板,也有在上面板上加装盖板。

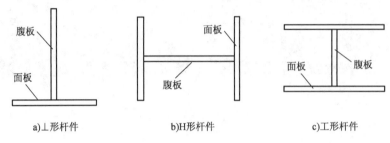

图5-29 杆件示意图

③箱形杆件由两块腹板和上、下盖板组成,箱内加设横隔板。有些大截面箱形杆件,在腹板上加装加劲肋。

④⊥、工形杆件常做成上、下平联,纵、横梁;H、工形杆件常做成竖杆、斜杆,箱形杆件常做成竖斜杆、上下弦杆。

(2)工、H形杆件制造

①工、H形杆件制作工艺流程如图5-30所示。

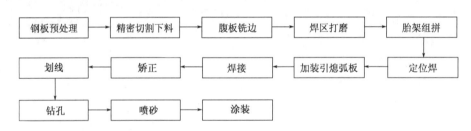

图5-30 工、H形杆件制作工艺流程

②制作要点。

a.切割下料应使用门式直条多头切割机,防止切割件产生马刀弯,上下面板采用精密切割,不再对面板切割边进行机加工,仅打磨即可。

b.如采用焊后冷矫方法,切割下料长度可不放余量。如需机加工边缘,下料时板边应至少放8mm的加工余量。

c.腹板高度应根据面板实测厚度确定,确保杆件焊接后尺寸符合设计和安装要求。

(3)⊥形杆件制造

⊥形杆件常用两种方法制造:一种是先焊成工形,冷却后再切开,制成两根⊥形杆件,最后再矫正;另一种是两块钢板拼成⊥形杆件再焊接、矫正。前一种方法工艺流程同工形杆件,后一种方法工艺流程如图5-31所示。

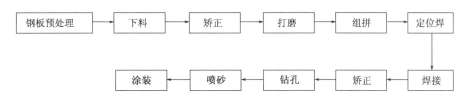

图 5-31 ⊥形杆件制作工艺流程

(4)箱形杆件制造

典型主桁上、下弦整体节点杆件截面为箱形构造,主要零件包括节点板、腹板、底板、顶板、腹板纵向加劲肋、横隔板、接头板(横梁连接顶板、横梁连接腹板和横梁连接底板)等。各零件均通过焊接连接形成箱形结构。整体节点杆件构造示意如图 5-32 所示。

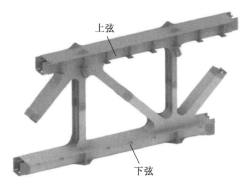

a)上下弦杆件

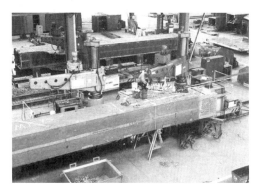

b)箱形杆件

c)横隔板

d)钢桁梁

图 5-32 各种杆件制作照片

依据《铁路钢桥制造规范》(Q/CR 9211),上下弦整体节点杆件的节点板、腹板与顶、底板的角焊缝通常称之为整体节点杆件的主角焊缝,也称为棱角焊缝。一般要求开坡口部分熔透焊接,有特殊熔深要求时按要求设计。

根据设计及施工工艺要求,下弦整体节点杆件的工厂组拼顺序依次为:底板→隔板→腹板、节点板→顶板。

由于顶板一般为最后封盖,且隔板均为封闭式隔板,无进人孔,所以顶板与节点板、腹板箱体内侧的焊缝无法进行焊接,只能在箱体外侧开坡口焊接。但是为达到全熔透要求,必须要求焊接人员进入箱体进行焊接操作,保证该节点部位棱角焊缝达到全熔透是主桁整体节点杆件焊接的重难点。

箱形杆件制造工艺流程如图5-33所示。

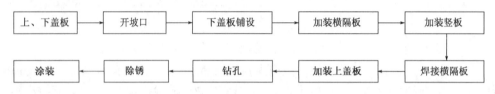

图5-33 箱形杆件制作工艺流程

箱形杆件具体焊接部位如图5-34所示。

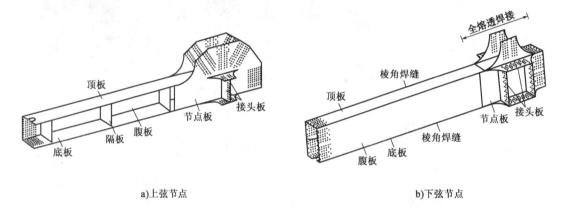

a)上弦节点　　　　　　　　　　　　b)下弦节点

图5-34 整体节点杆件构造及全熔透焊接棱角焊缝部位示意

根据《公路桥涵施工技术规范》(JTG/T 3650)规定,零件加工应符合:

(1)零件边缘的加工深度应不小于3mm,当边缘硬度不超过维氏硬度HV350时,加工深度不受此限;加工面的表面粗糙度Ra不得大于5μm;顶紧加工面与板面垂直度偏差应小于0.01倍板厚,且不得大于0.3mm。

(2)零件应根据预留加工量及平直度要求,两边均匀加工,并应磨去边缘的飞刺、挂渣,使端面光滑匀顺。

5.2.6 矫正与冲钻孔

1)矫正

在钢结构的焊接过程中,常常会因为外力或内力的原因发生构件变形,不仅会影响桥梁钢结构安装使用,更会影响桥梁整体的施工质量,因此必须进行矫正。

桥梁钢结构矫正的主要形式有:

(1)矫直,即消除材料或构件的弯曲。

(2)矫平,即消除材料或构件的翘曲或凹凸不平。

(3) 矫形，即对构件一定几何形状进行整形。

矫正的原理是利用钢材的塑性、热胀冷缩的特性，以外力或内应力作用迫使钢材反变形，消除钢材的弯曲、翘曲、凹凸不平等缺陷，以达到矫正的目的。

按加工工序，矫正可以分为原材料矫正、成型矫正、焊后矫正等；按矫正时外因来源，矫正可以分为机械矫正、火焰矫正、高频热点矫正、手工矫正、热矫正等；而按矫正时温度，矫正可以分为冷矫正、热矫正等。

常用的矫正机械有型钢矫正机和辊式平板机（图5-35），辊式平板机的工作流程是通过错开排列的上下辊列之间小于板厚的间隙，并让钢板经过几道正反弯曲，使中性层上下的材料经过压缩和拉伸，然后以合适的间隙滚出，一方面使钢板平直，另一方面可以释放轧制时造成的内应力。平板机可以是五辊、七辊、九辊、十一辊、十三辊，辊子越多，平整的精度越高。桥梁钢结构使用的平板机一般为五辊、十一辊和九辊。

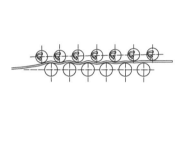 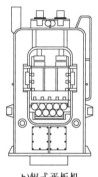 

a) 辊板机理　　b) 辊式平板机　　c) 实物示例

图 5-35　辊板机理及辊式平板机

构件冷矫正一般使用翼缘矫正机，也可用撑直机、油压机、压力机等机械设备（图5-36）进行校正。

当钢材或构件超过矫正机负荷能力或构件形式不适于采用机械矫正时，可采用火焰矫正（图5-37）。火焰矫正的原理为：在适当位置对钢材、构件进行火焰加热，当构件冷却时产生很大的冷缩应力，达到矫正变形的目的。

进行火焰矫正操作要遵守一定的工艺规程，一般可按如下工艺规程进行操作：

(1) 做好矫正前准备，检查氧、乙炔、工具、设备情况，选择合适的烤枪或喷嘴。

(2) 了解矫正件的材质、塑性、结构特性、刚性、技术条件及装配关系等。

(3) 采用目测或直尺、粉线等工具测量变形尺寸，确定变形大小，并分析变形类别。

(4) 确定加热位置和加热顺序，考虑是否需加外力。一般先矫正刚性大的方向和变形大的部位。注意热矫时不得锤击加热处。

(5) 确定加热范围、温度和深度。一般对于变形大的工件，其加热温度为 600～800℃，焊接件的矫正加热温度为 700～800℃。

(6)检查矫正质量,对未能达到质量要求的范围进行再次的火焰矫正。矫正量过大的应在反方向进行火焰矫正,直到符合技术要求。

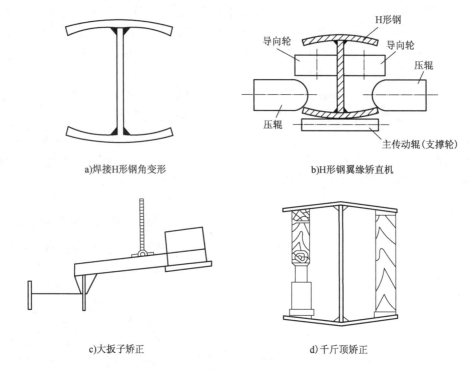

图 5-36　不同器械矫正钢构件

a)点状加热

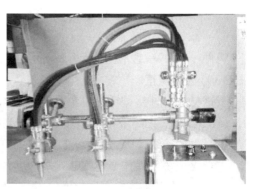

b)火焰矫正设备

图 5-37　火焰矫正

(7)一般构件经矫正后无需退火处理,但对有专门技术规定的校准件需做退火处理,以消除矫正应力。焊接件的退火温度一般为650℃。

零件矫正允许偏差见表5-5,可见不同形状、不同部位的板材、型钢、U 肋矫正难度不同,允许偏差差异也较大,尤其对于 U 肋,需要考虑四角不平度的影响。

零件矫正允许偏差　　　　　表 5-5

零件	名　　称	简　图	说　　明		允许偏差
板材	平面度	(1000)	每米范围		$f \leq 1$mm
	马刀形弯曲	(L)	全长范围	$L \leq 8000$	$f \leq 3$mm
				$L > 8000$	$f \leq 4$mm
型钢	直线度	—	每米范围		$f \leq 0.5$mm
	角钢肢垂直度		联结部位		$\Delta \leq 0.5$mm
			其余部位		$\Delta \leq 1.0$mm
	角钢肢平面度		联结部位		$\Delta \leq 0.5$mm
			其余部位		$\Delta \leq 1.0$mm
	Ⅰ. 工字钢、槽钢腹板平面度		联结部位		$\Delta \leq 0.5$mm
			其余部位		$\Delta \leq 1.0$mm
	Ⅱ. 工字钢、槽钢翼缘平面度		联结部位		$\Delta \leq 0.5$mm
			其余部位		$\Delta \leq 1.0$mm
U 肋	U 肋尺寸		B		+3mm −1mm
			b		±2mm
			H		±2mm
			四角不平度		≤2mm

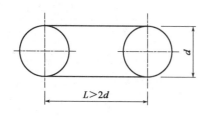

图5-38 长圆孔加工示意

2)冲孔

桥梁钢结构制造中,冲孔一般只用于冲制非圆孔及薄板孔,现已极少采用,而圆孔多采用钻孔。冲孔的孔径必须大于板厚,方可采用冲孔的加工方法。当加工批量小时,长孔可用两端钻孔、中间氧割的办法加工,但孔的长度必须大于 $2d$(d 为孔直径),如图5-38所示。

(1)冲孔设备。

常用的冲孔设备为开式双柱可倾冲床,如图5-39所示。

图5-39 开式双柱可倾冲床

(2)冲孔的冲裁力根据不同材质的抗拉强度计算。

(3)冲头的直径和冲头的形状需专门设计,凸凹模之间应有合理的间隙。

冲孔过程中需要避免走样、裂缝和孔偏位等情况的发生(图5-40),具体要求如下:

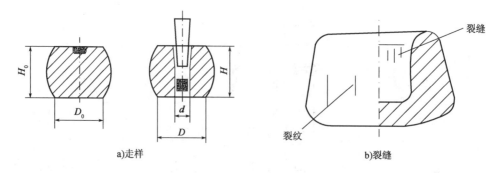

图5-40 冲孔走样及裂缝

(1)走样:主要表现为实心冲子冲孔时毛坯高度减小,外径上小下大,且下端面突出,上端面凹进。"走样"的程度与毛坯外径 D_0 与冲孔直径 d 的比值相关,D_0/d 越小时,"走样"越显著。为减小"走样",一般取 D_0/d 约等于3。

(2)裂缝:主要表现为低塑性坯料冲孔时易在外侧表面和内孔圆角处产生纵向裂纹。

其中,外侧表面裂纹的产生是由于冲头下部金属向外流动时,使外层金属切向受到拉应力和拉应变而引起的;而内孔圆角裂纹的产生主要是由于内孔圆角处温度降低较多,塑性较低,加之冲子一般都有锥度,当冲子往下运动时,此处便被胀裂。D_0/d 越小时,最外层金属的切向伸长变形越大,越易产生裂纹。为避免产生此裂纹,取 $D_0/d \geqslant (2.5 \sim 3)$。此外,冲子的锥度不宜过大,当冲低塑性材料时,不仅要求冲子锥度较小,而且要经过多次加热,逐步冲成。

(3)孔偏位:主要源于冲子放偏、环形部分金属性质不均匀、冲头各处的圆角与斜度不一致、毛坯较高等情况。一般可以通过提高冲头制造精度、冲头准确定位和控制冲孔前坯料的高度等方法避免。当 $D_0/d < 5$ 时,取 $H_0 = (1.1 \sim 1.2)H$;当 $D_0/d \geqslant 5$ 时,取 $H_0 = H$。其中,H 为冲孔后要求的高度;H_0 为冲孔前坯料的高度。

3)钻孔

根据《公路桥涵施工技术规范》(JTG/T 3650)规定,螺栓孔应钻制成正圆柱形,孔壁表面粗糙度 Ra 应不大于 $25\mu m$,孔缘应无损伤和不平,且无刺屑。螺栓孔不得采用冲孔、切割孔。故螺栓孔主要以钻孔为主。

钢板钻孔主要有划线钻孔、钻模钻孔和数控钻孔等多种形式。

(1)划线钻孔。

当钻孔数量较少、但孔径尺寸较多时,优先采用划线钻孔(图 5-41)。为了提高钻孔效率,可将数块钢板重叠起来一起钻孔,但重叠板厚一般不超过 50mm,且重叠板边必须用夹具夹紧或电焊固定。厚板和重叠板钻孔时要检查平台的水平度,以防止孔的中心倾斜。

a)划线钻孔　　　　　　　　　　b)对成品孔径进行检查

图 5-41　划线钻孔与检查

(2)钻模钻孔。

当批量大、孔距精度要求较高时,采用钻模钻孔(图 5-42)。钻孔前需要设置钻套以引导钻头进行钻孔。

(3)数控钻孔。

数控加工中,某些加工动作循环已经典型化,例如,钻孔、镗孔的动作是孔位平面定位、快速引进、工作进给、快速退回等。将这样一系列典型加工动作预先编好程序存储在系统中,再用包含代码的一个程序段调用,可简化编程工作。这种包含了典型动作循环的代码称为循环指令。常用的固定循环指令能完成的工作有:钻孔、攻螺纹和镗孔等。

a)钻套

b)钻模夹具

图 5-42　钻模钻孔

相对于前两种钻孔方法,数控钻孔(图 5-43)具有非常灵活的生产能力,可以制造定制的机加工零件,能够在短时间内对数控机床进行完全重新编程,以生产出完全不同的产品。数控的数字模板和自动加工几乎消除了人为错误,并达到了误差在 1/1000 以内的精度。与手动加工不同,数控机床可以根据需要以 7 天 24 小时的状态全天候运行,它们仅在需要维护或修理时才停止工作。此外,由于数控钻孔是由计算机编程的软件控制的,一旦将设计输入到此计算机中,就可以一次又一次地以相同的精度生产相同的零件。在数控加工过程中无需人工干预,也可以生产质量稳定的零件。操作人员甚至可以定期更新和改进这些计算机软件,从而进一步提高一致性和可靠性。

a)移动数控机床

b)钻孔

图 5-43　数控机床及钻孔

5.3　钢梁节段组拼与预拼装

钢梁的制造可分为长线法和短线法两种。长线法是指钢梁制造时,设置了长度为整个梁长的胎架,并在胎架上按预拼装线形设置了不同的高度,使钢梁的制造和预拼装一次完成。短线法是指单个梁段分开制造,在胎架上组拼,然后再按照桥梁线形的要求进行预拼装。钢梁节段预拼装完成后,即可运输至施工现场架设、安装。相对于长线法,短线法节段生产周期短、胎架用量少,对节段数量很大的多跨长桥和有水平曲线的桥梁尤其适合。

本节以钢箱梁拼装为例,着重介绍短线法钢梁胎架组拼与预拼装的整个施工流程。

1) 钢梁胎架组拼

钢梁胎架组拼的施工流程为:总拼胎架→底板在胎架上定位→装配定位横隔板→装配纵腹板与另一侧横隔板→装配顶板单元→整体检测,具体如下:

(1) 总拼胎架

胎架(图5-44)是钢梁组装的主要工装,其结构形状及安装精度对钢梁的轮廓尺寸及整体线形起到决定性作用。为确保钢梁的外形轮廓尺寸及板件单元定位的准确性,针对桥梁钢结构特征,设计制作钢架式总拼胎架。总拼胎架按要求设在厂房内,以减少风雨天气对质量和生产进度的影响。

总拼胎架每隔一定距离设置一道横梁,横梁由型钢制作而成;两道横梁之间通过纵向连梁形成框架格构,达到各项稳定的要求;横梁下设置若干竖向钢立柱,通过立柱将钢构件荷载传递至胎架基础;横梁上设置若干支撑板,支撑板板顶以钢构件的底板为基准面设置,保证钢梁的拼装要求。

图5-44 钢梁总拼胎架

为了保证制作完成的钢梁运输要求,总拼胎架横梁设计为可拆卸式横梁,通过销钉和螺栓定位连接。

(2) 底板在胎架上定位

首先,将组拼后的底板组合板块吊上胎架进行定位(以中间底板作为基准进行定位,然后依次向两侧定位其他底板)[图5-45a)]。定位时,对齐地面安装位置线、外形线及分段位置线。依次将第一节段所有底板单元吊上胎架就位,并检查底板纵肋与地样线的对合情况并进行调整[图5-45b)]。

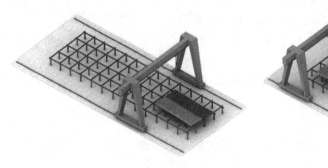
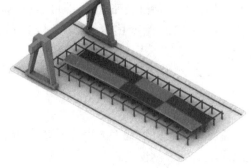

a) 第一节底板块吊装定位　　　　　　b) 依次吊装调整底板单元

图 5-45　定位底板单元

(3) 装配定位横隔板

将其板厚中心线对齐底板上的安装位置线,两端对齐腹板安装位置边线,并严格控制横隔板两侧的安装高度,同时必须保证其垂直度要求,允许公差控制在 ±1mm,定位正确后进行点焊牢固(图 5-46)。

图 5-46　装配定位横隔板

(4) 装配纵腹板与另一侧横隔板

按照装配纵腹板要求进行钢箱梁纵腹板与另一侧横隔板的装配(图 5-47)。

(5) 装配顶板单元

顶板单元的组装采取先进行中间顶板单元的组装和焊接,再组装两侧顶板单元的方法。组装顶板单元时利用箱体高度控制工装,控制顶板板面的高程,并用水准仪监控箱体高度。顶板单元组装时,拼接缝间隙应考虑焊接收缩量,两两顶板单元组装完成后即进行纵缝的焊接,并应从箱中两侧对称分布两组焊工进行施焊(图 5-48)。

(6) 整体检测

所有梁段组焊工作完成后按预拼装要求进行梁段的整体完工测量,包括检测全桥整体线形及尺寸要求,各分段控制尺寸、端口控制尺寸及分段纵向 U 肋对合尺寸精度(图 5-49)。

a) 装配另一侧横隔板

b) 装配两侧纵腹板

图 5-47　装配纵腹板与另一侧横隔板

图 5-48　装配顶板单元

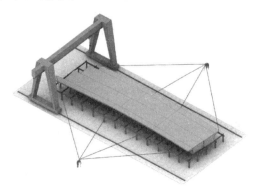

图 5-49　梁段整体检测

2) 钢梁预拼装

(1) 目的

预拼装是钢梁制造的重要环节,合理的预拼装施工可以确保钢梁的安装线形,顺利实现节段接口的精确匹配,可修正节段的相关尺寸,避免在高空调整甚至返修,减少高空作业难度和加快桥位现场施工进度。

(2) 预拼装流程

①钢梁组拼完成后,在胎架上进行预拼装。根据预拼图纸,测量首个节段的位置并调整线形,其余节段以此节段为基准进行对位、调整。

②修整接口对接边错边,使错边量小于1mm,保证桥位安装时顺利对正及焊接。

③钢梁调整到位后,按预拼装检测项要求进行全面检查。检测内容包括:接口错边量、预拼装长度、拱度、旁弯、对角线等。

④各监测项合格后组焊匹配件,匹配件以两个为一组,靠拢密贴安装在环缝两侧相应的位置。

⑤钢梁节段预拼装解体时,对节段进行编号,运至涂装厂房进行除锈、涂装。

图 5-50 为钢箱梁节段组拼与预拼装施工实例(港珠澳大桥),包括底板拼装、肋板拼

装、横纵隔板拼装、顶板拼装、小节段下胎、打砂除锈与梁段整体检测等。

图 5-50 钢箱梁节段组拼与预拼装施工实例(港珠澳大桥)

5.4 钢结构涂装

1)涂装前准备

钢材在进行涂装前通常需要对表面进行处理,并严格按照设计规定的除锈方法施工,并达到规定的除锈等级。常用的除锈方法有手工除锈、喷砂除锈和抛丸除锈等。喷砂除锈工艺参数如图 5-51 所示,采用喷砂除锈时,喷砂磨料必须清洁、干燥,磨料符合《涂覆涂料前钢材表面处理喷射清理用金属磨料的技术要求 导则和分类》(GB/T 18838.1)要求。

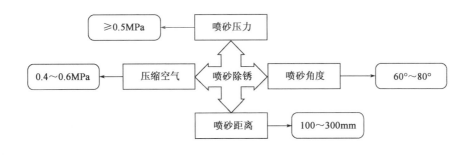

图 5-51 钢材喷砂除锈工艺参数示意

2)涂装方案

随着涂料工业和涂装技术的发展,新的涂料施工方法和施工工具不断出现,每一种方法都有各自的特点、适用的涂料和适用的范围,正确地选用施工方法是涂装施工管理工作的重要组成部分;合理的施工方法,对保证涂装质量、施工进度、节省材料和降低成本具有重大的影响。涂料施工方法的选择,一般应根据涂装结构物的材质、形状、尺寸、表面状态、涂料品种、施工现场的环境和现有的施工工具(或设备)等因素来考虑确定。涂装方案应符合设计文件要求,并应符合现行《公路桥梁钢结构防腐涂装技术条件》(JT/T722)的规定。

常用的涂料施工方法见表 5-6,有刷涂法、手工滚涂法、空气喷涂法、无气喷涂法等。传统的刷涂法、手工滚涂法投资少、施工简单,可以适用于各种情况的涂装要求,但是施工速度慢、效率低下;空气喷涂法和无气喷涂法施工速度快,适用于钢箱梁等大型桥梁钢结构。但设备投资多,容易产生涂料污染。

各种涂装方法的比较 表5-6

施工方法	适用的涂料			被涂物	使用工具或设备	优缺点
	干燥速度	黏度	品种			
刷涂法	干性较慢	塑性小	油性漆、酚醛漆、醇酸漆等	桥梁附属构件和箱内局部处理	各种毛刷	投资少、施工方法简单、适用各种形状及大小面积的涂装；缺点是装饰性较差，施工效率低
手工滚涂法	干性较慢	塑性小	油性漆、酚醛漆、醇酸漆等	小型杆件如角钢槽钢制品	滚子	投资少、施工方法简单、适用于大面积物的涂装；缺点同刷涂法
空气喷涂法	挥发快和干性适宜	黏度小	各种硝基漆、橡胶漆、过氯乙烯漆、聚氨酯漆等	大型杆件、钢箱梁	喷枪、空气压缩机同水分离器等	施工效率较刷涂法高；缺点是设备投资多，施工方法较复杂，损耗涂料和溶剂量大，污染现场，易引起火灾
无气喷涂法	干性较快	不挥发，有触变性	厚浆型涂料和高不挥发分涂料	大型桥梁钢结构、钢桥梁、钢箱梁	高压无气喷枪、空气压缩机等	效率比空气喷涂法高，能获得较厚涂层；缺点是设备投资较多，施工方法较复杂，损失部分涂料，装饰性较差

3）涂装施工

（1）预涂

大面积喷涂前首先对焊缝、棱角、板边、过焊孔、角钢和加劲肋背面等隐蔽部位以及两种涂层交界部位进行预涂，预涂采用刷涂或辊涂。

（2）涂料领用

设立专职配漆工进行油漆配制工作，严格按照配比要求进行混合，搅拌均匀、熟化后使用。配制后的油漆应在规定的时间内用完,混合后如超过使用期,则不得使用。当天开封的涂料当天使用完毕,不得留待次日使用。

(3)涂装间隔时间

一般情况下应在表面处理完成后4h内进行涂装施工,特殊情况时最长不应超过12h。不管停留多长时间,只要表面出现返锈现象,均需重新除锈。各道涂料之间的最小和最大涂装间隔时间应满足涂料说明书要求,超过最大间隔时间应按涂料服务商要求进行表面处理后方可涂装下道涂料。

(4)喷涂工艺参数

常用的喷涂工艺参数见表5-7,其中明确了喷涂角度、距离、要求、喷枪移动和进气压力等参数范围及要求。

喷涂工艺参数　　　　表5-7

喷涂角度	喷涂距离	喷枪移动	喷涂要求	两枪间距	进气压力
垂直	350mm	保持垂直	两次达到厚度要求	30%~50%重叠	0.3~0.6MPa

3)涂装质量检验

常用的涂装质量检验要求见表5-8,其对相关工序的检测项目、检测手段、检测要求、检测数量和适用的标准进行了说明,图5-52为钢箱梁钢表面厚漆涂层漆膜厚度检测。

涂装各工序质量检验要求　　　　表5-8

工序	检测项目	检测手段	检验要求	检测数量	标准
除油	油污、杂质	目测	清除可见油污、杂质	全面	GB/T13312
喷砂	清洁度	图谱对照	按设计要求	全面	GB/T8923.1
	粗糙度	表面粗糙度比较样板	按设计要求	全面	GB/T13288.2
涂层	漆膜厚度	用磁性测厚仪	涂层执行要遵守双90(85)原则	每一杆件为一测量单元,大杆件以$10m^2$为一测量单元,每个测量单元至少选取3处基准表面,每个基准表面按5点法测量	TB/T1527 GB/T4956 JT/T722
	附着力	涂层 划格法	1级或0级	各抽测1点/每段钢箱梁内外表面不同涂层体系	GB/T9286 GB/T5210 JT/T722
		涂层 拉开法	涂装体系≥3MPa		
	外观	目测	见注	涂层指干后全面检查	JT/T722

注:漆膜的外观要求平整、均匀一致,无漏涂、起泡、裂纹、气孔和返锈等现象,允许轻微桔皮和局部轻微流挂。

图 5-52　钢箱梁钢表面厚漆涂层漆膜厚度检测

5.5　桥梁钢结构运输

在桥梁钢结构加工涂装完毕后,需要将钢构件运输到施工场地(图 5-53),钢构件的运输,包括运输要求、运输方式、主要运输车辆和构件包装等内容。

a) 钢箱梁运输

b) 钢桁梁运输

图 5-53　钢构件运输

1)运输要求

(1)根据工程进度的需要,构件原则上将按运输计划,分批、分节地进行。对于超长、超宽或超重的构件,应进行合理的分段划分,满足车辆的最大运输限制,确保运输安全。如果现场安装计划变更,运输计划将根据实际情况作相应调整。

(2)在运输周期内,根据每批发运的构件情况,将调度相应运输工具,确保构件的准时发运,并在运输计划(含调整计划)的指定时间内运到工地或者现场仓储场地。

(3)根据构件运输计划和路线情况,对于大型构件汽车运输应尽量安排在车辆较少的夜间进行。

（4）对裸露构件应进行加固包装。每批装运前，须对发运包装进行认真检查，如不符合包装技术要求的，应立即退还重新包装。在运输规程中保证在交货时不松散、不破损。

（5）运输应符合相应运输方式的有关安全规定。采用船舶运输时，装船前应进行稳定性验算，其抗倾覆安全系数应不小于1.5。

2）运输方式

构件运输形式通常有三种：公路运输、船运和火车运输。大多数情况下通常采用公路运输，该方法具有机动灵活、运输周期短、中间倒运装卸时间少等优势。当运输节段尺寸大，重量重，公路运输不能满足要求时，可以采用船运和火车运输两种方式。其中，船运协调难度小，钢箱梁不易变形，相对成本较低。

3）主要运输车辆

为使钢构件安全顺利地运至目的地，对参与运输的车辆、工器具必须认真配置，满足使用性能、强度、稳定性的条件，并配置大中型起重设备、叉车等。运输应满足构件的长、宽、重等方面的要求。

4）构件包装

在钢构件装车完毕后，需对钢构件进行固定与包装，以防运输过程中出现磕碰或掉落。

（1）包装与标识思路

宜采用捆绑式包装运输的形式（图5-54），其主要包装材料为砧木与钢丝绳拉杆，避免构件接触地面，较长构件则采用包装吊耳。由于单独杆件居多，又为异形构件，标识的位置必须有章可循，醒目易辨。

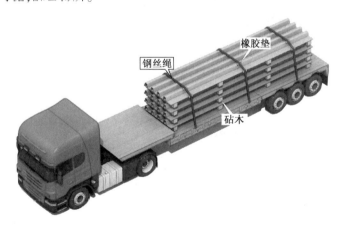

图5-54 板单元捆绑式包装运输示例

（2）包装方式

①构件单根质量≥2t时，采用单件裸装运输。

②构件单根质量<2t且为不规则构件也采用单件裸装运输,如埋件支架等。
③构件较小但数量较多时,可采用装箱包装方式,如连接板、螺杆、螺栓等。

5.6 桥梁钢结构架设

桥梁钢结构的架设方法主要有吊装支架架设、悬臂拼装架设、顶推法(拖拉法)架设和浮吊架设等方法。以下逐一介绍各个方法的特点。

5.6.1 吊装支架架设

吊装支架架设是一项多工种联合作业的复杂的高空作业。其中,支架系统是为了保证各施工过程顺利进行而搭设的工作平台(图5-55),而吊装架设则是运用塔式起重机、汽车起重机、浮式起重机等设备将钢构件或整段钢梁依次吊放至支架上部并完成拼装的过程(图5-56、图5-57)。

图5-55 桥梁钢结构架设支架系统

a)实例一:福州平潭海峡公路两用大桥

b)实例二:江苏沪苏通长江公铁大桥

图5-56 钢桁梁吊装

a)实例一:东莞常虎高速公路大桥

b)实例二:上海金汇港大桥

图 5-57 钢箱梁吊装

1)吊装支架架设施工

吊装支架架设主要分为以下几个主要步骤:支架安装、起吊准备、吊装施工过程以及调试和定位。以下详细介绍每个步骤的施工要点:

(1)支架安装

支架安装前,应对实地进行考察和测量,对安装基础不符合要求的,事先进行平整、硬化或加铺钢板;随后,根据桥梁中心线,支墩轴线和节段的划分情况,用经纬仪或全站仪确定支架的纵横坐标及高程。

安装完成后在附近固定的建筑物上设置沉降观测点,以对整个支架的沉降状况及稳定性进行观测。支架调节采用调节段与千斤顶进行,主要用于钢梁吊装时调节钢梁高程和安装结束后进行钢梁整体卸载。

(2)起吊准备

①机、索具准备:检查吊装钢丝绳是否有变形、腐蚀、磨损等缺陷;检查起重机各部件是否正常,各安全和报警装置是否正常。

②人员准备:对参加该吊装项目的人员进行安全、技术交底并做好记录。对各个环节的工作应该落实到具体的人员,不得遗漏。

③清除吊装作业现场障碍物,填平路面并碾压密实,确保起重机和拖车在安全的环境中作业。

④检查桥梁基础,清理基础的水泥渣和残留物,做好中心标识。

⑤吊装前在现场准备照明措施,确保吊装时便于检查监控。

(3)吊装施工过程

通常钢桁梁或钢箱梁采用分段吊装的方式。吊装前,在预定位置设置临时支墩,根据现场场面情况及设计图,调整好支撑高度,再让起重机进场。

起吊前,将计算好数量的钢丝绳分四个吊点用卸扣固定在梁段上,吊起离拖车 10cm,暂停 10min 试吊,并可按现场需要延时。接着,检查钢绳是否滑动、重心是否对准吊钩、桥梁是否歪斜、起重机刹车是否有效、起重机承受部件是否可靠、起重机支腿及地面是否下沉等。

待各关键部位检查确认安全,试吊10min无异常情况后,起重机慢慢抬臂转向至安装位置。起重机将梁段平稳匀速地吊至支架之上,测量梁段安装位置,清理好支架上的废渣。起重机缓缓将梁放至支架上,经调整定位后,单片梁吊装工作完成。

其余的梁段吊装工艺同上,起重机工作时,每个桥台上站一名指挥人员。指挥员与起重机操作员采用对讲机联系。

(4)调试和定位

①在节段吊装过程中应对桥梁节段接头进行测试,并随时拧紧定位临时螺栓。

②当梁段吊装超过一定数量时,跨中段的挠度曲线趋于平缓,接近设计要求,此时可对该接头进行定位焊接;随着节段吊装的进一步增加,其他节段的挠度曲线将逐渐趋于平缓,其他梁段接头也将就位,可进一步实施定位焊接。

2)支架架设优缺点

(1)优点:施工简单方便,不需要特殊的架梁设备和复杂的调整计算;拼装期间可随时调整钢梁平立面位置,保持正确的几何形状,从而得到较高的拼装质量;钢梁在支托状态下组拼,无需大量移动;可保证钢梁的正确落位,施工安全。

(2)缺点:需要使用大量的木材及钢材,占用人力较多,施工时间较长,并受桥下水深等环境条件限制。

3)支架架设适用条件

(1)梁底距河床不高、河水不深,架设期间稳定,流速在1m/s以内,河床土质比较坚实或可以打桩,没有通航要求,或只需留出不大孔道即可满足通航要求。

(2)组拼支架的材料杆件充足易得。

(3)桥梁两端引桥很长或在曲线上,且待架的孔数不多又位于桥梁的中间部位,如采用其他方法架梁则更为费时。

(4)桥台紧接隧道口,台后缺少组拼场地或场地过小,不能满足其他需先在桥头组拼钢梁的架设方法。

4)支架架设案例——南京大明路京杭运河大桥

以南京大明路京杭运河大桥(钢桁梁)作为案例,更好地说明钢梁的吊装支架架设施工工艺。大桥采用变高度钢桁架,一孔跨越京杭大运河,其在现场支架架设拼装后顶推。作为示例,仅介绍其支架架设部分施工。

(1)现场杆件拼装工艺流程

①为满足起重机吊重状态下下行走和钢桁梁杆件组拼的使用要求,对施工场地内的起重机行走道路和拼装区域进行硬化。

②结合现场场地条件,钢桁梁杆件经场内预拼后采用公路运输至施工现场,将上弦杆和相应的两根斜腹杆在场地上组拼成一个整体进行吊装。

③钢桁梁上弦杆大节段在场地拼装完成后处于平卧状态,在安装前需将其竖直翻转90°,然后再进行安装。

④上弦杆大节段采用100t汽车起重机配合120t履带式起重机,进行空中翻转姿态调整。

⑤待安装节段和已定位节段间的环口采用钢马板进行连接,即完成钢桁梁现场杆件的拼装(图5-58)。

a)场地硬化

b)上弦杆卧拼

c)上弦杆块体空中翻转

d)待安装节段连接

图5-58 现场杆件拼装工艺流程

(2)支架整拼工艺流程

在完成现场杆件拼装后,将拼装好的杆件运输至施工场地进行钢桁梁整体拼装,工艺流程如图5-59所示。

①完成下部支架系统的搭设。

②按顺序安装两侧主桁下弦杆、节点桥面系、上弦杆块体节点处的桥门架,同步进行相关焊接工作。

③继续按照上述步骤安装两侧主桁下弦杆及上弦杆节段和节点间的上平联,同步进行相关焊接工作。

④焊接完成后替换滑靴,进行第一次纵向顶推。待第一次顶推完成后,按照上述步骤继续拼装剩余节段的杆件节段,直至本幅桥完成,接着进行第二次纵向顶推及后续的横移、落梁等工作。

图 5-59 钢桁梁整体拼装工艺流程

5.6.2 悬臂拼装架设

悬臂拼装,是指在工厂或预拼场地将钢梁杆件组拼成为质量较大的长大块件(一般为若干节段或整孔桥梁),然后通过水运或其他方法送到桥孔附近,用大型吊装设备直接安装到桥位上,或者通过小量的拼装工作组拼成整孔桥梁。该方法同样运用于钢结构桥梁架设,具有安全、可靠等优点,但是施工周期较长、用工量较多。

以水中钢结构桥梁悬臂拼装为例,悬臂拼装的施工步骤(图 5-60)主要包括几点:

a)悬臂法架设钢箱梁

b)悬臂法架设钢桁梁

图 5-60 悬臂拼装架设法

(1)浮式起重机抛锚就位:浮式起重机设不少于 4 个定位锚。根据桥位水文特点,直接抛锚就位,通过绞锚进行移位,要求无论水位如何变化,定位偏差不超过 50cm。

(2)起吊:当浮式起重机船初步定位后,将钢梁起吊至待架桥位,按照钢梁上的临时吊点与吊耳位置进行二次精确定位,以保证钢箱梁上的临时匹配件能够顺利连接。

(3)初匹配:梁段吊装就位后,将被吊梁段与成梁段通过拉杆螺栓对位,销钉连接,此时,前点高程宜比理论值低。

(4)梁段精匹配:在测量的辅助下,通过调整已吊装钢梁段上的总横向千斤顶以改变梁段的空间姿态。对检验梁段前点高程进行测定,一旦其高程数据无法满足施工要求,则及时按照规范标准进行调整,确保高程和轴线均在设计范围内。对穿固定销轴及高强度螺栓。

(5)焊接就位:进行测量定位,焊接马板固定后,进行对接环焊缝焊接。

悬臂拼装架设具有以下优点:

(1)能减少高空危险性作业,受风和地震的影响相对减少,架设中结构处于不稳定状态的时间缩短,施工较为安全。

(2)不良气候对架梁工作的影响减小,对洪水期、通航条件等的干扰不大。

(3)构件主要在工厂或预拼厂组拼,施工进度快,工期、外部尺寸及质量均易得到保证。

(4)对某些因组拼作业比较困难的超静定结构(如拱梁组合结构),采用这种方法能简化拼装工作。

其主要缺点如下:

(1)需要大型起重安装设备和重件码头运输设备。

(2)块件尺寸受架设方法、运输条件和机具设备控制,不能在设计时任意选择。

(3)在某些情况下,块件组拼时安装应力设计复杂,调整、合龙等工艺复杂,需要事先进行大量计算。

(4)需要有较大较深的水域并有大量集中拼装工作的情况,才能取得实际经济效益。

5.6.3 顶推法(拖拉法)架设

在桥孔以外的地方拼装钢梁,待组装好后,将钢梁沿着滑道顶推(拖拉)就位的方法,称为顶推(拖拉)架设法,一般适用于架设中等跨径(40~80m)钢结构桥梁。

顶推法与拖拉法的区别主要在于:采用顶推法时,千斤顶活塞端部直接顶紧构件顶推面,油泵进油,活塞伸长,构件被顶推移动;采用拖拉法时,钢丝绳一端穿过穿心式千斤顶并在活塞顶面通过高强螺栓固定,一端锚固在构件的节点上,油泵进油,活塞伸长,钢丝绳受拉,构件被钢丝绳拖着移动。

1)钢桁梁拖拉架设

以南京高淳广通桥为例描述拖拉法架设钢桁梁的方法,拖拉法施工主要工序为搭设支架、安装滑道、拼装钢桁梁(可以设置导梁)、布置牵引设备、钢桁梁拖拉、拆除滑道和支架及调整落梁,其工艺流程如图5-61所示。

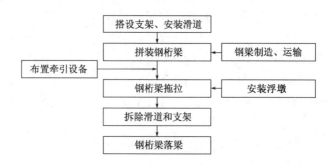

图 5-61 钢梁拖拉法工艺流程(南京高淳广通桥)

南京高淳广通桥钢桁梁拖拉滑移施工工序原理及拖拉施工过程分别如图 5-62 和图 5-63 所示,具体步骤如下:

a)拼装支架、滑道和钢桁梁

b)布置牵引设备、钢桁梁移至滑道

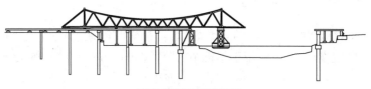

c)拖拉钢桁梁至浮墩顶部

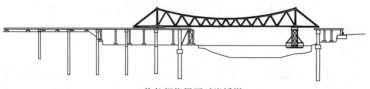

d)拖拉钢桁梁至对岸桥墩

图 5-62

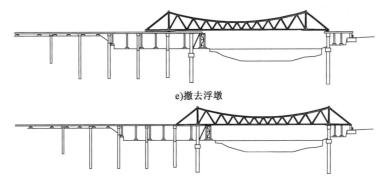

e) 撤去浮墩

f) 拆除滑道、落梁

图 5-62　南京高淳广通桥钢桁梁拖拉滑移施工工序原理

a) 钢梁移至滑道

b) 将浮墩顶托在桥头

c) 顶推至落梁前

d) 钢管临时支撑

e) 拆除滑道

f) 落梁

图 5-63　南京高淳广通桥钢桁梁拖拉施工过程

步骤一：在桥位一侧岸边完成支架、滑道和钢桁梁构件的全部拼装；

步骤二：布设千斤顶配滑轮组的牵引设备，滑轮组与钢桁梁下弦节点焊接，将钢桁梁移至滑道，千斤顶进油，滑轮滑移；

步骤三：向前拖拉钢桁梁至预设位置，安装浮墩，钢桁梁脱离一对滑轮，并将钢桁梁搁置在浮墩支架顶部；

步骤四：继续向前拖拉，使钢桁梁桥头至对岸桥墩上方；

步骤五：钢桁梁底部落在对岸桥墩上，撤去浮墩；

步骤六：拆除滑道，落梁。

2) 钢箱梁顶推架设

和拖拉法相似，以洛阳瀍涧立交陇海桥为例介绍顶推法架设钢箱梁的方法，顶推法施工主要工序为安装临时桥墩、安装顶推平台与装置、铺设墩顶滑道、吊装钢导梁、拼装钢箱梁节段、顶推钢箱梁、拆除滑道与临时墩和顶推设备及落梁(图5-64、图5-65)。

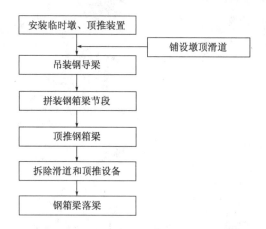

图5-64 钢梁顶推法工艺流程(洛阳瀍涧立交陇海桥)

a) 临时墩、顶推平台、墩顶滑道

b) 吊装钢导梁

图 5-65

c) 顶推设备

d) 拼装钢箱梁节段

e) 钢箱梁顶推

f) 顶推至对岸桥墩顶

图 5-65　洛阳瀍涧立交陇海桥钢箱梁顶推施工过程

洛阳瀍涧立交陇海桥钢箱梁顶推施工过程如图 5-65 所示,具体步骤如下:

步骤一:在桥位一侧安装临时墩、顶推平台,铺设墩顶滑道;

步骤二:在平台上吊装钢导梁;

步骤三:拼装钢箱梁节段;

步骤四:向前顶推钢箱梁;

步骤五:顶推至对岸桥墩顶;

步骤六:拆除滑道和顶推设备,落梁。

钢梁顶推(拖拉)法架设具有以下优点:

(1)可在工地近旁,台后路堤上、岸上或桥头孔跨内拼装,施工较安全,工程质量易保证,拼装时可不中断航运,还可和墩台作业同时进行。

(2)顶推(拖拉)设备较简单,施工工艺简单,技术容易掌握。

(3)架设多孔简支梁或连续梁时,可采用多孔拖拉,较其他方法经济且节省工期。

(4)对各种桥梁形式和地形地质条件适应能力强。

钢梁顶推(拖拉)法架设具有以下缺点:

(1)临时辅助工程如支墩、导梁、上下滑道等工作量较大,占用材料多。

(2)需要加固部分钢梁杆件或新制一些连接件。

(3)需要大量的牵引索具,安置、穿线和倒换索具费时,劳动强度大。

(4)架设大跨径钢梁时不经济。

(5) 在滑移施工过程中，支座反力在滑道上的分布情况很难明确。当桥梁支承在三个以上支点时，支点下沉对反力影响很大。

5.6.4 浮吊架设

浮吊架设的基本原理是用拼组的浮运船作浮墩，通过浮墩的浮力来承担钢梁及浮船自重荷载。钢梁拼装完成后，依靠锚绳牵引力或机动舟的顶推力来克服水流阻力，将钢梁浮运至桥位，架设。

浅海海域环境下浮吊架设钢梁的施工步骤分运梁、喂梁、移梁、落梁等四步：

(1) 运梁：钢梁采用运梁平车从预制场运到提梁站，经提梁站提升到桥面的运梁车，再运至浮式起重机喂梁处。

(2) 喂梁：每孔预制钢梁的吊装顺序按从左到右的顺序依次安装。桥面运梁车将钢梁运至前一跨已安装好的箱梁上，浮式起重机抛锚后，从运梁车起吊箱梁，无异常后继续下道工序。

(3) 移梁：浮式起重机吊梁横移至安装孔的侧面位置。

(4) 落梁：将梁端的纵横轴线与盖梁上的纵横轴线目视大致对齐，并落梁于临时支座上。

浮运架梁一般施工工艺流程如图 5-66 所示，浮式起重机架设钢梁喂梁、移梁及落梁如图 5-67 所示。

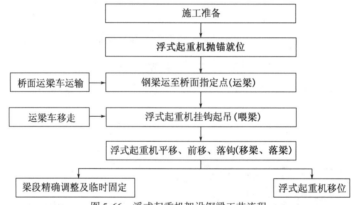

图 5-66　浮式起重机架设钢梁工艺流程

a) 喂梁

b) 移梁

图 5-67

c)落梁

图 5-67 浮式起重机架设钢梁喂梁、移梁及落梁

浮式起重机架设的优点有：

（1）钢梁在岸上组装，组装质量和施工安全均易得到保证，也可和墩台作业同时并进，缩短桥梁施工时间。

（2）不需要在桥孔内组立临时支架，架设期间停留在桥孔的作业时间很短，仅需临时封锁河道航运。

（3）可以利用涨落潮或抽灌压水起落桥梁，对大跨径钢梁来说，较千斤顶顶升等方法安全简单，桥梁正位工作易于掌握，特别在有涨落潮的地方架设多孔同样桥梁最为适宜。

（4）支托钢梁部位可以靠近端部，钢梁杆件一般仅作局部细节加固。

浮式起重机架设的缺点有：

（1）受自然条件限制。在浮运地段一般需有 2m 以上水深，进行浮运作业时的流速一般不超过 2m/s，风力一般在五级风以下且水位变化不大。因此，对于一座多孔桥梁，不能采用同样方法一架到底，部分孔跨还须采取其他架梁措施，架梁工作复杂。

（2）受浮运季节影响，施工安排受到很大限制。在安排施工作业期间，受风速、风向、水位、流速等变化的影响，往往不能按作业计划进行，甚至可能出现暂停作业的情况。

（3）水上作业的掌握和监视比较困难，发生意外的可能性较大。

（4）岸边或桥头需有适于组拼钢梁、布置浮运码头的场地，且在附近需要能找到合适的驳船设备等。

（5）浮运设备费用较大，架梁孔数少时不经济。

5.7 小结

近年来，我国大力推行钢结构在土木工程领域的使用，桥梁钢结构越来越多地应用于桥梁工程建设。相对于混凝土结构，钢结构具有强度高、延性好、自重轻等突出优点，尤其是容易实现工厂化、装配化施工。与混凝土结构桥梁相比,钢结构桥梁的施工技术具有其自身的独特性。

桥梁钢构件的加工主要包括准备、预处理、放样、切割、加工、矫正、钻孔、焊接或栓接、组拼、涂装、运输和架设等。准备和预处理阶段,需要将设计图转换成制造图,钢材进场、复检、冲砂、除尘、喷漆、烘干等;放样、号料和切割阶段,需进行绘制放样图、刻画零件尺寸、机器切割等过程;钢构件加工阶段,则需要根据钢构件单元的组成部分进行分步制造;矫正和冲钻孔阶段,需要在矫直、矫平、矫形后冲孔或钻孔;焊接和栓接阶段,需要根据安装构件的连接特性和材料属性,确定焊接或栓接的具体形式,并按照相关规范的规定施工;运输阶段,需要按照构件的特点选择运输工具,并在对钢构件进行固定与包装后进行运输作业;架设阶段,根据钢结构的体量和具体的施工环境,在吊装支架架设、悬臂拼装架设、顶推(拖拉)架设和浮吊架设等方法中进行选择与施工。

我国钢材冶炼技术越来越成熟,钢材产量逐年增加,桥梁钢结构在我国桥梁工程中得到了越来越多的应用,特别是在超长、超大桥梁建设中,钢结构桥梁尤其具有特别的优势。此外,推进桥梁钢结构建设,是落实绿色发展理念,实行现代工程管理人本化、专业化、标准化、信息化、精细化的重要抓手,可以有效提升桥梁的建设品质,提高结构安全耐久性,降低全寿命周期成本,促进公路和铁路建设的转型升级、提质增效。在未来的公路桥梁建设中,桥梁钢结构一定会得到越来越多的推广应用。

1. 简述桥梁钢结构在我国桥梁建设中的发展历程。
2. 简述桥梁钢结构的应用前景。
3. 桥梁钢构件的连接方法有哪些?
4. 桥梁钢构件的加工工艺主要有哪些步骤?
5. 何谓号料?简述其要点。
6. 钢材的切割方法有哪些?
7. 钢材的焊接有哪些方法?各具有哪些特点与适用范围?
8. 钢材焊缝检测有哪些方法?分别适用于哪些场合?
9. 简述钢材焊缝的超声波检测原理与特点。
10. 螺栓连接有哪几种类型?在钢结构连接过程中有何区别?
11. 钢材的各种切割方法有什么区别?
12. 钢箱梁由哪些单元组成?每部分又是如何制作成形的?
13. 钢桁架通常由哪些单元杆件组成?其各类杆件的制造流程有哪些区别?
14. 桥梁钢结构的表面涂装有哪些施工方法?分别如何适用?

15. 桥梁钢结构的架设方法有哪些?
16. 钢桁梁的吊装施工工艺流程是什么?请列举具体案例进行说明。
17. 悬臂拼装法有哪些特点?施工过程中需要注意什么?
18. 顶推法(拖拉法)架梁的具体流程有哪些?
19. 相对于其他施工方法,浮运架梁法的特点有哪些?
20. 对比钢桥架设的几种方法,总结各方法的适用范围。

第6章 钢桥面铺装

6.1 概述

自20世纪90年代以来,中国在大跨径桥梁建设上取得了巨大发展,由于钢桥具有架设方便、跨越能力强等优势,因而在我国被广泛使用。钢桥面铺装作为桥梁工程的一个重要组成部分,是大跨径桥梁建设施工的难点之一。

钢桥面铺装是铺设在钢桥面板上,保护钢板并具有满足汽车行驶要求的路面表面功能、厚度35~80mm的单层或双层构造物。在行车荷载、风荷载、温度变化及钢桥面局部变形等综合因素影响下,钢桥面铺装的受力和变形远较道路路面或机场道面更复杂,因而对铺装层的强度、变形特性、高温稳定性、抗疲劳开裂等均有更高要求。同时由于铺装所处的特殊位置,在使用性能上又要求其重量轻、黏结性高、不透水等。作为桥梁行车系的重要组成部分,桥面铺装质量的好坏直接影响到行车的安全性、舒适性、桥梁耐久性及社会效益。

6.2 钢桥面铺装材料

钢桥面铺装一般由防锈层、防水黏结层、铺装层、黏层等构成。

防锈层是一种喷涂在钢桥面板表面,防止其生锈的水汽阻隔层,一般有环氧富锌漆以及丙烯酸防腐漆两种。防水黏结层则是通过物理或化学方法将铺装层与钢桥面板黏合起来的设计层,在复合黏结的同时也承担着防水防腐的功能。铺装层即是常说的混合料铺装,其承担了绝大多数的行车荷载以及桥面板局部变形等。黏层则是负责将多层铺装层黏合在一起的设计层。防锈层、防水黏结层、黏层也常常统称为界面功能层,铺装层如有两层,下层一般叫保护层,上层称为磨耗层,统称为结构层。

对于钢桥面铺装,铺装层与钢板之间的黏结尤其重要,在设计时防水黏结层的选择与铺装材料同等重要。通过防水黏结层的结合,铺装层与钢桥面板的复合作用可以降低铺装层以及钢板的应力。除此之外,防水黏结层还担负着对桥面板的防水、防腐功能。目前防水黏结层主要分为沥青类防水黏结材料以及反应类防水黏结材料。沥青类防水黏结材料一般有热熔型沥青以及溶剂型沥青两类,其主要特点在于其是通过物理变化过程实现黏结,材料随着温度的升高降低会软化、脆化,整个过程具有可逆性。而对于反应类黏结材料,其则是通过化学反应实现黏结,其对于温度有着较高的稳定性,反应过程不可逆,主要代表产品有环氧树脂类、甲基丙烯酸树脂类。

目前,钢桥面铺装根据结构层形式一般分为同质单层、同质双层以及异质双层。所谓同质单层即桥面铺装时仅铺设一层铺装层,而同质双层则是铺装层分为两层施工,所摊铺的材料为同一种类型;异质双层则是铺装层分为两层施工,所摊铺的材料为不同类型。目前世界上主流采用的钢桥面铺装材料有五类:

(1)以德国、日本为代表的高温拌和浇注式沥青混合料(Guss Asphalt,GA),以英国为代表的浇注式沥青玛蹄脂混合料(Mastic Asphalt,MA),国内现又在 GA 的基础上改良了浇注式沥青混合料(PGA)。

(2)以美国、中国及日本为代表的环氧沥青混合料(Epoxy Asphalt,EA)。

(3)近些年兴起的超高性能混凝土(Ultra-High Performance Concrete,UHPC)。

(4)德国和中国采用较多的改性沥青玛蹄脂碎石混合料(Stone mastic Asphalt,SMA)。

(5)道路路面铺装应用较多的改性密级配沥青混合料(Asphalt Concrete,AC)。

6.2.1 浇注式沥青混合料(GA/PGA)

浇注式沥青混合料(GA/PGA)起源于德国,意为"流动的路面",其空隙率小于1%,具有较强的流动性,一般不需要碾压,只需要简单的摊铺整平即可完成施工,其在高温(220~260℃)下拌和,依靠混合料自身的流动性摊铺成型(图6-1)。

浇注式沥青混合料由两种沥青掺配而成,即特立尼达湖沥青(Trinidad Lake Asphalt 简称 TLA)与石油沥青。TLA 是从一种半固体、乳化状天然沥青精炼而成,其主要成分是 53%~55%的地沥青(二硫化碳可溶分)、36%~37%的矿物质、9%~10%的水化物以及挥发性物质等。TLA 是一种凝胶结构而非溶胶结构,具有相对较高的表面张力。其特有的胶体结构使得与普通石油沥青混合显得更加容易,从而使普通石油沥青的温度敏感性降低。

我国于20世纪90年代开始引进浇注式沥青混凝土技术,并在江阴长江大桥和香港青马大桥以及台湾新东大桥、高屏大桥上应用,近年来南京长江四桥、南京长江大桥路面维修改造、港珠澳大桥主桥也均采用了浇注式沥青混合料。

a)示例一　　　　　　　　　　　　　　b)示例二

图 6-1　浇注式沥青混合料(PGA)

国内外关于浇注式沥青混合料高温稳定性的评价尚未统一,日本采用车辙试验动稳定度来评价,规定浇注式沥青混合料在 60℃、0.64MPa 轮载作用下动稳定度不低于 300次/mm;德国则采用贯入度及贯入增量来评价,规定标准试件在标准荷载作用下 30min 贯入位移在 1~3.5mm,30~60min 之间的位移增量小于 0.4mm,日本则是采用贯入度 1~4mm 来控制。国内在《公路钢桥面铺装设计与施工技术规范》(JTG/T 3364)规定,不同的气候分区分别在不同温度下以相应的贯入度及贯入增量作为指标。混合料的低温抗裂性则是以低温弯曲应变来进行控制和评价。

浇注式沥青混合料最大的特点是沥青含量高、空隙率低、抗裂性能好,具有优良的防水性能、抗老化性能、抗疲劳性能以及对钢桥面板变形优良的追从性。缺点则在于其高油石比、较好流动性导致较差的高温稳定性。因此,基于我国的实际气候环境,一般国内浇注式沥青混合料主要应用于铺装层的下层。

6.2.2　环氧沥青混合料(EA)

环氧沥青混合料(EA)是由环氧沥青结合料与符合级配要求的矿料按特定工艺制成的热固性混合料材料,因其结合料采用环氧沥青(Epoxy Asphalt)而得名。环氧沥青是一种由环氧树脂、固化剂与基质沥青经复杂的化学改性所得到的混合物(图 6-2)。固化后的环氧沥青混合料相比较而言是一种力学性能较高的材料,并且对温度的敏感程度较低。

20 世纪 50 年代末期,高强热固性环氧沥青材料在交通工程领域中得到广泛应用。美国首次采用环氧沥青混合料用作正交异性钢桥面的铺装层,取得良好的使用效果。日本在 20 世纪 70 年代,对环氧沥青混合料的配制、模量、应力松弛性能、破坏机理进行了研究。国内对环氧沥青的研究起步较晚,成熟的技术体系来自 21 世纪初南京长江第二大桥钢桥面铺装,至此逐步形成了环氧沥青混合料钢桥面铺装设计与施工成套技术。随着润扬大桥、南京长江第三大桥、杭州湾跨海大桥等大跨径桥梁的建设,该项技术相继在国内10多座跨江、跨海桥梁中得到运用并不断完善。我国钢桥面环氧沥青混合料铺装领域主要存在三种沥青产品:Chemco System 环氧沥青、日本 TAF 环氧沥青、宁武化工公司生产的环氧沥青。按照拌和温度可分为热拌环氧沥青混合料、温拌环氧沥青混合料和冷拌环氧沥青混合料。热拌环氧沥青混合料拌和温度一般为 170~190℃,温拌环氧沥青混合料拌和温度一般为 110~130℃,冷拌环氧沥青混合料则在常温下拌和。

与常规意义上的沥青混合料不同,环氧沥青混合料是将环氧树脂以及固化剂两种不同组分(图6-2)与集料拌和,待环氧反应固化后形成强度。其性能受成型时温度、时间、湿度等因素变化的影响很大,对施工质量控制体系的要求相当高,并且在摊铺后必须保证有足够长的养护期以确保环氧沥青混合料能够完成固化形成强度。

a) 环氧树脂

b) 固化剂

c) 旋转压实混合料试件

图 6-2 环氧及环氧沥青混合料试件

6.2.3 超高性能混凝土(UHPC)

超高性能混凝土国际上系指抗压强度在 150MPa 以上,并具有超高韧性、超长耐久性的水泥基复合材料。主要由硅灰、水泥、减水剂、细集料及钢纤维等材料组成,依照最大密实度原理构建,从而可使材料内部的缺陷(空隙与微裂缝)减至最少,同时由于集料粒径较细,其流动度相比普通混凝土而言较好,如图 6-3a)所示。

通过合理掺入钢纤维,UHPC 在轴向拉伸荷载下具有应变硬化特性,即抗拉强度不低于初裂强度,且初裂后伴随着多元开裂现象,应变能力显著提高(图 6-3b)。在 UHPC 中密配钢筋后,其抗拉性能进一步改善,形成混凝土-钢纤维-钢筋协调受力的复合受力模式,其抗弯拉能力甚至可与结构钢材比拟。超高性能混凝土提高了桥面刚度,改善了铺装层的受力状态,减小了面板和纵横肋在轮载作用下的应力,大幅提高了钢桥面的抗疲劳寿命;改善了面层工作条件,降低黏结层失效、车辙、推移等破坏风险。

a) 坍落扩展度　　　　　　　　b) 劈裂抗拉测试

图 6-3　UHPC 拌和及劈裂拉伸测试

6.2.4　改性沥青玛蹄脂碎石混合料(改性 SMA)

改性沥青是"基质沥青与一种或数种改性剂经过合适的加工工艺组成的混合物"。改性剂的范围很广，它包括了各种各样的掺合料，一般是指在基质沥青中掺橡胶、树脂类高分子聚合物、磨细橡胶粉或者其他填料，在改性剂中，运用最广、研究最深的应该是聚合物类改性剂。改性剂以功能划分，可分为抗氧致老化、抗疲劳开裂、抗水损害、抗永久变形和抗低温开裂这五种。采用聚合物对沥青改性的主要原因是，聚合物改性沥青在低温时具有更好的延伸性可减少开裂，而在高温时具有更好的抗变形能力以减少车辙，同时还可以增加混合料的强度和稳定性，提高混合料的抗磨损性等。

改性沥青玛蹄脂混合料是由间断级配的集料与改性沥青玛蹄脂(矿粉与纤维、沥青等的均匀拌和物)混合而成，典型的改性 SMA 是一种骨架密实型的沥青混合料，它由一定数量的粗集料形成骨架结构，足够的细集料填充到粗集料之间的空隙中。由于 SMA 具有粗集料多、矿粉多、沥青结合料多、细集料少、掺加纤维增强剂及材料要求高等特点(图 6-4)，使得 SMA 既保持了路面表面功能好的优点，又克服了耐久性差的缺点，兼具嵌挤和密实混合料的长处，即同时具有较高的嵌挤力和内摩擦阻力。其高温稳定性主要源于粗集料的相互嵌挤作用，沥青玛蹄脂的胶结性能也对此有一定影响，而 SMA 耐久性则来源于较高的沥青结合料含量和较厚的沥青膜，以及由沥青结合料、细集料、填料和稳定剂组成的沥青胶泥的特性。

在配合比设计时不完全依靠马歇尔设计方法，主要由体积指标确定。施工中对材料要求高，而且要求拌和时间长，施工温度高等。SMA 在桥面铺装设计时一般不作为下层材料，其原因一方面 SMA 粗集料含量高，很难形成平整的表面，这样与钢板的变形追从性就难以保证，另一方面 SMA 混合料空隙大，难以满足铺装下层的封水及密水性能，所以 SMA 一般作为上层材料。

a) 木质纤维　　　　　　　　　　b) 现场取芯

图 6-4　改性 SMA

6.2.5　改性密级配沥青混凝土混合料（改性 AC）

改性密级配沥青混凝土混合料是由连续级配、嵌挤密实的集料与改性沥青混合而成，压实成型后一般空隙率 <10%（图 6-5）。混合料的强度绝大部分由集料与沥青之间的黏结力提供，而集料之间的嵌挤力以及摩擦力作为辅助。

早年普通密级配沥青混凝土混合料存在高温稳定性和低温抗裂性难以同时满足的情况，随着改性沥青的出现，AC 的路用性能得到了较大提升。首先，改性沥青改善了沥青混合料抵抗高温永久变形的能力，提高了刚度；其次，改性沥青提高了沥青混合料抵抗低温变形的能力，改善了韧性；再者，密级配路面抵抗疲劳开裂能力得到了提升；另外，AC 路

图 6-5　改性密级的沥青混凝土混合料（AC-10）旋转压实试件

面的抗水损坏能力以及抗老化性能都得到了较大改善。AC 混合料在设计时通过马歇尔试验方法进行配合比设计，性能符合施工技术规范中相关要求，分别验证动稳定度以及低温弯曲应变等。

改性密级配沥青混合料作为高速公路沥青路面广泛应用的混合料，具有成本低、技术成熟、性价比高的优点；缺点是空隙率相对较大，抗疲劳性能相对较差，在钢桥面铺装层中一般作为上层，当路表病害发展至一定时可直接铣刨重铺。

6.3 钢桥面铺装结构

钢桥面铺装结构具体的设计选择流程如图6-6所示。其首先应综合考虑桥梁的结构特点、交通荷载、环境气候、施工条件、恒载限制等因素选择合适的铺装结构层以及界面功能层材料,参考相似的钢桥面铺装工程进行。材料确定后,进行初步厚度以及铺装层组合设计,复核验算铺装材料力学指标以及钢桥面板的刚度;待满足相关要求后进行组合结构的力学性能指标验证,其一般包括高温稳定性能、界面黏结性能以及抗疲劳性能;最后,再进行技术成本以及经济效益的估算比较。

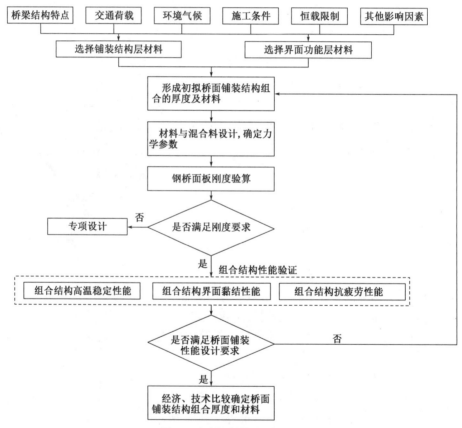

图6-6 钢桥面铺装层选择流程

目前国内常用的铺装结构层设计中同质单层的形式相对较少,常见的大多为双层铺装,代表性的有下层浇注式沥青混合料+上层AC/SMA、双层环氧沥青混合料、下层环氧沥青混合料+SMA、下层UHPC+上层SMA/AC等铺装结构形式。

6.3.1 下层浇注式沥青混合料 + 上层 AC/SMA 铺装结构

常规高温拌和浇注式沥青混合料铺装结构如图 6-7 所示。其在钢板上喷涂 0.08 ~ 0.20mm 的防锈层,防水黏结层一般选择溶剂型橡胶沥青黏结料,厚度一般在 1.5 ~ 4.0mm,结构层下层为浇注式沥青混合料,厚度选择一般在 30 ~ 40mm,中间黏层选用预拌沥青碎石及橡胶乳化沥青,上层磨耗层则采用厚度 30 ~ 40mm 的改性沥青混合料(AC 或 SMA)。

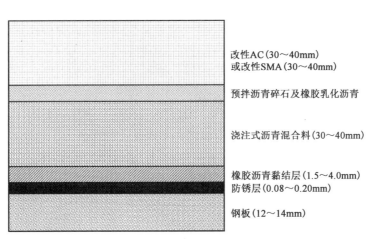

图 6-7 下层浇注式沥青混合料 + 上层 AC/SMA 铺装结构

截至目前,我国浇注式沥青混合料应用于 40 多项工程,铺装面积超过 120 万 m^2。在钢桥面铺装工程中,累计 20 多项工程,53 余万 m^2,代表性的工程见表 6-1。

国内浇注式铺装结构层应用情况　　　　表 6-1

序号	桥梁名称	地　　址	铺装结构	铺装建成时间
1	香港青马大桥	香港	MA	1997.05
2	胜利黄河大桥	山东东营	GA + SMA	2003.07
3	安庆长江大桥	安徽安庆	GA + SMA	2004.07
4	天津子牙河大桥	天津	GA + SMA	2004.08
5	湘江三汊矶大桥	湖南长沙	GA + SMA	2006.08
6	重庆石板坡长江大桥	重庆	GA + SMA	2006.08
7	平阴黄河大桥	山东聊城	GA + SMA	2006.11
8	汕头礐石大桥	广东汕头	GA + SMA	2007.01
9	深圳湾公路大桥	香港	MA + SMA	2007.07

续上表

序号	桥梁名称	地址	铺装结构	铺装建成时间
10	重庆菜园坝长江大桥	重庆	GA + SMA	2007.10
11	江西贵溪大桥	江西鹰潭	GA + SMA	2008.10
12	南京江心洲大桥	江苏南京	GA + SMA	2010.11
13	南京长江四桥	江苏南京	PGA + AC	2012.10
14	南京长江大桥(改造)	江苏南京	PGA + AC	2018.10
15	港珠澳大桥	广东珠海	GA + SMA	2018.10

其中,除了香港青马大桥、深圳湾公路大桥是采用英国的沥青玛蹄脂(MA),其他都采用起源于德国的 GA。在近些年施工过程中,国内开发出了适应中国复杂交通气候条件下的 PGA 成套技术,并在多座桥梁成功应用,取得了较好的效果。

6.3.2 双层环氧沥青混合料铺装结构

典型双层环氧沥青混合料铺装结构如图 6-8 所示。其在钢板上喷涂 0.08~0.20mm 的防锈层,防水黏结层一般选择环氧沥青黏结料,厚度一般在 0.3~0.6mm,结构层下层为 25~30mm 厚的环氧沥青混合料,中间黏层依然选用环氧沥青黏结料,上层磨耗层则采用厚度 25~30mm 厚的环氧沥青混合料。

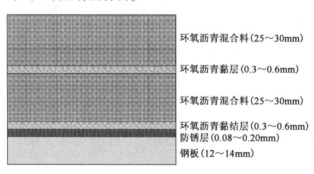

图 6-8 双层环氧沥青混合料铺装结构

环氧类的沥青混合料是以马歇尔试验进行配合比设计的,需要注意的是环氧类沥青混合料比常规混合料多出一项未固化试件的马歇尔试验验证。双层环氧结构通常需要重点考虑的是环氧材料的高低温稳定性以及抗疲劳性。

双层环氧沥青混合料铺装在国内部分钢桥的应用情况见表 6-2。

双层环氧沥青混合料桥面铺装在国内部分钢桥的应用情况　　表 6-2

序号	桥　名	桥　型	铺装结构(*)	铺装建成时间
1	南京长江第二大桥	钢箱梁斜拉桥	5cm 双层(A)	2000.10
2	江阴大桥	钢箱梁悬索桥	5~6cm 双层(A)	2003.10、2004.10
			3cm(浇注) + 3cm(B)	2004.10、2005.10
			6cm(C)	2007.10

续上表

序号	桥名	桥型	铺装结构(*)	铺装建成时间
3	润扬大桥南汊桥	钢箱梁悬索桥	5.5cm 双层(A)	2004.10
			5.5cm 双层(B)	
4	南京长江第三大桥	钢箱梁斜拉桥	5cm 双层(A)	2005.10
5	湛江海湾大桥	钢箱梁悬索桥	5.5cm 双层(A)	2006.10
			5.5cm 双层(B)	
6	杭州湾大桥南、北航道桥	钢箱梁斜拉桥	5cm 双层(A)	2006.10
7	苏通大桥	钢箱梁斜拉桥	5cm 双层(A)	2007.10

* A 代表 Chemco System 环氧沥青，B 代表日本 TAF 环氧沥青，C 代表宁武化工公司生产的环氧沥青。

6.3.3 下层环氧沥青混合料 + 上层 AC/SMA 铺装结构

下层环氧沥青混合料 + 改性沥青混合料铺装结构如图 6-9 所示。其在钢板上直接设置防水黏结层，厚度一般在 0.5~2.0mm，结构层下层为 30~40mm 厚的环氧沥青混合料，中间黏层选用乳化沥青，上层磨耗层则采用厚度 30~40mm 厚的改性 AC 或 SMA。该铺装结构中，环氧层作为下层防水保护，与环氧黏结层一起形成防水黏结体系和承重层。改性 AC 或 SMA 作为磨耗层，为道面提供舒适安全的行车环境。

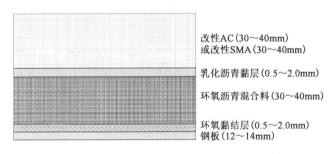

图 6-9 下层环氧沥青混合料 + 上层 AC/SMA 铺装结构

6.3.4 下层 UHPC + 上层 AC/SMA 铺装结构

国内于 2010 年左右发展出 UHPC 铺装结构，如图 6-10 所示。其在钢板上焊接 3mm 左右高的焊钉增加抗剪能力，后直接浇筑 35~60mm 厚的 UHPC 作为结构层下层，中间黏层选用乳化沥青，上层磨耗层则采用厚度 6~40mm 厚的改性 AC 或 SMA。

与传统的沥青铺装钢桥面相比，UHPC 铺装结构具有以下特点：

（1）UHPC 层显著提高了桥面系的刚度，降低了钢桥面板在车轮荷载作用下的应力水平，进而大幅延长钢桥面的疲劳寿命；

（2）桥面系刚度的提高有助于改善沥青铺装层的受力，有助于推迟沥青铺装层出现开裂、车辙、推移等病害；

(3)由于铺装层为改性 AC、SMA 等常规铺装材料,造价低于环氧沥青等高级铺装材料,显著降低了铺装层的全寿命维护成本。

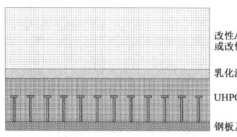

图 6-10 下层 UHPC + 上层 AC/SMA 铺装结构

UHPC 铺装结构作为结构层,可改善钢桥面板和铺装面层的受力条件,同时也作为桥面防水材料,防止外界水分渗漏到钢桥面板内。其已在我国南京长江五桥、岳阳洞庭湖二桥、肇庆马房大桥、佛山佛陈大桥、天津海河大桥、长沙桐关大桥等钢桥面铺装工程中得到了应用。

6.4 钢桥面铺装施工

钢桥面铺装的施工质量直接关系到铺装层的使用性能,尤其是长期使用寿命。为确保大跨径钢桥面沥青混合料铺装的施工质量,使铺筑成的铺装层具有坚实、平整、抗滑、耐久的优良品质,施工工艺的过程控制极为重要。

6.4.1 钢桥面防腐除锈

对于钢桥面铺装工程,表面除锈及防腐是其钢桥面施工不可回避的一个重要工序,具体如图 6-11 所示。首先要对施工区域的钢桥面板进行验收,待达到标准后进行施工区域的初步处理,随后即开始除锈作业。在施工之前,需确定抛丸机的行走速度以及除锈金属磨料组成,施工完成工作面,经过边角修理以及清洁度、粗糙度验收后,即可进行防水黏结层的施工。

除锈前应全面检查记录全桥锈蚀、污染状况,被油渍污染的钢板表面除锈前应采用溶剂法或机洗法去除油污,除锈前,应先用工具打磨平整钢桥面板表面锐边、飞溅、不光滑焊缝等缺陷。行车道除锈应采用全自动无尘除锈设备,全自动无尘除锈设备一般分为分离式抛丸机与一体式抛丸机两种(图 6-12),桥面边角、吊索区等特殊部位除锈可采用手持空压喷砂设备施工(图 6-13)。

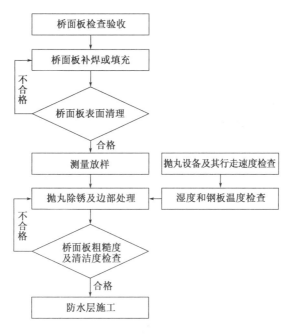

图 6-11 钢桥面防腐除锈施工工艺流程图

a) 分离式抛丸

b) 一体式抛丸

图 6-12 钢桥面抛丸除锈

喷砂除锈用金属磨料应采用颗粒形状为丸粒和砂粒的金属磨料。其比例应视粗糙度要求、钢桥面板表面状况在施工前通过试验段进行确定。

喷砂除锈后的钢板应进行清洁度及粗糙度验收(图 6-14、图 6-15)。其清洁度应至少达到 Sa2.5 级,粗糙度应达到 Ra60~100μm,粗糙度验收常用的有干涉法以及触针法等。同时为防止除锈后的钢桥面板与空气中水分氧化反应造成钢桥面板锈蚀,在除锈后 4h 以内应完成第一层防腐涂装,梅雨季节时,必须在 2h 内完成涂抹;湿度大于 85%,原则上不得进行除锈施工。

a) 手持式空压喷砂设备　　　　　　b) 手持式角磨机

图 6-13　钢桥面边角区域除锈

a) 清洁度人工检测验收　　　　　　b) 钢板清洁效果细部图

图 6-14　桥面除锈清洁度检测

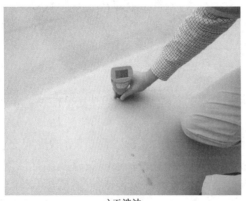 

a) 干涉法　　　　　　　　　　　b) 触针法

图 6-15　桥面除锈粗糙度检测

6.4.2 浇注式沥青混合料

浇注式沥青混合料的施工流程如图6-16所示。待钢桥面板除锈验收后,可进行防水黏结层的施工,一般采用溶剂型橡胶沥青黏结材料作为防水黏结层。养护7天后,方可进行浇注式沥青混合料的摊铺,摊铺前准备开头收尾的接缝板以及侧边模板,摊铺时同步进行预裹碎石的撒布,视碎石嵌入情况后紧跟小吨位钢轮压路机碾压。

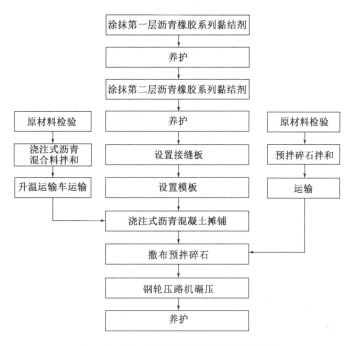

图6-16 浇注式沥青混合料施工工艺流程图

(1)溶剂型黏结层施工

施工前应密切注意气候情况,与气象部门及时联系,掌握施工当天及近期的天气状况,并制订相应的紧急预案,以应对可能发生的突发事件。开始施工前,应对工作面进行清洁处理,清除油污、水分及其他污染物。

应在防腐层彻底固化并检验合格后,进行黏结层施工。如未设置防腐层,应在喷砂除锈后4h内完成第一层防水黏结层施工。涂抹施工时,桥面板温度原则上不高于50℃,第二层涂抹施工桥面板温度不得大于50℃。防水黏结层分两层涂抹,第一层涂抹后需3h以上的养护,第二层涂抹方向与第一层涂抹方向垂直。每次涂抹量0.15L/m²,总的涂抹量标准为0.3~0.4L/m²,通过单位面积用量来控制喷涂量。第二层涂抹后,至少要养护7d方可进行下道工序。

为保持黏结层的良好状态,在浇注式沥青混合料铺筑之前,任何车辆和个人均不得进入已涂抹好沥青黏结层的区域(图6-17)。

a）涂抹第一层　　　　　　　　b）涂抹第二层　　　　　　　　c）施工完成养护

图6-17　防水黏结层涂刷

（2）拌和

在拌和站矿料温度稳定在规定范围内后，喷入沥青进行拌和，初步拌和均匀后，喷入矿粉进行最后拌和。各阶段拌和时间根据试拌时确定的时间进行操作（试拌按照干拌8s，湿拌45s）。将拌和均匀的混合料卸入临时热料斗中，装载浇注混合料时，升温搅拌运输车点火喷嘴调至强火，旋转叶片。出料温度不低于180℃。注意每盘混合料分三次卸入升温搅拌运输车中，以确保搅拌车所受荷载均匀、缓慢，卸料过程中搅拌车内叶片缓慢转动，每辆搅拌车装入一盘混合料后，换下一辆车接料，三车为一个循环，每车质量控制在12t以内，直至装满这个循环所有车辆。

（3）运输

运输车应预热至130～140℃，将拌和好的混合料装入保温运输车，设定好控制温度，进行充分升温和搅拌均匀。混合料在运输车中应至少搅拌45min方可进行摊铺，混合料在装入运输车后宜在4h内完成运输、摊铺施工。若混合料储存时间超过6h，应予以废弃。为接近摊铺机，运输车必须通过黏结层，为防止运输车破坏黏结层，可在轮迹带撒一些矿粉，严禁运输车在钢桥面调头，所有调头工作在引桥完成。同时在进入施工面前应对轮胎进行遮阳降温，防止高温的轮胎破坏黏结层，对于引桥既有工作面也需铺塑料草皮隔离保护工作面（图6-18）。

a）轮胎隔离降温　　　　　　　　　　b）塑料草皮隔离保护工作面

图6-18　混合料运输车保护措施

混合料在升温搅拌运输车中的加热搅拌时间不少于1.5h,且不宜超过5h。加热搅拌后的混合料在排出口温度控制在220~260℃范围内(图6-19)。升温搅拌车加热需特别注意控制局部高温,同时采取有效措施避免沥青与空气接触产生老化现象。在保温运输车搅拌、升温充分后(即搅拌达到规定时间,混合料温度达到要求)取样进行刘埃尔流动性试验(图6-20),在沥青混合料路面上测试时,应架空垫板隔离测试,以防止高温损坏路面。

图6-19 混合料出料口测温

a)垫板隔离测试

b)直接测试

图6-20 混合料流动度测试

(4)摊铺

浇注式沥青混合料在摊铺时采用专用摊铺机械摊铺,对于摊铺机无法摊铺到的边带、中央分隔带及人行道位置宜采用人工摊铺。摊铺前宜采用不低于摊铺厚度的钢板或木板设置侧向模板[图6-21a]。确保模板的顺直、平整和固定牢固。运输车宜在摊铺机行走方向的前方将混合料卸在桥面板上。摊铺机的布料器左右移动使熨平板前充满混合料,并前行摊铺混合料至规定厚度。混合料应满足摊铺和易性要求。摊铺时应同步撒布预裹碎石[图6-21b、图6-21c)]。

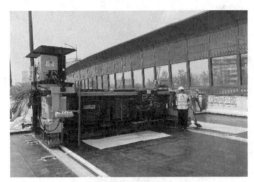
a) 侧向模板设置

b) 碎石同步撒布

c) 浇注式沥青混合料摊铺(南京长江大桥)

图 6-21　浇注式沥青混合料摊铺及碎石撒布

预拌碎石撒布采取机械撒布的方式。施工前应通过工艺试验与室内车辙试验确定撒布数量,待确定后在现场布置 $1m^2$ 内碎石分布示意图(图 6-22)以方便施工过程中对比控制撒布量。碎石宜采用改性沥青或基质沥青或基质沥青与湖沥青的混合沥青预拌,沥青用量宜为 0.2%~0.5%,并要求在预拌后冷却的碎石不能结团。碎石撒布量应根据现场试验确定,覆盖率宜控制在 50%~90%。撒布完沥青碎石后,在合适的温度条件下(180℃左右),用小型钢轮压路机进行碾压。碎石碾压的时间应在碎石不再自然下沉时进行。为防止压路机附着沥青,使用洒水防粘连措施。

对于施工过程中的接缝,摊铺前应进行预热处理[图 6-23a)]或使用预制贴缝条。摊铺速度宜为 1.5~3m/min,并按照拌和站的拌和能力调整,摊铺过程中不应停机待料,同时应实时测试下料温度[图 6-23b)]。摊铺中出现气泡或鼓包等缺陷时,应立即用钢针插入放气。

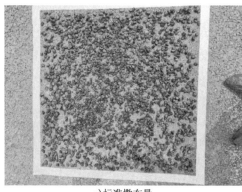
a) 标准撒布量

b) 碎石撒布后铺装层

图 6-22 碎石撒布

a) 接缝预热处理

b) 下料测温

图 6-23 摊铺接缝预热及下料测温

(5) 养护

浇注沥青混合料铺装完毕,在上面层施工前,封闭交通进行养护,禁止车辆驶入,同时应派专人不断地检查是否有鼓包发生,一旦出现鼓包,则应铲除鼓包处的铺装层,清理后重新涂抹 $0.4L/m^2$ 黏结层,养护黏结层 12h 后再用新的浇注式沥青混合料回补、找平。通过肉眼可以观察到鼓包,若不确定则借助水平仪测量(图 6-24)。

a) 鼓包示例

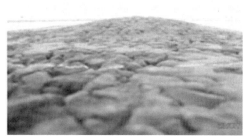
b) 鼓包近景

图 6-24

c) 鼓包凿除　　　　　　　　d) 补刷黏结层

图 6-24　鼓包实例与现场处理

6.4.3　环氧沥青混合料

热拌以及温拌环氧沥青混合料的施工工艺流程如图 6-25 所示，钢桥面板喷砂除锈后采用环氧富锌漆进行涂装，环氧沥青混合料拌和后运输至现场摊铺，碾压至设计压实度后养护。如南京长江二桥是我国首次采用环氧沥青混合料铺装技术的大跨径钢桥，铺装结构为双层 5.0cm 的环氧沥青混合料，钢桥与下层铺装以及双层铺装之间均采用环氧沥青作为黏结材料。

图 6-25　环氧沥青混合料铺装施工工艺流程图

(1) 黏结料喷洒

钢桥面板喷砂除锈过后保证桥面的干燥、清洁，当气温高于 15℃ 且没有出现雨、雾天气时，可对桥面喷洒黏结料覆盖非喷洒区。喷洒过程中，流量计量员应每分钟记录一次两个流量计的读数，包括两表的实时读数和总量读数，同时要准确估算每分钟的行车距离，确保喷洒量符合设计要求。

凡与铺装层接触的部位均应洒布环氧沥青黏结料，对喷洒效果不好的部位，可用人工补涂。喷洒超量、漏洒或少洒的地方应予纠正(图 6-26)。因故多洒的黏结料应采用适当的工具予以清除；因故漏洒或少洒的部位应采用适当的工具将黏结料予以补足。

(2) 混合料拌和

环氧沥青是由 A 组分(沥青、固化剂和其他助剂)与 B 组分(纯环氧树脂)在一定工艺下混合而成的，A 组分与 B 组分自混合时开始，环氧树脂就开始发生固化，环氧沥青混合料制备过程中拌和温度与拌和时间对环氧沥青混合料的均匀性有较大影响，具体拌和流程如图 6-27 所示。热拌环氧沥青混合料拌和前应将环氧树脂助剂和固化剂分别加热至 50~60℃，沥青应加热至 150~165℃。温拌环氧沥青混合料拌和前应将环氧树脂助剂加热至 82~92℃，固化剂和沥青的混合物加热至 125~135℃。热拌和温拌环氧沥青混合料的出料温度超出容许温度范围时，应予以废弃。

a) 机械式喷洒

b) 人工喷洒

图 6-26　洒布黏结层

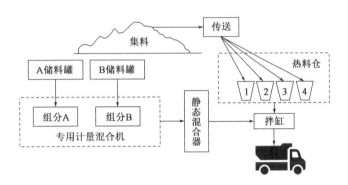

图 6-27　环氧沥青混合料拌和示意图

(3) 运输

由于环氧沥青混合料在运输过程中就已经开始固化反应，其强度增长的幅度与温度和运输时间有关，因此高效的运输调度是保证施工质量的关键步骤。在施工中应按要求预测和控制拌和楼与施工现场的车程，保证环氧沥青混合料施工连续性。在运输过程中车辆应采取防积水、防漏水措施，做好混合料的保温工作，车厢内宜涂薄层植物油，避免环氧沥青混合料黏附于车厢内，运至施工现场后采用专用的插入式温度计进行测温。在施工现场需依据运料车的装料时间、混合料保温情况以及摊铺速度来确定其容许卸料时间范围，并进行卸料调度。

(4) 摊铺

环氧沥青混合料的摊铺需要与混合料的运输调度相互协调配合，施工时需要严格控制摊铺速度，保证其连续性，做到"不停机、不超时"。摊铺机根据投料方式的不同分为侧投式与直投式(图 6-28)。摊铺机的行走速度尽量控制在 3m/min 以内，可根据施工现场情况做相应调整。同时,摊铺过程中要保持摊铺机的温度一致,对于因局部温度降低或容留时间过长产生的"死料"需及时清理、换料和修补。摊铺后的环氧沥青混合料应表面均匀,无离析、波浪、裂缝、拖痕、鱼尾纹等现象。

a) 侧投式　　　　　　　　　　　　b) 直投式

图6-28　环氧沥青混合料摊铺

(5) 碾压

钢桥面铺装碾压过程一般分为初压、复压和终压三个阶段,使混合料逐步密实、稳定、成型,最终形成平整的压实面。碾压时应分段控制,压路机隔离剂采用植物油,严禁采用水、柴油、废机油。具体碾压遍数与压路机组合应通过试验段确定,在施工时可根据现场情况适当调整。碾压过程中,应在初压和终压快完成时,用红外线测温计测记表面温度,当表面温度不满足要求时,再用插入式温度计测量内部温度。当内部温度不满足要求时,应进行补压并查找原因。

图6-29　环氧沥青混合料碾压

压路机在碾压过程中严禁突然转向或调头,起动、停止时必须减速缓行(图6-29),严禁紧急制动。热拌环氧沥青混合料从拌和出料到复压结束时间宜控制在2h以内,超过3h则应作为废料进行处理;温拌环氧沥青混合料从拌和出料到复压结束时间应参照产品说明书,超过规定时间应废弃。

碾压完毕后应及时检查表面是否有已结团的混合料或推挤裂缝等情况,对存在的问题应及时处理。施工时应尽量避免设置接缝,如因特殊原因需设置接缝时,应采用45°~60°的斜接缝。切缝前应预先画线,且不得带水切割。切割时机应通过试切确定,保证切缝平顺、切面平整。

应该指出的是,与热拌、温拌环氧沥青混合料相比,冷拌环氧沥青在路面铺装修补施工方面具有其独特性,也已成为国内路面铺装材料的研究与应用热点。冷拌环氧沥青混合料拌和机应设计在施工现场的附近,集料的含水率控制在1%以内。冷拌环氧沥青结合料各组分应按比例混合并用动力搅拌机搅拌均匀,搅拌时间不应少于120s。集料和矿粉宜先在拌缸内干拌5~10s,再加入结合料拌和,湿拌时间不宜少于70s。其余施工要点与温拌、热拌混合料类似。

(6)养护

混合料压实完成后,原则上封闭交通养护,禁止车辆驶入。

6.4.4 超高性能混凝土

超高性能混凝土铺装的施工工艺流程如图6-30所示。桥面防腐除锈完成后进行焊钉的焊接,喷涂界面剂之后绑扎钢筋网,随后进行混合料的浇筑,待浇筑完成养护达到设计强度后进行下一施工工序。

图6-30 UHPC铺装施工工艺流程图

(1)防腐除锈

钢桥面采用真空封闭式抛丸机进行除锈,在进行抛丸前需用压缩空气吹净钢桥面表面浮尘,随后进行表面抛丸,压缩空气应保证清洁、干燥,不含油和水。被抛丸部位清洁度至少要达到Sa2.5级,表面粗糙度应达到Ra60~100μm。

(2)焊接焊钉

高性能混凝土与钢桥面板间可靠的连接是确保组合桥面板起到应力幅改善效果的前提,采用焊电弧螺柱焊机进行焊接,在正交异性钢-高性能混凝土组合桥面板体系中,栓钉直径通常采用13mm、16mm和19mm三种。

(3)界面剂涂装

在桥面铺装层与桥面板之间喷涂优良的界面剂是保证桥面铺装层质量的关键。因此,为了进一步加强桥面板与桥面铺装层之间的联结,在桥面板上喷涂无机界面黏接剂。喷涂无机界面黏接剂时分以下两个步骤进行:

①配制无机界面剂:在干净的容器中加入界面剂质量30%~32%的自来水,然后慢慢倒入界面剂干粉,搅拌3min左右,得到均匀的黏糊状的浆体。配制好的界面剂应立即进行喷涂施工,静止停放时间不得超过40~60min(根据气候条件不同而不同)。

②喷涂无机界面剂:用喷枪将界面剂喷涂均匀,厚度控制在1.5mm左右。每次喷涂界面剂的面积不要太大,要在界面剂初凝之前将混凝土摊铺到位。为此应加强无机界面剂喷涂与混凝土浇筑施工之间的密切配合。

喷涂无机界面剂时要注意不要在没有清理干净或干燥或有明水的基面上涂刷,也不能在已经结硬的界面剂上摊铺新混凝土。应在涂刷的界面剂浆体初凝之前将新混凝土摊铺到位,否则要将已结硬的界面剂层铲除,用清水冲洗干净后再重新涂刷界面剂、摊铺新混凝土。当遇到寒流、雨雪、大风或高温(35℃以上,且具有太阳直射的环境)天气应停止露天施工。高温天气最好是选择夜间施工,确需在白天露天施工时,必须在界面剂喷涂后采取避风防晒措施,并立即摊铺新混凝土。

(4)绑扎钢筋网

将直径 8mm 的钢筋绑扎成 100mm×100mm 钢筋网。将钢筋网焊接在架立钢筋上(梅花焊),钢筋网安装完毕后,需要再次对桥面进行清理。

(5)浇筑 UHPC

浇筑 UHPC 时,采用同步浇筑滑模机或安排工人用铁铲将混凝土初步整平,避免通过振动的方式将混凝土摊铺开来,再使用平板振动器进行捣实处理,最后采用铁抹子搓平。UHPC 铺装施工流程如图 6-31 所示。

a)绑扎钢筋网

b)浇筑UHPC

c)抹面

d)养护

图 6-31　UHPC 铺装施工流程

(6)养护

振捣整平后需要用覆膜机收光并及时在 UHPC 表面喷雾,使混凝土保持湿润,但不得出现明水,施工时可以覆盖一层养护膜与土工布并进行洒水,保湿养护 7d 即可掀开土工布及薄膜。为防止混凝土开裂,养护膜采用节水保湿养护膜,该养护膜上黏贴的树脂具有吸水与放水的作用,使混凝土在养护阶段保持湿润。

6.4.5 改性沥青混合料

改性沥青类混合料摊铺施工流程基本与环氧沥青混合料类似。具体施工流程如下：

(1) 黏结层施工

一般在铺装下层铺筑完毕之后，设置改性乳化沥青黏层。改性乳化沥青黏层在铺装面层混合料摊铺前一天施工，要求洒布均匀、不得漏洒，用量为 $0.3 \sim 0.5 kg/m^2$，试验段按照中值控制。黏结层施工采用沥青洒布车进行施工，施工前通过胶带、塑料薄膜对桥面系构造物进行有效的防护，确保不被污染。

(2) 混合料拌和

拌和机能分口、分级上料，计量准确，拌和均匀，自动调控，自动记录。沥青采用导热油加热，改性沥青加热温度控制在 160～165℃ 范围内，改性沥青混合料矿料加热温度控制在 190～220℃ 范围内，改性沥青混合料出料温度控制在 170～185℃ 范围内。拌和时间为干拌 10s，湿拌 40s，总拌和时间为 50s。拌和站设置专门试验室，及时对拌和出的沥青混合料进行试验、检验。

(3) 摊铺

施工前，应在桥面系构造物处黏贴接缝材料。黏贴前应对钢路缘、伸缩缝位置进行打磨处理，接缝材料黏贴应平整、不漏贴。铺筑前，应沿边侧坡脚位置设置纵向排水管，遇泄水孔时，需接管引入泄水孔，排水管应连接畅通，采用胶带、小钢钉固定。铺设混合料时，避免排水管突出到铺装表面。

沥青混合料摊铺前应先加热熨平板使其温度不低于 100℃。摊铺机摊铺过程中以一定的速度稳定匀速前进，不得随意中途变速或停顿。拌和能力、运输能力与摊铺机摊铺能力密切配合，选定合适的摊铺速度。螺旋布料器的料位以略高于螺旋布料器 2/3 为宜，避免摊铺层出现离析。机械摊铺过程中，不宜人工反复修整（图 6-32）。

a) 摊铺

b) 碾压

图 6-32 混合料摊铺、碾压

摊铺时松铺系数按照1.21左右控制,摊铺速度按照2m/min控制;其摊铺厚度采用非接触式平衡梁装置控制,保证线形平顺;同时采用钢钎、钢板尺等检测实际铺装厚度,遇到厚度异常时应及时调整;为防止沥青混合料与车厢板黏结,车厢侧面板和底板涂布一薄层隔离剂(采用植物油);摊铺遇雨时,立即停止施工。

(4)碾压

碾压紧跟摊铺机进行。碾压过程按初压、复压、终压三个阶段进行。碾压遵循紧跟、慢压的原则进行,严格控制碾压遍数、碾压速度和碾压温度。

改性SMA、AC使用钢轮压路机碾压时,宜采用质量10t以上的水平振荡压路机。碾压时压路机驱动轮面向摊铺机,由低到高,超高段由内侧向外侧依次连续均匀碾压,相邻碾压带重叠1/3~1/2轮宽,并对操作手进行培训,不允许压路机在沥青混合料上转向、调头,压路机启动、停止必须减速缓行,不得制动。要对初压、复压、终压段落设置明显标志(标志标牌),便于司机辨认。对松铺厚度、碾压顺序、压路机组合、碾压遍数、碾压速度及碾压温度应设专岗管理和检查,坚决杜绝漏压。

对于压路机压实不到的局部路面,采用手扶振动压路机等小型机具,将压路机不便压实的地方振捣密实。当压实度达不到设计标准时,可采取提高施工温度5~10℃或掺加降低改性沥青高温黏度的改性剂等措施。为使边部碾压到位,应协调好人行道护栏施工的次序,铺装完成后再进行护栏焊接,从而防止压路机无法进行边部碾压和破坏剐蹭护栏(图6-33)。

(5)接缝处理

对于纵向施工缝,施工面全宽摊铺,一般不设置纵向施工缝。对于横向施工缝,横缝全部采用平接缝,施工前应对接缝位置切割、清理,接缝与底面层横接缝错开1m以上。施工缝位置在铺装前可均匀涂抹中间黏结层的黏结材料。接缝应用3m直尺进行平整度测试(图6-34)。

图6-33 护栏侧混合料摊铺

图6-34 混合料接缝平整度测试

(6)养护

沥青混合料压实完成后,原则上封闭交通养护,禁止车辆驶入。特殊情况下,在路表温度接近环境温度时,方可开放通行。

6.5 典型案例

南京长江四桥钢桥面铺装是国内首座创新性采用"PGA + 高弹改性沥青 AC"的复合浇注式铺装方案的大跨径钢箱梁桥,采用"下层浇注式沥青混合料 40mm + 上层改性沥青混合料 35mm"的铺装厚度及构成。

其铺装结构如图 6-35 所示。钢桥面板现场进行 Ⅰ 级除锈处理(图 6-36),在桥面板之上铺设厚度为 40mm 的下层浇注式沥青混合料和 35mm 的上层改性沥青混合料,上层改性沥青为钢桥面铺装专用改性沥青,下层浇注式沥青中 20~40 号石油沥青占 70%,TLA 占 30%,其表面压入 12kg/m² 的碎石,铺装上层与下层之间喷涂 0.3~0.5L/m² 的乳化沥青材料,铺装和路缘石之间采用接缝材料,铺装下层与钢板之间洒布 0.3~0.4L/m² 的橡胶沥青黏结材料。

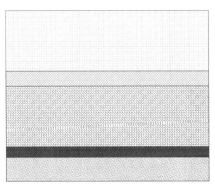

图 6-35 南京长江四桥铺装结构示意图

a) 抛丸除锈

b) 工作面清理

图 6-36 防腐除锈及工作面清理

摊铺时采用机铺带与人工带相结合(图6-37),摊铺机采用德国产浇注式沥青专用摊铺机,型号EB50/75S,最大摊铺宽度5.0m,最大工作坡度10%,考虑到高温天气料车在防水黏结层上长时间停留会破坏防水黏结层,并结合试验桥施工的经验,摊铺速度设定为0.8~1.2m/min。

a) 机铺带

b) 人工带

图6-37 浇注式沥青混合料摊铺(机铺及人工铺)

摊铺速度与供料速度应相匹配,根据供料能力尽量匀速摊铺,并设专人计算并控制摊铺速度,合理调度料车。摊铺时预裹碎石紧跟撒布,小吨位钢轮压路机紧跟摊铺机后碾压(图6-38)。

a) 碎石撒布混合料表面

b) 碎石半压入混合料

图6-38 碎石撒布及碾压

黏结层采用改性乳化沥青,用量为0.3~0.5kg/m²,采用沥青洒布车(图6-39)进行黏结层洒布施工,并选择适宜的喷嘴,洒布速度和喷洒量保持稳定。施工前对下面层灰尘进行清理,施工过程中采用塑料布、彩条布等对护栏、防撞墙进行封闭包裹,乳化沥青破乳、水分蒸发完成前,对喷洒路段进行交通封闭,严禁车辆和行人通过。

为保证摊铺温度,运输时采用加盖篷布和棉被的保温措施。每车到现场均应测量混合料内部温度、表面温度(分别采用插入式温度计和红外线温度计),低于摊铺温度时,混合料不得卸车。运料车侧面中部应设置专用检测孔,孔距车厢底面约30cm,温度计插入深度应大于15cm(图6-40)。

图6-39 黏层洒布

a) 钢钎钻孔

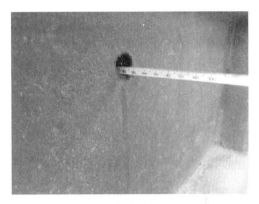

b) 温度计测温

图6-40 钻孔测温

碾压紧跟摊铺机进行,碾压过程按初压、复压、终压三个阶段进行。对初压、复压、终压段落设置明显标志,便于压路机司机辨认。压路机折返要呈阶梯形,不要在同一断面上。胶轮胎压路机采用植物油作为隔离剂。碾压严格遵循"高温、紧跟、匀速、慢压、高频、低幅、先边、后中"的原则(图6-41)。

南京长江四桥联系着长江南北,大吨位重载车辆繁多,其对桥面整体铺装的高温稳定性提出了较高的要求。以通车后2016年高温极端天气下某日0时至24时,根据现场实测数据以及理论模型进行了对比分析研究[图6-42a)]。方块实线为大气温度,圆形及三角实线为现场实测温度值,而圆形及三角虚线为理论模型数值模拟结果,可以看出铺装温度远远大于大气温度,最高温度已经大于60℃,大概在14:00~15:00区间范围内,与大气的最高温度出现的时刻相一致。上下铺装层及大气温度随时间变化的趋势大体一致,由于温度的传递作用,铺装底层温度始终滞后于上下铺装层间温度。

a) 摊铺及钢轮压路机初压　　　　　b) 轮胎压路机复压及钢轮压路机终压

图 6-41　高弹改性密级配沥青混合料摊铺

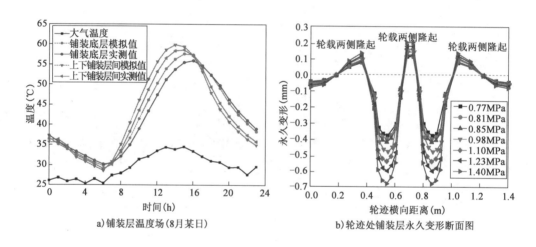

a) 铺装层温度场(8月某日)　　　　　b) 轮迹处铺装层永久变形断面图

图 6-42　南京长江四桥钢桥面铺装层温度场及轮迹处永久变形

图 6-42b)为铺装层温度 60℃、轴载 50 万次条件下钢桥面铺装层的永久变形曲线,轴载的施加采用双轮矩形加载,以双轮为中心点对称提取了横向左右各 0.7m 范围内的铺装层永久变形值,可以看出轮迹处的变形大致呈"W"形,不同轴载水平下,钢桥面铺装的蠕变应变规律比较一致,都是轮迹作用处凹陷,两轮载中间凸起,凹陷处与轮载作用位置一致,永久变形的最大值在轮载中心处,两边轮载作用的中心处以及轮载作用两侧呈隆起状态,其中中间隆起的高度比两侧高,隆起的最主要影响区域在轮载两侧 0.2m 范围内。无论铺装层的凹陷还是凸起大小,都随着轮载接地压力的增大而增大。

图 6-43 为各个月份铺装层车辙发展曲线图,可以看出,钢桥面铺装层的车辙主要由浇注式沥青混合料贡献,而高弹改性沥青混合料具有较好的高温稳定性,车辙贡献率很小。由于高温,车辙主要出现在 6—8 月。

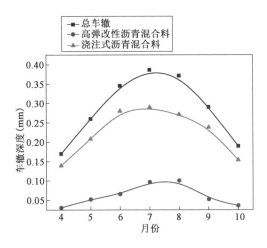

图 6-43　各个月份钢桥面铺装层车辙发展曲线图

根据 2016 年度南京长江四桥年终主桥面的检测报告,按照每 10m 计算车辙平均值,其左幅主桥的钢桥面铺装层车辙的平均值随里程的变化图如图 6-44 所示。根据检测报告可以求出左幅的所有测点中的车辙平均值为 2.145mm,考虑一些随机性因素,除了铺装层部分测点车辙值比较大,大部分车辙值幅度变化范围大概为 2mm。数据表明在重载高温环境下,南京长江四桥桥面铺装结构整体工作性能良好。

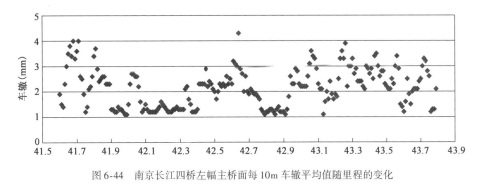

图 6-44　南京长江四桥左幅主桥面每 10m 车辙平均值随里程的变化

6.6　小结

本章主要介绍了钢桥面铺装目前常用的五种材料,分别为浇注式沥青混合料、环氧沥青混合料、超高性能混凝土、改性沥青玛碲脂碎石混合料以及改性密级配沥青混合料。

通过组合这五种常用材料并搭配相应的黏结层形成目前常用的钢桥面铺装结构形式,包括下层浇注式沥青混合料 + 上层 AC/SMA 铺装结构、双层环氧沥青混合料铺装结构、下层环氧沥青混合料+上层 AC/SMA 铺装结构、下层 UHPC+上层 AC/SMA 铺装结构等。钢桥面铺装结构设计选择时应综合考虑桥梁的结构特点、交通荷载、环境气候、施工条件、恒载限制等因素,多数铺装结构对温度、环境等具有敏感性,尤其对于大跨径桥梁的钢桥面铺装,还需要重点关注其自重与经济成本等。

  钢桥面铺装的施工工艺质量是确保其使用性能、长期寿命的决定性因素之一,必须依靠合理的铺装结构设计和严格可靠的施工工艺方能保障其铺装工程的优良品质,才能使得铺装层经受起疲劳荷载、环境荷载等长期作用的考验,钢桥面铺装的成功案例为后继工程提供了良好的借鉴经验。

1. 钢桥面铺装的组成成分为哪几部分?
2. 防水黏结材料的分类主要有哪些? 各自代表材料是什么? 其区别是什么?
3. 目前常用的铺装材料有哪些? 各自特点如何?
4. SMA 类铺装材料的适用层为哪一层? 其考虑因素是什么?
5. 目前国内典型的铺装结构有哪些? 各有哪些代表桥梁?
6. 大跨径桥梁的钢桥面铺装结构选择时应考虑哪些因素?
7. 钢桥面防腐除锈的施工工艺流程是什么? 有哪些注意要点?
8. 浇注式沥青混合料施工流程如何? 有哪些注意要点?
9. 环氧沥青混合料以及改性沥青混合料的施工温度有什么要求?
10. 超高性能混凝土(UHPC)铺装具有哪些特点? 国内有哪些代表工程?
11. 改性沥青混合料在摊铺时对温度有什么要求? 碾压时应注意哪些事项?

第7章
大跨径预应力混凝土梁桥施工

7.1 概述

梁桥是指在荷载作用下，以受弯为主的梁体作为主要承重构件、结构无水平反力的桥梁。中、小跨径桥梁主要采用空心板梁、T形梁、小箱梁等主梁形式，大跨径桥梁主要采用大型箱梁、桁架梁等。本章主要介绍梁桥的常见结构形式及其立面布置、截面形式、尺寸及预应力体系等，重点介绍常用的预应力混凝土梁桥施工技术，且突出中大跨径，尤其是大跨径预应力混凝土梁桥施工技术。目前大跨径预应力混凝土梁桥的主要施工方法包括悬臂浇筑施工法、预制拼装施工法、支架整体现浇施工法、顶推施工法以及转体施工法等。另外，简支转连续施工法在中大跨径预应力混凝土连续梁桥中应用较多，也做重点介绍。本章将主要围绕以上几种施工方法做具体介绍。

7.2 梁桥结构构造

7.2.1 常见结构形式

梁桥按承重结构的静力体系可分为简支梁桥、悬臂梁桥、连续梁桥、T形刚构桥、连续刚构桥以及刚构-连续梁组合桥五种。

1）简支梁桥

简支梁桥以孔为单元，相邻桥孔各自单独受力，属静定结构，适用于中小跨度（图7-1）。其优点是结构简单、架设方便，可降低造价、缩短工期，同时最易设计成各种标准跨径的装配式构件。但相邻两桥跨之间存在异向转角，路面易出现折角，影响行车平顺。

图7-1 简支梁桥

2）悬臂梁桥

悬臂梁桥是上部结构由锚固孔、悬臂和悬挂孔组成并用铰相连的桥梁，其中悬挂孔支承在悬臂上，适用于中等以上跨径（图7-2）。悬臂梁桥有单悬臂梁和双悬臂梁两种。单悬臂梁是简支梁的一端从支点伸出以支承一孔悬吊梁的体系。双悬臂梁是简支梁的两端从支点伸出形成两个悬臂的体系。悬臂梁桥构造比较复杂、行车不够平顺，目前已较少采用。

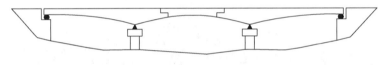

图7-2 悬臂梁桥

3）连续梁桥

连续梁桥是将连续跨过三个以上支座的梁作为主要承重结构的桥梁，表现为两跨或两跨以上梁体连续，属于超静定体系，适用于中等以上跨径（图7-3）。连续梁在恒、活载作用下，产生的支点负弯矩对跨中正弯矩有卸载作用，从而可减小跨中弯矩，提升桥梁的跨径，截面常采用箱形截面，且常常采用纵向变截面的形式，可以增大桥下净空，节省材料，且刚度大，整体性好，安全度大，桥面伸缩缝少。连续梁桥属于超静定结构，基础不均匀沉降、混凝土徐变等将在结构中产生附加内力。因此，其对桥梁基础要求较高，通常宜用于地基较好的场合。

图7-3 连续梁桥

4）T形刚构桥

T形刚构桥是从桥墩上伸出悬臂，跨中采用剪力铰或简支挂梁组合而成的梁式桥（图7-4）。因桥墩上在两侧伸出悬臂，形同T字，且桥墩位置处梁墩固结，故称T形刚构桥。其具有悬臂受力特点，适用于中等以上跨径。T形刚构桥跨中存在接缝，尽管接缝可调节结构变形,使得结构体系对地基要求不高,但接缝处的牛腿、伸缩缝易损坏,进而引起跨中下挠,现在已经较少采用。

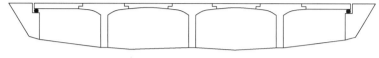

图 7-4 T 形刚构桥

5)连续刚构桥

连续刚构桥是指墩梁固结的连续梁桥(图 7-5),其墩身与主梁固结为一体,兼有 T 形刚构桥和连续梁桥的优点。连续刚构桥梁、墩固结,不设支座,无需体系转换,有利于悬臂施工,很大的顺桥向抗弯刚度和横桥向抗扭刚度能很好地满足较大跨径的受力要求,适用于跨径大于 80m 的大跨径桥梁,最大跨径可达 300m 以上;其上部结构形式保持了 T 形刚构不设支座的优点,联内无缝,改善了行车条件;但连续刚构桥对温度变形、基础沉降等十分敏感,超静定体系对地基要求高。在跨径大而墩高小的连续刚构桥中,由于体系的温度变化等,将在墩底产生较大的弯矩;为了减小水平位移在桥墩产生的弯矩,连续刚构桥通常采用水平抗推刚度较小的高墩和双薄壁墩,形成柔性桥墩;当跨越山沟、河谷地形时,可采用单薄壁柔性高墩;当跨径较大而墩的高度不高时,常采用双薄壁墩。跨径在 200~300m 范围内,连续梁桥在跨越能力方面、拱桥在施工简易方面以及斜拉桥和悬索桥在经济指标方面都明显不如连续刚构桥。

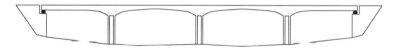

图 7-5 连续刚构桥

6)刚构-连续梁组合桥

刚构-连续梁组合桥是连续梁桥与连续刚构桥的结合体,通常是在一联连续梁的中部或数孔采用桥墩与梁固结,边部数孔设置支座的连续梁结构(图 7-6),其受力介于连续梁和连续刚构桥之间。刚构-连续梁组合桥在兼顾连续梁桥和连续刚构桥两者优点的同时摒弃了各自的缺点,在结构受力、使用性能等方面均具有一定的优越性,应用上既能增加联长又能适应矮墩等复杂的桥位环境限制。刚构-连续组合梁桥针对边跨桥墩比中跨桥墩矮且相对刚度较大的工程现实问题,采用铰接或者设置支座的形式连接主梁和桥墩,从而避免主梁传递过多的弯矩给墩身,能够有效地释放一部分墩身对主梁的约束。

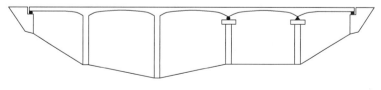

图 7-6 刚构-连续梁组合桥

7.2.2 立面布置

本节主要介绍中大跨径梁桥的立面布置,且以大跨径连续梁桥为重点。连续梁桥的立面布置有多种方式。按纵断面形式分为等截面连续梁和变截面连续梁,按桥梁跨径相互关系分有等跨和不等跨两种形式。

连续梁在恒载和活载作用下,支点截面设计负弯矩与跨中截面设计正弯矩差值不大时可以采用等截面(图7-7),从而简化构造。等截面连续梁一般适用于中等跨径桥梁,跨径以 40~60m 为宜,跨径大小主要取决于经济分孔和施工的设备条件。等截面连续梁的立面布置以等跨径为宜,使得结构简单,模式统一。当跨径较大时,也可将边跨跨径取小于中跨跨径的不等跨布置(图7-8),一般边跨与中跨跨径之比在 0.6~0.8。等截面布置的连续梁构造简单,便于快速施工,适应于有支架施工、顶推法施工等。

图7-7 等截面连续梁示意

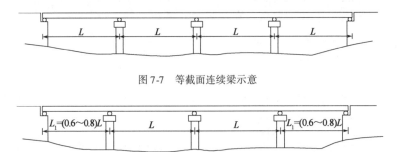

图7-8 等截面不等跨连续梁示意

从结构受力和经济角度出发,大跨径连续梁桥的主梁采用变截面更符合梁的内力变化规律。变截面形式的预应力混凝土连续梁桥,立面一般采用不等跨布置,连续孔数一般不超过五跨,通常 3~5 孔分为一联布置。当连续梁桥多于两跨时,其边跨一般为中跨的 0.6~0.8 倍左右(图7-9)。三跨连续梁应用最广泛,当其采用箱形截面时,边跨可减小至中孔的 0.5~0.7 倍。

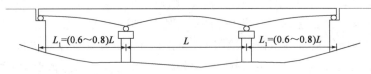

图7-9 变截面连续梁示意

采用变截面布置适合采用悬臂法施工,施工阶段的主梁内力与运营阶段主梁内力基本一致。梁底立面曲线可采用圆弧线、二次抛物线及折线等。采用变截面,结构外形美观,可节省材料并增大桥下净空高度。

7.2.3 截面形式及尺寸

大跨径预应力混凝土梁桥的横截面大多采用箱形截面,其主要优点如下:箱形截面惯性矩大,材料利用率较高;顶板和底板面积较大,能有效地承担正负弯矩产生的应力作用,并满足预应力配筋的需要;箱梁截面的稳定性好,抗扭刚度大,能够较好地抵抗偏心荷载的作用。

1)箱形截面基本形式

箱形截面形式与桥面宽度、墩台构造及施工方法等相关,常见的有单箱单室、单箱多室、多箱单室、多箱多室等。

单箱截面整体性好,施工方便,材料用量较经济,当桥面宽度不大时,以采用单箱截面为宜。此外,单箱截面抗扭刚度大,对于弯桥和城市高架桥、立交桥采用独柱桥墩尤为适宜。当桥面较宽时,可采用多箱多室截面,双箱截面由于增加了腹板,刚度和承载力都大幅度提高。当桥面宽度超过18m时,高速公路上桥梁必须设置中央分隔带,此时宜采用分离式箱形截面,有利于减小活载偏心,箱的高宽比也不致过大,使得箱的受力更为有利,且分离式箱形截面的宽度不至于过大,有利于施工和后期养护。

2)常规箱形梁尺寸

典型箱梁截面由腹板、顶板、底板等各部分组成,如图7-10所示。

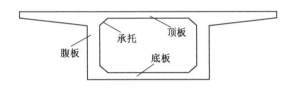

图7-10 箱梁的各组成部分

(1)底板。对于变截面预应力混凝土连续梁,底板应提供足够的预应力筋及普通钢筋的布置空间与承压面积。受力方面,箱梁底板除承受自身荷载外,还承受施工荷载、挂篮底模后吊点反力等。为满足承载需要,底板的厚度随着负弯矩的增大而逐渐加厚至墩顶,即底板厚度由跨中向支点逐渐加厚。对于跨中底板,其一般需配置一定数量的预应力束筋与普通钢筋,此时底板厚度为20~30cm,若不配预应力束筋,底板厚度可取15~20cm。在负弯矩区特别是紧邻桥墩附近时,由于需承受较大的负弯矩,墩顶处底板厚度一般为墩顶处梁高的1/12~1/10。

(2)顶板。箱梁顶板厚度要满足布置纵、横预应力筋的构造要求,同时还要满足桥面板横向弯矩的受力要求,故而与腹板间距正相关,一般为18~30cm;当设有横向预应力筋时,顶板厚度需能够布置预应力筋孔道并留有混凝土浇筑的间隙。顶板两侧悬臂板的长度是调节顶板内弯矩的重要因素,一般可取为腹板间距的一半。悬臂板长度一般采用2~5m,其根部厚度为60~70cm,端部厚度为15~20cm。当悬臂板长度超过3m后,一般需布置横向预应力筋,其中横向预应力筋一般采用扁锚体系。

(3)腹板。腹板承受的主要是截面的剪应力和主拉应力。在预应力连续梁中,由于预应力弯束对荷载剪力起抵消作用,所以剪应力和主拉应力的数值相对较小。同时,随着剪力的增加,截面高度相应增加,腹板承受的主应力值一般还可减小。确定腹板最小厚度应从以下几个方面考虑：

①减小预应力束筋锚固的局部应力。

为了满足预应力束筋管道通过及锚固的需要，一般设计经验为：腹板内无预应力束筋管道布置时，腹板厚度可采用20cm；腹板内有预应力束筋管道布置时，腹板厚度可采用25~30cm；腹板内有预应力筋锚固端头时，腹板厚度采用35cm。

②混凝土浇筑施工质量要保证。

箱梁腹板的箍筋直径一般采用12~16mm，其最小保护层厚度应不小于20cm，有时还会在腹板内放置纵向预应力束管道及普通钢筋，要考虑腹板的厚度是否满足钢筋布置的要求，还要考虑浇筑混凝土集料粒径和插入式振捣棒振捣混凝土的操作方向，使腹板厚度满足混凝土浇筑的要求，从而保证混凝土的浇筑质量。

③满足截面抵抗剪应力的要求。

为满足承受支点较大剪应力要求，墩上或靠近桥墩的箱梁根部腹板需加厚到30~60cm，特殊情况可达100cm。

④大跨径桥梁腹板应采用变厚度形式，从跨中向支点分段线形逐步加厚，变厚段一般为一个节段长。为方便施工、简化内模构造，中、小跨径连续梁桥腹板一般采用等厚度形式。

(4)承托。箱形截面的顶板除承受自身荷载外，还承受一定的施工荷载和使用阶段的汽车局部荷载的作用。因此，设计规范规定箱形截面梁顶板与腹板相连处应设置承托。设置承托有很多优点：首先设置承托会使应力线过渡比较平缓，减小了应力集中；其次在构造上利用承托所提供的空间来布置纵向预应力筋和横向预应力筋，可减薄底板和顶板的厚度；最后承托的设置也提高了截面的抗扭刚度和抗弯刚度，减小了扭转剪应力和畸变应力。

(5)横隔板

箱形截面的抗弯刚度和抗扭刚度较大，除在支点部位设置横隔板外，中间横隔板的数目较少。由于横隔板对横向刚度影响并不显著，且增加了施工难度，因此目前的趋势是少设或不设中间横隔板。对于弯、斜梁，设置中间横隔板的效果明显，横隔板的厚度可取15~20cm。箱梁支点处端横隔板的尺寸和配筋形式与箱梁的支承方式有关。

当支座直接位于主梁腹板之下时，端横隔板的主要作用是增加箱梁横向刚度，限制箱梁的畸变，此时横隔板厚度为30~50cm，且只需配置一定数量普通钢筋[图7-11a)]。

当支座设置在横隔板中部时，横隔板还要承担传递支反力的作用，是重要的受力结构。此时若采用普通钢筋混凝土结构，横隔板内需布置交错的抗剪、抗弯及抗裂钢筋，易导致混凝土浇筑困难且不易振捣密实。而如果采用预应力混凝土，则可避免钢筋混凝土横隔板的不足，此时横隔板厚度一般小于80cm，横隔板内设置曲线形的预应力筋[图7-11b)]。为满足施工、维修和通风要求，横隔板上一般设置过人孔。

3)组合箱梁

随着技术的发展，出现一些新型箱形组合桥梁，具有代表性的有槽形截面预应力混凝土(PC)组合箱梁桥、波纹钢腹板PC组合箱梁桥。

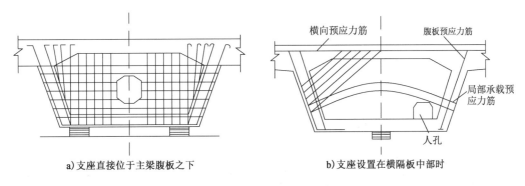

a) 支座直接位于主梁腹板之下　　　　b) 支座设置在横隔板中部时

图 7-11　箱梁支座横隔板形式

槽形截面 PC 组合箱梁桥是一种槽形钢截面与混凝土桥面板组合而成的一种箱梁桥，其腹板、底板均为钢结构，必要时可增设斜撑以提高抗扭能力。代表性桥梁之一为瑞士 Bois de Rosset 桥（图 7-12），其为 13 跨预应力钢-混凝土连续梁桥，桥梁总长 617.25m，跨径组成为 23.00m + 34.20m + 11 × 42.75m + 51.30m + 38.50m，最大跨径为 51.30m，梁高 2.45m，桥面板宽 13m，采用槽形钢截面与预应力混凝土桥面板组合而成，同时箱梁内部设置 4 束体外预应力束。

a) 正立面外观　　　　b) 梁底外观　　　　c) 内部体外预应力

图 7-12　槽形截面梁桥（瑞士 Bois de Rosset 桥）

波纹钢腹板 PC 组合箱梁桥则是一种腹板采用波纹钢，底板、顶板采用混凝土浇筑组合而成的另一种箱梁桥。由于它的结构自重较轻，可以减少下部结构的工程量，进而降低其工程总造价。同时，作为腹板的波形钢板具有不抵抗轴向力的特点，可使预应力有效地加载于混凝土翼缘板，提高了预应力的效率。此外，波纹钢腹板 PC 组合箱梁桥在施工过程中可减少大量的模板、支架和混凝土浇筑工程，免除在混凝土腹板内预埋管道的繁杂工艺，从而方便了施工，缩短了工期。波纹钢腹板 PC 组合箱梁桥如图 7-13 所示，国外具有代表性的桥梁如德国 Altwipfergrund 桥，其为三跨变截面连续梁桥，最大跨径 115m。国内具有代表性的波纹钢腹板桥梁如早期的河南信阳泼河桥，其为预制波纹钢腹板梁桥，单跨跨径为 30m，预制梁体采用体外预应力束，采用架桥机逐孔架设，后通过简支转连续施工法成桥；南京长江四桥引桥滁河大桥，其为三跨变截面连续梁桥，跨径组合为 53m + 96m + 53m，采用挂篮悬臂施工法施工。

相较预应力混凝土梁桥而言，新型组合梁桥由于采用槽钢或波纹钢腹板代替厚重的混凝土腹板,自重大大降低,增大了桥梁的跨径;其次纵向预应力束可集中加载于混凝土板,改善了结构性能,提高了预应力的效率;再者新型组合梁桥可大量减少模板及混凝土浇筑工程,免除了腹板内预埋预应力管道等繁杂的工艺,极大地加快了施工进程,缩短了施工工期。

a) 德国Altwipfergrund桥

b) 预制波纹钢腹板梁桥(河南信阳浉河桥)

挂篮现浇

波纹钢腹板连接构造

c) 现浇波纹钢腹板梁桥(南京长江四桥引桥滁河大桥)

图 7-13 波纹钢腹板 PC 组合箱梁桥

7.2.4 预应力体系与布置

大跨径梁桥预应力筋包括纵向预应力筋、横向预应力筋和竖向预应力筋三类。预应力筋的布置如下:

1) 纵向预应力筋

大跨径梁桥的纵向预应力筋一般分为悬臂预应力束和连续预应力束。悬臂预应力束主要是为抵抗悬臂施工引起的负弯矩,如图 7-14 所示,其中 T 束为平直束,即为顶板内的水平预应力钢束;W 束为悬臂下弯束,在腹板内倾斜下弯布置。悬臂预应力束的设计应与悬臂施工时所产生的负弯矩相配合。

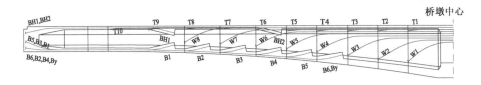

图 7-14 纵向预应力束布置

连续预应力束,也叫后期束,主要是在悬臂施工完成后,结构受力体系由悬臂结构合龙转换为连续结构时,因抵抗合龙后的跨中附近截面的正弯矩以及内力重分布的需要而布置的预应力束,如图 7-14 中的 B 束、BH 束。同时,后期束的布置还考虑承受桥梁二期恒载、温度变化引起的荷载、自重以及预应力荷载的重分布等。

一般而言,在每一节段施工完成后便会穿束张拉并锚固一批预应力筋,从而使预应力束的总数量从墩顶向跨中开始不断减少。典型纵向预应力束及锚固构造如图 7-15 所示。

a) 0 号块纵向预应力束

b) 纵向预应力筋锚固齿板

图 7-15 典型纵向预应力束及锚固构造

2) 横向预应力筋

箱梁的顶板横向跨度较大或采用其他形式截面梁的横隔板梁时,常需施加横向预应力,以承受横桥向的弯拉应力,并加强桥梁的横向联系。横向预应力钢束可采用直线配束,也可采用曲线配束,根据受力需要及构造情况而定。

横向预应力钢束可采用平行钢丝束,也可采用钢绞线,一般沿顺桥向等间距布置,单端交替张拉。采用钢绞线时,需配合夹片式扁锚体系,预应力筋孔道为扁圆形,垫板为矩形。采用扁锚体系可减小顶板厚度，实现按内力需要来布设预应力钢束，如图7-16、图7-17所示。

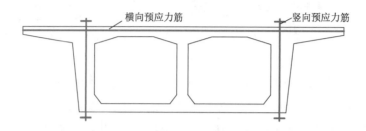

图7-16　横向、竖向预应力束

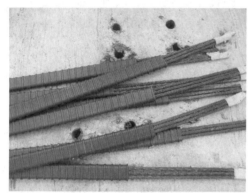

a) 横向预应力束

b) 现场布置

图7-17　横向预应力束及布置情况

3) 竖向预应力筋

竖向预应力筋沿着箱梁腹板间隔布置，间距80~120cm，以共同承担截面竖向剪力。我国常用的竖向预应力筋为$\phi32 \sim \phi45$mm预应力高强精轧螺纹钢筋（图7-18），也有用预应力钢丝束和钢绞线作为竖向预应力筋，在预留孔道内按后张法工艺张拉施工。

a) 竖向预应力筋

b) 现场布置

图7-18　竖向预应力筋及布置情况

7.3 预应力混凝土连续梁桥施工

预应力混凝土连续梁桥的施工方法很多,常用的施工方法有悬臂浇筑施工法、预制拼装施工法、顶推施工法、转体施工法、简支转连续施工法、支架整体现浇施工法等。本节主要介绍几种常用的预应力混凝土连续梁桥施工方法。

7.3.1 悬臂浇筑施工法

悬臂浇筑施工法又称迪维达克施工方法,其将梁体划分为每 2~6m 一个节段,采用移动式挂篮作为主要施工设备,悬臂对称浇筑施工。自从 20 世纪 60 年代发展至今,悬臂浇筑施工法已成为修建大中跨径梁桥的一种极为有效的施工手段。其以桥墩为中心,利用挂篮,向两岸对称逐段浇筑梁段混凝土,待混凝土达到要求强度后,张拉预应力束,再移动挂篮,进行下一节段的施工。施工时应根据设备情况及工期,选择合适的节段长度。节段过长,将增加混凝土自重及挂篮结构重力,而且要增加平衡重及挂篮后锚设施;节段过短,影响施工进度。

1)挂篮

挂篮是悬臂施工的一个重要组成部分,其实际是一个能沿着既有桥面轨道行走的活动脚手架,挂篮悬挂在已经张拉锚固的梁体梁段上。悬臂浇筑时,梁体梁段的模板安装、钢筋绑扎、管道安装、混凝土浇筑、预应力张拉、压浆等工作均在挂篮上进行。当一个梁段的施工程序完成后,挂篮解除后锚,移向下一个梁段。

(1)挂篮的主要构造

挂篮的主要构造一般包括承重结构、悬吊系统、锚固系统、行走系统、底模平台、内外模板等。

①承重结构。承重结构是挂篮的主要受力构件,可用钢桁架或型钢等制成,可为组合式构件。

②悬吊系统。悬吊系统的作用是将底模架、张拉工作平台的自重及其上面的荷重传递到承重结构上,悬吊系统可由设有销孔的扁钢或两端有螺纹的粗钢筋等组成。

③锚固系统。该系统可采用精轧螺纹钢筋和后锚扁担梁将主构架后节点连同挂篮行走轨道直接锚于已浇筑梁段梁体,可结合竖向预应力钢筋设计使用;其设置的目的是防止挂篮在行走状态及浇筑混凝土梁段时倾覆失稳。

④行走系统。在已浇筑梁体上铺设行走轨道,在挂篮承重结构下方与行走轨道之间可设置滚轴或聚四氟乙烯板减小摩擦,挂篮整体采用电动卷扬机或千斤顶牵引实现挂篮在轨道上纵向行走。

⑤底模平台。一般由底模板、底模纵梁和底前后横梁等组成,其直接承受梁段混凝土重量,并为多项工序提供操作场地,比如混凝土浇筑、钢筋绑扎、立模、养护、钢束张拉及压浆等。

⑥内外模板。外模板一般采用大块钢模板,极少数采用竹木模板,其高度受墩顶处梁体节段的截面高度控制,在向跨中节段移动时,随着梁高高度的减小,外模板高度过剩部分可垂于梁体底板下方。内模板为抽屉式结构,可由前一梁段整体推拉就位,一般采用组合钢模板并辅以部分木板拼组而成,并设有调宽装置,以适应连续梁腹板宽度的变化。

(2) 挂篮的分类

挂篮按构造形式可分为桁架式(包括平弦无平衡重式、菱形、弓弦式)、斜拉式、型钢式及混合式等;按抗倾覆平衡方式可分为压重式、锚固式和半压重锚固式等;按其移动方式可分为滚动式、滑动式和组合式等。

目前运用比较广泛的是三角组合挂篮和菱形桁架挂篮两种,其主要特点如下:

① 三角组合挂篮。其以主梁、立柱、斜拉带作为主要承重结构(图 7-19)。由于斜拉带的拉力作用,大大降低了主梁的弯矩,从而使主梁能采用单构件实体型钢,由于挂篮上部结构轻盈,除尾部锚固外,一般尚需较大压重。其底模平台及内外模板等与平行桁架式挂篮基本相同,重量较传统的桁架式挂篮轻。

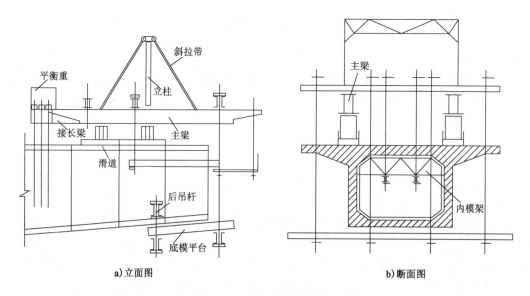

图 7-19 三角组合挂篮结构图

② 菱形桁架挂篮。其以菱形桁架作为主要承重结构(图 7-20),可认为是在平行桁架式挂篮的基础上简化而来,其上部结构为菱形,前部伸出两伸臂小梁作为挂篮底模平台及侧模前移的滑道。菱形桁架挂篮的菱形结构后端锚固于主梁顶板上,无平衡压重,而且结构简单,故大大减轻了自身荷载。菱形桁架挂篮具有结构简单、受力合理和一次移动到位等特点,较受欢迎。

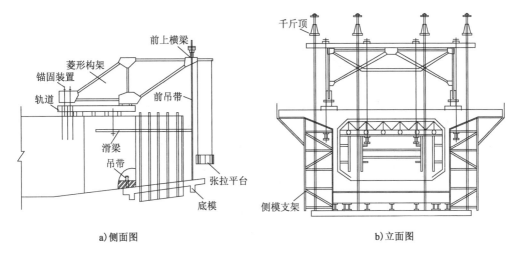

图 7-20　菱形桁架挂篮结构图

(3) 挂篮安装注意事项

有条件时,应在地面上先进行挂篮试拼装,以发现由于制作不精良及运输中变形造成的问题,保证正式安装时的顺利及工程进度。在起步长度内梁段浇筑完成并获得要求的强度后,在墩顶拼装挂篮,拼装时应对称进行。挂篮安装完成以后,应进行挂篮加载试验,以获取加载与挂篮变形的关系曲线,并消除永久变形。预压试验荷载通常分为千斤顶以及沙袋、水袋等重物加载两种形式(图 7-21)。挂篮应呈全封闭结构,四周设围护,上下应设专用扶梯,方便施工人员上下挂篮,平台下应设置安全网,防止物件坠落。挂篮尾部应设置后锚与梁进行锚固,以防倾覆。后锚一般与竖向预应力筋结合布置(图 7-22),挂篮行走时,须在挂篮尾部压平衡重。

a) 千斤顶预压

b) 沙袋、水袋预压

图 7-21　挂篮预压

(4) 菱形桁架挂篮施工示例
① 菱形挂篮的结构及构造

a) 后锚点　　　　　　　　　　b) 局部放大

图 7-22　挂篮后锚点

菱形挂篮主要由主桁系统、悬吊系统、行走系统、锚固系统、模板系统、底篮系统等组成（图 7-23）。

a) 主视图　　　　　　　　　　b) 俯视图

c) 挂篮组成　　　　　　　　　d) 主桁系统

图 7-23　菱形桁架挂篮结构组成

菱形桁架是挂篮的主要承重结构，两片主桁构架竖放于箱梁的腹板位置，其间用槽钢及角钢组成的横联连接。节点板与矩形杆件通过销轴组成单榀菱形桁架，多榀菱形桁架尺寸规格及结构形式均一致。菱形桁架之间通过前横梁、后横联以及剪刀撑等连接形成整体组合结构。

横梁顶端及已浇筑箱梁节段悬吊设置前后吊带(杆),前后吊带(杆)可采用钢吊带、精轧螺纹钢等形式。其作用是为底模平台提供吊点,承受底模荷载。前吊带(杆)上端连接于前横梁,下端连接于前托梁,后吊带(杆)上端固定在箱梁上,下端与后托梁连接。通过横梁顶端或箱梁上的千斤顶进行悬吊系统的高程调整。

挂篮走行系统分为桁架走行系统,底模、外模走行系统及内模走行系统。底模及外模与主桁同步行走。具体步骤为:脱模前用手动葫芦将底模架悬吊在外模走行梁上,解除后吊带,脱模后,底模随桁架一起向前走行。内模脱模后,内模架也落在走行系统上,用手动葫芦即可将其移至下一梁段。

挂篮模板系统包括底篮、外模、内模等。模板设计均按箱梁全断面一次性浇筑混凝土考虑,整个模板系统均随主桁行走一次到位。外模在箱梁腹板段可设置对拉杆,在底篮边缘设置操作平台,方便后续施工,外侧模支承在外模走行梁上,走行梁前端通过吊杆悬吊;内模一般通过模架搭设在两根走行梁上,走行梁前端与桁架横梁锚定,后端通过梁段顶板预留孔锚定;底模由底模平台和底模板组成,底模架分纵、横梁,一般由槽钢或工字钢组成。

②菱形挂篮的拼装

菱形挂篮悬臂浇筑时一般从 1 号或 2 号段开始,两侧挂篮对称作业。当桥墩不是很高时,其杆件一般用较大吨位的自行式起重机提升,当桥墩较高、桥下地形不允许或有较深的水流存在时,可用缆索式起重机、浮式起重机及扒杆等提升安装。菱形挂篮典型的拼装施工流程如图 7-24 所示。主要包括安装轨道、安装前后支座、吊装主构架、安装连接系、后端锚固、吊装上横梁、安装后吊带、吊装底模架及底模板、安装外模等。

③菱形挂篮的行走

挂篮的行走采用千斤顶顶推或用手动葫芦牵引主桁,并带动侧模及底模平台沿滑道前行到位(图 7-25)。

2)悬臂浇筑施工程序

(1)施工程序

悬臂浇筑每个节段长度一般为 2~6m。悬浇梁体一般要分四大部分浇筑:墩顶梁段(0 号块)→0 号块两侧对称悬臂浇筑梁段→边孔支架现浇梁段→边跨、中跨跨中合龙段。首先,在墩顶托架上浇筑 0 号块,设置墩梁临时固结系统。在 0 号块梁顶安装悬臂挂篮,向两侧依次对称地分段悬臂浇筑主梁节段至合龙前段,再搭设边孔支架浇筑边跨现浇梁段,浇筑边跨合龙段、跨中合龙段,多跨合龙段浇筑顺序按设计或施工要求进行。

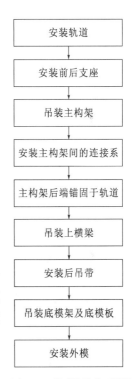

图 7-24 菱形挂篮典型拼装施工流程

a) 手动葫芦牵引　　　　b) 千斤顶顶推

c) 千斤顶顶推效果图

图 7-25　挂篮行走系统

(2) 0 号块施工

0 号块结构复杂,预埋件、钢筋(束)孔道、锚具密集交错。视其结构形式及高度,一般分 2～3 次浇筑,先底板、再肋板、后顶板。由于墩顶位置受限,无法设置挂篮,故 0 号块施工通常采用在施工支架上立模现浇,并在施工过程中设置临时梁墩锚固。支架可根据实际情况支承在墩身、承台或地面上,可采用满堂支架、钢管支架(图 7-26)以及利用桥墩承载的悬臂托架等形式(图 7-27)。

a) 满堂支架　　　　b) 钢管支架

图 7-26　典型 0 号块施工托架示例

传统 0 号块施工托架杆件多、支撑高度大，安装周期长，最新常用一种新型装配式三角托架：其由水平杆、斜杆、竖杆在工厂或现场拼装组装成为一个直角三角形构架，在桥梁墩柱的顺桥方向两个侧壁上对称预埋成对的支撑承托。整体拼装后的三角托架的竖杆底端固定支撑于支撑承托，上下两个成孔管道水平布置于桥梁墩柱内形成上下两个水平孔道，且成孔管道的轴线沿着桥梁的顺桥方向。上拉杆和下拉杆分别穿过桥梁墩柱成孔管道内的水平孔道并分别对称锚固顺桥方向桥梁墩柱两侧三角托架的竖杆中上部和中下部，在上拉杆和下拉杆的杆件内施加一定的预拉力，三角托架与上拉杆、下拉杆及支撑承托连接固定后形成一对悬臂拉杆式三角托架，每个桥梁墩柱横桥向设置多对悬臂拉杆装配式三角托架（图 7-27）。

a) 装配式三角形托架

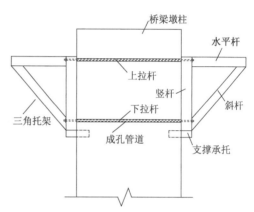

b) 剖面图

c) 三角形托架支撑0号块模板系统

图 7-27　新型 0 号块施工装配式三角形托架

在混凝土浇筑前，应对托架进行试压，以消除因其非弹性变形引起的混凝土裂缝。施加荷载总重一般为梁体自重与施工荷载（通常取梁体自重的 20%）之和。模拟混凝土施工过程按 30%、70%、120% 逐级加载。在加载过程中设置沉降观测点，观测点分别设在翼缘板、底板处，每断面可设置 5 点，每隔 2m 左右设一个观测断面。堆载预压时间最少不小于 48 小时，每天地基沉降不大于 2mm 后方可卸载，卸载采用分级逐步卸载。每次堆载、卸载均做好沉降观测，并做好记录。

(3) 墩梁临时锚固措施

为了抵抗预应力混凝土连续梁桥悬臂施工的不平衡荷载,悬臂施工过程中,墩顶梁段必须设置临时固结约束(图7-28),形成刚性体系,以承受支点处不平衡弯矩和竖向支点反力。临时固结可采用临时支座与临时支墩或两者结合。

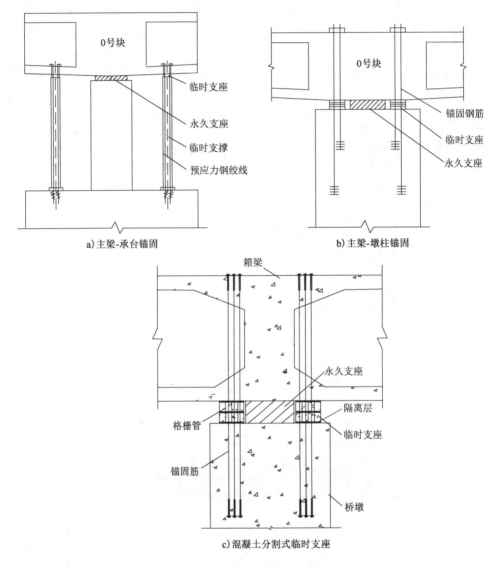

图7-28 临时支座锚固方式

临时支座一般由钢筋混凝土与硫磺砂浆组成,硫磺砂浆内部布置电阻丝,拆除时加热电阻丝,软化硫磺砂浆,进而切割预埋钢筋和拆除顶、底部混凝土。工程实践中电阻丝容易损坏断裂,难以达到预期效果,导致临时支座拆除困难。实际工程中,对临时支座混凝土宜进行横向、纵向分割,避免其混凝土形成整体,如此便形成一种新型临时支座

[图7-28c)],即在浇筑临时支座时在其中设置横向、纵向格栅或隔离层以分割混凝土,临时支座与箱梁和桥墩之间也设置隔离层。这种新型临时支座将临时支座的混凝土分割为多个较小块体,拆除方便,施工效率高且工期短。临时支座除了浇筑混凝土提供竖向支撑,尚应预埋精轧螺纹钢筋或钢绞线,以锚固抵抗拉力,实现0号块与主墩的固结。

临时支墩可以采用钢管、钢管混凝土柱,其顶端应支撑于箱梁腹板的梁底位置,且梁底应预埋钢板(图7-29)。临时支墩的作用是为梁体提供竖向支撑,尽可能不对梁体产生纵向约束,故而可在柱顶铺设钢板、聚四氟乙烯滑板等以减小纵向摩擦力。

a) 钢管支撑　　　　　　　　　　　b) 梁底预埋钢板

图7-29　悬臂施工0号块临时支墩实例

(4)悬臂浇筑梁段混凝土

悬臂浇筑梁段混凝土的施工工艺流程如下:每个节段的挂篮前移到位,安装模板、绑扎钢筋,预留预应力管道,浇筑混凝土,待混凝土养护至要求的强度后,拆模、穿预应力筋,张拉预应力筋、孔道压浆(图7-30),梁段悬臂施工典型过程如图7-31所示,图中给出了典型的挂篮设置、钢筋绑扎及预应力张拉情况等。

悬臂浇筑梁段的混凝土施工控制宜遵循线形和内力双控原则,且宜以线形控制为主。悬臂浇筑过程中梁体的中轴线允许偏差控制在5mm以内,高程允许偏差为±10mm。此外,悬臂浇筑梁段混凝土时还应注意以下几点:

①挂篮就位后,安装并校正模板吊架,此时应对浇筑预留梁段混凝土进行预抬高,以使施工完成的桥梁符合设计高程。箱梁各阶段立模高程=设计高程+预拱度+挂篮满载后自身变形。预抬高的设置应合理考虑施工期结构挠度、挂篮弹性变形以及成桥后活载产生变形的1/2。

对于大跨径预应力混凝土梁桥,一般应由监控单位对关键截面的应力以及线形进行监控,尤其是结构线形,应在已施工梁段实测结果的基础上做适当调整,如线形施工状态偏离设计值过大,应实时对现有结构进行调整,线形误差较大时,调整应分多个节段逐步完成,不能一次调整过大,以保证结构线形匀顺。

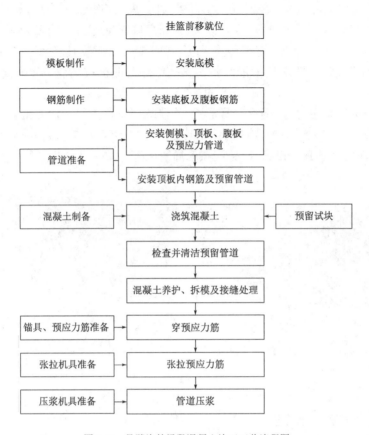

图 7-30 悬臂浇筑梁段混凝土施工工艺流程图

②箱梁梁段混凝土浇筑,一般采用一次浇筑。当箱梁断面尺寸较大时,考虑梁段混凝土数量较多,每个节段可分二次浇筑,先浇筑底板到腹板的倒角以上,待底板混凝土达到一定强度后,再支内模,浇筑肋板上段和顶板。二次浇筑产生的接缝按施工缝要求进行处理。

③混凝土的灌注宜先从挂篮前端开始,以使挂篮的微小变形大部分实现,从而避免新、旧混凝土间产生裂缝。各阶段预应力束管道在灌混凝土前,宜在波纹管内插入硬塑作衬填,以防管道被压扁;管道的定位钢筋应用短钢筋做成井字形,并与箱梁钢筋网固定。

④箱梁梁段分次浇筑混凝土时,为了防止挂篮因后浇混凝土的重力产生变形而导致先浇混凝土开裂,可采用水箱压重法,即浇筑混凝土前先在水箱中注入相当于混凝土重量的水,在混凝土浇筑过程中逐渐放水,使挂篮负荷和挠度基本不变,并将底模梁支承在千斤顶上,浇筑混凝土时依据混凝土重量的变化随时调整底模梁下的千斤顶,抵消挠度变形。

⑤箱梁梁段混凝土灌注完毕后,应立即用通孔器检查预留预应力管道,处理因万一漏浆等情况出现的堵管现象。

图 7-31 梁段悬臂施工典型过程

(5) 边跨现浇段施工

连续梁边跨合龙段之外的梁体一般采用满堂支架施工(图 7-32),由于支架高度高、梁体混凝土浇筑荷载大,所以应注意支架搭设地面承载力的可靠性;地基地质状况较差时,宜采用砂砾、石料进行换填;地基地质状况较好时,将地基整平压实,压实度要求≥90%,同时表层需进行硬化处理,混凝土的厚度不小于20cm,混凝土的强度等级不小于C20。浇筑混凝土前,应进行支架预压,边跨现浇段施工时,混凝土应从远端向合龙口靠拢,并应对梁段高程进行监测,使合龙口高差控制在允许范围内。

a) 支架及预压　　　　　　　b) 钢筋绑扎

图7-32　边跨现浇段施工

(6) 合龙段施工

对于预应力混凝土连续梁而言，当设计无要求时，合龙顺序一般为先边跨后中跨。应当指出的是，不同的合龙程序，其引起的结构恒载内力不同，体系转换时由徐变引起的内力重分布也不相同，故采用不同的合龙程序将在结构中产生不同的最终恒载内力，对此应在设计和施工中予以充分考虑。多跨一次合龙时，必须同时均衡对称地合龙(图7-33)。

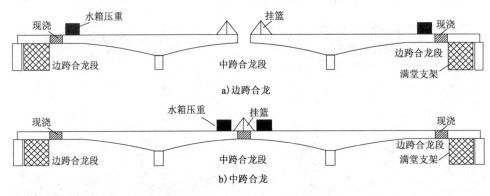

图7-33　合龙顺序示意图

边跨合龙时步骤如下：

①拆除悬臂施工挂篮；②在边跨悬臂端施加合龙段混凝土1/2自重的压重进行预压；③安装边跨合龙段劲性骨架；④拆除边跨现浇段纵向约束；⑤立模、绑扎钢筋，安装边跨合龙段预应力管道；⑥浇筑边跨合龙段混凝土，根据浇筑混凝土进度对预压荷载进行同重量卸载，并在中跨端随浇注过程同步压重，总重量为合龙段混凝土自重的1/2；⑦待梁体混凝土强度及弹性模量达到90%后，且混凝土龄期不少于7天，对称张拉合龙段纵向、竖向及横向预应力筋，先长束后短束，将钢束张拉至控制张拉应力。

一般在两侧边跨合龙后，应立即解除墩梁临时固结措施，使梁变成简支悬臂体系。具体拆除的顺序与时间应与设计严格一致。传统的拆除方式为人工凿除,此方式耗时耗力,目前已较少使用。目前常用的拆除方法为静力切割(图7-34),即按顺序将临时墩梁锚固部分切割拆除。实践表明该方法噪声相对较小,施工灵活解放人工,振动幅度小,对桥体影响小。

a) 绳锯切割

b) 临时固结解除

图7-34 墩梁临时固结解除

中跨合龙一般在边跨合龙、墩梁临时固结解除后进行。

无论边跨合龙还是中跨合龙,由于合龙口需要浇筑混凝土,为了保证浇筑合龙段时不因重量、温度等荷载造成合龙口两边的变形不一致而导致合龙口混凝土开裂等问题,合龙前应对合龙口两侧施加临时锁定。合龙口的锁定,应迅速、对称地进行,先将刚性支撑一段与梁端预埋件焊接(或栓接),而后迅速将刚性支撑另一端与梁连接。

合龙口的临时锁定支撑主要有以下几种形式:

① 内外刚性支撑锁定措施

此锁定措施是在箱梁顶、底板的顶面预埋钢板,将刚性支撑焊接其上,并在箱梁顶、底板中央纵向设置内刚性支撑共同锁定合龙口(图7-35)。内刚性支撑仅能抗压并吸收部分预应力,但用钢量较多。

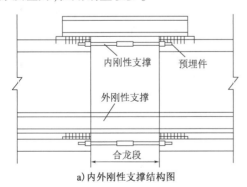
a) 内外刚性支撑结构图   b) 顶板支撑

图7-35 合龙段内外刚性支撑结构

②外(或内)刚性支撑和张拉临时束共同锁定

除用外(或内)刚性支撑锁定外,再利用永久性的部分预应力束临时张拉,以抵抗降温时产生的收缩变形。

③仅设刚性外(或内)刚性支撑锁定

此锁定仅在箱梁顶、底板的顶面焊接刚性支撑(图7-36),或在箱梁顶、底板中央设置内刚性支撑,即可满足要求。

a) 顶板支撑　　　　　　　　　　　b) 底板支撑

图7-36　合龙段外刚性支撑结构

桥梁在合龙之后,即完成相应体系转换,合龙段处于跨中位置,其施工质量至关重要,其合龙施工要点如下:

①选择日气温较低、温度变化幅度较小时锁定合龙口,并灌注合龙段混凝土。

②在合龙口锁定后,立即释放一侧的固结约束,使梁一端在合龙口锁定的连接下能沿支座纵向伸缩。

图7-37　水箱配重

③合龙口混凝土宜比梁体提高一级,并要求早强,宜采用微膨胀混凝土,并须作特殊配合比设计。

④为保证浇筑混凝土过程中合龙口始终处于稳定状态,在浇注之前可在各悬臂端加与混凝土重量相等的配重,配重一般使用水箱配重(图7-37),加、卸载均应对称梁轴线进行。

⑤混凝土达到设计要求的强度后,先部分张拉预应力束,然后解除劲性骨架,最后按设计要求张拉全桥剩余预应力束。

7.3.2　预制拼装施工法

预制拼装施工法是将梁体沿纵桥分段预制成若干节段,当下部结构完成后,将预制节段转运至桥下,逐段起吊、拼装,并施加预应力,逐段对称延伸连接成桥梁整体。预制拼装施工于 20 世纪 40 年代起源于法国,我国最早于 20 世纪 60 年代即有所应用,随着劳动力资源的短缺,近年来得到更广泛地应用,包括苏通大桥引桥、芜湖二桥引桥以及南京长江四桥引桥(图 7-38)等。拼装的分段主要取决于悬拼起重机的起重能力,一般节段长 2~5m。对于靠近支座根部的节段,因截面面积较大,节段长度一般较短,向跨中逐渐增长。

a) 芜湖二桥引桥　　　　　　　　　　b) 南京长江四桥引桥

图 7-38　典型悬拼施工桥梁

预制拼装施工具有以下特点:预制拼装施工跨间不需要搭设支架,多孔可同时施工,节段梁预制和下部结构施工同时进行,施工速度快,工期缩短;养护时间和存梁时间较长,大大降低节段拼装及成桥后混凝土收缩徐变;预制厂内生产利于整体质量控制;工厂化预制和机械化施工有利于提高现代化桥梁建设水平;节段梁拼装对交通及环境影响小。预制拼装施工工序复杂,对节段预制精度要求较高,技术难度大,拼装时线形调整余量有限;施工总体组织、协调工作难度大,安全风险较高;节段之间干接缝如处理不好,结构耐久性差;对预制场地、运输及拼装设备等配置要求高。施工工序复杂,施工工艺要求高,技术难度大。

预制拼装施工主要包括节段的预制、运输、拼装及合龙四个步骤。

1)梁段预制方法

拼装用的预制节段,要求其各部分尺寸准确,拼装时接缝密贴,预留管道对接顺畅。箱梁节段通常采用长线浇筑或短线浇筑的预制方式。

(1)长线预制法

长线预制法(图 7-39)是按桥梁下缘曲线制作固定的底座,在底座上安装底模并进行节段预制工作的方法。长线预制法适合无水平曲线的桥梁,底模长度最小为桥梁跨径的一半。采用长线预制法时,其底座成型有多种方法,早期利用预制场的地形堆筑土台,经加固夯实后铺砂石并在其上放置混凝土底板,或采用满堂支架的方式。

长线预制法施工首个节段可在单独的台座上预制成型,然后吊入长线台座作为第二个节段预制的匹配梁段。侧模随制作节段在台座两侧移动,将已浇注的多余梁段吊出预制台座,仅留相邻上一节段梁段作为下一待浇梁段的匹配梁,浇注后一节段时,前一节段的后端面作为后一节段的前端模,逐块地在台座上匹配预制桥梁节段,节段的钢筋骨架一般多在台座上绑扎;根据进度要求情况,一条长线预制生产线一套底模可同时配置 2 套或多套侧模,而 2 套或多套侧模一前一后进行流水循环作业,直至完成多孔或多个半孔梁段的预制。典型长线预制法预制箱梁施工现场如图 7-40 所示。

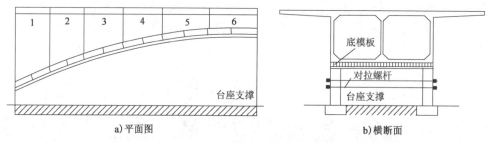

a) 平面图　　　　　　　　　　　　　b) 横断面

图 7-39　长线预制法台座

图 7-40　长线预制法预制箱梁施工现场

(2) 短线预制节段方法

短线预制法又称活动底座法，是按箱梁纵剖面的变化尺寸设计出单个浇筑单元，在配有纵移及调整底板高度设备的底模上浇筑梁段。梁段一端是刚度很大、平整度很好的固定端模；另一端是已浇筑梁段，称为配合单元。当浇筑好的梁段达到要求强度时，则从浇筑位置移到配合位置，原来的配合单元即可移到存梁场检修、暂存待装运，所需预制底座只要3倍梁段长度即可。该方法特别适用于有纵向和横向曲线的桥梁。同时，由于该方法占地减少，在城市中工地紧凑的条件下最为合适。

短线法预制节段梁模板主要由四大部分组成（图7-41）：端模（匹配梁）、外侧模及支架、内模及滑车、底模及台车等。模板的安装顺序为：底模安装、端模（匹配梁）定位、侧模安装（同时吊入钢筋骨架）、内模安装。由于固定端模的位置是固定的，每次模板安装时，应测量校核其平面位置、水平度及垂直度。墩顶块和每跨起始梁段预制时，两端均需端模（固定端模和移动端模），其他梁段的端模为固定端模和匹配梁段的端面。

a) 模板系统组成

b) 固定端模

c) 底模及台车

图 7-41

d) 钢筋绑扎

e) 钢筋骨架吊装入模

f) 内模

g) 外侧模及支架

图 7-41　短线法预制模板系统及关键工艺

端模包括固定端模和匹配梁段的匹配面（墩顶块和每跨起始梁段除外）。固定端模可采用 10mm 钢板做面板，模面上设置剪力键，由于剪力键数量差异，剪力键可设计为螺栓固定，便于拆卸。固定端模作为整个模板的测量基准，必须具有足够的刚度、强度和精度。

底模面板可采用 10mm 厚钢板，纵、横向设加劲肋。每个预制台座可配备两套底模（分别用于匹配梁段和待浇梁段），它们之间相互换位，移出时采用底模台车，移进时可采用门式起重机。底模台车可在竖、横向各安装 4 台液压千斤顶，用于底模和匹配梁段的三维位置调整。

侧模面板可采用 8mm 厚钢板，纵、横向设加劲肋，通过钢支架进行支撑，支架上可设螺旋调节系统，进行竖向调整。侧模可通过支架支撑上的螺旋调节装置调整翼缘模板，通过设于侧模支架底部的调节螺栓调整侧模平面位置。调位完成后，顶口和底部通过对拉杆对拉。侧模由锁紧螺杆与预制台座板上的预埋件牢固锁定。钢筋骨架在台座上绑扎完成，钢筋如果与波纹管或预埋件等发生位置冲突，适当移动钢筋位置，钢筋骨架整体吊装入模，钢筋保护层垫块间距必须保证垫块在承受钢筋骨架重量和操作人员等施工荷载的情况下不发生破坏。

内模面板可采用8mm钢板制成,纵、横向设加劲肋。为了适应各梁段内腔尺寸的变化及方便装拆操作,内模可设计成小块的组合模板,组合模板分为标准块和异形块,根据各梁段预制需要进行组合。内模主要由顶板底模、腹板内侧模及角模组成,各模板之间采用螺栓连接,由可调撑杆支撑。整个内模系统固定在滑梁上,可由液压系统完成竖直方向伸缩及横向开启、闭合,并通过专用台车移动,卷扬机牵引。在端模、底模及侧模调校到位后,用门式起重机吊入钢筋骨架并定位。利用内模台车将内模移入钢筋骨架内腔(利用卷扬机牵引),用安装在滑梁上的液压系统将内模展开形成箱梁预制内模,再调节可调撑杆支撑、固定内模。

短线法预制梁段的总体施工流程主要包括四个步骤(图7-42):梁段1预制完成,对其进行养护→拆除梁段1的外侧模,将梁段2与梁段1分开,移出内模→将梁段2运往储存,梁段1与封闭模分开,移开一定的距离,并将梁段2的底模调整平台及底模吊到端模处,撑起并调整底模→将梁段1移至匹配梁位置,精确调整其平面位置及高程,安装并定位待浇节段的外模,将模板互相固定。

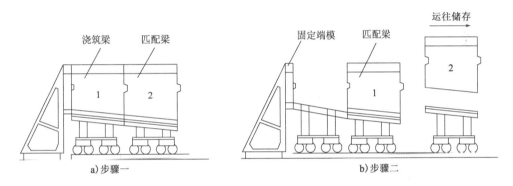

图7-42 短线法预制原理图

箱梁混凝土经养护强度达到20MPa后即可拆除箱梁模板。模板拆除时先拆除内模,然后拆除外侧模,最后脱开匹配面。

内模拆除时,先收缩内模滑车上的竖向液压千斤顶使顶板内模与混凝土脱开,用手拉葫芦将下倒角模板拉起,然后收缩内模敞车上的水平向液压千斤顶使上倒角模板与混凝土脱开,用卷扬机将内模滑车拉出箱梁梁体,完成内模拆除。对于有顶齿板的梁段,受箱室尺寸限制,顶齿板模板无法跟随内模滑车一次性拆除,先用手拉葫芦将顶齿板模板挂在设于顶板上的支架上,拆除顶齿板模板与标准内模间的连接螺栓使顶齿板模板与标准内模和内模滑车脱开,然后按普通梁段内模拆除方法拆除标准内模,最后单独拆除顶齿板模板。

外侧模拆除时,应先旋动翼缘板上的调节螺栓使翼缘模板与混凝土脱开,然后旋动侧模支架下方的调节螺栓使侧模与混凝土脱开,调节侧模支架下方的侧模移位螺杆使全侧模向外侧移动约5cm,完成外侧模拆除。

外侧模和内模拆除完成后,将底模台车推入底模下方,使台车竖向液压千斤顶与底模下方的碗形座对齐,顶升液压千斤顶使千斤顶头与碗形座接触,然后点动顶升液压千斤顶,匹配梁段与新浇梁段产生微小的竖向错动,使匹配梁与新浇梁从匹配面脱开。然后用卷扬机牵引匹配梁至待起吊位置。

对比长线法、短线法可以看出,采用长线台座法制梁时成桥后梁体线形较好。长线台座使梁段存储有较大余地,但占地较大,地基要求坚实,混凝土的浇筑和养护移动分散[图7-43a)]。短线预制场地相对较小,浇筑模板及设备基本不需移动,可调的底、侧模便于平竖曲线梁段的预制。但其要求精度高、施工严、周转不便,工期相对较长[图7-43b)]。

a) 长线法预制场地　　　　　　　　b) 短线法预制场地

图 7-43　预制场地

2) 梁段转运、装载及运输

梁段自预制底座上出模后,一般先存放在存梁场(图7-44),采用多层堆放时,上下层支垫位置必须对齐。堆存期内定期对堆存台座沉降、垫木压缩情况进行观测,避免堆存期内箱梁损坏。

a) 俯视　　　　　　　　　　　　b) 多层堆放

图 7-44　存梁场

梁段由存梁场至桥位处的运输一般可分为场内运输、梁段装车(装船)和运输(车运或船运)三个阶段。

(1) 转运、装载

梁体节段的转运和装载一般由预制场上的门式起重机完成（图7-45）。当预制场与栈桥距离较远，应首先考虑采用平车运输的方式。当采用无转向架的运梁平车时，运输轨道不得设平曲线，纵坡一般应为平坡。当地形条件限制时，最大纵坡不得大于1%。

a) 转运

b) 装车（装船）

图7-45 转运及装载

当梁段需要水上运输时，梁段装船在专用码头上进行。码头的主要设施是施工栈桥和梁段装船起重机。栈桥的长度应保证在最低施工水位时驳船能进港起运。栈桥的高度要考虑在最高施工水位时，栈桥主梁不被水淹，栈桥宽度要考虑到运梁驳船两侧与栈桥之间需有不少于0.5m的安全距离。

梁体节段装载时，各个支点应对位准确，梁体重心应与运梁车、浮运船的中心线吻合。

(2) 梁段运输

梁段运输可采用运梁车或运输船运输。

采用运梁车时，应注意选择外形尺寸、额定装载质量、最小转弯半径、满载爬坡能力等关键参数，一般为轮胎式运梁车[图7-46a)]，运输时应对梁体节段进行可靠支垫和固定。

采用运输船时，只需根据梁段重量和高度来选择，可采用铁驳船、坚固的木船、水泥驳船或浮箱装配等[图7-46b)]。为了保证浮运安全，应设法降低浮运重心。开口舱面的船应尽量将块件置于船舱底板，必须置放在甲板面上时，要在舱内压重。

a) 箱梁陆上运输

b) 箱梁水上运输

图7-46 箱梁运输方式

为确保运梁安全,加固方式采用限位、拉、顶相结合,对运输船上的节段梁进行加固。为了将节段梁底的斜面调平,梁段的支垫应按底面坡度用碎石子堆成,或铺设三角形垫木、配套的梁段底座等,以保证节段安放平稳。当节段较大时还需以缆索将块件系紧。

3)梁段拼装

预制节段的拼装,可根据现场布置和设备条件采用不同的方法,主要包括悬臂式起重机拼装法、连续桁架拼装法、起重机械拼装法等。当靠岸边的桥墩不高且可在陆地或便桥上施工时,可采用自行式起重机或门式起重机拼装。对于河中桥孔,也可用水上浮式起重机进行安装。如果桥墩很高或水流湍急而不便在陆上、水上施工时,可利用各种起重机、桁架、缆索进行高空悬拼施工。

(1)悬臂式起重机拼装法

悬臂式起重机主要由主桁架、行走机构、前支点结构、后锚系统、液压提升系统、电动控制装置、吊具等组成(图7-47),其依托桥梁自身作为支撑,进行行走和固位吊装。主桁架为起重机的主要承重结构,可由型钢等拼制而成,一般由若干桁片构成两组,用横向联结系连成整体,前后用两根横梁支承。该种类型的起重机结构简单,装卸、吊装、行走等作业方便。

a)悬臂式起重机安装　　　　　　　　　　b)吊装节段

图7-47　悬臂式起重机拼装现场

(2)连续桁架(架桥机)拼装法

连续桁架悬拼施工可分固定式和移动式两类。固定式连续桁架的支点均设在桥墩上,而不增加梁段的施工荷载(图7-48)。移动式连续桁架的长度大于桥的最大跨径,桁架支承在已拼装完成的梁段和待拼墩顶上,由起重机在桁架上移运节段进行拼装。

(3)起重机械拼装法

该种方法对应的起重机械可采用伸臂式起重机、门式起重机、人字扒杆、自行式起重机、履带式起重机、浮式起重机等进行拼装(图7-49)。根据起重机的类型和桥孔处具体条件的不同,起重机可以支承在墩柱上、已拼好的梁段上或栈桥上、桥孔下、水面上等。

a) 连续桁架安装

b) 吊装节段

图 7-48　连续桁架(架桥机)拼装现场

(4) 拼装程序

① 0 号块：即墩顶块，其安装精度将直接影响整个 T 构的拼装精度，精度要求较高，可采用架桥机、浮式起重机吊装。墩顶块就位后，其精确调整可通过对称放置的四个三向千斤顶进行，先进行高程的调整，再进行平面位置的调整。精调完成后，用机械千斤顶进行墩顶块姿态锁定，再浇筑支座与梁底之间的调平层灌浆料，调平层灌浆前需进行模板接缝的检查，确保不漏浆；具体灌注时，可通过梁顶漏斗，采用重力式灌浆，灌浆料强度达

图 7-49　浮式起重机拼装现场

到 70% 后，拆除三向调位千斤顶及机械锁定千斤顶，转由永久支座、临时支座承担后期墩顶块传递的荷载。

由于墩顶块构造复杂、重量大，且墩顶块在墩顶处设置横隔板，使得墩顶块往往部分预制，安装后二次浇筑施工，现场支设横隔板模板，混凝土自节段顶部预留开孔浇筑，浇筑后同样应确保充分养护。

为了确保连续梁分段悬拼施工的平衡和稳定，抵抗施工过程中可能出现的倾覆力矩，墩顶块与墩顶一般采用精轧螺纹钢或 U 形钢绞线临时锚固，精轧螺纹钢或钢绞线的底端预先锚固于墩顶，采用 U 形钢绞线时，相邻跨沿着纵桥向对称设置 U 形钢绞线；必要时在墩两侧加设临时支架以满足悬拼的施工需要(图 7-50)。

② 1 号段：1 号段是紧邻 0 号块两侧的第一个箱梁节段，是悬拼构件的基准梁段，其准确定位对后续拼装就位尤为重要，是全跨安装质量的关键，通过吊具上下升降、横向移动完成节段中线位置及高程的调整，通过吊具的纵、横向液压油缸完成对节段纵、横坡准确定位。1 号段与 0 号块一般采用湿接缝连接，缝宽 10~20cm，节段件间有钢筋焊接，待拼装的梁段位置调整后，用高强度砂浆或细集料混凝土填实接缝。典型 1 号段梁段拼装程

序如图 7-51 所示,主要包括吊装梁段、固定梁段、安装湿接缝模板、浇筑湿接缝、养护湿接缝、拆除湿接缝模板、张拉预应力筋、压浆与养护等。

a) 架桥机吊装

b) 浮式起重机吊装

c) 三向千斤顶墩顶块精调

d) 永久支座及调平层

e) 墩顶二次浇筑

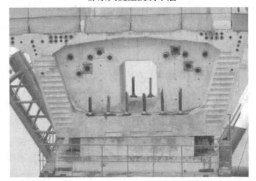
f) 临时固结

图 7-50　墩顶 0 号块安装

③其他梁段拼装:梁段湿接缝拼装是影响成桥线形的关键所在。节段拼装梁之间的连接一般有三种方法,一种为采用专业的混凝土黏结剂黏结的胶接法,另一种为节段之间预留钢筋混凝土的湿接法,第三种为梁段之间不涂任何黏结材料的干接法(现已较少应用)。

图 7-51　1 号段梁段拼装程序

以胶结法为例(图 7-52),胶接缝是在悬臂端面上涂环氧胶,使接缝密贴。胶黏剂宜采用机械拌和,且在使用过程中应连续搅拌并保持其均匀性,抹胶时需保证匹配面干燥与清洁,将匹配面擦拭干净,应用时应涂抹均匀,覆盖整个匹配面,涂抹厚度不宜超过 3mm。为避免结构胶挤入孔道内,在预应力孔道外围贴发泡聚乙烯橡胶"O"形垫圈,同时避免后续压浆发生漏浆、窜浆现象。

a) 垫圈

b) 涂环氧胶

图 7-52　梁段胶接缝拼装施工

对于湿接法(图 7-53),其不同之处在于节段间留设不小于 10cm 宽度的后浇缝,节段端面预留搭接钢筋,节段就位后,焊接搭接钢筋,搭设湿接缝模板,模板一般采用悬挂的方式搭设,随后现浇混凝土,待现浇的混凝土强度达到要求后才能往前推移。由于需要等待混凝土强度满足要求,故湿接法拼装每孔施工的时间较长,由于湿接缝能够对桥梁线形做较大的适应调整,常常用作合龙段的接缝施工。

a) 湿接缝梁节段

b) 湿接混凝土浇筑

图 7-53　梁段湿接缝节段及拼装施工

一般梁段拼装施工程序包括：起重机就位→起吊梁段→定位试拼→检查并处理管道接头→移开梁段→穿临时预应力筋入孔→接缝面上涂胶结材料→正式定位、贴紧梁段→张拉临时预应力筋→放松起吊索→穿永久预应力筋→张拉永久预应力→压浆，一般梁段拼装施工典型示例如图7-54所示。

图7-54 一般梁段拼装施工典型示例

对于悬臂拼装的预应力连续梁桥，其预应力体系可分为两大类：一类是常规的预应力，其增强了梁段的承载力，即永久预应力；另一类则是临时预应力，为在体内悬拼永久结构预应力施加之前临时施加在拼装梁段与相邻已拼梁段间的预应力，其作用在于使环氧黏结剂在特定的压力条件下均匀固化，并确保固化后的胶体厚度。临时预应力在随后进行的体内悬拼永久结构预应力施工完毕后,根据梁段在桥跨间所处位置、体内悬拼永久结构预应力大小以及线形控制要求予以分批拆除。

4)合龙段施工

合龙段的施工常采用现浇和拼装两种方法,合龙时间以在当天低温时为宜。现浇合龙段预留1.4~2.0m,在主梁高程调整后,现场浇筑混凝土或悬拼合龙(图7-55)。节段拼装合龙对预制和拼装的精度要求较高,但工序简单,施工简单,施工速度快,一般可采用预制合龙块+双湿接缝形式,合龙前,应采用劲性骨架进行合龙口锁定,湿接缝混凝土浇筑完成后,达到设计强度80%以上方可张拉预应力。

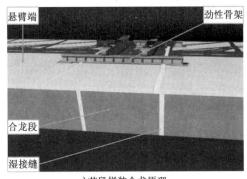

a)节段拼装合龙原理　　　　b)合龙块安装

图7-55　预制拼装合龙段施工

7.3.3 顶推施工法

顶推施工法是在沿桥纵轴方向设置预制场预制梁体节段或桥梁梁体整体,通过水平千斤顶施力,借助滑道、滑块,将梁逐步向前顶推,就位后落架的一种施工方法(图7-56),是钢桥拖拉法(顶推法)架设原理的改良应用。顶推施工法适用于中等跨径简支梁桥、连续梁桥、拱桥、斜拉桥(加劲梁)等结构,尤其适用于有交通、通航要求或跨越较深沟谷的桥梁结构。

a)科马提河桥　　　　b)湘潭湘江二桥

图7-56　顶推施工法现场图

顶推施工法由于无支架,对桥梁净空高度没有要求,对于既有线路、航道的上跨桥梁施工可保证线路、航道的正常通行;设备简单、不需要大型的起重设备,操作起来方便,可不中断交通或通航;预制场集中在桥台后方,大大缩短运输距离,连续作业;可用于特殊桥梁的施工,特别是需要跨越山谷、铁路、公路、建筑物等障碍物时;顶推施工可采用临时墩、导梁等临时设置,能加大桥梁的跨径,能使桥梁在施工过程中受力更加合理。不足的是其不适应多跨变高梁、横向竖向曲率大的桥梁;受顶推悬臂弯矩的限制,顶推跨径大于70~80m的桥梁施工成本高;顶推过程中的反复应力使得在设计时梁高取值大,张拉工序烦琐;随着桥长的增大,施工进度较慢。

顶推法施工时,节段预制或现浇完成后,张拉预应力筋顶推桥梁整体,顶推至设计位置后,张拉后期预应力筋,释放临时支撑,更换支座完成体系转换落梁,节段预制拼装顶推法一般施工工序如图7-57所示。

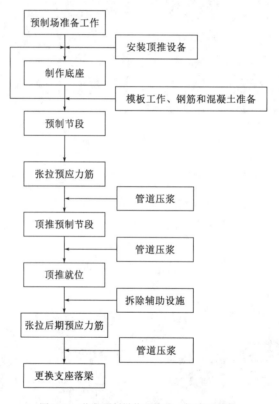

图7-57 节段预制拼装顶推法一般施工工序

1)顶推施工方法

(1)顶推动力作用点分类

按顶推动力作用点可将其分为单点顶推与多点顶推两大类。单点顶推是顶推动力装置集中设置在靠近梁场的桥台或桥墩上,支承在纵向滑道上的垂直千斤顶和支承在墩(台)背墙的水平千斤顶联动,能使梁体以垂直千斤顶为支承向前移动(图7-58)。多点顶推则是在每个墩台上设置多个小吨位的水平千斤顶,将集中的顶推力分离到各墩台上,多点顶推施工的关键在于多点同步,必须保证多台千斤顶同步工作。近年来,多采用拉杆千斤顶顶推,即由固定在墩台上的水平张拉千斤顶张拉锚固在主梁上的拉杆而使得梁体向前移动(图7-59)。

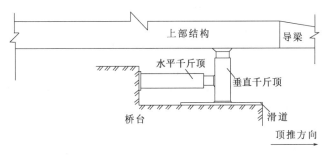

图7-58 单点顶推示意图

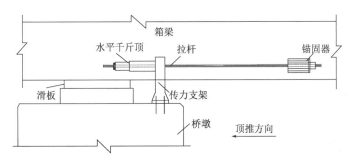

图7-59 拉杆千斤顶顶推示意图

单点顶推适用于桥台刚度大、梁体轻的施工条件。单点顶推设备简单,并可利用预应力张拉或者顶进法施工的设备。同时,由于是单点施力,避免了多点顶推设备同步运行问题,控制系统简单。但由于全桥顶推水平力仅由一个墩(台)上顶推设备承担,顶推设备能力要求高,未设千斤顶的墩顶存在较大的水平摩阻力。

相比于集中单点顶推,多点顶推可免去大规模的顶推设备,所需的顶推设备吨位小,容易获得,能有效地控制顶推梁的偏离,墩上顶推力与梁体滑动摩阻力互相抵消,将集中的顶推力分散到各墩上,桥墩在顶推过程承受较小的水平力,能够适用于柔性墩。

(2)支承系统分类

按支承系统将其分为临时滑道支承装置顶推施工法以及永久支承兼用滑道顶推施工法。前者在永久墩台和临时墩顶设置临时滑道装置进行顶推,待梁体就位后起梁、取掉滑道、更换支座、落梁。这是一项复杂的工程,起梁和落梁必须确保梁体的受力均匀。永久墩台的支承垫石顶面高程必须符合设计要求。后者则是对永久支座进行必要的临时处理,将其变为临时滑道,待顶推结束、起梁、拆除临时滑道、落梁后,永久支座又恢复本来的支座功能。顶推时一般采用很薄的不锈钢(0.6mm)和橡胶(3mm)组成连续滑板,类似于放映电影胶片一样自动循环,减少了起梁、落梁的复杂工序。

(3) 动力装置分类

按动力装置的类别将其分为步距式顶推以及连续顶推。早期大部分顶推桥梁均采用穿心千斤顶、钢绞线束、自动工具锚、拉锚器体系作为顶推动力装置。为了使多台千斤顶同步运行,采用主控台控制各个泵站操纵千斤顶,即可集中控制。由于步距式顶推是以水平千斤顶的工作行程作为一个顶推步距,当水平千斤顶回程时,梁体便停止前移。对于墩台而言,每一个顶推步距都将经历从静摩擦到动摩擦再到停止的过程,墩台顶部的位移也随之从零—最大—较小—零这样周而复始的变化。同时,每当顶推力克服静摩擦力时,梁体便突然前移,而由于动摩擦力比静摩擦力小,水平千斤顶的油压随之下降,梁体前移速度也随之减慢,这就是梁体爬行现象。该现象对柔性高墩的安全存在严重威胁,因此,后续又发展了连续顶推新工艺。该工艺采用串联穿心千斤顶、钢绞线束、自动工具锚、拉锚器体系实现了连续顶推。它通过连续千斤顶的连续工作,使一段梁体的顶推作业连续进行,避免了步距式顶推时梁体的"爬行"现象及对墩台的反复冲击,同时也提高了顶推效率。

近年来,步履式顶推法(图7-60)因连续顶推施工而有效避免了"梁体爬行"现象,得到了快速发展和广泛应用。步履式顶推装置顶推循环步骤如图7-61所示。顶推就位后,用千斤顶竖向顶起梁体,拆除顶推滑道,安装永久支座,千斤顶回油落梁,然后张拉斜拉索,拆除临时支承墩。

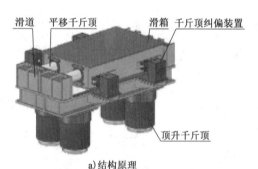
a) 结构原理

b) 装置实物

图 7-60 步履式顶推装置

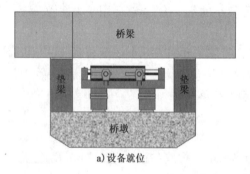
a) 设备就位

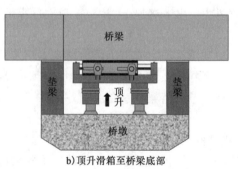
b) 顶升滑箱至桥梁底部

图 7-61

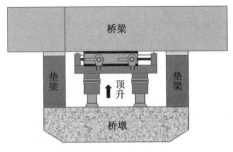

c) 桥梁底部脱落垫梁

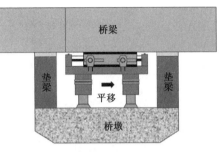

d) 桥梁向前平移

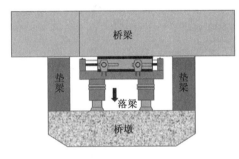

e) 桥梁落于垫梁之上

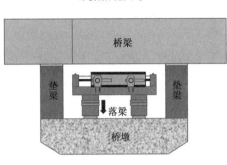

f) 滑箱脱离桥梁底部

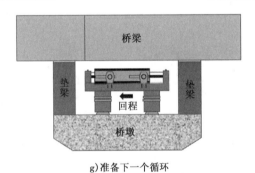

g) 准备下一个循环

图 7-61 步履式顶推装置顶推循环示意

2) 顶推法施工关键技术

(1) 制梁台座和预制场地

制梁台座是预制箱梁节段和顶推作业的过渡场地,台座上一般设有可升降的活动底模架和不动的台座滑道,与制梁台座相配套的还有预应力钢束穿束平台、钢筋绑扎平台、测控平台及必要的吊装设备。这些设施使梁段制作具有明显的工厂化生产特点,从而有效地保证了箱梁的施工质量。

梁体节段的预制周期制约着全桥的施工工期,顶推施工进入正常后,节段作业循环周期一般在 7~15 天。预制周期短是加快施工速度的关键,预制工作应采用流水作业,预制场一般设有运输轨道或邻靠水域码头(图 7-62),待预制段完成后可及时送至拼装现场。

a) 邻轨预制场

b) 邻水码头预制场

图 7-62　预制场地

(2) 钢导梁 (鼻梁)

钢导梁主要包括钢桁梁或钢板梁,设置在主梁的前端 (图 7-63)。钢导梁作用是减少顶推过程中梁的前端悬臂负弯矩。导梁不宜过长也不宜过短,合理的导梁长度应使主梁最大悬臂负弯矩和营运阶段的支点负弯矩基本相近。导梁的刚度在满足温度和强度的条件下,选用较小的刚度及变刚度的导梁,其目的是在顶推时减小最大悬臂状态的负弯矩。钢导梁受力主要为正弯矩和剪力,负弯矩较小,长度一般为顶推跨径的 0.6~0.7 倍,导梁的刚度宜选主梁的 1/9~1/5。

a) 示例一

b) 示例二

图 7-63　钢导梁

(3) 辅助墩 (临时墩)

辅助墩 (临时墩) 是在梁体顶推过程中提供临时支撑的墩柱 (图 7-64),其作用主要是减小顶推跨径以减小梁顶推过程交替变化的正、负弯矩。在连续梁的跨度大于顶推跨度时,宜设置中间临时墩。在不设临时墩时,为满足安装钢导梁和连续梁前期顶推抗倾覆的要求,在制梁台座前和连续梁第一跨内设辅助墩,作为顶推施工的过渡段,保证梁体线形与已经顶推出去的梁体完全一致,避免大梁从制梁台座上顶推出去以后,与下一梁段出现大的转角。辅助墩墩身结构有钢管辅助墩、钢筋混凝土空心墩、钢筋混凝土实心墩等多种形式,各自具有不同的特点。

a) 示例一　　　　　　　　　b) 示例二　　　　　　　c) 示例三

图 7-64　辅助墩(临时墩)

为提高辅助墩(临时墩)的稳定性,防止辅助墩在箱梁顶推过程中产生较大的水平位移,保证顶推安全,宜将辅助支墩与相邻的主桥墩和制梁台座进行撑拉连接,用水平或斜拉钢构件或钢绞线束等相连接加固(图 7-65)。

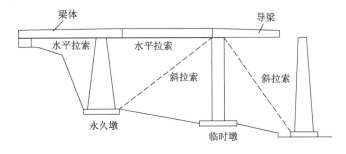

图 7-65　辅助墩(临时墩)的临时加固示意图

(4) 滑道

采用滑道时,只需 0.05~0.08 倍于梁体自重的水平力便能将笨重的梁体(一般为 1~2 万 t)拖动。

滑道从下至上由滑道调平垫块、滑道板、滑板组成(图 7-66)。滑道板一般用铸钢或钢板制作,不锈钢板主体钢板厚度应在 40mm 以上,不锈钢板表面粗糙度小于 Ra5μm,滑道板横向宽度应为滑块宽度的 1.1 倍以上。

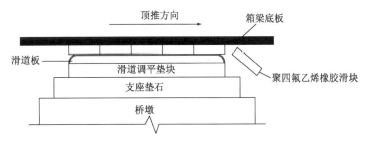

图 7-66　滑道构造示意图

滑块实际上就是板式橡胶支座,作为箱梁与滑道板之间的润滑介质,通常采用摩擦系数极低的聚四氟乙烯材料制成。顶推时,组合的聚四氟乙烯滑块在不锈钢板上滑动,并在前方滑出,通过在滑道后方不断喂入滑块,带动梁身前进。聚四氟乙烯板不锈钢板的静摩擦系数可按 0.07~0.08 选用,动摩擦系数可按 0.04~0.05 选用,在采用千斤顶时顶推速度应控制在 15~20cm/min。

(5)顶推导向及纠偏

为了控制梁体在顶推过程中的中线始终处于设计范围内,必须设置横向导向纠偏装置,尤其在圆曲线上顶推,横向导向纠偏装置显得更加重要。在梁的前进方向设置纠偏装置,纠偏装置可视梁的行进交替前移。纠偏器装在预制台座前临时墩的两旁,且固定一对,以控制每段梁的尾端的横向位置,保证梁尾与预制模板正位接头。顶推时,应做好横向偏差观测,主要观测主梁和永久墩的横向位移,一旦出现箱梁的平面轴线偏移,就要立刻调整,把箱梁的轴线位置控制在合理范围内。

①被动导向装置

当梁体横向移位时可采取楔块挤压法(图 7-67)纠偏。楔块靠近墩顶锚碇的部分是固定的,靠近梁体的半块楔块同梁体之间设置橡胶板,随梁体前移如若发生横向偏移,梁体前移时就会被挤向图标方向。

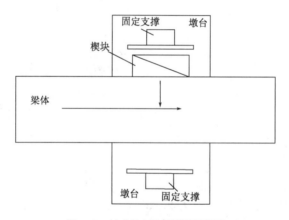

图 7-67 被动导向装置俯视示意图

②主动导向装置

当梁体偏移较大或被动导向无效时,可采取主动纠偏方法(图 7-68)。纠偏装置由防偏支架、纠偏滚轴、水平丝杠及丝杠千斤顶组成。防偏支架通常用型钢制成,成对地安于箱梁两边垫块钢架上,并用螺栓连接。当需要调整主梁轴线时,用丝杠千斤顶调整纠偏滚轴与主梁侧面的距离,梁体顶推时,手动施压,用水平丝杠顶住纠偏滚轴,滚轴贴在梁腹上,强迫梁体纠偏。

(6)顶推动力装置

顶推动力装置由拉杆(束)、高压油泵、千斤顶、顶推锚具(自动工具锚、拉锚器)组成(图 7-69),顶推动力一般使用水平千斤顶或自动连续千斤顶及其配套的普通高压油泵或专用的液压站作为动力装置。其中,自动连续千斤顶的连续工作能够实现对梁体的连续顶推,使一段梁体的顶推作业连续进行,避免了步距式顶推时梁体的"爬行"现象及对墩台的反复冲击,同时也提高了顶推效率。

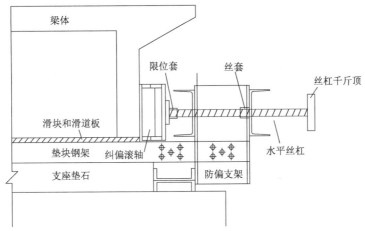

图 7-68 主动纠偏装置

a) 自动连续千斤顶

b) 拉杆体系示例

图 7-69 顶推动力装置及拉杆体系

如采用拉杆千斤顶顶推体系,其拉杆体系最早使用精轧螺纹钢,后逐渐采用高强钢丝束、钢绞线束群锚体系等,其施力位置由拉箱梁腹板两侧逐渐过渡到拉箱梁底板的方式,并由穿过箱梁顶、底板布设笨重的传力型钢演变为仅在箱梁底板中心线预留孔插入牛腿式钢块拉锚器。

7.3.4 转体施工法

转体施工法是指在非设计轴线上(比如在平行于铁路和河流岸边等合适的位置),利用地形的便利或易于使用支架,使用一些机械设备(比如球铰)分别将预制好的两个半桥平衡旋转到指定位置上,最终在中跨合龙成一个整体的施工方法。以转动轴心为界把桥梁分为上、下两部分,上部整体旋转,下部为固定墩台、基础。施工时可根据现场实际情况,上部构造在路堤或河岸上预制,旋转角度也可根据地形随意旋转。

与传统的施工方法相比,转体施工法将技术性强的高空作业变为既有线路边(岸边)作业,具有安全方便、架设转体设备简单、施工速度快、造价低、不中断通车、不影响通航等优点。由于目前所建的大多桥梁要跨山谷、越河流,或与已有的铁路或公路相交,因此在选择桥梁施工方法时,对交通影响较小的转体施工法成为首选。因此,不管是国内还是国外,自从转体施工方法诞生以来,就逐渐成为施工的热门方法。转体施工时(图7-70),首先进行上下部分的临时锁定,随后安装调试设备,如需配重,完成结构不平衡称重后配重,通过千斤顶拉动牵引索实现对桥梁转体部分的试转,试转过后修正转动系数再进行桥体转动,待转体到位完成精准定位后,进行全桥合龙。

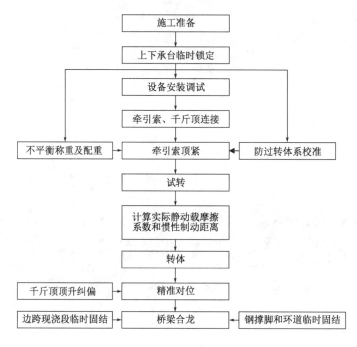

图7-70 转体施工工艺流程图

桥梁转体施工方法主要包括平转施工(无平衡重平转、平衡转动体平转)、竖转与平转施工结合、竖转施工三类。对于大跨径的山谷河流,竖转施工方法应用较多,且竖向转动多应用于拱桥施工。对于预应力混凝土梁桥,一般为平转施工。

1)平转法的转动体系

平转法施工的转动体系主要有转动支承系统、平衡系统和转动牵引系统。

(1)转动支承系统

转动支承系统是平转法施工的关键设备,由上转盘和下转盘构成。上转盘支承转动结构,下转盘与基础相连。通过上转盘相对于下转盘转动,达到转体目的。转动支承系统必须兼顾转体、承重及平衡等多种功能。按转动支承时的平衡条件,转动支承有磨芯支承、撑脚支撑等。

①磨芯支承

磨芯支承由中心撑压面承受全部转动重量,通常在磨芯插有定位转轴。为了保证安全,通常在支承转盘周围设有支重轮或支撑脚,正常转动时,支重轮或支撑脚不与滑道面接触,一旦有倾覆倾向则起支承作用。在已转体施工的桥梁中,一般要求此间隙为2~20mm,间隙越小对滑道面的高差要求越高。磨芯支承有钢结构(图7-71)和钢筋混凝土结构等形式。上下转盘弧形接触面的混凝土均应打磨光滑,再涂以二硫化铜或黄油四氟粉等润滑剂以减小摩擦系数(一般在0.03~0.06之间)。

图7-71 钢质磨芯支承

②撑脚支撑

上转盘设置沿着四周均匀设置多个撑脚,下端支撑于下转盘的环道,以保持平转时的稳定。转动过程撑脚的支撑范围大,抗倾覆稳定性能好,但阻力力矩也随之增大,而且环道与撑脚的施工精度要求较高,撑脚形式有采用滚轮的,也有采用柱脚的(图7-72)。滚轮平转时为滚动摩擦,摩阻力小,但加工困难,而且常因加工精度不够或变形使滚轮不滚。采用柱脚平转时为滑动摩擦,通常表面设置不锈钢板加四氟板再涂黄油等润滑剂,其加工精度比滚轮容易保证,当转体结构悬臂较大且抗倾覆稳定要求突出时,往往采用此种结构。

a) 整体图　　　　　　　　　　　b) 细部图

图7-72 撑脚支撑体系

(2)转动牵引系统

平转施工中,能否转动是一个关键的技术问题。减小摩阻力、提高转动力矩是保证平转顺利实施的两个关键。一般情况下可把启动摩擦系数设在0.06~0.08之间,有时为保证有足够的启动力,按0.10配置启动力。转动力通常安排在上转盘的外侧,以获得较大的力臂。转动力可以是推力,也可以是拉力。转体重量小时,采用卷扬机,转体重量大时采用双作用千斤顶(图7-73),有时还辅以助推千斤顶,用于克服启动时静摩阻力与动摩阻力之间的增量。

a) 牵引千斤顶

b) 牵引束

图 7-73　牵引系统

(3) 平衡系统

平转过程中的平衡问题也是一个关键问题。对于斜拉桥、T 形刚构桥以及带悬臂的中承式拱桥等上部恒载在墩轴线方向基本对称的结构,一般以桥墩轴心为转动中心,并将转盘设于墩底以降低重心。对于单跨拱桥、斜腿刚构等,平转施工分为有平衡重转体与无平衡重转体两种。有平衡重时,上部结构与桥台一起作为转体结构,上部结构悬臂长、重量轻,桥台则相反,在设置转轴中心时,尽可能远离上部结构方向,以求得平衡,若不平衡,则需在台后加平衡重。无平衡重时,只转动上部结构部分,利用背索或临时支撑平衡,使结构转体过程中被转体部分始终为索和转铰处两点支承的简支结构。

2) 转体施工工程实例

某连续梁桥主桥上部为三跨预应力箱梁,主跨 75m,边跨为对称 47.5m,全桥面宽22m,箱梁底宽 17m。箱梁由支座处高 4.0m 变化至跨中处 2.1m 梁高。梁高变化按 1.6次抛物线变化。箱梁在主墩墩顶 0 号块梁段设置了两道厚 1.5m 的横隔板。

(1) 转盘及平衡腿设计

该桥采用钢筋混凝土材质的转盘,其采用混凝土材质的球缺面承受转动体系的主体重量作为中心支撑。与此同时,为保证转动体系在转体过程中的稳定性,在千斤顶顶推牵引的过程中抵抗转动体系的不平衡弯矩,在转体结构周围仍需设置环形滑道。

球缺面即磨芯与磨盖在加载的初期会产生应力的不均匀分布。这是材料自身的塑形与徐变影响所致,一般在磨合加载 7 天以后应力趋于均匀。然而由于施工条件影响球缺面与磨芯的密封性不能达到 100%,在计算时一般假定 70%。

磨芯与磨盖由于体量较大,在施工过程中均为单独浇筑。待养护至设计强度后吊装磨盖与磨芯进行磨合。磨合过程中一般采用润滑油或水作为润滑剂进行磨合。考虑到现场条件以及承台吨位,该桥梁采用全体水中磨合方式进行转动磨合(图 7-74)。

转动顺利与否的另一个影响因素是撑脚支撑(图 7-75),撑脚支撑的主要作用为抵抗转动体系在转动过程中的不平衡弯矩可能造成的扭转与倾覆。在转体施工过程中还有一个关键点为撑脚支撑与滑道(图7-76)之间的预留间隙的确定。若间隙距离估计错误,在转体过程中转体牵引力将会大大增加。

(2) 转体施工工艺

首先要对转体现场进行前期清理,检查转体周边是否存在安全隐患,然后在施工前对于张拉牵引的千斤顶及油泵应进行协调性调试,确保转体安全平稳施工,另外还要对

图7-74 转体结构全体水中磨合

牵引索与千斤顶的连接进行调试,并且对结构的整体受力进行检查,以上全部完成后进行转体施工的标线定位,最后可以进行转体施工。进行转体施工时一般分为以下三个步骤:

①试转。通过试转工作可以确定实际转动受力情况以及千斤顶停止牵引后结构由于惯性产生的惯性转动距离。

图7-75 撑脚支撑施工

图7-76 滑道铺设

②施工时间。根据前期的试转工作可大致确定出转动的时间。除此之外,仍然要考虑转体完成后轴线以及高程纠偏的时间,转体锁定的时间,综合考虑以上因素后仍需对于偶然因素预留时间。

③正式转体。在正式施工时,应同时进行牵引施工。在牵引过程中应实时控制转体速度。在转体施工过程中,磨芯的施工直接影响着转体效果。

混凝土磨芯一般在现场直接支模,同时在磨盖边缘宜设置槽口,顶面采用设计弧度的母线刮板进行表面刮平(图7-77)。磨盖与磨芯之间的隔离宜采用隔离剂(图7-78),涂抹完成后进行试转(图7-79)。

磨芯与磨盖的磨合常常采用水磨合方式。一般采用润滑剂填充后,从磨芯顶部注水磨合,若效果不理想可设置临时水池,将转体结构整体置于水中磨合。

a) 磨芯浇筑模板

b) 表面刮平

图 7-77　磨芯浇筑

图 7-78　涂抹隔离剂

图 7-79　磨芯试转

7.3.5　简支转连续施工法

目前，对于小跨径公路桥梁，多采用装配式钢筋混凝土板梁的形式；中等跨径公路桥梁则采用装配式预应力混凝土 T（箱）梁的形式；对于大跨径预应力混凝土连续梁桥，主要采用悬臂浇筑法或预制拼装法。由于现浇连续梁的施工复杂繁琐、费工费时，而"简支转连续施工"方法则将简支梁的批量预制生产和连续梁的优越性能结合起来，实现用梁或板批量预制生产的方式来加快连续梁的建设，在中等跨径预应力混凝土连续梁桥中应用较多。

所谓的"简支转连续"，是连续梁桥施工中较为常见的一种方法，即先预制主梁，现场分片吊装架设主梁，建设形成简支梁状态，进而再将主梁横向拼接，并在墩顶连接成整体，最终形成连续梁体系（图 7-80）。这种结构的受力特点是主梁本身架设时保留简支梁的优点，桥面铺装及车辆荷载等作用于连续梁体系。目前，简支转连续梁桥已成为中等跨径梁桥的主要形式之一。

a) 江苏宜长高速楼下大桥

b) 江苏宜长高速跨S342接线桥

图7-80 简支转连续梁桥实桥图

简支转连续桥预制梁的成型参照预制混凝土构件相关注意事项,其一般为后张法预应力混凝土梁,其施工工艺流程如图7-81、图7-82所示,场地集中预制,吊装架设主梁,根据梁段位置的不同设置临时支座及永久支座,预制梁吊装就位后,在连续墩上现浇湿接头混凝土、张拉承受负弯矩的预应力束,将体系转换为连续梁,最后浇筑湿接缝混凝土和桥面铺装层混凝土,完成桥梁施工。

图7-81 简支转连续施工流程图

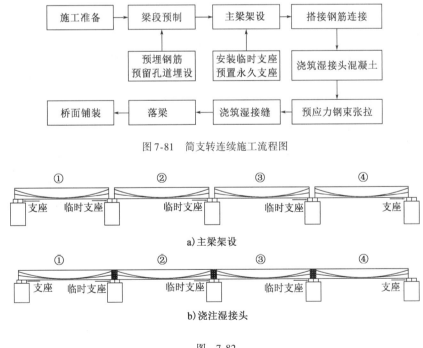

图 7-82

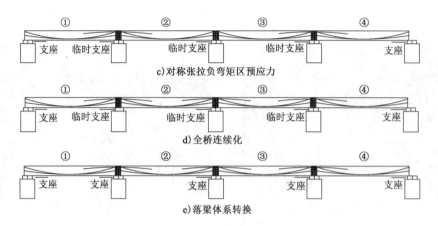

图7-82 简支转连续施工示意图

(1)主梁架设

通过架桥机吊装架设预制主梁[图7-83a)],设置临时支座并安装好永久支座。每一联的联中连续端安装在临时支座上,临时支座一般采用砂筒[图7-83b)],砂筒是选择直径适当的钢管,底部焊接钢板封堵,在侧面留一个螺钉孔并用螺钉堵塞,筒内装入适量细砂,细砂顶设置略小于砂筒直径的活塞,活塞可选择混凝土、木头、钢板封口的钢管等。通过松开底部螺钉放出桶内细砂,即可拆除临时支座。每一联的联端安装在永久支座上,如图7-82①号梁左端、④号梁右端所示。

a)架桥机架梁

b)临时支座

图7-83 主梁架设

(2)浇筑湿接头(端横梁、中横梁)

按接头施工顺序,逐次采用搭接焊连接端横梁湿接头处钢筋,连接预应力波纹管,绑扎横梁钢筋,支设模板即堵头板,浇筑混凝土(图7-84)。如预制箱梁跨径较大或桥梁斜交角较大时,会在预制梁段中部设置中横梁,增加梁体横向联系即中横梁[图7-84d)],其施工工艺类似于端横梁。新老混凝土的连接结合是现浇连续段混凝土存在的主要问题,为此预制梁的端头必须严格进行凿毛处理,具体湿接头的布置如图7-84e)所示。为了防止现浇连续段混凝土在养护硬化过程中发生收缩性裂缝影响混凝土在二次张拉过程中的承载力和桥梁的整体受力性能,接头混凝土应适当添加微膨胀剂。

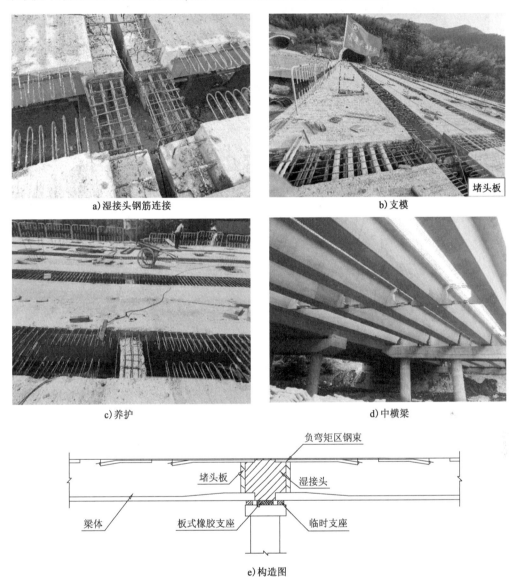

图 7-84 端横梁、中横梁施工

(3)顶板负弯矩预应力束张拉、压浆

待横梁处混凝土养护强度达到设计强度95%且龄期不小于7天时,张拉顶板负弯矩处全桥连续化预应力束,应采用纵向、横向对称张拉(图7-82),如在纵向,先张拉①②、③④负弯矩处预应力筋、后张拉②③处预应力筋。张拉时通过预留张拉工作槽口根据设计文件采用单端张拉或两端张拉(图7-85)。预应力张拉封锚后应尽早压浆。

a) 工作槽口　　　　　　　　b) 张拉预应力

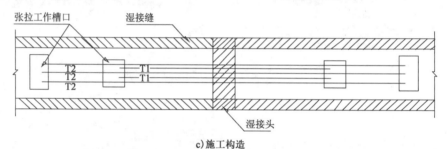

c) 施工构造

图 7-85　负弯矩区预应力束张拉

(4) 浇筑湿接缝,全桥整体化

待负弯矩区作业完毕,由每联跨中向两侧浇筑湿接缝。湿接缝混凝土浇筑可采用吊模施工(图 7-86),模板应采用有足够的刚度和强度的钢模板。模板安装牢固后,冲洗已经凿毛处理的混凝土表面。混凝土浇筑和振捣与预制主梁顶板浇筑同样要求,宜采用平板振捣器与插入棒配合的方式。

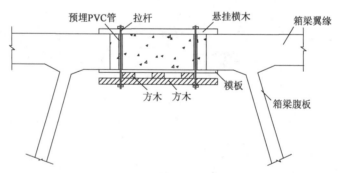

图 7-86　横向湿接缝断面构造

(5) 落梁、体系转换

待湿接缝浇筑完成,强度达到设计强度 95% 后,拆除一联内的临时支座,使该联转换成连续梁桥,如图 7-82e)所示。落梁时先解除支座处的临时锚固(图 7-87)。

a) 临时锚固

b) 解除锚固

图 7-87　支座临时锚固

待支座临时固结解除后拆除砂筒底部封口,使得内部细砂流出(图 7-88)。拆除临时支座应做到逐孔对称、均匀、同步、平稳。临时支座拆除后,永久支座与墩顶和梁底严密贴合。

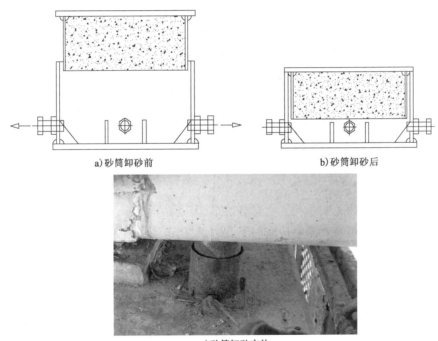

图 7-88　落梁砂筒

(6) 铺装、护栏施工

现浇护栏底座混凝土,安装护栏、伸缩缝并铺装桥面。需要注意的是,拆除砂筒落梁是简支转连续施工的最后一个重要步骤,此时由于边界条件的变化、墩顶的位移也会产生次内力,结构的内力也会重新分布,内力的重分布有其对应的分布平缓时间段,该时间段内过早地进行护栏及混凝土调平层施工,则会由于内力的传递导致混凝土在水化初期受力开裂。

7.3.6 支架整体现浇施工法

支架整体现浇法是直接在支架上安装模板、绑扎钢筋骨架、预留孔道、现场浇注混凝土并施加预应力的方法。支架整体现浇法以往多用于桥墩较低的中小跨径连续梁桥,在施工中不存在体系转换的问题,不产生恒载徐变二次弯矩。此外,桥梁的整性好,施工简便可靠,对机具和起重能力要求不高。但是,支架现浇需要大量的脚手架和较大的施工场地(图7-89),施工工期长。近年来,脚手架的应用以及支架构件趋于常备化和桥梁结构的多样化发展,在大跨径桥梁中采用支架整体现浇施工可能是经济的,因此该施工方法的应用范围有所扩大。但是相对其他施工方法,采用支架整体现浇施工的桥梁总数并不多,大多数情况下支架现浇在悬臂挂篮浇筑时边跨段应用较多。

图 7-89 支架整体现浇

由于在施工过程中支架承受了大部分恒重,因此必须具有足够的强度、刚度。对河道中的支架应充分考虑洪水和漂物造成的不利影响,同时在安装时要设置预拱度,使得结构的外形尺寸和高程符合设计要求。预应力混凝土连续梁桥支架现浇施工需要在连续梁桥的一联各跨中设支架,按照混凝土的浇筑、养护、拆模等一定的施工程序完成各联桥的施工。在一联桥施工完成后,卸落支架,将其拆除进行周转使用。

支架整体现浇施工工艺流程图如图 7-90 所示。

1) 地基处理

支架搭建场地的地基处理非常重要。首先应将地表腐土清理干净并整平压实,防止支架因土质过于松软而降低稳定性。进而,按照方案要求,在压实地基之上铺设岩渣、碎石、砂、混凝土、灰土等垫层,并根据周边环境设置相应排水构造,双向坡度以2%为宜。

2) 支架搭设

混凝土基础上可直接安放底托或加设方木后安放底托,底托丝杆旋出长度越小越好,以减小底部立杆的自由长度。第一层横联称为扫地杆,必须安放。相邻立杆间接头位置应错开,立杆平面位置偏差不得超过跨度的1/1000或30mm,垂直度应控制在允许范围内。顶托丝杆旋出长度应控制在丝杆总长度的1/3以内,否则丝杆旋出过长会造成立杆顶部自由长度过大,在荷载作用下(尤其是在有纵坡情况下)可能会造成立杆局部失稳。

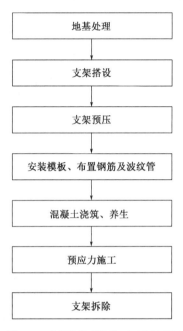

图 7-90 支架整体现浇施工工艺流程图

对于采用满堂支架现浇施工的变截面梁,由于碗扣支架长度为制式,不可能在现场进行切割,加之立杆接头需要错开,在设计支架时必须进行配杆计算,即设计出每排立杆所需杆件型号。安装时按图施工,一方面便于碗扣立杆的进料数量统计;二在安装立杆时也可将接头错开。

斜撑(剪刀撑)在顺、横桥向均应设置,顺桥向在腹板下、顺桥中心、翼板下必须设置,横桥向设置间距应根据具体情况确定。安装剪刀撑时,剪刀撑斜杆按斜向45°~60°由底至顶连续设置,和立杆应尽量在节点附近连接,并用扣件将斜杆和立杆连接牢固。对于较高支架,在支架沿高度方向顶、底及中部也应布置水平剪刀撑。安装立杆过程中应及时架设斜杆及横联,以防在搭设支架过程中发生倾覆事故。

3)支架预压

支架搭设完毕并安装完底模后,在安装侧模前需用预压袋对支架进行预压(图7-91),支架预压荷载为支架承受的混凝土结构恒载与模板重量之和的1.1倍,以消除支架非弹性变形。支架预压按预压单元进行3级加载。每级加载完成后,应先停止下一级加载,并应每间隔12h对支架沉降量进行一次监测。支架预压之后收集的支架、地基的变形数据,作为设置预拱度的依据,预拱度设置时要考虑张拉上拱的影响,预拱度一般按二次抛物线设置。

a) 水袋预压

b) 沙袋预压

图7-91 支架预压

4) 安装模板、布置钢筋及波纹管

完成所有模板的安装、固定与调整,包括横隔板侧模、端模及预应力束锚固齿块模板,内模采用相关支架进行固定;内外模一般采用对穿精轧螺纹拉杆外套 PVC 管固定。完成钢筋绑扎与安装,在非预应力钢筋骨架绑扎、安装就位后,应及时定位、安装固定波纹管,并确保管道畅通。

5) 混凝土浇筑

混凝土由汽车泵泵送从低端向高端连续浇筑,整个浇筑宜一次完成,如分两次进行,第一次浇筑底板及腹板混凝土,第二次浇筑中腹板、顶板及翼板。第二次浇筑前需检查支架有无压缩及下沉,并塞紧各块,以减少沉降。混凝土硬化后派专人负责及时洒水、覆盖养护。

6) 预应力施工

在混凝土实际强度不小于设计值90%,且养护龄期不小于7天后进行预应力的张拉施工。张拉时,采用张拉力与延伸量双控,并以张拉力控制为主。张拉端应及时封锚,封锚混凝土强度不低于C60。预应力束张拉完成后,应及时进行压浆,压浆可采用真空压浆工艺,浆体指标应满足《公路桥涵施工技术规范》(JTG/T 3650)的要求。

7) 支架的拆除

支架拆除与梁体下落不同步容易造成纵向翼体板之间开裂,造成梁的破坏。为了便于桥梁的合理受力,支架拆除应按结构受力特征拆除,即需按一定的顺序和工艺进行。首先拆除支撑在翼板上的支架,保证全梁翼板处于无支撑状态,再松动腹板的螺杆,接下来松动底板的螺杆。松动螺杆需分两部分,即均应从跨中向两边松动,进而两箱均匀下落,分次松完。

7.4 预应力混凝土连续刚构桥施工

预应力混凝土连续刚构桥是主梁和墩台构成刚性连接的桥梁。连续刚构桥的主要承重结构是连续梁与桥墩固结的连续刚架结构。墩梁固结使得梁和桥墩整体受力,此时桥墩不仅承受梁上荷载,还承担弯矩和水平推力。连续刚构桥在竖向荷载作用下,梁的弯矩通常比同等跨径连续梁或简支梁小。此外,墩梁固结省去了大型支座,结构整体性强、抗震性能好。

连续刚构桥一般采用悬臂浇筑以及预制拼装施工法(图7-92),其主要施工工艺与连续梁桥相似,只是省略了墩梁临时固结和其合龙前的临时固结拆除过程,因此不再详述。

a) 悬臂浇筑

b) 预制拼装

图7-92 预应力混凝土连续刚构桥典型施工过程

相比较连续梁桥而言,刚构桥主墩为永久固结,既保持了连续梁无伸缩缝、行车平顺的优点,又保持了刚构不设支座、无需体系转换的优点,方便施工。

7.5 典型案例

江苏宝应京杭运河特大桥属于江苏省331省道宝应段的升级改建工程,跨越京杭运河。主桥上部为双幅(70+120+70)m三跨预应力变高度预应力混凝土悬浇连续箱梁(图7-93),桥面全宽33.5m,单幅桥宽16.5m,两幅桥之间设0.35m空隙。上部结构箱梁横截面采用单箱单室,单箱底宽8.5m,两侧悬臂长4m。中支点处箱梁中心梁高7.4m,跨中箱梁中心梁高3.4m。箱梁为三向预应力结构。

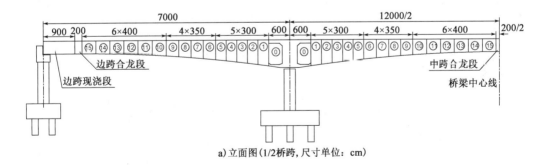

a) 立面图(1/2桥跨,尺寸单位:cm)

图 7-93

桥梁施工技术

大桥主跨为悬臂浇筑预应力连续箱梁,0 号块采用钢管桩现浇支架进行施工,边跨现浇段采用满堂支架,悬浇段采用三角挂篮对称施工。边跨支架现浇段穿插在悬臂梁施工期间进行施工。

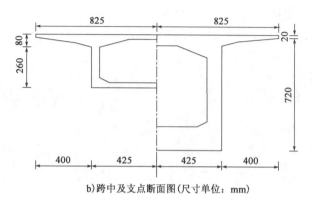

b) 跨中及支点断面图(尺寸单位:mm)

图 7-93　江苏宝应京杭运河特大桥结构图

全桥施工步骤如下:0 号块施工→拼装挂篮、并进行预压,然后进行 1~15 号块悬臂对称施工→边跨现浇段施工→边跨合龙→拆除主墩处的临时固结、完成体系转换→形成单跨单悬臂→中跨合龙→形成三跨连续梁,其主要施工过程如图 7-94 所示。

a) 0 号块支架

b) 边跨现浇段支架

c) 预应力张拉

d) 墩柱临时固结

图　7-94

e) 挂篮桁架系统

f) 挂篮正、侧面

g) 横向、竖向预应力筋

h) 最大悬臂状态

图 7-94 江苏宝应京杭运河特大桥施工过程

节段施工时,在完成模板支撑、钢筋绑扎、预埋件埋设后,进行混凝土浇筑,节段混凝土浇筑时,从两侧腹板与中部顶板开洞布料,并辅以人工铲运均匀布料,振捣时避开底板模板及预应力管道,两侧腹板同时分层进行,并控制两端对称下料,进度保持一致。混凝土终凝后覆盖土工布洒水养护,时间不少于 7 天。混凝土强度达到设计强度 90% 时,进行预应力张拉。

墩柱临时支撑布置在墩顶永久支座两侧的桥梁底板纵肋处,每侧顺桥向靠外侧分别预埋 2 排(单侧)76 根 $\varphi32mm$ HRB400 螺纹钢,下端锚固于墩身内,上端锚固于梁顶(图 7-95)。采用 C50 混凝土浇筑,为便于合龙时拆除,在其中间设置一层 2.5cm 厚的硫磺砂浆间隔层并埋置电阻丝,拆除时采用绳锯切割完成。

悬浇段和现浇段施工完成后,先合龙边跨,张拉边跨预应力,最后再中跨合龙,张拉中跨预应力,形成三跨连续梁。边跨采用支架合龙,中跨合龙利用挂篮改成的吊架进行合龙。

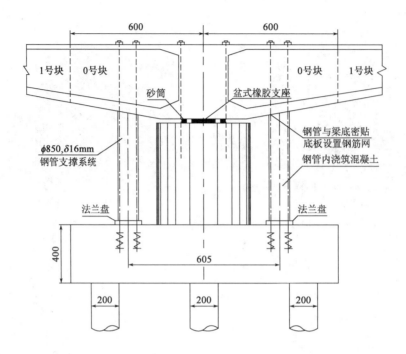

图 7-95　江苏宝应京杭运河特大桥临时支撑示意图(尺寸单位:cm)

7.6　小结

本章主要介绍了梁桥的基本受力特点,尤其是大跨径预应力混凝土梁桥,重点介绍了悬臂浇筑施工法、预制拼装施工法、顶推施工法、转体施工法、简支转连续施工法、支架整体现浇施工法等。各种施工方法都有着各自的特点及适用条件,应根据桥梁具体情况选用。

大多数情况下(除了支架整体现浇施工法),大跨径预应力混凝土梁桥在施工过程中的结构受力与最终成桥状态有所不同,如悬臂施工过程的悬臂状态、顶推施工过程可能的反复变化状态,在施工过程中应时刻注意桥梁的关键截面内力、位移、支座反力以及局部应力集中区域等,确保施工过程的桥梁安全。

由于梁体在施工过程中多会出现体系转换的过程,梁体最终的内力与施工过程密切相关,即施工过程的每个环节都会影响梁体的最终内力,因此,预应力混凝土连续梁桥的施工流程应严格与设计一致,确保成桥受力及线形符合设计预期。

1. 梁桥按结构受力体系可分为哪些类型？各种桥型的受力特点是什么？
2. 大跨径预应力混凝土连续梁桥采用变截面的原因是什么？
3. 确定箱梁腹板、顶板、底板的最小厚度应从哪几个方面考虑？
4. 大跨径预应力混凝土连续梁桥预应力布置有哪些？分别有何作用？
5. 预应力混凝土连续梁桥的纵向预应力束分为哪几种？分别有何作用？
6. 预应力混凝土连续梁桥常用施工方法有哪些？
7. 挂篮按构造形式分为哪几类？各有什么特点？
8. 挂篮的主要构造一般分为哪几个部分？都有何作用？
9. 悬臂浇筑施工的施工工艺流程是什么？
10. 悬臂浇筑墩梁临时锚固措施有哪些？
11. 悬臂浇筑施工法各阶段的受力情况如何？
12. 长线法和短线法施工的优缺点是什么？
13. 短线法预制节段梁的模板主要由哪几部分组成？它们是如何工作的？
14. 预制拼装法的拼装程序是什么？
15. 顶推施工原理及方法是什么？
16. 顶推施工法中钢导梁及辅助墩的作用是什么？
17. 平转法施工的转动体系包括哪些？各自具有什么作用？
18. 简支转连续施工的概念及特点是什么？简述其主要施工流程。
19. 支架整体现浇的优缺点是什么？
20. 大跨径预应力混凝土连续刚构桥与连续梁桥施工有何异同？

第8章 大跨径拱桥施工

8.1 概述

拱桥与梁桥都是我国使用较为广泛的桥型,但拱桥与梁桥的区别不仅在于外形上的不同,更重要的是两者受力性能有着巨大差异。由力学表现可知,梁式结构在竖向荷载作用下,支承处仅产生竖向支承反力;而拱式结构在竖向荷载作用下,两端支承处除了存在竖向反力外,还将产生水平推力,也正是这个水平推力,使拱内产生轴向压力,从而大大减小了拱圈的截面弯矩,使之成为偏心受压构件。拱截面上的应力分布与受弯梁的应力(图8-1)相比较为均匀,故可充分利用主拱截面材料的强度来提高桥梁的跨越能力。

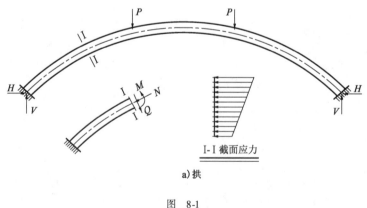

a) 拱

图 8-1

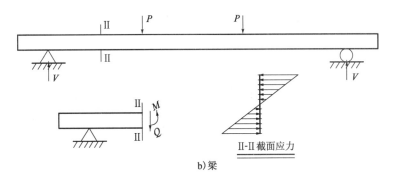

图 8-1 拱和梁的应力分布

拱桥的主要优点:①跨越能力较大;②耐久性能较好,维修、养护费用少;③外形比较美观。但拱桥也有不足之处:①拱桥作为一种推力结构,支承拱的墩台和地基必须承受拱端的强大水平推力,因此修建拱桥必须具备良好的地基和较大的下部结构工程;②对于多孔连续拱桥,还需要通过设置单向推力墩以承受不平衡的推力,以此防止相邻桥孔之间的牵连破坏作用;③拱桥的建筑高度较大,使桥两头的接线工程量增大,也迫使桥面纵坡加大。

8.2 拱桥的基本特点

8.2.1 拱桥的基本组成

拱桥结构体系是功能、外形和受力的统一。拱桥从外形上主要分为上承式拱桥、中承式拱桥和下承式拱桥(图 8-2)。拱桥从受力上主要分为有推力拱桥和无推力拱桥。上承式拱桥一般为有推力拱桥[图 8-2a)],主要由拱肋和拱上建筑构成,拱上建筑可做成实腹式或空腹式,相应称为实腹拱桥和空腹拱桥,空腹拱桥还需有立柱等拱上建筑将荷载传给拱肋。下承式拱桥一般为无推力拱桥,主要由拱肋(拱圈)、系杆和吊杆构成[图 8-2b)]。中承式拱桥可分为有推力拱桥和无推力拱桥,中承式有推力拱桥主要由拱肋、吊杆和立柱构成[图 8-2c)],中承式无推力拱桥主要由拱肋、系杆、吊杆和立柱构成[图 8-2d)]。

8.2.2 拱桥的受力特点

上承式拱桥的传力路径为:车辆和行人荷载→桥面构造→立柱→主拱→墩台→基础,如图 8-3a)所示。下承式拱桥的传力路径为:车辆和行人荷载→桥面系→吊杆→主拱→墩台与系杆→基础,如图 8-3b)所示。中承式有推力拱桥的传力路径为:车辆和行人荷载→桥面构造→立柱或吊杆→主拱→墩台→基础,如图 8-3c)所示。中承式无推力拱桥的传力路径为：车辆和行人荷载→桥面系→立柱或吊杆→主拱→墩台与系杆→基础，如图 8-3d)所示。

图 8-2　不同拱桥类型

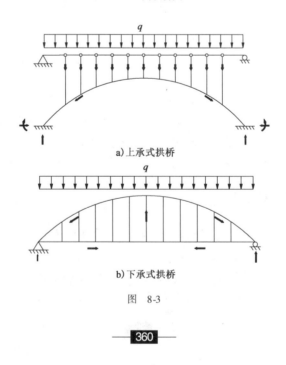

图　8-3

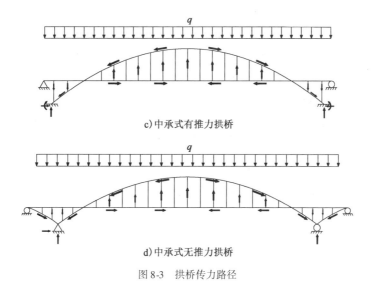

c) 中承式有推力拱桥

d) 中承式无推力拱桥

图 8-3 拱桥传力路径

8.3 拱桥发展历程

1) 古代拱桥技术

公元前 6000 至前 5000 年,苏美尔人在两河流域用泥土烧砖建造叠涩拱,将平砌拱改为竖砌拱,成为拱圈。公元前 600 至公元前 500 年出现半圆形拱[图 8-4a)],后来成为罗马拱桥的标准形式。在公元前 30 年至公元 476 年的罗马帝国全盛时期,修建过许多石拱桥,跨度在 6~24m,高度有达 50~60m 者,有的拱桥不用灰浆干砌,仅用铁箍相连,最著名的是法国南部尼姆城的加尔德石拱桥(图 8-5)。11 世纪以后,尖拱[又称歌德拱,图 8-4b)]技术由中东和埃及传到欧洲,欧洲开始出现尖拱桥。

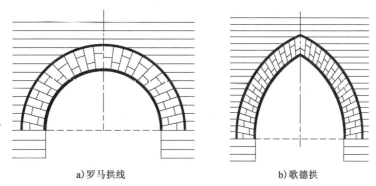

a) 罗马拱线   b) 歌德拱

图 8-4 罗马拱与歌德拱

图 8-5　法国尼姆城加尔德石拱桥

中国的拱桥始建于东汉中晚期,中国石拱桥由伸臂木石梁桥,撑架桥,三、五折边形石桥等逐步发展而成。虽然起步较晚,但是在西方石拱桥建设几乎停滞的时期,中国石拱桥的建造技术达到了当时世界的高峰。以赵县安济桥为代表的中国古代石拱桥在跨径、拱形和适应不同地区的需求上,均取得了长足的进步。建成的桥型主要有敞肩圆弧拱、厚墩厚拱和薄墩薄拱的石拱桥(图 8-6)。

a) 敞肩圆弧拱　　　　　　　　　b) 厚墩厚拱　　　　　　　　　c) 薄墩薄拱

图 8-6　中国古代石拱桥

2) 近代拱桥技术

18 世纪中期至 20 世纪中期拱桥技术的发展主要体现在设计理论、制造材料、施工方法及体系改进这四个方面。弹性拱理论的完善产生了两铰拱桥和三铰拱桥,随着工程师们对不同构件共同作用的理解深入,进一步出现了梁拱组合体系桥梁的设计思想。铸铁、锻铁、钢等金属材料和钢筋混凝土、钢管混凝土等新材料的应用使拱结构的实现有了多种可能,出现了肋拱、箱拱、桁架拱等。悬臂施工、劲性骨架施工(米兰法)、顶推改变压力线等施工方法的应用促进了大跨径拱桥的发展。18 世纪,欧洲一些国家开始对石拱桥进行科学设计与分析。法国的 Perronet(佩罗内特)发现拱结构中压力线的连续作用,Perronet 设计的圆弧拱和英国人伦尼设计的半椭圆拱,使拱桥跨度更大,路面更平,桥型更优美。

工业革命初期生产了大量的铸铁,铸铁性脆、耐腐蚀,受压性能好于受拉性能,适用于修建拱桥。1779 年,英国建成世界上第一座铸铁拱桥——Coalbrookdale Iron 桥(图 8-7)。石拱桥和早期的铸铁拱桥多为无铰拱桥,随着弹性拱理论的发展以及锻铁、钢等新材料的应用,无铰拱桥的跨径有了很大提高。第一座无铰钢拱桥是美国密西西比河的 St. Louis 桥(图 8-8),该桥建于 1874 年,是一座三跨上承式钢桁拱桥,跨径布置为 155.1m、158.6m 及 153.1m。

图 8-7　英国 Coalbrookdale Iron 桥

图 8-8　美国 St. Louis 桥

第一座钢筋混凝土拱桥——Chazelai 桥(图 8-9)也是一座无铰拱桥,1877 年建于法国,该桥跨径 16m,宽 4m,拱圈为椭圆形,配筋方法是在拱外缘加了一层钢筋网。1899年,Hennebique(汉尼毕克)设计建造了第一座多跨钢筋混凝土拱桥——Ca mille de Hogues 桥(图 8-10),该桥桥面和拱圈都采用钢筋混凝土,主跨为 3×50m 的无铰拱,矢高分别为 4.0m、4.8m、4.0m,采用支架法施工,该桥建成时非常轻盈,充分发挥了钢筋混凝土材料的优势。

图 8-9　法国 Chazelai 桥

图 8-10　法国 Ca mille de Hogues 桥

19 世纪中期,欧洲出现了梁拱组合体系桥梁,梁拱组合体系是将拱和梁两种基本结构组合起来,共同承受荷载,充分发挥梁受弯、拱受压的结构特征及其组合作用,达到节省材料的目的。在地基条件较差的情况下,拱的水平推力太大对桥墩不利,为了平衡水平推力,产生了在拱肋两端之间设置拉杆的拱结构,称为系杆拱。1849 年,英国的 Stephenson (史蒂芬森)用这种方法在 Newcastle 建成了 6×37.8m 双层铸铁拱桥(图 8-11),其中拱采用铸铁,系杆采用锻铁。

1858 年,奥地利人兰格尔提出了刚性梁柔性拱桥,1881 年,兰格尔设计建造了第一座刚梁柔拱组合体系桥梁;另外一种刚拱刚梁组合体系桥梁称为洛泽拱。19 世纪末,德国易北河上建造了一座跨度为 96.35m 的 10 跨透镜形弦杆铁路桥,被认为是洛泽拱的先驱。1937 年钢管混凝土首次应用于桥梁结构,苏联在列宁格勒用集束小直径钢管混凝土作拱肋建造了跨径为 101m 的跨越涅瓦河的拱梁组合体系桥梁。

在组合体系拱桥的设计中如果用斜吊杆代替竖直吊件,可以大幅度提高结构刚度,并能减小拱肋和系梁的弯矩。这一构想最早是由尼尔森提出的,并于 1929 年在瑞典获得专利权,当时只在瑞典等斯堪的纳维亚地区设计了一两座桥,直到现代才得到更多的应用。

桁架拱桥是组合体系拱桥的一种特殊形式,拱与上弦杆、腹杆共同受力。1907 年,法国建成普拉雷阿尔桥。该桥主跨 26m,为早期的钢筋混凝土桁架拱桥。

3) 现代拱桥技术

第二次世界大战结束后,计算机和信息技术的发展开创了现代桥梁工程的新纪元。现代拱桥在技术方面有诸多更新,有限元方法和拱桥挠度理论的应用使拱桥设计更加安全合理,大跨度梁拱组合新体系桥梁不断涌现,拱桥的结构形式和体系不断创新。随着拱桥施工方法的进步,主要构件对不同材料和截面形式的选择,拱肋与行车道(或加劲梁)相对位置或角度的变化,结构受力体系的变化与组合,产生了很多形态各异的拱桥体系,如提篮式拱桥、飞鸟式拱桥、斜靠式拱桥、蝶形拱桥、单肋斜拱桥、空间异形拱桥、旋转开启拱桥及斜拉-拱协作体系等。

1964 年江苏省无锡县创建了具有我国特色的双曲拱桥。由于拱圈在纵横向均呈拱形而得名。主拱圈由拱肋、拱波、拱板及横向联系组成,施工中先化整为零,再集零为整,以适应无支架施工和无大型起重设备的情况。由于主拱圈分期形成,呈现组合结构的受力特征,所以整体性较差。1972 年建成的湖南长沙橘子洲大桥,正桥 8 孔长 1250m,最大跨径 76m,是当时规模最大的双曲拱桥(图 8-12)。

图 8-11　英国 Newcastle 桥

图 8-12　湖南长沙橘子洲大桥

早期的钢筋混凝土桁架拱桥在受拉、受弯部位及刚性节点处易出现裂缝,施加预应力可消除裂缝、改善受力、节省材料、增大跨径。1995 年我国建成的贵州江界河大桥(图 8-13)为预应力混凝土桁式组合拱,主跨 330m,采用桁架伸臂法悬拼架设。

1997 年建成的重庆万州长江大桥主跨 420m(图 8-14),采用劲性骨架施工。主拱圈采用钢管混凝土桁架结构作为劲性骨架,外包 C60 混凝土形成单箱三室箱形截面。

图 8-13　贵州江界河大桥　　　　　　图 8-14　重庆万州长江大桥

2000 年建成的山西丹河大桥主孔净跨径 146m（图 8-15），采用空腹变截面悬链线无铰石板拱结构体系。

现代钢拱桥在跨径上与近代相比没有大的进展，但在技术上有诸多革新，如正交异性板钢桥面、钢箱拱和钢桥连接技术等。随着计算能力的提高，出现了形式多样的大跨径梁拱组合体系桥梁。

1963 年联邦德国建成 Fehmarn Belt 桥（图 8-16），主跨 248.5m，主桥为早期的尼尔森体系提篮钢箱系杆拱桥。1976 年美国建成的新河谷（New River Gorge）桥（图 8-17）主跨 518.3m，为上承式钢桁肋拱桥。

图 8-15　山西丹河大桥　　　　　　图 8-16　联邦德国 Fehmarn Belt 桥

2003 年建成的上海卢浦大桥（图 8-18）为中承式变高度钢箱拱桥，跨径组合（100 + 550 + 100）m。该桥结构体系为三跨中承部分有推力梁拱组合体系，中跨加劲梁简支于拱梁交会处的横梁上，边跨加劲梁与拱肋固结。主桥两边跨端横梁之间设置水平斜拉索，通过张拉水平索可使中墩基础在恒载作用下处于无水平反力状态，只承受温度荷载、活载等作用的水平推力，使结构更适应上海的软土地基。

2007 年合龙的湖北省宜万铁路宜昌长江大桥（图 8-19）为连续刚构-柔性拱组合结构，主桥跨径为（130 + 2 × 275 + 130）m。该桥采用"先梁后拱"施工方法，加劲梁采用变截面，柔性拱用于提高结构刚度，具有施工方便的优点。由于结构刚度的优势，这种体系近年在铁路工程中得到了广泛应用。

图8-17　美国 New River Gorge 桥

图8-18　上海卢浦大桥

2007年建成的重庆菜园坝长江大桥(图8-20)是钢-混凝土组合式刚构系杆拱桥,主桥由420m中跨、102m边跨和88m侧跨组成,对称5跨布置。该桥主拱为高4m、宽2m的提篮形钢箱拱肋,加劲梁为高11m的钢桁梁。由于加劲梁刚度较大,边跨采用预应力混凝土"Y"形刚构。该桥中跨系杆与边跨系杆分开设置,独立锚固,并在边墩增设了竖向系杆索。多套相对独立的斜拉索体系可分别张拉和调节,以实现桥梁主体结构内力与线形的调整和控制。

图8-19　湖北省宜万铁路宜昌长江大桥主桥

图8-20　重庆菜园坝长江大桥

2009年建成的重庆朝天门大桥(图8-21)为(190+552+190)m三跨连续中承式钢桁系杆拱,全宽36.5m,加劲梁采用两片主桁。中跨为钢桁系杆拱,采用二次抛物线拱轴,矢跨比为1/4.3,两侧边跨为变高度桁梁。中跨下层系杆内配置了体外预应力束,使上下水平系杆截面形式统一。主墩一侧采用固定支座,其余各墩均设活动铰支座,以释放水平约束。

2011年建成的宁波明州大桥(图8-22)主桥为中承式梁拱组合体系的双肢钢箱系杆拱桥。主桥跨径布置为(100+450+100)m,主拱和加劲梁均为钢箱结构。上下肢拱肋通过横撑和立柱相连形成稳定的结构体系,并提供强大的侧向抗弯刚度。中跨加劲梁支承于端横梁上,边跨加劲梁与主拱固结,中跨端横梁之间还布置水平斜拉索,以平衡拱的推力。

2012年9月合龙的泸州合江长江一桥(图8-23)为钢管混凝土中承式拱桥,全长529.1m,净跨径500m,净矢跨比1/4.5,拱轴线采用悬链线。拱圈由两道钢管混凝土桁架拱肋组成,上下弦杆钢管内填充C60混凝土,通过横联、竖向钢管构成桁架。桥面系由两道主纵梁、三道次纵梁及横梁组成,纵横梁均采用"工"字形截面,桥面板为钢-混凝土组合桥面板。拱座采用分离式双座,基础埋置于弱风化岩层内。

图 8-21　重庆朝天门大桥

图 8-22　宁波明州大桥

2019 年建成通车的湖北香溪(秭归)长江大桥(图 8-24),全长 883.2m,主跨 531.2m,桥面宽 32.3m,双向四车道。目前该桥是世界上同类桥梁中跨度最大的钢箱桁架推力拱桥。该桥的建设创造了大跨钢箱桁架拱的扣挂体系、大型缆索式起重机标准化、大跨度钢箱桁架拱安装与线形控制技术等创新技术。

图 8-23　泸州合江长江一桥

图 8-24　湖北香溪(秭归)长江大桥

2020 年 12 月建成通车的广西平南三桥(图 8-25)为跨径 575m 的中承式钢管混凝土拱桥,引桥采用预应力混凝土连续箱梁。平南三桥建成通车后刷新了世界拱桥跨径纪录,超越朝天门长江大桥(主跨 552m)晋升为"世界第一拱"。

图 8-25　广西平南三桥

8.4 拱桥的主要构造

从古代的石材到现在的圬工砌块、钢筋混凝土、钢箱和钢管混凝土,新材料的出现极大推动拱桥技术的发展。从某种意义上说,材料是决定拱桥技术发展的主要因素,因此拱桥的结构构造及结构受力与其组成材料密切相关。

8.4.1 圬工及钢筋混凝土拱桥

圬工拱桥和钢筋混凝土拱桥结构形式虽然复杂多样,但其主要构造基本相同,整体上可以概括为主拱、传力构件、桥面系三大部分。根据桥面系和行车道的位置关系不同,在传力构件这一部分,对应于上承式拱桥的多为拱上建筑部分,对应于中、下承式拱桥的多为吊杆或者悬吊系统。

1) 主拱的构造

主拱圈截面形式可分为板拱、肋拱、箱形拱和双曲拱等。

(1) 板拱

根据主拱所用的建筑材料划分为石板拱和混凝土板拱等。

石板拱砌筑主拱圈的石料主要有料石、块石和砖石等。用粗料石砌筑拱圈时,拱石需要随拱轴线和截面形式不同而分别进行编号,以便加工和施工。

混凝土板拱主要有素混凝土板拱和钢筋混凝土板拱。这类拱桥主要用于缺乏合格天然石料的地区,可以采用整体现浇,也可以预制砌筑。整体现浇混凝土拱圈,拱内的收缩应力大,受力不利,且拱架、模板木材用量大,工期长,质量不易控制,故较少采用。预制砌筑是将混凝土板拱划分成若干块件,然后预制混凝土块件,最后进行块件砌筑成拱。

(2) 肋拱

由实心截面肋拱作为主要承重结构,可由混凝土、钢筋混凝土、钢管混凝土劲性骨架混凝土做成。肋拱的数目、间距及截面形式主要根据桥梁宽度、肋形材料性能、荷载等级、施工条件、拱上结构等综合考虑确定。

(3) 箱形拱

由单室箱或多室箱构成主拱圈截面的拱桥称为箱形拱,主要用于大跨径拱桥。箱形拱的拱圈,可以由一个闭合箱(单室箱)或由几个闭合箱(多室箱)组成,每一个闭合箱又由箱壁(侧板)、顶板(盖板)、底板及横隔板组成。箱形拱截面的组成方式有以下几种:由多条U形肋组成的多室箱形截面[图8-26a)]、由多条工字形肋组成的多室箱形截面[图8-26b)]、由多条闭合箱肋组成的多室箱形截面[图8-26c)]、整体式单箱多室截面[图8-26d)]。

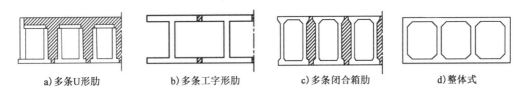

a) 多条U形肋　　b) 多条工字形肋　　c) 多条闭合箱肋　　d) 整体式

图 8-26　箱形截面组成方式

箱形拱的构造与施工方法有着密切的联系。箱形拱可以采用预制拱箱无支架吊装或有支架现场浇筑等施工方法。若采用无支架施工时，拱箱可分段预制，当吊装能力很大时，可以采用封闭式拱箱，其可以增加拱箱在施工过程中的整体稳定性，减少施工步骤。具体过程为：在横向将拱截面划分为多条箱形肋，在纵向将箱形肋分段，先预制各箱肋段；然后安装各箱肋段成拱；最后现浇各箱肋间的填缝混凝土形成箱形拱。

箱形拱的主要特点是：截面挖空率大，可达全截面的50%~60%，与板拱相比可节省大量圬工体积，减轻质量；箱形截面的中性轴大致居中，对于抵抗正负弯矩具有几乎相等的能力，能较好地适应主拱圈各截面正负弯矩变化的需要；由于是闭合空心截面，抗弯和抗扭刚度大，拱圈的整体性好，应力分布较均匀；单个箱肋刚度大，稳定性较好，能单箱肋成拱，便于无支架吊装；制作要求较高，吊装设备较多。

(4) 双曲拱

双曲拱桥主拱圈通常由拱肋、拱波、拱板和横向联系等组成（图8-27）。双曲拱桥的主要特点是将主拱圈以"化整为零"的方法按先后顺序进行施工，再以"集零为整"的组合式整体结构承重。施工时，先将拱圈划分成拱肋、拱波、拱板及横向联系四部分，并预制拱肋、拱波和横向联系，即"化整为零"；然后吊装钢筋混凝土拱肋成拱并与横向联系构件组成拱形框架，在拱肋间安装拱波，随后浇筑拱板混凝土，形成主拱圈，即"集零为整"。

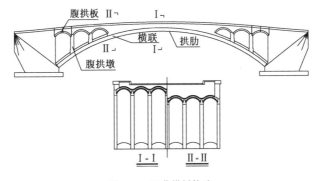

图 8-27　双曲拱桥构造

拱肋是双曲拱桥主拱圈的骨架，它不仅参与拱圈共同承受全部恒载和活载，对主拱圈质量有重大影响，而且在施工过程中，又要发挥砌筑拱波和浇筑拱板的支架作用，当拱波、拱板完成后，拱肋成为主拱圈的重要组成部分。因此，拱肋的设计，必须保证具有足够的强度和刚度。特别是采用无支架施工的双曲拱，除应满足吊装阶段的强度和纵横向稳定性以外，还需满足截面在组合过程中各阶段荷载作用下的强度要求。常用的拱肋截面形式有矩形、倒T形、槽形和工字形等。拱肋一般为钢筋混凝土构件，常采用预制安装的方法施工。

2）传力构件

（1）拱上建筑

在上承式拱桥中，主要的传力构件是拱上建筑。按照拱上建筑采用的不同构造方式，可将拱桥分为实腹式和空腹式两种。实腹式拱上建筑由拱腹填料、侧墙、护拱、变形缝、防水层、泄水管及桥面系组成。实腹式拱上建筑构造简单，施工方便，填料数量较多，恒载较大，所以一般用于小跨径的拱桥。大、中跨径的拱桥，特别是当矢高较大时，应以空腹式拱上建筑为宜。空腹式拱上建筑除具有实腹式拱上建筑相同的构造外，还具有腹孔和腹孔墩。

①腹孔

根据腹孔构造，可分为拱式拱上建筑和梁式拱上建筑两种。拱式拱上建筑构造简单，但质量较大，一般用于圬工拱桥。腹孔的形式和跨径的选择，要既能减轻拱上建筑的质量，又不致因荷载过于集中在腹孔墩处给主拱圈受力状况造成不利影响。腹孔构造宜统一，以便于施工和有利于腹孔墩的受力。梁式腹孔拱上建筑，可减轻拱上质量，降低拱轴系数，使拱上建筑的恒载分布接近于均布荷载，从而改善拱圈在施工过程中的受力状况，获得更好的经济效益。腹孔的布置与拱式拱上建筑的腹拱布置要求基本相同。

②腹孔墩

腹孔墩可分为横墙式和排架式两种。横墙式腹孔墩一般用圬工材料砌筑或现浇混凝土形成，施工简便。排架式腹孔墩是由立柱和盖梁组成的钢筋混凝土排架结构。腹孔墩的侧面一般做成竖直的，以方便施工。

（2）悬挂系统

在中、下承式拱桥中，桥梁的主要传力构件是悬挂系统。悬挂结构包括吊杆和桥面系等，吊杆将纵梁和横梁系统悬挂在拱肋下，桥面荷载通过吊杆和桥面系将作用力传递到拱肋上。

①吊杆

桥面系悬挂在吊杆上，受拉吊杆根据其构造分为刚性吊杆和柔性吊杆两类。刚性吊杆是用钢筋混凝土或预应力混凝土制作，可增强拱肋的横向刚度，但用钢量较大，施工工序多，工艺复杂；柔性吊杆一般用冷轧粗钢筋、高强钢丝或钢绞线等高强钢材制作。

②横梁

中承式拱桥的桥面横梁可分为固定横梁、普通横梁和刚架横梁三类。根据横梁间距的不同，横梁高度可取拱肋间距（横梁跨径）的 $1/15 \sim 1/10$。为满足搁置和连接桥面板的需要，横梁上缘宽度不宜小于60cm。桥面系与拱肋相交处的横梁一般与拱肋刚性联结，其截面尺寸与刚度比其他横梁大，通常称为固定横梁；通过吊杆悬挂在拱肋下面的横梁称为普通横梁；通过立柱支承在拱肋之上的横梁称为刚架横梁。

固定横梁由于其位置特殊,它既要能传递垂直荷载和水平横向荷载,有时还要传递纵向制动力以及从拱肋和桥面传来的弯矩、扭矩和剪力,因此必须与拱肋刚性联结,且其外形须与拱肋和桥面系相适应。

③纵梁

由于横梁的间距一般在4~10m之间,纵梁多采用T形、Π形小梁,设计成简支梁结构或连续梁结构,或直接在横梁上面铺空心板、实心板。

(3)横向联系

为了保证两片拱肋的横向刚度和稳定,以承受作用在拱肋、桥面及吊杆上的横向水平力,一般须在两片分离的拱肋间设置横向联系。横向联系可做成横撑、对角撑或空格式构造等形式(图8-28),横撑的宽度不应小于其长度的1/15。

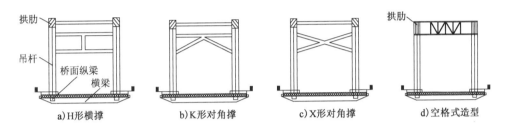

图8-28 横向联系类型

无横向风撑的中、下承式拱桥主要依赖以下几个主要因素来保证横向稳定:拱脚具有牢靠的刚性固结;对于中承式拱桥,要加强在桥面以下至拱脚区段的拱肋间固结横梁的刚度,并设置K撑或X撑;对于下承式拱桥,可采用半框架式的结构,即采用刚性吊杆,并与整体式桥面结构或刚度较大的横梁固结,给拱肋提供足够刚度的侧向弹性支承,以承受拱肋上的横向水平力;加大拱肋的宽度,使其本身具有足够的横向刚度和稳定性;柔性吊杆的"非保向力"作用。

3)桥面系

桥面系由纵梁、横梁和车道板组成。车道板上铺桥面铺装,安设人行道和栏杆等。桥面板有时可与纵梁连成整体,形成T梁或H梁,也可在预制的纵梁上现浇桥面板形成组合梁。另一种方案是采用在横梁上密铺预制空心板或实心板来取代桥面板和纵梁两者的作用。桥面板一般为普通钢筋混凝土结构,也可采用预应力或部分预应力结构。

8.4.2 钢及钢管混凝土拱桥

在大跨径拱桥中,目前较为常用的拱桥形式是钢拱桥和钢管混凝土拱桥。钢拱桥的主拱肋按照截面形式主要分为钢桁架拱肋和钢箱拱肋等。钢管混凝土拱桥除了主拱肋是钢管混凝土外,其余构造和钢拱桥基本相同,主要包括拱肋、吊杆、系杆、横撑、拱上立柱、桥面系。

1) 钢桁架拱肋

钢桁架拱肋是一种组合式拱构件,在桥梁中常用的有两种形式:一种是主拱圈由桁架构成,可做成桁肋拱或肩拱形式[图8-29a)],多用于中、下承式钢拱桥;另一种是在主拱圈与桥面梁间设桁架腹杆形成组合拱,按其腹杆的倾斜方向可分为斜拉杆式、斜压杆式和三角形式[图8-29b)],多用于上承式混凝土拱桥。

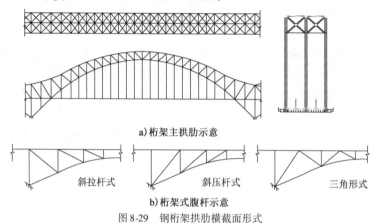

图8-29 钢桁架拱肋横截面形式

2) 钢箱拱肋

钢箱拱肋(图8-30)具有杆件数量少、拱肋线条简洁、造型优美、可加工性强等特点,矩形截面的钢箱拱肋构造最简单,也是工程中最为常用的结构形式。对于大跨度拱桥,拱肋截面在矩形基础上适当变化,可以获得良好的美学造型效果。

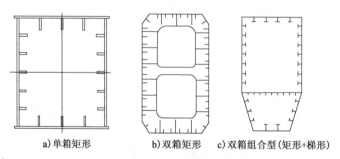

图8-30 钢箱拱肋横截面形式

3) 钢管混凝土拱肋

按钢管的根数及布置方式,通常可将钢管混凝土拱肋横截面形式分为单肋型、双肢哑铃型、四肢格构型、三角形格构型和集束型(图8-31)等形式。

4) 横撑

横撑主要设置在拱顶、拱脚、拱肋与桥面系交接处。横撑的主要作用是将拱肋连接成整体,以确保结构稳定。拱肋的横撑多采用钢管桁架,钢管可以是空心的,也可以内填混凝土做成钢管混凝土横撑。横撑在拱脚段多做成桁式K撑或X撑,以获得更好的稳定性,在桥面系以上则多采用直撑、X撑或K撑(图8-32)。

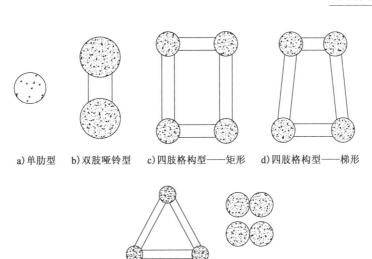

a) 单肋型　b) 双肢哑铃型　c) 四肢格构型——矩形　d) 四肢格构型——梯形

e) 三角形格构型　　f) 集束型

图 8-31　钢管混凝土拱肋横截面形式

a) 直撑　　　　　　　　　　　b) X撑

c) K撑

图 8-32　典型横撑形式

5) 吊杆

中、下承式钢拱桥需设置吊杆。为避免直接暴露在大气中,锚固在拱肋上的吊杆锚具常设置在拱肋弦杆内或缀板处(图 8-33)。吊杆可采用平行钢纹线或平行钢丝束,吊杆外套无缝钢管或热挤聚乙烯层防护。上下锚头可采用 OVM 锚、冷铸镦头锚等,并用高强度等级混凝土封锚。

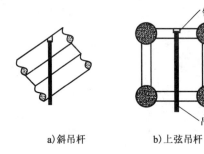
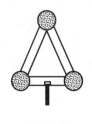

a) 斜吊杆　　　b) 上弦吊杆　　　c) 下弦吊杆

图 8-33　吊杆形式

8.5 拱桥的主要施工方法

拱桥施工方法总体上分为无支架施工和有支架施工两大类。有支架施工主要是指少支架或满堂支架施工法，无支架施工主要包括缆索吊装施工法、劲性骨架施工法、转体施工法、悬臂施工法及顶推施工法等。

石拱桥、混凝土预制块拱桥和现浇钢筋混凝土拱桥，只能采用有支架施工方法修建。钢筋混凝土拱桥的施工方法较多，除了可以使用有支架施工法外，还可以采用缆索吊装法、悬臂浇筑法、转体施工法和劲性骨架法施工等。钢管混凝土拱桥、钢拱桥则多采用悬臂拼装、缆索吊装和转体施工法施工，而随着预制施工技术的进步，整体顶推施工和整体提升架设法也在不断应用到大跨拱桥的施工中。

8.5.1 支架施工法

支架施工法是指在事先设置的拱架上进行拱体的砌筑、浇筑、安装，最后落架并完成剩余部分施工的方法，其主要施工过程包括：支架搭设、拱脚混凝土浇筑、拱肋钢筋绑扎、拱肋模板安装、拱肋支架预压、拱肋浇筑、吊杆安装与张拉、支架拆除（图 8-34）。

按照采用支架的数量，支架施工法主要包括满堂式拱架施工法和少支架施工法（图 8-35）。

1）满堂式拱架施工法

满堂式拱架施工法的流程主要包括：支架设计→基础处理→拼设支架→安装模板→安装钢筋→浇筑混凝土→养护→拆模→拆除支架。一般采用钢管脚手架、万能杆件或木材拼设，模板可以采用组合钢模板、木模板等。

图 8-34 拱桥支架法施工流程

a) 满堂式拱架

b) 少支架

图 8-35 拱架支架施工法示例

拱架是拱桥有支架施工过程中的重要临时结构，在拱桥的整个施工期间，用以支承全部或部分拱圈和拱上建筑的重量，并保证拱圈的形状符合设计要求，因此要求拱架具有足够的强度、刚度和稳定性（图 8-36）。拱架作为一种施工临时结构，通常由拱架上部（拱盔）、卸架设备、拱架下部（支架）三个部分组成，具体由斜梁、立柱、斜撑和拉杆组成拱架，又称拱盔，它的下部是由立柱和横向联系组成支架，上下部之间放置卸架设备（木楔或砂筒等）。在设计和安装拱架时，要求构造简单、稳定可靠、受力清楚、装卸方便，以加快施工进度，减少施工费用。

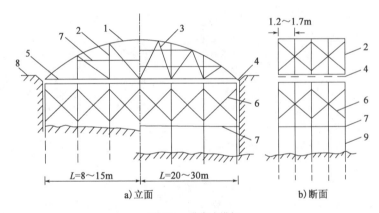

图 8-36 满堂式拱架

1-弓形木；2-立柱；3-斜撑；4-卸架设备；5-水平拉杆；6-斜夹木；7-水平夹木；8-桥墩（台）；9-桩木

2）少支架施工法

少支架施工法是一种采用少量支架集中支承预制件的拱桥预制安装施工方法，常用于中小跨径的整体式拱桥、肋拱桥等。与满堂式拱架施工法不同的是，少支架施工法利用拱片（肋）预制件自身的受力能力，使其成为拱桥施工的拱架。

少支架施工拱桥的预制件长度、分段位置，取决于结构的受力与吊装能力。一般情况下预制拱片（肋）被分为奇数段，如三段或五段等，并避开受力控制截面。少支架施工法的步骤为：①预制拱片（肋）吊装就位于支架上；②调整支点高程并考虑所需的预拱度；

③采用现浇混凝土连接拱片(肋)及其之间的横向联系;④落架拱片(肋)成拱受力;⑤铺设桥面板及现浇桥面混凝土,或进行立柱等拱上建筑的施工。

根据支架的形式,少支架施工法又可分为撑架式拱架、三铰桁式木拱架和钢拱架等类型。

(1)撑架式拱架

撑架式拱架(图8-37)下部是用少数框架式支架加斜撑来代替数目众多的立柱,因此支架用量相对较少。这种拱架构造上并不复杂,而且能在桥孔下留出的空间,减轻洪水及漂流物的威胁,并在一定程度上满足通航的要求。

(2)三铰桁式木拱架

三铰桁式木拱架(图8-38)由两片对称弓形桁架在拱顶拼装而成,两端直接支承在墩台所挑出的牛腿上或紧贴的临时排架上,跨中不另设支架。三铰桁式木拱架结构形式很多,按腹杆的形式常用的有N式、V式及有反向斜杆的交叉式等。

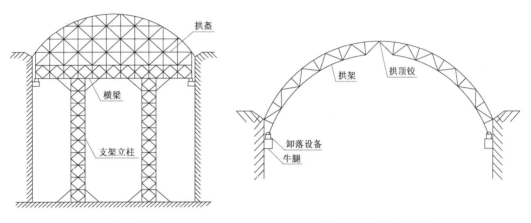

图8-37 撑架式拱架　　　　　　　图8-38 三铰桁式木拱架

(3)钢拱架

钢拱架一般采用桁架式(图8-39),通常采用六四军用梁(三角架)、贝雷架拼设,由单片拱形桁架构成。片与片之间距离可为0.4m或1.9m,桁架片数视桥墩宽度及重量来确定。

8.5.2 缆索吊装施工法

当采用支架施工方法存在较大困难或经济成本较高时,缆索吊装施工是拱桥无支架施工中较常用的方法之一。缆索吊装施工主要适用于修建于峡谷、通航河段或洪水季受漂流物影响的拱桥。该施工方法的基本原理是通过缆索吊装和斜拉扣挂系统将预制拱肋和拱上结构分段吊装就位并临时固定,待合龙段吊装就位并对拱肋轴线调整后主拱圈合龙,并进行拱上建筑安装。该方法具有设备跨越能力大、水平和垂直运输机动灵活、适应性广、施工稳妥方便等特点(图8-40)。

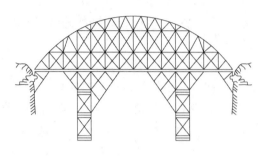 

图 8-39　桁式钢拱架　　　　　　图 8-40　缆索吊装施工

1) 缆索吊装系统

缆索吊装施工方法所使用的缆索吊装系统主要由主缆索系统、工作索系统、塔架系统、扣挂系统和锚固系统 5 个部分组成：

(1) 主缆索系统：包括承载索、起重索、牵引索、天线滑车及下挂结构、塔顶索鞍、横移系统等主要组成部分，该系统用于拱肋节段、横梁、桥面板等的起吊和运输。

(2) 工作索系统：包括承载索、起重索、牵引索、天线滑车及下挂结构、塔顶索鞍等主要组成部分，该系统用于小型机具起吊运输。

(3) 塔架系统：包括塔架基础、万能杆件拼装塔架、塔架风缆索等主要组成部分，该系统用于架立主索和扣索。

(4) 扣挂系统：包括钢绞线扣索、拱肋扣点结构、扣塔架上扣索鞍、地锚扣索张拉锚固端、吊装节段侧向风缆索体系等主要组成部分，该系统用于拱肋节段在合龙前的临时斜拉扣挂。

(5) 锚固系统：包括主索地锚、扣索地锚、缆风地锚等主要组成部分，该系统用于锚固主索和扣索及缆风索。

缆索吊装施工法具体包括主缆悬挂施工和斜拉扣挂施工。主缆悬挂施工是将每段拱肋吊装后按先后顺序悬挂在承重主索上直至合龙；斜拉扣挂施工是先在两边架设施工塔架，然后用斜拉索拉住悬臂拱肋，逐步拼装就位合龙。大跨径拱桥施工宜将两种施工技术联合使用，以获得更好的施工效果 (图 8-41)。

对于小跨径拱桥，主缆悬挂技术和斜拉扣挂技术亦可单独运用，以提高施工效率和经济性。主缆悬挂施工，在预制梁体节段的同时，可进行桥梁下部结构施工，即平行作业，从而大大缩短施工工期，且拱肋预制质量高、拼装速度快、施工质量高；但对节段吊重有一定限制。斜拉扣挂系统施工 (图 8-42)，主拱线形较容易控制，拼装稳定性好，合龙误差小；施工使用的机具设备较少、操作相对较简单，方便快捷，施工时间短，经济效益相对较好。

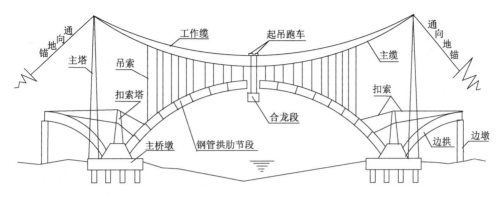

图 8-41 缆索吊装系统

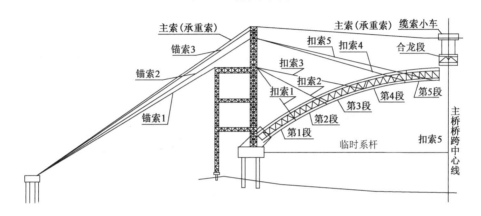

图 8-42 采用斜拉扣挂系统施工

2）缆索吊装施工流程

缆索吊装施工的主要流程包括：塔架及缆索地锚施工、缆索系统施工、缆索系统试吊、拱肋节段吊装、合龙段安装、松索、拱上结构施工（图 8-43）。

（1）塔架及缆索地锚施工：在地面上预先拼好塔架的片装节段，起吊安装，增设片装节段间的水平杆、斜杆，重复以上步骤直至塔顶[图 8-44a)]；扣索扣架宜独立设置，可在拱脚墩、台处安装临时的钢或钢筋混凝土塔架作为扣索扣架；在完成主桥拱座基础施工后，可以进行缆索系统的地锚施工[图 8-44b)]。

（2）缆索系统施工：安装主索系统，包括索鞍、承重索、牵引索、起重索及滑车组等（图 8-45）；安装扣索系统，包括扣索、滑车组、卷扬机、地锚及缆风索等。

（3）缆索系统（图 8-46）试吊：为确保主拱肋吊装安全顺利，通常在拱肋吊装前开展缆索系统试验工作，主要包括地锚和缆风索

图 8-43 缆索吊装施工流程

的试拉和吊装系统的荷载试验等。

a) 塔架施工

b) 缆索地锚施工

图 8-44　塔架及缆索地锚施工

图 8-45　缆索系统安装

图 8-46　缆索系统试吊

（4）拱肋节段吊装：拱肋节段吊装过程如图 8-47 所示。靠近拱脚处拱肋段采用斜拉扣挂技术安装，将预制的拱肋段运输至施工现场后，采用缆索起重机将拱肋段吊起，通过千斤顶在锚碇上施力，控制钢绞线收紧或者放松，将拱肋段移至指定施工位置；首节段拱肋就位后上端用扣索扣住，左右两侧用对缆风索牵住，控制拱肋轴线，防止出现横向偏位；重复首节段的施工步骤，吊装自拱脚的两端向中间对称进行，每扣挂一段须立即与前一段进行固结。中部拱肋段采用"主缆悬挂技术"吊装，主索悬挂的分段情况，主要取决于悬臂式起重机的起重能力，吊装就位时须缓慢放松起重索，避免简支搁置和冲击作用。

a) 首节段吊装

b) 首节段安装

图 8-47

c）中间节段吊装

d）扣索固定的节段

图 8-47　拱肋节段吊装

（5）合龙段安装：待最后一节构件吊装就位并将各接头位置调整到规定高程以后，放松起重索，实现合龙［图 8-48a)］。当拱桥跨径较大时，最好采用双肋或多肋合龙，以确保施工稳定。

a）合龙段安装

b）松索前校正

图 8-48　合龙段安装及松索校正

（6）松索：松索前应校正拱轴线及各接头高程［图 8-48b)］，使之符合要求。松索应按照拱脚段扣索、次段扣索、起重索的先后顺序进行，并按比例定长、对称、均匀松卸。

（7）拱上结构施工：将拱上结构构件，如加劲梁与吊杆等，运至主索下，起吊安装加劲梁与吊杆（图 8-49），复测全桥梁顶面高程，合龙加劲梁。

图 8-49　吊装拱上结构

8.5.3 劲性骨架施工法

1)基本原理

劲性骨架施工法的基本原理是钢筋混凝土拱肋在施工过程中,拱肋不能承担自身的重量,需要借助其他构件来承担。劲性骨架施工是指在事先形成的桁式拱骨架上分环分段浇筑混凝土,最终形成钢筋混凝土箱板拱或箱肋拱。劲性骨架在施工过程中起支架作用,在拱圈形成后被埋于混凝土中并成为截面的一部分,因此劲性骨架法又称为埋置式拱架法,国外也称为米兰法。

劲性骨架施工法可采用缆索吊装施工法、转体施工法或整体吊装施工法等(图8-50),即先用缆索吊装法或转体施工法或整体吊装法架设拱形劲性骨架,然后围绕钢骨架浇筑拱箱(肋)混凝土形成箱形拱圈(肋),劲性骨架法将劲性骨架埋入混凝土拱箱中,作为拱圈的一部分(不再回收)。

a)缆索吊装施工法

b)整体吊装施工法

图8-50 劲性骨架架设示例

在长期实践的基础上,劲性骨架不断推陈出新,劲性骨架主要有以下三种形式:

(1)半刚性劲性骨架。借鉴国外型钢劲性骨架成拱技术,我国以型钢和普通钢筋共同组成半刚性的劲性骨架,建造了首批劲性骨架拱桥,如四川宜宾小南门大桥。

(2)钢管-型钢劲性骨架。20世纪90年代,中国开创了新的桥型——钢管混凝土拱桥。此类桥型的成功实践为钢管-型钢劲性骨架施工提供了工程经验、理论基础,如四川旺苍东河桥。

(3)钢管混凝土劲性骨架。随着研究的不断深入,劲性骨架逐步发展为完全由钢管混凝土组成,由此发展出钢管混凝土劲性骨架拱桥,相比以型钢、半刚性型钢作劲性骨架,用钢量少,刚度大,可保证拱圈的设计线形,如重庆万州长江大桥。

2)施工工序

钢管混凝土劲性骨架施工法在拱桥施工中应用很广泛,表8-1列举了部分超过100m的钢管混凝土劲性骨架拱桥。以钢管混凝土劲性骨架为例来说明劲性骨架施工法的工序,主要包括:劲性骨架成形、劲性骨架安装、钢管混凝土骨架浇筑混凝土、浇筑混凝土拱圈(图8-51)。劲性骨架典型缆索吊装安装过程如图8-52所示。

钢管混凝土劲性骨架拱桥一览表 表 8-1

序号	桥　　名	建成年份	跨径(m)	结构形式	钢骨架施工方法
1	江西德兴太白桥	1993	130	上承式箱肋刚架拱	转体施工
2	蒲庙大桥(邕宁邕江大桥)	1996	312	中承式箱肋拱	缆索吊装斜拉扣挂
3	浙江金华婺江双龙大桥	1996	168	中承式箱肋拱	缆索吊装斜拉扣挂
4	重庆万州长江大桥	1997	420	上承式箱形拱	缆索吊装斜拉扣挂
5	香炉峡北江大桥	1999	160	中承式拱桥	转体施工
6	云南化皮冲大桥	1999	180	上承式箱肋拱	缆索吊装斜拉扣挂
7	湖北黄陵洞大桥	2005	152	上承式箱形拱	转体施工
8	赣龙线吊钟岩大桥	2006	140	上承式箱肋拱	转体施工
9	溪落渡辅道大岩洞大桥	2008	160	上承式箱形拱	转体施工
10	浙川小三峡长江大桥	2008	260	中承式箱肋拱	缆索吊装斜拉扣挂
11	湖北兴山平邑口大桥	2009	180	上承式箱形拱	缆索吊装斜拉扣挂
12	宜万铁路落布溪大桥	2010	178	上承式箱肋拱	缆索吊装斜拉扣挂
13	广元昭化嘉陵江大桥	2012	364	上承式箱肋拱	缆索吊装斜拉扣挂
14	向莆铁路尤溪大桥	2013	140	上承式箱肋拱	缆索吊装斜拉扣挂
15	云桂铁路南盘江特大桥	2016	416	上承式箱形拱	缆索吊装斜拉扣挂
16	沪昆铁路北盘江特大桥	2016	445	上承式箱形拱	缆索吊装斜拉扣挂
17	渝黔铁路夜郎河大桥	2018	370	上承式箱形拱	缆索吊装斜拉扣挂
18	广安官盛渠江大桥	2019	320	中承式箱肋拱	缆索吊装斜拉扣挂
19	成贵铁路鸭池河特大桥	2019	436	中承式箱肋拱	缆索吊装斜拉扣挂
20	大瑞铁路澜沧江大桥	2020	342	上承式箱肋拱	转体施工
21	郑万高铁梅溪河大桥	2020	340	上承式箱形拱	缆索吊装斜拉扣挂
22	郑万铁路巫山大宁河双线大桥	在建	372	中承式箱肋拱	缆索吊装斜拉扣挂
23	天峨龙滩特大桥	在建	600	上承式肋拱	缆索吊装斜拉扣挂

图 8-51　劲性骨架法施工工序

a)劲性骨架拱脚吊装

b)劲性骨架拱脚安装

c)劲性骨架一般节段吊装

d)劲性骨架成拱

图 8-52　劲性骨架缆索吊装安装

(1)劲性骨架成型

在现场按设计劲性骨架实现放样、下料、加工以及分段拼装成形。

(2)劲性骨架安装

采用缆索吊装施工法、转体施工法或整体吊装施工法进行劲性骨架的安装、成拱。

(3)钢管混凝土骨架浇筑混凝土

对钢管混凝土骨架,在吊装形成钢管骨架后还需采用泵送法浇筑管内混凝土,形成最终的骨架结构(图 8-53)。

(4)浇筑混凝土拱圈

利用已经完成的劲性骨架结构,在骨架上悬挂安装模板,绑扎钢筋,浇筑混凝土拱圈(分环、分段、多工作面进行)(图 8-54)。

图 8-53　钢管混凝土骨架浇筑混凝土

图 8-54 劲性骨架法浇筑钢筋混凝土拱圈

3) 实例

重庆万州长江大桥为钢管混凝土劲性骨架钢筋混凝土拱桥(图 8-55),主跨 420m,桥面宽 24m,为双向四车道,主拱圈矢跨比 1/5,单箱三室的箱形截面,拱圈高 7m,宽 16m,顶、底板厚 40cm,顶、底、腹板在拱脚附近区域变厚,钢管劲性骨架成拱;拱上结构为 14 孔 30m 的预应力简支 T 梁;主拱台由拱座、水平撑和立柱构成组合结构。

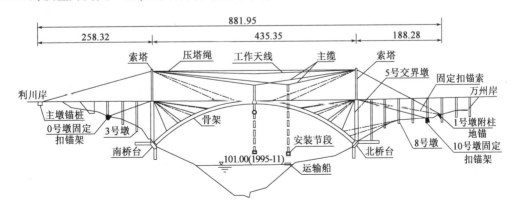

图 8-55 重庆万州长江大桥劲性骨架安装总体布置(尺寸单位:m,高程单位:m)

(1) 劲性骨架安装

按工厂加工好的第一段劲性骨架的各弦管几何尺寸精确测量放样,在主拱座预留孔内埋设起始段定位钢管座;起吊第一段骨架,将各弦管嵌入拱座定位钢管座,安装临时扣索;起吊第 2 段骨架,与第 1 段骨架精确对中,钢销定位,法兰盘螺栓连接,安装临时扣索,初调高程;第 3 段骨架吊装就位,安装第 1 组扣、锚索,拆除临时扣索,调整高程;悬臂安装第 4 段骨架,第 5 段骨架就位后安装临时扣索;吊装第 6 段骨架,安装第 2 组扣索,拆除临时扣索,调整高程和轴线,观测索力和骨架应力;同样方法安装每岸第 7~18 段骨架及第 3~6 组扣索;精确丈量拱顶合龙间隙,据以加工合龙段嵌填钢板,安装拱顶合龙"抱箍",实现劲性骨架合龙;拆除扣、锚索,劲性骨架安装完成(图 8-56)。

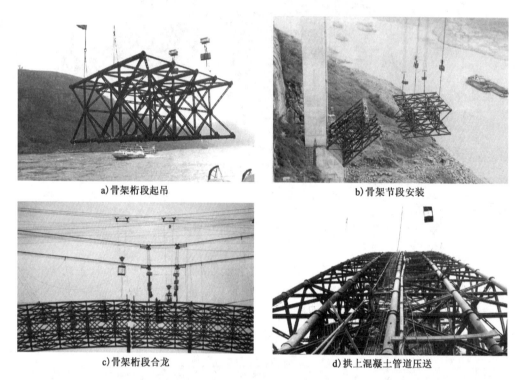

a) 骨架桁段起吊　　　　　　b) 骨架节段安装

c) 骨架桁段合龙　　　　　　d) 拱上混凝土管道压送

图 8-56　重庆万州长江大桥劲性骨架施工

(2) 主拱圈钢筋混凝土施工

对劲性骨架而言,主拱圈混凝土浇筑施工过程实际是在钢管桁架拱上进行加载的过程。对于大跨径拱桥的就地浇筑施工方案而言,一般都遵循分环、分段、均衡对称加载的总原则进行纵向加载设计(图 8-57)。

主拱圈混凝土浇筑主要包括以下步骤:①压注钢管混凝土;②浇筑中箱底板混凝土;③浇筑中箱下 1/2 腹板混凝土;④浇筑中箱上 1/2 腹板混凝土;⑤浇筑中箱顶板混凝土;⑥浇筑两侧边箱底板混凝土;⑦浇筑边箱下 3/4 腹板混凝土;⑧浇筑边箱上 1/4 腹板及顶板混凝土。

a) 边箱下腹板施工　　　　　　　　b) 边箱上腹板施工

图 8-57　重庆万州长江大桥主拱圈钢筋混凝土施工

每次混凝土浇筑均沿全桥形成一钢筋混凝土环,在一定龄期将参与骨架受力,承受下一环混凝土的重量和施工荷载。

(3) 拱上结构施工

在劲性骨架及钢筋混凝土拱圈施工完成后,在拱圈之上,完成拱上立柱、盖梁、T梁等结构的浇筑或安装(图 8-58)。

a) 立柱浇筑施工　　　　　　　　b) T梁安装

图 8-58　重庆万州长江大桥拱上结构施工

8.5.4　转体施工法

转体施工方法的基本原理是将拱圈或整个上部结构分为两个半跨,以拱脚为转动中心,利用动力装置将半跨拱体转动至桥轴线位置(或设计高程)合龙成拱。根据拱肋的转动方向,转体施工法主要可分为水平转体施工法(平转法)、竖向转体施工法(竖转法)和平竖组合转体施工法。桥梁转体施工技术主要包括四大系统:平衡系统、锚扣系统、牵引系统和转动系统。转体施工法的关键技术包括:转动设备与转动能力、施工过程中的结构稳定和强度保证、结构的合龙与体系的转换。

转体施工法具有以下特点:

(1) 缩短施工周期,降低建设成本。拱桥转体施工将空中作业转化为岸上或近地面作业,改善施工环境,加快施工速度,将实际施工周期缩短,提高施工经济效益。

(2)克服地形困难,可在跨越通车线路上施工。转体法能较好克服在高山峡谷、水深流急河道上架设大跨度拱桥的困难。对于修建处于交通运输繁忙的城市立交桥和铁路跨线桥,其不干扰现场交通的优势更加明显。

(3)转动系统复杂,对精度控制要求高。转动系统是转体施工的关键,但转动球铰的加工制作、磨合等工艺较为烦琐复杂,且对转体牵引系统、制动系统的精度控制要求高。

(4)转体结构受力状态存在转换。转体结构为了减轻重量、增大跨度,尽量采用轻型结构或劲性骨架,在转体阶段容易出现结构失稳的现象;混凝土拱还要防止转体时发生开裂,减少安全隐患。

以下分别对平转法、竖转法和平竖组合转体的施工方法做逐一介绍:

1)平转法

平转法的基本原理是先按照拱桥设计高程在岸边预制半拱,当混凝土结构达到设计强度后,借助设置于桥台底部的转动设备和动力装置在水平面内将其转动至桥位中线处合龙成拱(图8-59)。

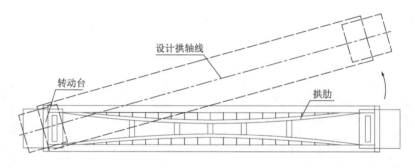

图8-59 平转施工原理

平转法对结构本身重量不敏感,适用的结构跨度大,是应用最广泛的转体施工方法。对于山区的深谷高桥、两岸陡峻及预制场地狭窄的桥位,利用两岸地形搭设简单支架,采用平转施工法具有较大的优越性;对于平原地区的跨线桥施工,采用平转施工法可以将对交通的影响降到最低。

平转法施工可分为有平衡重转体和无平衡重转体。有平衡重转体是在拱桥转体阶段将拱圈分为两个半跨分别在两岸结合现场地形条件来进行预制,由背墙混凝土配重形成平衡转动体系,通过张拉扣索形成支承结构,将整个转动体系重量全部支承在磨心上[图8-60a]。转体过程中,转动体系是一个受力明确的静定自平衡体系,设计和施工都相对简单,一旦转动体系形成后,在转体的全过程不存在各受力构件之间力的交替转换,转动十分安全、平稳。无平衡重转体采用锚固体系代替平衡重平转法施工,充分利用锚固体系、转动体系和位控体系构成平衡的转体系统,适用于大跨径或转体重量大的拱桥[图8-60b]。

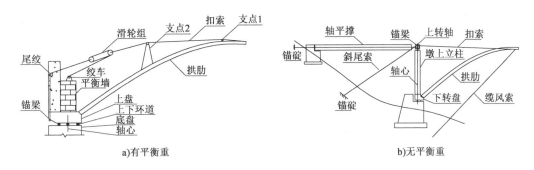

a) 有平衡重　　　　　　　　　　b) 无平衡重

图 8-60　平转法施工分类

平转法施工的主要流程包括转动系统制作、锚固施工、平衡锚固系统施工、张拉脱架、结构转体、封盘及拱顶合龙等（图 8-61）。

(1) 转动系统制作

在完成基础施工后，开挖转盘基坑，采用围堰设置基坑防护，施工下转盘和滑道[图 8-62a)]，滑道不锈钢板的安装后，施工转动球铰和上转盘[图 8-62b)]。上转盘施工完成后，对于有平衡重转体，可在上转盘前方或后方配临时平衡重（或背墙），将上盘重心调到轴心处，牵引上转盘到预制拼装上部构造的轴线位置；试转能够检查、试验整个转动牵引系统，也是正式开始上部结构施工前的一道工序。

(2) 拱圈施工

对于混凝土拱圈，可利用拱脚处地形作拱圈的支架土模，也可采用扣件式钢管作为满堂支架，还可以在简易支架上利用预制节段拼装拱圈，然后施工浇筑背墙和拱上结构；对于钢拱圈，可在支架上进行拼装焊接。拱圈制作如图 8-63 所示。

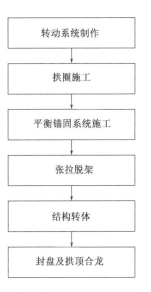

图 8-61　平转法主要施工流程

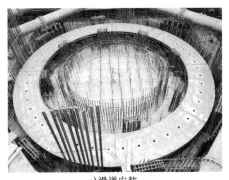

a) 滑道安装

b) 安装聚四氟乙烯板和涂抹黄油

图 8-62　转动系统制作

a) 混凝土拱圈支架浇筑　　　　　　　　b) 钢拱圈支架拼装

图 8-63　拱圈制作

(3) 平衡锚固系统施工

对于有平衡重转体,可以采用传统临时配重或结构自平衡方式,也可通过扣索连接拱肋和背墙,并在背墙后设置背索,形成自平衡锚固系统[图 8-64a)];对于无平衡重转体,锚碇是施工的关键部位,必须绝对稳妥可靠,有条件时可做拔桩试验。通过两斜交的平撑(沿平撑同时设置尾索),锚碇与拱上立柱形成稳定三角形机构,以此来固定上转轴设置,上转轴通过扣索与拱圈相连,可与下转盘同步转动[图 8-64b)]。

a) 自平衡配重　　　　　　　　　　　b) 无平衡配重

图 8-64　平衡锚固系统

(4) 张拉脱架

在主拱圈混凝土达到设计强度或钢拱圈拼装完成后,可通过交替张拉扣索和背索实现拱圈的脱架,交替索力的大小以背墙根部不出现不允许的拉应力为原则。可选用均匀排列的单根钢绞线作为扣索,要求每根钢绞线分级对称张拉到位,这有利于拱顶扣索锚板受力均匀,拱圈不致受扭。拱圈张拉脱架如图 8-65 所示。

a) 混凝土拱圈张拉脱架　　　　　　　　b) 钢拱圈张拉脱架

图 8-65　拱圈张拉脱架

（5）结构转体

转体前在转台上设置弧长及角度观测标尺，启动转动牵引系统，进行结构转体，转体角速度一般不超过 0.5°/min，转体过程中应对牵引力、转体速度和结构变形应力进行实时监测；当接近合龙位置时（主拱顶横向距轴线 0.5m 时），降低转动速度，改为点动操作；校正桥梁中轴线和高程，通过反复调整达到设计精度要求；在助推千斤顶的反力座后设置限位装置，阻止撑脚到位后仍继续前移，若超过，则利用助推反力座回顶就位。拱圈转体牵引回转如图 8-66 所示。

a) 转体牵引系统　　　　　　　　b) 拱圈平面转动

图 8-66　拱圈转体牵引平转

（6）封盘及拱顶合龙

转体就位后，张紧、放松扣索调整拱顶到设计位置；浇筑封盘混凝土并压浆，确保上、下盘混凝土面接触密实，能可靠地把大拱垂直荷载传给基础；浇筑上转盘背面基坑超挖部分，确保主拱的水平推力能可靠地传给基岩，然后浇筑桥台（桥墩）；待封盘混凝土和桥台混凝土达到设计强度后，可选择夜间气温较低时进行拱顶合龙（图 8-67）；最后，卸除扣索，实现桥梁体系转换，卸索应对称、均衡、分级进行。

a) 混凝土拱平转合龙　　　　　　　b) 钢拱平转合龙

图 8-67　拱肋合龙

2) 竖转法

竖转法的基本原理是将桥梁从跨中分为两半,在轴线上利用地形搭设简单支架,在其上组装或现浇拱架;也可工厂预制,用浮船运至桥轴线下方,在拱脚安装转动铰,在岸边搭设索塔,利用扣索的牵引力将结构竖向旋转至设计高程,跨中合龙完成结构安装(图 8-68)。

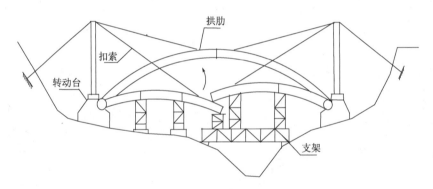

图 8-68　竖转施工

半跨结构的重力对转铰的力矩是半拱的重量和重力臂的乘积,而扣索力和扣索力臂乘积来抵消重力矩。设法增大扣索力臂即可减小斜拉索的拉力,竖向转体就是利用这个原理在岸边搭设塔架,来增大扣索力臂,减小扣索力,用较小的动力设备就可以达到转动较重结构的目的。对于通航河流,也可采用工厂制造,浮船浮运至桥位,拱肋由下向上竖转至设计高程。竖转施工也可利用桥台结构竖向搭设组拼或现浇拱肋的脚手架,拱肋由上向下竖转至设计高程。

竖转体系由拱肋、竖转铰、扣索、索塔、缆风系统及竖转牵引设备等构成。国内拱桥多为无铰拱,拱脚处的竖转铰是施工临时构造,当跨径较小时,可采用插销式,当跨径较大时可采用滚轴。对于斜拉索牵引系统,当跨径较小时,可采用卷扬机牵引;当跨径较大,要求牵引力较大,牵引索也较多时,则应采用千斤顶液压同步牵引系统。

竖向转体施工按照其转动方向,可分为正角度(向上)和负角度(向下)两种转动类型。正角度竖转施工是指准备进行拱桥施工时,其拉力牵引方向是由下开始转向,一直旋转到既定安装位置的方法,多适用于可在地面搭建支架平台的平原地区[图8-69a)];负角度竖转施工则是准备进行拱桥施工时,其拉力牵引方向是由上开始转向,一直旋转到既定安装位置的方法,往往适用于高山深谷地带,不便于在地面搭建施工支架[图8-69b)]。

a)佛山东平桥正角度转体　　　　　　　b)贵州珍珠大桥负角度转体

图 8-69　正负角度竖转施工实例

由于拱肋脱架时要完成结构体系的转换,即从多跨支承于拱架的连续曲梁转化为铰支承和扣点处索支承的曲梁,在竖转过程中要注意监测索塔、拱肋受力。在即将脱架那一刻,斜拉索的水平角最小,竖转斜拉索的索力最大,因此要合理设计竖转体系,合理设置索塔高度和斜拉索水平角。竖转法的主要施工流程包括竖转铰施工、牵引系统施工、支架施工拱肋、拱肋脱架与竖转、主拱拱脚固结、合龙与体系转换(图8-70)。拱桥典型竖转构造及竖转过程如图8-71所示。

图 8-70　竖转法主要施工流程

(1)竖转铰施工

施工旋转基座,安装竖转铰,竖转铰要求转动灵活,转动铰的接触面必须满足局部承压要求,有钢板销子铰和钢管混凝土铰等。

(2)牵引体系施工

施工竖转牵引系统,安装索塔、索鞍,设置扣索、地锚、缆风系统等。

(3)支架施工拱肋

在支架上现浇或者拼装拱肋,形成半拱结构。

(4)拱肋脱架与竖转

张拉扣索和缆风索,拱肋脱架,通过竖转系统牵引拱肋竖转,并将拱肋高程调整至设计位置。

(5)主拱拱脚固结

临时锁死旋转铰,固结主拱拱脚。

(6) 合龙与体系转换

焊接或浇筑合龙接头,实现拱桥合龙和体系转换。

图 8-71 拱桥典型竖转构造及竖转过程

3) 平竖组合转体

平转与竖转组合施工同时需要平转与竖转,一般先在低位处预制拼装,竖转提升至高位设计高程,再在水平面内将其转动至桥位中线处,跨中合龙完成施工,其综合了平转与竖转的特点。以广州丫髻沙大桥为例,简要介绍平竖组合转体施工的技术要点和施工步骤。

广州丫髻沙大桥为三跨连续自锚中承式钢管混凝土拱桥,跨径组合(76+360+76)m,主拱为钢管混凝土,边拱肋为劲性钢骨架外包混凝土,系杆由高强度钢绞线构成,主拱矢跨比1/4.5,桥下净高34m,主拱质量为2058t,边拱质量为3140t,采用了竖转加平转的施工技术。

首先在岸上立架拼装拱肋,然后竖转加平转,合龙成拱;按照施工加载顺序逐步张拉系杆中的预应力束,以平衡主拱所产生的水平推力,最终形成对拱座基础只有较小水平推力的拱桥,使拱座相应变得轻巧。9号墩平转角度为117.1117°,10号墩平转角度为92.2333°,转盘环道直径33m、宽1.1m,拱竖转结构总质量2058t,平转结构总质量13685t。

(1)竖转

竖转体系主要包括索塔、扣索(竖转束、平衡束)、撑架、转铰、竖转牵引系统。

索塔:钢管混凝土组成的变截面桁架,每根立柱采用$4\phi600\times10$钢管混凝土。竖转束:一个转动体系采用两组连通的竖转扣索,第一组扣索前端锚于主拱肋端部,称为1号扣索;第二组扣索前端锚于主拱肋$L/4$处,称为2号扣索;两组扣索后端均锚于边拱肋端部,此端为张拉端。平衡束:均锚于塔顶,在塔顶张拉。撑架:为降低索塔高度及调整主拱受力,在主拱$L/4$处设置,撑架为空钢管组成的桁架结构。转铰:主拱肋竖转以拱脚为中心,采用$\phi1500\times50$钢管混凝土为转铰,转铰与拱座凹形钢板接触面抹黄油,以减小摩擦和防锈。竖转牵引系统:竖转牵引系统采用液压同步提升技术,张拉千斤顶布置于边跨端部。

竖转过程如下:两岸顺河向卧拼半跨主拱、边拱和索塔→浇筑边拱钢管混凝土→安装扣索平衡索→张拉扣索→主拱脱架→竖转→张拉至设计高程→锁定扣索→主拱拱脚临时固结。主要竖转体系构造及竖转施工如图8-72所示。

a)卧拼半跨主拱

b)竖转施工

c)撑架构造

d)竖转牵引系统

图8-72 广州丫髻沙大桥主要竖转体系构造及竖转施工

（2）平转

平转体系主要包括上转盘和下转盘。

上转盘：由拱座、拱间横梁、撑脚、中心转轴组成，转体重量主要由撑脚传递至下转盘，中心转轴主要起定位作用。横梁由顶、底板和腹杆构成，高6m。每个拱座设置7个撑脚，分两种：位于两端的为加强型撑脚，由3根$\phi 800 \times 14$钢管混凝土组成；位于中间的为普通型撑脚，由2根$\phi 800 \times 14$钢管混凝土组成。中心转轴由上下钢板、钢板间聚四氟乙烯"蘑菇头"及中心定位轴构成。

下转盘：由转轴、环道、牵引体系组成，平转起动静摩擦系数按0.1控制设计。环道直径33m，宽1.1m，由72块25mm厚的表面镀铬钢板和型钢劲性骨架组成，为确保环道表面平整光滑，表面粘一层3mm厚镜面不锈钢板。平转牵引体系由牵引索、牵引千斤顶、助推千斤顶、牵引索转向滑轮等组成，对应需设置牵引千斤顶反力座、助推千斤顶反力座等。

平转过程如下：清理、润滑环道→拆除边拱端部支架→安装牵引系统→平转到位→进行主拱跨中瞬时合龙→封固拱座上、下转盘→恢复边拱支架→浇筑边拱肋及端横梁混凝土→放松并拆除扣索→固结主拱脚。主要平转体系构造及平转施工如图8-73所示。

a）上下转盘

b）滑道及反力支座

c）平转施工

d）跨中合龙

图8-73　广州丫髻沙大桥主要平转体系构造及平转施工

8.5.5　悬臂施工法

悬臂施工法是指在桥墩两侧设置工作平台，拱圈沿桥跨划分为若干奇数预制段，由拱脚向跨中平衡地逐段向跨中悬臂浇筑或拼装梁段,直至桥跨结构合龙的施工方法。悬臂施工法适用于山谷、宽深河流,以及施工期水位变化频繁不宜水上作业的河流、湖泊、海域等桥位环境的桥梁。

根据拱桥的构造特点,目前悬臂施工法主要应用在钢桁架拱桥和钢筋混凝土箱形拱桥中。其中钢桁架拱桥则主要以悬臂拼装为主,而钢筋混凝土箱形拱桥悬臂施工又分为悬臂拼装和悬臂浇筑两种形式。悬臂施工法具有不影响通航、整体性好、对周边环境影响小、对机器设备要求低等诸多优点。

1) 拱桥悬臂拼装

悬臂拼装可用于桁架拱桥,也可用于箱形拱桥;既可以用于混凝土拱桥,也可用于钢拱桥。无论用于哪一种形式的拱桥,其施工工艺的总体思想相似。下面以钢桁架拱桥悬臂拼装施工介绍拱桥悬臂拼装过程。

由于自重相对较轻,但结构位置、线形精度要求较高,钢桁架拱桥一般采用先架设边跨再悬臂拼装中跨主拱圈的施工方式。钢梁架设到主墩后,在主墩墩顶设置吊索塔架,利用吊索向中间悬臂架设中跨;最后,完成中跨钢桁拱的合龙。与传统的支架架设法和移动起重机架设法相比,该方法结构受力比较清晰,施工较为简单、经济合理。

钢桁架拱桥悬臂拼装包括安装边跨临时支墩和移动门式起重机、安装边跨剩余桁架梁、起顶节点钢梁、悬拼架梁并安装塔架、连接塔架和悬拼段、合龙与解除压重、释放索力完成施工(图8-74),典型的钢桁架拱桥悬臂拼装施工流程如图8-75所示,具体的施工流程如下:

图 8-74　钢桁架拱桥悬臂拼装主要工序

(1) 进行钢梁预拼场地平整,桥墩、承台施工,安装边跨临时支墩和移动门式起重机;
(2) 安装架梁起重机,并用架梁起重机安装边跨剩余桁架梁;
(3) 边跨钢梁上到主墩后,起顶节点钢梁,安装支座;

（4）架梁起重机由两个中主墩向跨中悬拼架梁，同时在边跨与主跨交界处安装塔架；

（5）在边跨端部吊挂重块，挂设塔架扣索，将塔架与悬拼段相连，以降低悬臂端变形；

（6）继续向前悬臂拼接至合龙前；

（7）起顶边墩钢梁支点，使系杆合龙口张开至设计长度，合龙系杆，安装桥面板；

（8）解除边跨钢梁的压重块，逐步释放吊索索力，拆除塔架，安装全桥附属结构，完成全桥施工。

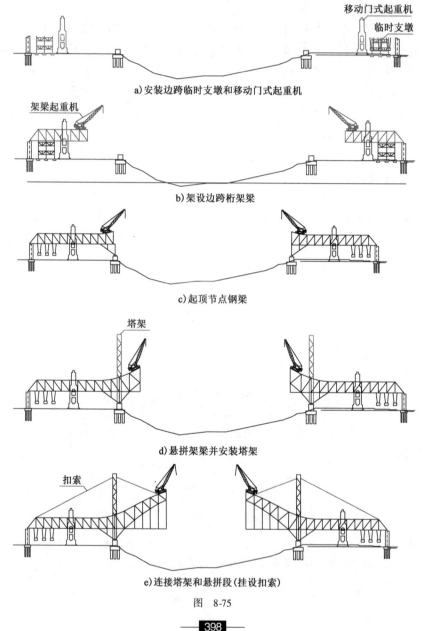

图 8-75

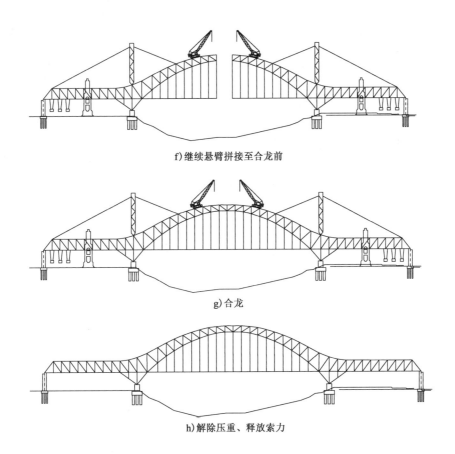

f) 继续悬臂拼接至合龙前

g) 合龙

h) 解除压重、释放索力

图 8-75 钢桁架拱桥悬臂拼装施工流程

广西南宁三岸邕江大桥采用钢桁架悬臂拼装技术。桥梁全长 2537m,主桥为(132 + 276 + 132)m 的三跨连续钢桁拱桥,以 276m 主跨跨越邕江,主桥 4 个墩均设在岸上。钢梁架设前,在主桥两边跨各设置一台 70t 跨线门式起重机,边跨前 5 个节间的钢梁由跨线门式起重机在支架上进行安装施工,之后在已完成钢梁的上弦部位拼装一台 70t 移动架梁起重机,以安装剩余的节间钢梁。

70t 跨线龙门式起重机主要负责将钢梁节段提吊至桥面运梁台车上;当边跨钢梁架设到主墩上后,用千斤顶顶起钢梁进行支座安装;当向中跨施工完成第二个节间时,对钢梁进行位移调整;当钢梁悬臂拼装到中跨第 3 个节间,70t 移动架梁起重机向前移动一个节间后,对吊索塔架进行安装,并与悬臂钢梁安装同步进行;当钢梁悬臂拼装到中跨第 3 个节间后,根据设计的要求对边跨钢梁进行首次压重,待钢梁架设至中跨第 6 个节间后,完成对边跨钢梁的 3 次压重,并开始挂设、张拉设在中跨第 4 个节间的塔架扣索,之后继续向前悬臂架设钢梁,一直到钢梁合龙。桥梁钢桁架拱桥悬臂拼装施工现场如图 8-76 所示。

a) 悬拼

b) 合龙段焊接

图 8-76　广西南宁三岸邕江大桥钢桁架拱桥悬臂拼装施工现场

2) 钢筋混凝土拱桥悬臂浇筑法

悬臂浇筑法是梁桥施工中一种成熟的工艺，具有支架用量少、结构整体性好、工期短、施工控制性强、造价低、后期养护费用低、对环境破坏小等诸多优点，但在大跨径钢筋混凝土拱桥中的应用较少。目前，我国采用悬臂浇筑法施工的混凝土拱桥主要集中于难以大面积搭设支架的峡谷地带，且跨径均在 200m 以下。为了减少悬臂端的变形，该类桥梁的拱圈多采用整体性较好的单箱多室箱形截面，拱轴线采用悬链线，拱上设立柱、横墙，拱上结构多为小跨径简支预应力混凝土梁(板)。

拱桥悬臂浇筑施工需要采用专用挂篮，其构造与受力形式有别于梁式桥悬臂浇筑所使用的挂篮，为拱桥悬臂浇筑的技术难点。拱桥采用悬臂浇筑时，需要综合利用塔架、斜拉索及挂篮等。

挂篮是钢筋混凝土拱桥悬臂浇筑施工必备的临时设备(图 8-77)，其基本功能与梁式桥用挂篮一致，但是用于拱桥施工的挂篮还有其自身的特殊性。由于挂篮沿拱圈移动，故此时挂篮的移动面和停止工作面均是曲面，需要在先浇筑的拱圈上设置较多的临时固定挂篮的支承块；同时，为保证挂篮水平，必须设置角度调整装置。此外，由于拱圈刚度较小，在地震和风荷载作用下，挂篮的稳定性较差，施工中有时需采取一些临时措施。

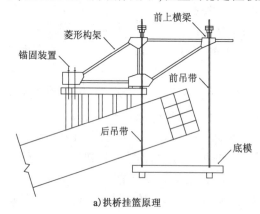
a) 拱桥挂篮原理

b) 施工实例

图 8-77　钢筋混凝土拱桥拱肋悬臂挂篮浇筑施工

拱桥悬臂浇筑法的常规施工流程如图 8-78 所示。我国采用拱桥悬臂现浇施工的拱桥案例中，比较典型的有夜郎湖特大桥，结合其建造过程，介绍拱桥悬臂现浇施工的主要施工程序：

(1) 浇筑拱座及临时支撑系统

施工两岸拱座、拱座岩锚系统及临时支墩，搭设安装两岸扣塔、临时斜拉索，设置后背索锚碇，搭设支架。

(2) 现浇 0 号块，将加劲梁与临时墩固结

搭设主拱 0 号块现浇支架，现浇主拱 0 号块，并张拉预应力束；拆除现浇支架，将拱桥加劲梁与临时墩固结。

(3) 安装挂篮并预压

铺设挂篮走行轨道，挂篮主桁运输至墩位

图 8-78　拱桥悬臂浇筑法施工流程图

后，采用吊车提升至主拱 0 号块顶面进行组拼，挂篮主桁拼装起重设备主要采用起重机，安装挂篮锚固系统，确定并调整立模的轴线及高程。安装挂篮底模、侧模及内模等。

挂篮组拼完成后，需检验挂篮的性能和安全，消除结构的非弹性变形，获取挂篮弹性变形曲线的参数，为箱梁施工提供数据，应对挂篮进行试压，试压通常采用试验台座加压法、水箱加压法等。

(4) 安装背索及挂篮扣索

安装背索及挂篮扣索，并调整背索及挂篮扣索的索力。

(5) 混凝土浇筑

调整模板，绑扎钢筋、安装预应力等，浇筑节段混凝土，待混凝土强度达到设计要求后，张拉预应力，然后将临时扣索施加于拱桥主拱节段。

(6) 挂篮走行

按普通挂篮的走行方式，顶推挂篮至下一个节段施工。

(7) 合龙施工

将加劲梁节段全部施工完成以后，拆除挂篮；然后调整背索及扣索的索力，使之与设计要求保持一致；根据合龙段施工要求，安装吊篮，设置劲性骨架，再安装钢筋及预应力等，在温度相对恒定的低温时段浇筑混凝土并养护，张拉合龙预应力等。

(8) 拆除临时设施

按计划有步骤分次将背索及扣索解除，同时将临时墩支承也分次拆除，完成体系转换，全桥成拱。

贵州夜郎湖大桥悬臂浇筑施工过程如图 8-79 所示。

a) 两岸拱座浇筑　　b) 两岸扣塔施工
c) 挂篮拼装　　d) 主拱圈悬臂浇筑
e) 合龙段施工　　f) 拆除临时设施

图 8-79　贵州夜郎湖大桥悬臂浇筑施工过程

8.5.6　顶推施工法

拱桥顶推施工法的施工原理为在桥纵轴方向的台后设置支撑系统,且进行拱结构的分阶段拼装,利用液压千斤顶或卷扬机施力,借助滑块或滑道等途径,将拱结构向前进行逐段顶推,到位后将拱结构落下,并更换为正式支座。

采用顶推施工法进行拱桥施工避免了脚手架的大量使用,节省资金与时间。结构拼装的施工操作主要集中在施工平台完成,便于采用门式起重机等吊装设备,降低施工难度,易于控制施工精度。此外,在整个施工过程中,占地面积较小,对桥梁下方的空间与周围环境影响小,而顶推装置与计算机协同工作的方式大大提高了施工作业的机械化程度。因此,顶推施工法十分适合现代城市拱桥建设的要求。

根据拱桥的构造特点,目前顶推施工法主要应用在钢箱拱、叠合拱桥和钢管混凝土拱桥中,主要包含牵引拖拉法、步履式顶推等多种施工方式。

1)牵引拖拉法施工

甬台温雁荡山铁路特大桥位于浙江省乐清市雁荡镇境内,为速度200km/h的准高速双线Ⅰ级铁路。主桥采用2×90m连续钢箱梁与钢箱叠合拱组合全焊接结构,单箱九室等高度箱形截面。钢箱梁总长184m,顶面宽14.8m,底面宽12.6m,横截面中线处箱高2.2m,箱顶面横向设双向2%泄水坡。钢箱梁主材采用Q345qD桥梁钢,两跨总质量2395.7t。两孔钢箱主拱间设置钢箱辅助拱。它是世界首个采用叠合拱技术建成的钢拱桥,拱拱叠合,结合雁荡山风景,是一座景观桥。这种钢箱梁与钢箱拱组合全焊结构形式的铁路钢桥也是目前国内铁路钢桥的首例。下面以甬台温雁荡山铁路特大桥叠合拱为例,描述牵引拖拉法施工的具体流程(图8-80、图8-81)。

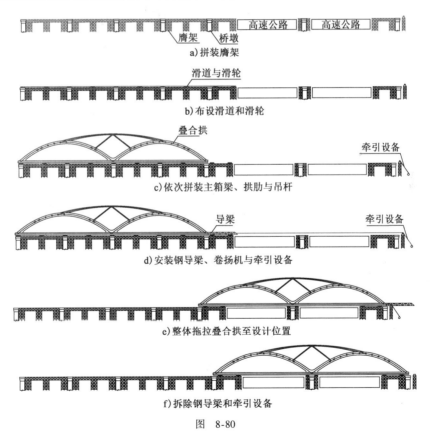

图 8-80

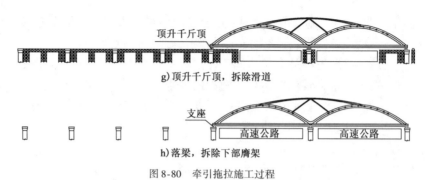

g) 顶升千斤顶,拆除滑道

h) 落梁,拆除下部膺架

图 8-80 牵引拖拉施工过程

图 8-81 甬台温雁荡山铁路特大桥牵引拖拉法施工

步骤一:在桥位一侧搭设钢管支墩和贝雷纵梁组成的拼装膺架。
步骤二:在膺架上布设滑道和滑轮。
步骤三:在膺架上依次拼装主箱梁、拱肋与吊杆,张拉吊杆。
步骤四:在钢梁前端安装钢导梁,安装慢速卷扬机与滑轮组组成的牵引设备。
步骤五:开动卷扬机,收紧钢丝绳,在滑道上整体拖拉叠合拱至设计位置。
步骤六:拆除钢导梁和牵引设备。
步骤七:顶升千斤顶,拆除滑道。
步骤八:落梁,拆除下部膺架。

为了保证整个施工过程的安全性,导梁的尺寸、滑轮组在各阶段的竖向荷载、牵引端支架的弯剪承载力、膺架的竖向受荷能力、卷扬机牵引端与锚固端的节点构造、滑轮与滑道的尺寸等均需按照相应规范的要求进行设计与验算。

此外,在牵引拖拉施工前,还需要对底部膺架进行预压,以消除非弹性变形,防止施工中出现过大沉降。

2) 步履式顶推施工

以安徽淮南孔李淮河三跨下承式钢箱系杆拱桥为例,对步履式顶推施工进行介绍。

安徽孔李淮河大桥两跨淮河,分别建有主航道桥和副航道桥。其中,孔李淮河大桥主航道桥为跨径组合(110 + 180 + 110)m 的三跨下承式钢箱系杆拱桥,桥宽 42m,双向六车道外侧加行人和非机动车道、设计速度 80km/h,设计标准、施工要求等均为城市交通最高

标准,总重达 13000t,采用步履式顶推施工。具体流程如下:

步骤一:在桥位一侧安装临时墩、顶推平台,铺设墩顶滑道。

步骤二:在拼装平台上将第一跨的钢箱拱肋拼装成形,并在拱梁间安装临时撑压杆,挂设安装吊杆,在前方安装导梁。

步骤三:采用步履式顶推方法将第一跨顶推出拼装平台。

步骤四:拼装第二跨钢箱拱,并向前顶推,留出第三跨拼装区域。

步骤五:拼装第三跨钢箱拱,并将整体顶推到设计桥位。

步骤六:拆除临时墩。

步骤七:千斤顶顶升梁体,拆除滑道,落梁。

实际施工过程中,考虑到中跨跨径达到 180m,在已有永久墩 128 号和 129 号的基础上,设置 12 个临时墩,以降低顶推过程中的悬挑跨径;此外,在永久墩 129 号右侧和 130 号左侧设置侧托架,将侧托架和临时墩用来搁置垫梁以及相应顶推设备。其顶推施工过程及临时墩布置如图 8-82 所示,其完成效果如图 8-83 所示。

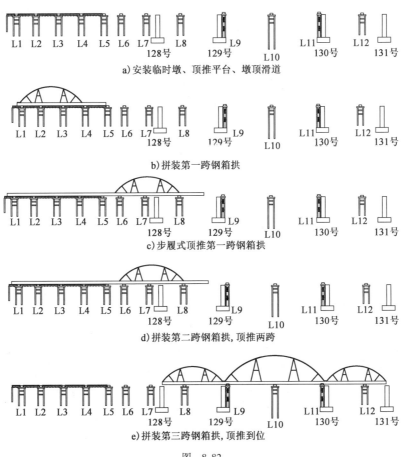

图 8-82

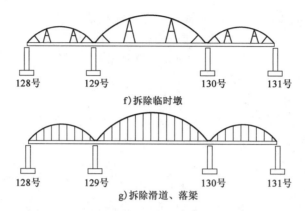

f) 拆除临时墩

g) 拆除滑道、落梁

图 8-82 安徽淮南孔李淮河大桥步履式顶推施工流程

a) 钢箱拱肋拼装 b) 挂设安装吊杆

c) 第一跨顶推 d) 拼装第二跨

e) 第三跨顶推 f) 完成情况

图 8-83 安徽淮南孔李淮河大桥步履式顶推施工

8.5.7 大节段及整体吊装施工

随着拱桥吊装架设设备吊装能力的提升,拱桥的架设从原来局部小节段逐步施工方式开始向大节段及整体架设方法发展,并将结构吊装技术与计算机、信息处理、液压控制及自动控制等技术结合起来,完成结构的整体安装。主要有拱肋大节段提升施工法和整体吊装施工法。

1) 拱肋大节段提升施工法

大节段提升施工法具有工期短、施工简化、施工质量高和安全可靠等优势。主拱低位组拼,将大量高空水上吊装作业变成低空陆上作业,最大限度地改善了拱肋施工条件,确保了安装的精度、焊接质量和施工安全,加快了施工进度,有很大的发展潜力。大节段提升法施工时需要建造拼装场地,一般需要驳船浮运,安装精度要求高。

拱肋大段提升施工的一般流程是:

(1) 根据实际情况和设备的提升能力对拱肋分段,并建造提升承力架于分段处,同时安装用于提升的千斤顶;

(2) 在拼装场地完成拱肋节段的拼装后,利用驳船浮运拱肋到桥位处;

(3) 匀速同步提升拱肋至设计高程,精确地调整拱肋的位置及其线形;

(4) 对合龙段的长度进行测量,在精准下料后进行焊接作业,完成主拱合龙。

广州新光大桥采用了大节段提升法施工,其首次采用了拉移上驳、驳船浮运和数控液压千斤顶同步提升技术。该桥是新光快速路跨越珠江主航道的特大桥。桥跨布置为 $(3 \times 50 + 177 + 428 + 177 + 3 \times 50)$ m,主桥为三跨连续刚架飞雁式钢箱桁系杆拱桥。

桥梁所跨越的珠江主航道航运非常繁忙,因此对封航时间限制非常严格。为了保证主桥施工期间的通航,将施工对航道的干扰降到最低,新光大桥采用了主桥拱肋大节段整体浮运提升架设方法施工(图 8-84)。

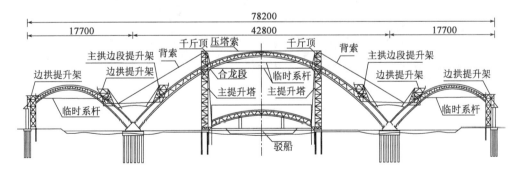

图 8-84 广州新光大桥整体大节段整体提升方案(尺寸单位:cm)

拱肋杆件运到现场后共分 5 大节段施工,每个边跨为 1 段,主跨拱肋分为 3 段。施工安装顺序为:先两边跨拱肋,后主拱边段,最后主拱中段(图 8-85)。

a) 边跨拱肋提升过程

b) 边跨拱肋提升就位

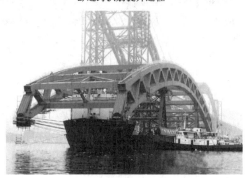
c) 主拱中段浮运

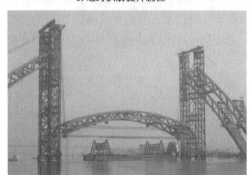
d) 主拱中段提升

e) 挂设安装吊杆

图 8-85　广州新光大桥整体大节段吊装施工

每个边跨先在桥位拼装支架上低位组拼成一大段,利用搭设在三角刚架上和桥墩处的临时提升塔架,采用数控液压千斤顶同步提升技术整体提升安装,每段提升质量约 1160t。

主跨先在桥位北岸附近拼装场拼装支架上低位组拼成大段,然后上船浮运到桥下位,采用数控液压千斤顶同步提升技术整体提升安装。主跨中段拱肋轴线长度为 168m,结构质量约 2850t,提升质量 3078t,提升高度 85.6m。组拼完成后,整体大节段牵引滑移上

16000t排水量的半潜驳船,浮运到临时提升塔下水面,同步垂直提升整段拱肋就位,焊接合龙段。其主跨拱肋中段提升主要施工过程如下:

在拱肋支架上放样拱肋→拱肋下弦杆安装→腹杆安装→上弦杆安装→拱肋横撑安装→安装上船滑移支架及滑道→张拉部分临时系杆→驳船安装轨道、千斤顶→驳船进场就位→千斤顶牵引拱肋滑移上驳船→安装前端横撑和临时系杆→浮运拱肋到主桥提升塔下→分阶段张拉临时系杆、平衡索→对拱肋施加提升力→拆卸滑移支架与拱肋连接件→同步提升拱肋离船→匀速提升拱肋就位→驳船撤离→精调拱肋位置、线形→栓、焊连接拱肋合龙段。

与此同时,在提升前完成施工主拱提升塔架→安装提升千斤顶、吊索、压塔索、背索→进行加载试验。

2) 整体吊装施工法

随着大吨位吊装装备及吊装技术的成熟,整体吊装施工法也逐步应用到钢管混凝土系杆拱桥等大跨度拱桥的架设施工中,尤其是在道路交叉或者通航河流上施工时,为保障道路通行和河流通航不被中断,采用整孔吊装施工表现出巨大优势。整体吊装施工法具有更加快捷准确拼装拱肋,线形和质量易于控制,拱肋安装的施工时间较短,对桥下通航影响时间短,安全可靠,造价低等优点。

整体吊装法根据拱肋结构形式、结构重量及尺寸、设备起吊能力等因素的影响不同,又分为全桥整体吊装、拱肋整体吊装及拱片整体吊装等。

整体吊装施工方法的工艺流程为:

①综合考虑提升段跨径、矢高、吊杆位置、重量、提升设备提升能力等因素,对提升段拱肋进行节段划分;

②按照设计图纸在预制场对节段进行预制加工;

③将拱肋节段运输至拼装场地,采用起重机等设备依次将其对称起吊至拼拱胎架上进行拼装焊接;

④将拱肋采用船舶运输到设计桥位处;

⑤用同步液压提升系统将拱肋提升至设计高程;

⑥根据拱脚合龙位置的长度偏差,合理切割合龙段,嵌补合龙段,完成拱肋合龙。

江苏常州新山东北桥位于武进区境内三山港新沟河上,河道为南北方向,全桥长420m,主跨70m,桥宽9m。主桥通航孔一跨,上部结构为钢管混凝土系杆拱,下部结构采用分离式桩基承台基础,柱式桥墩。拱肋采用腰形钢管混凝土结构。

由于该工程项目位于通航河道上,要求整个施工期间不得断航,故经研究和论证后采用了主桥整体吊装工艺(图8-86),除吊装时段临时断航2h左右,其他施工阶段均不影响水上交通,提高了施工及通航安全。整体吊装方案中,首先根据施工进度计划订购钢管拱肋及劲性骨架,进行厂内加工,提前将钢构件运至施工现场,进行陆上整体立拼。待主桥下部结构全部施工完成后,安装好支座,利用2台浮式起重机将全拱整体钢构件一次性吊装就位。具体步骤如下:

①进行拱肋、劲性骨架预制加工；

②在桥位北侧的河西岸选择一块空地作为现场拼装场地，拼装前场地做好平整硬化处理，面积不小于 80.0m×15.0m，场地顺河布设，拼装支架距河岸挡墙 3.0m，便于浮式起重机吊装作业；

③在每两段拱肋接头处事先用钢筋混凝土浇筑 60cm 厚基础，在基础上搭设 4 根钢管临时支架，基础预埋 $\phi 25$ 锚筋，通过锚筋与钢管支架连接锚固，稳定支架；

④将预制件运输到拼装现场进行主拱拼装，先进行劲性骨架的现场拼装焊接，待劲性骨架安装完成后，进行临时横梁的安装，然后完成拱肋和风撑吊杆的安装；

⑤主拱全部安装到位并焊接结束后，卸载临时支架并拆除临时支架；

⑥主拱整体吊装施工，采用 2 台 130t 浮式起重机起吊就位，起吊后 2 台浮式起重机将整体钢架逆时针旋转 90°，移至主墩位置安放就位，吊装时先将整体钢架吊至支座上方 5cm 左右，再用 5t 手拉葫芦微调钢架，根据安装线准确定位后落梁。

a) 主拱预制拼装

b) 整体吊装完成效果

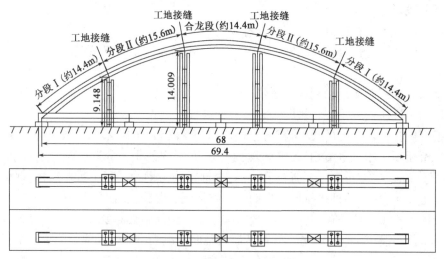
c) 预制拼装支架立面和平面（尺寸单位：m）

图 8-86　江苏常州新山东北桥整体吊装施工

8.6 典型案例

8.6.1 圬工拱桥——山西丹河大桥

1) 工程概况

山西丹河大桥(图 8-87)是目前世界上最大跨径的石拱桥。该桥位于山西省晋焦高速公路上,桥梁全长 413.17m,其跨径组成为 2×30m+146m+5×30m,主孔净跨径 146m、净矢高 32.444m,矢跨比为 1/4.5。桥面宽度 24.8m、桥梁高度 80.6m。桥梁采用全空腹式变截面悬链线无铰石板拱结构,拱轴系数为 2.30,主拱圈宽度为 23.9m,拱顶截面厚度为 2.5m,拱脚截面厚度为 3.5m,变厚系数为 0.5225。设计荷载为汽车—超 20 级,挂车—120,人群荷载为 3.5kN/m^2。

图 8-87　山西丹河大桥

2) 结构特点

该桥主拱圈采用 C40 小石子混凝土砌 80 号大料石,腹拱圈采用 C30 小石子混凝土砌筑料石。桥梁腹拱由 14 个等跨径腹拱组成空腹式断面,为减轻拱上建筑重力、增加结构的透视与美学效果,腹拱墩采用横向挖空形式。腹拱采用边孔设三铰拱,跨中设置变形缝的构造形式。其整体布置如图 8-88 所示。桥面结构采用防水混凝土,为了减少拱上荷载,腹拱拱腹填料采用轻质陶粒混凝土(重度 11kN/m^3),其具有干密度低、质量轻等特点,且砌体强度利用系数高,原材料来源广泛、价格低廉,可加工性强,便于施工。

3) 主拱施工方法

山西丹河大桥的建造主要采用支架施工法。主拱圈采用在拱架上分环分段砌筑的施工方式,主拱圈分五环砌筑而成,每环又分成五个段共 18 个工作面进行砌筑。拱架为万能杆件拼成的空间钢拱架桁架(横向设十片桁片,每两片桁片组成一榀桁架,共五榀),钢拱架上设置落架装置(组合楔),其上由木拱盔排架(图8-89)构成,全高近80m。按照施工顺序,在拱上横墙施工完成后进行落架。

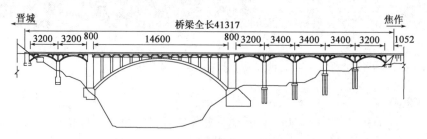

图8-88 山西丹河大桥整体布置(尺寸单位:cm)

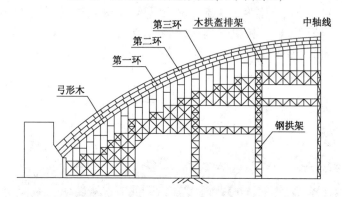

图8-89 山西丹河大桥支架木拱盔排架示意图

4)施工技术创新

由于山西丹河大桥高达80.6m,且沟深谷陡,在跨径达146m的情况下,采用何种形式的支架便成为本桥建设成败的关键因素之一。经多种结构形式与材料选择,山西丹河大桥拱架最终采用了结构受力明确、稳定性与安全度高、施工速度快、设备重复利用率高的空间排架式钢拱架。钢拱架横向5排、纵向8跨,由16Mn钢万能杆件与军用墩组成。拱盔部分采用圆松木排架与弓形木及模板构成,如图8-90所示。

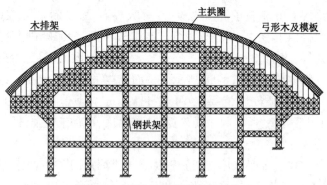

图8-90 山西丹河大桥支架施工法施工

卸架设备则采用了传统的单木楔与组合木楔,其具有方便、稳妥、可控性强的特点。由于跨径大,主拱圈料石的分类也相对简单,主拱圈及拱上建筑的砌筑,摒弃了传统的缆索吊装与扒杆施工方法,采用2台塔式起重机直接吊装施工。主拱圈共采用了厚度为36~60cm的100号料石336路,分5环10段砌筑。每环纵向设置了11道空缝,由扁铁塞垫。砌缝宽度为3cm,主拱圈砌缝材料为40号小石子混凝土,采用小直径振捣棒振捣。

加载顺序根据变形与受力观测结果,并通过施工仿真模拟计算后确定。主拱圈采用环环合龙、两阶段逐次循环落架方案。

8.6.2 钢管混凝土拱桥——重庆巫山长江大桥

1)工程概况

重庆巫山长江大桥位于长江三峡段的巫峡入口处,全长612.2m,主桥主跨采用460m中承式钢管混凝土拱桥,跨径布置为6×12m(引桥)+492m(主跨)+3×12m(引桥)(图8-91)。桥面为预应力混凝土"Π"形连续梁;全桥吊杆和立柱间距为12m,吊杆、立柱横梁及引桥墩盖梁均设计为预应力混凝土截面梁,桥面与拱肋交会处横梁为组合截面梁。大桥桥面净宽——15.0m+2×1.5m(人行道)+2×0.5m(栏杆),通航净空300m×18m,地震烈度Ⅵ度,按Ⅵ度设防,设计基本风速26.3m/s。

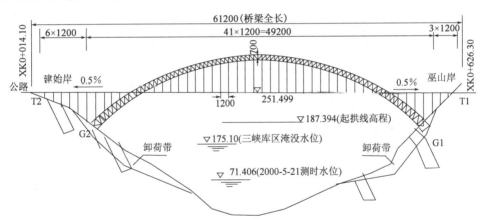

图8-91 重庆巫山长江大桥桥型布置(尺寸单位:cm;高程单位:m)

2)主拱施工

桥梁的建造采用了缆索吊装法,其吊、扣系统布置如图8-92所示,主要施工过程如图8-93所示。

(1)拱座施工

两岸主拱座均处于裸露的灰岩上,并位于卸载带上,按地质构造的卸荷线开挖拱座以上土石方卸载,然后按图纸要求人工开挖基坑再施工拱座。

(2)扣架及地锚施工

在拱脚墩、台处安装临时的钢或钢筋混凝土塔架作为扣索扣架;在完成主桥拱座基础施工后,进行缆索系统的地锚施工。吊塔设于扣塔之上。索塔高150.22m,起吊高度260m。

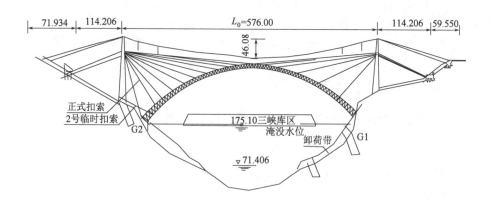

图8-92 重庆巫山长江大桥缆索吊装法吊、扣系统布置(尺寸单位:m;高程单位:m)

a) 吊塔与扣塔

b) 主索与扣索

c) 卷扬机布置

d) 扣索张拉端布置

图 8-93

e) 船运拱肋节段

f) 扣索与连结横撑

g) 缆索吊装法施工

h) 主拱圈合龙及压注混凝土后

图 8-93 重庆巫山长江大桥缆索吊装法施工过程

(3) 缆索系统安装

桥梁主桥拱肋钢管桁架每肋半跨分为 11 个吊装节段,全桥两肋共 44 个吊装节段(另有 20 道横联),24 个扣段。节段的安装采用无支架缆索吊装系统吊运就位、扣索系统斜拉扣挂位置的方式。主拱圈节段最大设计吊重 126t,缆索系统设计吊重 170t,索跨 576m。安装主索系统,包括索鞍、承重索、牵引索、起重索及滑车组等;安装扣索系统,包括扣索、滑车组、卷扬机、地锚及缆风索等。扣索分为正式扣索和临时扣索,临时扣索为 $2\phi47.5mm$ 或 $4\phi47.5mm$ 钢绳(单肋),正式扣索分别为 4 组 6~10 根 $\phi15.24mm$ 的钢绞线,均锚固于拱肋 2 根上弦管上。正式扣索通过塔顶索鞍(各由 20 个直径 240mm 的轮组成,半径为 3000mm),进入扣锚张拉端。正式扣索张拉端采用自主开发的低应力夹片锚固系统进行锚固。

(4) 拱肋节段吊装

每根主拱肋桁段由该侧的缆索吊装系统起吊安装:运输船将待吊装节段运至桥位处,起重机起吊并配合钢丝绳牵引,将第 1 段拱肋按施工顺序移动安装。节段采用单肋安装,待上下游同一节段吊装就位后,安装节段间连接横撑,即完成一个双肋节段(吊装顺序:先巫山岸下游肋,再上游肋,后建始岸下游肋,再上游肋)。按顺序继续起吊安装第 2、3 节段,每吊装一节段,即刻与上一节段间挂扣索,调整拱肋高程、轴线,最终完成第一扣段施工。

后续施工参照第一扣段。待整体调整好轴线及各控制点高程后,在两个11号拱段间加入瞬时合龙构造,实施合龙。

两岸吊装顺序:巫山岸1号节段上游桁片→巫山岸1号节段下游桁片→建始岸1号上游桁片→建始岸1号节段下游桁片→交替循环进行,对称悬拼。

一岸吊装顺序:1号节段上游桁片→1号节段下游桁片→2号节段上游桁片→2号节段下游桁片→2号节段横撑→电焊横撑接头→3节段→……→9节段→焊接拱脚接头形成无铰悬臂结构→10节段→11节段→瞬时合龙→正式合龙。

空钢管拱肋合龙,各节段接头焊接完成并形成无铰拱后,逐级对称放松各道扣索,仅保留2号、3号扣索,完成全部拱段吊装。

(5)拱肋弦管内混凝土压注

自两端拱脚向拱顶连续压注。根据对称与均衡加载的原则,即以拱顶为对称线两半跨对称加载,以桥梁轴线为对称线上下游肋交替加载,组织钢管内混凝土的灌注施工。两肋共8根钢管依序逐一灌注,然后灌注竖腹杆、横联钢管。每一根拱肋钢管内的混凝土,采用在两岸由拱脚到拱顶各分3段连续灌注的施工方案;其他部位钢管内的混凝土,各根单独灌注。

具体灌注工作如下:准备工作→拌砂浆(水泥浆)和混凝土→混凝土一级泵送至拱脚→二级泵→灌注第一段管内混凝土→灌注第二段管内混凝土→灌注第三段管内混凝土。

利用拱肋各构件的对称性,派专人在拱上用锤敲击钢管,凭声音判断混凝土已达到的位置,判定两岸混凝土的对称性。当两岸混凝土顶面差超过2m(弧长)时,暂停或放缓较快一岸的作业,直至对称为止,再恢复正常作业。在施工过程中注重桥轴线偏位测量与拱轴线(高程)测量。

3)拱上结构施工

拱上立柱采用工厂加工运至现场后吊装就位焊接再压注管内混凝土,盖梁采用预制安装,吊杆、横梁、车道板采用预制安装,桥面采用现浇。

8.6.3 钢筋混凝土拱桥——贵州沪昆铁路北盘江特大桥

1)工程概况

贵州沪昆铁路北盘江特大桥(图8-94)为世界钢筋混凝土拱桥最大跨度桥梁,也是中国高铁铁路桥最大跨度桥梁。贵州沪昆铁路北盘江特大桥全长727.25m,桥上铺设无砟轨道。主桥为445m上承式钢筋混凝土拱桥,引桥及拱上孔跨布置为1×32m简支箱梁+2×65m预应力混凝土T构+4×42m预应力混凝土连续梁+4×42m预应力混凝土连续梁+2×65m预应力混凝土T构+2×40m预应力混凝土连续梁。其主拱圈拱轴线采用悬链线,矢高100m,矢跨比1/4.45,拱轴系数采用1.6。成桥后骨架拱顶挠度60cm,设置预拱度后,对拱轴线形进行二次拟合,拟合之后,跨度445m,矢高100.6m,拱轴系数$m=1.612$。

图8-94 贵州沪昆铁路北盘江特大桥

拱圈采用钢管混凝土劲性骨架单箱三室等高度变宽度箱形截面,截面高9m,拱脚截面宽28m,从两侧拱脚至拱顶水平方向各65m范围内截面宽度渐变为18m,其余节段截面宽度均保持在18m。截面宽度通过左右对称的两个边箱室的宽度变化来实现,中箱为9.8m等宽度。从拱顶至拱脚,边箱顶板厚度均从65~90cm同步变化,边箱底板厚度均从85~110cm同步变化,边腹板厚度从50~65cm变化,中腹板为50cm等厚度;中箱顶板和底板均为60cm等厚度。主拱圈上下弦共8根钢管骨架,钢管外径均为750mm,壁厚24mm,钢管内灌注C80高强混凝土,骨架外包C60高强混凝土,弦杆之间的联系杆件均采用Q345级等边角钢。

2)主拱施工

贵州沪昆铁路北盘江特大桥的建造采用了劲性骨架法与缆索吊装法相结合的方式。

首先架设一座上、下弦为钢管结构的桁架拱作为劲性骨架。该桁架拱合龙后向钢管内压注高强度混凝土,进一步提高桁架拱的承载能力和刚度。随后,依托该钢管混凝土桁架拱搭设模板,横向分块、纵向分段,多工作面同步依次浇筑拱圈底板、腹板及顶板混凝土。先浇筑部分与钢管混凝土桁架拱共同承受后浇筑部分的结构恒载,从而逐步形成完整的箱形拱圈。钢管混凝土桁拱的桁片和上下平联,最终分别包裹在箱形拱圈的腹板和顶、底板内,成为拱圈结构的一部分而参与受力。主要施工步骤如下:

(1)劲性骨架施工

劲性骨架弦管为外径750mm,壁厚24mm钢管。劲性骨架钢结构杆件在工厂内加工,以散件运输至桥位附近的拼装场(距离桥位约1km),在拼装场进行节段组拼和节段预拼装。拱肋弦管采用拱肋卧拼法组装,即以内侧主弦管轴线为基准,外侧主弦管的高程根据节段各节点理论宽度尺寸量取(其中第1~7节段为变宽节段、第8~20节段为等宽节段)。节段主弦管的拱度曲线精度要靠拼装胎架保证。在选定的场地上放拱度曲线坐标点大样,然后在各节点处设置适当尺寸的钢垫板(用膨胀螺栓与混凝土地面可靠固定),经过水平仪矫平后,再组焊主弦管的拱度曲线定位组装。

在两岸修建缆索吊及安装塔式起重机,并浇筑拱座基础、桥墩(台)基础和锚碇。修建交界墩及T构0号块,在0号块顶部搭建扣塔设施。拱座施工时预埋劲性骨架钢管,桥墩(台)基础和锚碇施工时安装预埋件。利用缆索吊安装钢管劲性骨架,吊装时每4个节间(弧长12m左右)作一个吊装单元,吊装质量不超过150t。拱圈节段按弧长划分,节段数及节段长度(不含4m预埋段)如下:$20 \times (12.0 \sim 12.8)\text{m} + 1.0\text{m}$ 合龙段 $+ 20 \times (12.0 \sim 12.8)\text{m}$。每安装两个节段张拉一对扣索,每侧设18对扣索,全桥一共36对扣索,完成所有悬臂劲性骨架节段的安装,等待合龙,合龙长度为1m。

贵州沪昆铁路北盘江特大桥钢管桁架骨架架设如图8-95所示。

a) 钢管桁架节段示意图

b) 骨架首节段吊装

c) 标准节段吊装

d) 骨架节段缆索吊装过程

e) 合龙完成

图8-95 贵州沪昆铁路北盘江特大桥钢管桁架骨架架设

待钢管桁架劲性骨架合龙后,采用顶升法压注管内混凝土,在上下弦钢管拱脚附近设置混凝土压注孔,拱顶设置抽气孔,在两岸拱脚处采用混凝土泵车同步向拱顶对称压注C80混凝土,100m高度一次顶升到位。压注完成后,拆除原有扣索。

(2) 拱圈外包混凝土施工

外包混凝土需要依托劲性骨架,按照分环、分段、两边对称的原则浇筑混凝土,施工组织难度大,混凝土输送距离远,高差大。根据施工现场实际环境,昆明岸需要采用分级泵送的施工方法,即大泵将混凝土泵送至拱脚,再由小泵接力的施工方法。在外包混凝土浇筑过程中,主拱圈所受的影响因素较多,需要对劲性骨架进行实时监测,确保加载一致,两拱脚端受力平衡。

主拱外包混凝土施工中,劲性骨架与临时锚索系统以及索塔共同构成一个平衡系统,确保施工中拱圈的安全性及稳定性。拱圈共分六个部分外包完成,分别为边箱底板、拱脚段边箱全断面、腹板、边箱顶板、中箱底板和中箱顶板。每一环需纵向贯通后再浇筑下一环。拱脚全断面外包拱轴水平投影长度为45m,在拱脚全断面浇筑段,浇筑边箱底板时,浇筑相应的中箱底板;中箱顶板则和相应的边箱顶板及腹板同时浇筑。除拱脚边箱全断面外包节段与边箱底板的节段错缝为2m以外,其余各部分浇筑阶段的错缝均为3.0m。

因拱箱在纵向上左右对称,所以仅示意其中1/2侧拱箱混凝土浇筑顺序(图8-96),具体如下:

①浇筑整个主拱圈边箱底板外包混凝土,拱圈纵向共分为6段,即6个工作面同步浇筑拱箱边室底板混凝土,其中拱脚处45m段的中室底板也一同浇筑,从而形成了安全的施工通道和平台;

②浇筑拱脚全断面外包混凝土,具体方法是两岸由拱脚向拱顶,水平长度为45m,5m一个节段,分段浇筑拱箱的腹板和顶板,每浇筑一个节段张拉一组斜向扣索和背索;

③浇筑全断面以外腹板外包混凝土,将剩下未浇筑的拱圈再次分成6段,即6个工作面先同步浇筑腹板混凝土;

④浇筑全断面以外边箱顶板外包混凝土,待腹板浇筑完成后,6个工作面再同步浇筑边室顶板混凝土;

⑤拆除主拱圈外包索,边箱形成;

⑥浇筑全断面以外中箱底板外包混凝土,6个工作面先同步浇筑中室底板混凝土;

⑦浇筑全断面以外中箱顶板外包混凝土,6个工作面再同步浇筑中室顶板混凝土,至此拱圈全部形成。

现场典型施工过程如图8-97所示。拱圈混凝土的浇筑严格按照设计图纸要求分环、分段、对称平衡加载进行施工。拱圈施工过程中,应全程监控拱圈钢管及混凝土应力、线形、扣索索力及索塔偏位等参数,并结合温度效应、材料参数等适时调整。

拱脚段张拉的扣索和背索在拱箱全部浇筑形成之前,按照设计提供的步骤逐步拆除。拱圈浇筑完成后,拆除顶塔架,施工引桥各墩台和拱上墩。

3)拱上墩梁施工

在劲性骨架及钢筋混凝土拱圈施工完成后,在拱圈之上,完成拱上立柱、盖梁、T梁等结构的浇筑或安装,采用挂篮对称悬臂浇筑交界墩65m的T构梁直至合龙,采用支架施工拱上连续混凝土梁、引桥32m简支梁及2×40m连续梁,完成梁部的施工(图8-98)。

8.6.4 钢桁架拱桥——南京大胜关长江大桥

1)工程概况

南京大胜关长江大桥为高速铁路桥梁,全长9273m,设计速度300km/h。主桥长1615m,为六跨连续钢桁梁拱桥,跨度布置为(108 + 192 + 336 + 336 + 192 + 108)m(图8-99),其中,主跨为2×336m,主跨拱圈矢高84.2m,跨中拱圈桁高12m,拱脚处拱圈

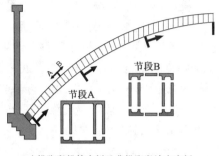
a) 拱脚段拱箱底板及非拱脚段边室底板

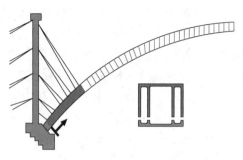
b) 拱脚段拱箱腹板、边箱顶板

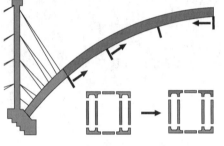
c) 非拱脚段边箱腹板、边箱顶板

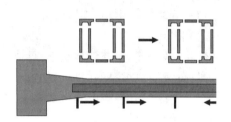
d) 非拱脚段中箱底板、中箱顶板

图 8-96　贵州沪昆铁路北盘江特大桥 1/2 侧拱箱混凝土浇筑顺序示意图

a) 拱脚全断面混凝土浇筑

b) 泵送混凝土

c) 拱圈外包混凝土合龙

图 8-97　贵州沪昆铁路北盘江特大桥拱圈外包混凝土施工

桁高 56.8m,桥面以下高度为 27.4m,除钢桁拱主墩顶两侧各四个桁架节间为 15m 外,其余都为 12m。拱圈桁架采用三角形桁式。

a) 拱上墩施工及现浇梁施工

b) 两岸对称浇筑

c) 拱上梁部合龙

图 8-98　贵州沪昆铁路北盘江特大桥拱上墩梁施工

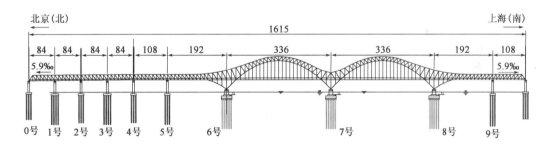

图 8-99　南京大胜关长江大桥桥型布置(尺寸单位:m)

边跨跨径组合为 108+192m,平弦部分桁高 16m,高跨比分别为 1/6.75 与 1/12,主墩墩顶处桁高 47.9m。平弦部分钢桁拱节间长度均为 12m。桥梁通航净空 32m,可通航万吨级船舶,桥梁支座最大承重达 18000t,可承受 8 级地震和大风。桥梁承受两线高速铁路、两线Ⅰ级铁路、两线南京地铁共六线轨道交通荷载,为世界首座六线铁路大桥,是世界上设计荷载最大的高速铁路桥梁,也是当时世界上跨度最大的高速铁路桥,采用了屈服强度达 570MPa 的新型钢材。

2) 主拱钢梁施工方法

南京大胜关长江大桥的建造采用悬臂拼装施工法。六跨连续三桁钢桁拱桥采用从两侧往跨中架设、跨中合龙的总体施工方案,整体桥面分块制造、工地栓焊。

北侧从4号墩向6号墩,南侧从10号墩向8号墩方向架设。南侧10～9号墩、北侧4～5号墩钢梁均采用在支墩膺架上半悬臂拼装方案。6号、7号、8号主墩墩顶4个节间在墩旁托架上架设,其余节间钢梁均为双悬臂架设。

6号、8号墩各设吊索塔架一座,7号墩设3层平索辅助架梁。六跨连续钢桁拱共设4个合龙口:南北两侧192m边跨各1个,两孔336m主跨各1个。南北两侧192m边跨合龙口设在该跨的跨中(第8个节间),两孔336m主跨合龙口均位于跨中(7号墩两侧第13个节间)。

全桥4个钢梁合龙口均采用双悬臂合龙,合龙顺序是先两侧192m边跨,之后安装合龙两个336m主跨。主跨先拱桁合龙,后系杆合龙。5～6号墩192m边跨合龙后,架梁起重机调转回4号墩,从4号墩向0号墩方向进行4～0号墩两联2×84m钢梁的全悬臂架设。

钢梁拼装遵循先主桁后桥面系、先下后上、先平面后立面、先装杆件,不妨碍后续杆件的拼装,尽快将桁架闭合等原则进行。施工过程如图8-100、图8-101所示。

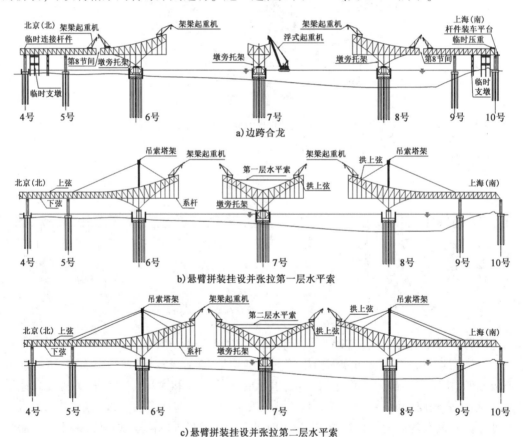

图 8-100

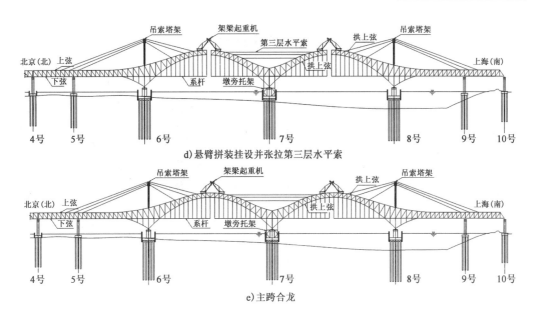

图 8-100 南京大胜关长江大桥主拱钢梁架设流程

a) 边跨临时支撑架设

b) 边跨钢梁半悬臂架设

c) 边跨节间钢梁双悬臂对称架设

d) 边跨主梁合龙

图 8-101

e) 主跨钢桁架悬臂架设　　　　　　　　　f) 主跨钢桁架合龙成桥

图 8-101　南京大胜关长江大桥主拱钢梁架设过程

（1）主跨悬臂施工

① 利用墩旁塔式起重机安装 6 号、8 号墩吊索塔架；

② 6 号、8 号墩起重机拼装两个节间钢梁至第 8 节间；

③ 7 号墩起重机拼装钢梁至第 8 节间；

④ 6 号、8 号墩挂设并张拉第一层水平索，前索、后索分别张拉，同时挂设并张拉 7 号墩第一层水平索；

⑤ 6 号、8 号墩钢梁悬臂拼装至第 11 节间，挂设并张拉第二层水平索，前索、后索分别张拉；

⑥ 7 号墩钢梁悬臂拼装至第 10 节间，挂设并张拉第二层水平索；

⑦ 6 号、8 号墩钢梁拼装至第 13 节间，挂设并张拉第三层水平索，前索、后索分别张拉；

⑧ 7 号墩钢梁悬臂拼装至第 12 节间，挂设并张拉第三层水平索。

（2）主跨合龙

① 通过合龙前的调索以及 10 号、9 号、8 号墩上钢梁纵移，将 7～8 号墩钢梁梁端合龙点的位移、转角偏差调整到安装精度要求之内，依次安装下弦、上弦和斜杆，完成南主跨钢桁梁拱肋合拢；

② 解除 8 号墩支座的纵向约束。

③ 通过合龙前调索，及 4 号、5 号、6 号墩顶纵横移，将梁端合龙点的位移、转角偏差调整到安装精度要求之内，依次安装下弦、上弦和斜杆，完成北主跨钢梁拱肋合龙；

④ 解除 6 号墩支座的纵向约束；

⑤ 解除 7 号墩的墩旁托架与钢梁的连接；

⑥ 通过逐步释放第三层索索力，使得两主跨系杆节点栓孔对应，安装系杆合龙点，进行系杆合龙，完成全桥合龙。

（3）塔架起重机拆除

①逐步放松吊索,拆除 6 号、8 号墩墩顶两座吊索塔架;
②架梁起重机退回,直至墩顶处用墩旁起重机拆除架梁起重机;
③利用浮式起重机拆除各墩墩旁起重机。

(4) 系杆合龙

南北主跨合龙后,解除 7 号墩墩旁托架和钢梁之间的联结。此时,两主跨系杆合龙口均比理论长度短,需逐步释放三个主墩第三层吊索索力,使系杆合龙口张开到理论长度。系杆合龙口张开至理论长度后,按标准设计杆件安装系杆,完成南、北主跨钢梁系杆合龙。

8.7 小结

拱桥结构体系是功能、外形和受力形态的统一。拱桥从外形上可分为上承式拱桥、中承式拱桥和下承式拱桥,拱桥从受力上可分为有推力拱桥和无推力拱桥。上承式拱桥一般为有推力拱桥,中承式拱桥可分为有推力拱桥和无推力拱桥,下承式拱桥一般为无推力拱桥。

从材料方面上划分,拱桥的主要结构形式有圬工拱桥、钢筋混凝土拱桥、钢拱桥和钢管混凝土拱桥。圬工拱桥和钢筋混凝土拱桥以上承式拱桥为主,主要组成部分为主拱、传力构件、桥面系三大部分;钢拱桥包括钢箱拱和钢桁架拱。钢拱桥和钢管混凝土拱桥的结构布置形式较为丰富,主要组成部分包括拱肋、吊杆、系杆、横撑、拱上立柱、桥面系等。

拱桥的结构形式多样,施工方法也灵活多变,主要有:支架施工法、缆索吊装施工法、劲性骨架法、转体施工法、悬臂施工法、顶推施工法、大节段及整体吊装施工法。应结合桥址处的建桥条件选择符合工程实际的拱桥施工方法,降低施工风险。

我国的拱桥建造历史悠久、技术精湛,目前,我国拱桥的建造面临着突破主跨 600m 的挑战,应从材料、工法、质量等多方面着手,将我国拱桥建造技术推向新的高度。

1. 拱桥与梁桥在受力上有何异同?其对拱桥和梁桥的施工方法具有怎样的影响?
2. 有推力拱桥和无推力拱桥的传力路径有何差异?
3. 从拱桥的施工发展历程中我们能够得到什么启示?
4. 拱桥的主要施工方法有哪些?拱桥的施工方法与拱桥的受力之间有何关系?
5. 圬工和钢筋混凝土拱桥的主要组成部分有哪些?主要结构形式是什么?
6. 钢拱桥和钢管混凝土拱桥的主要组成部分有哪些?各起到什么作用?

7. 钢管混凝土拱肋截面有哪些形式？
8. 何谓拱桥支架施工法？简述其主要施工工序。
9. 拱桥缆索吊装施工法的基本原理是什么？简述其主要架设过程。
10. 简述缆索吊装施工法所使用的缆索吊装系统的组成及各部分作用。
11. 何谓拱桥劲性骨架施工法？
12. 简述拱桥劲性骨架施工法中的劲性骨架的一般构造形式及作用。
13. 简述拱桥转体施工法的基本原理及转体施工的类型。
14. 拱桥的劲性骨架可采用什么方式施工？
15. 转体施工法主要由哪些系统组成？转体施工具有什么特点？
16. 拱桥转体施工法与缆索吊装施工法有何异同？
17. 拱桥悬臂施工与连续梁桥悬臂施工有哪些异同？
18. 拱桥顶推施工法的基本原理是什么？施工工序是怎样的？
19. 拱桥的大节段吊装架设法和整体吊装施工法之间有何联系？
20. 未来拱桥的建设可能会面临哪些挑战？

第 9 章

斜拉桥施工

9.1 概述

斜拉桥是一种桥面体系以加劲梁受压(密索)或受弯(稀索)为主、支承体系以斜拉索受拉及索塔受压为主的桥梁。斜拉索作为加劲梁的弹性支撑,代替了中间支墩,从而减小了加劲梁的截面弯矩,减轻了自重,极大地增大了跨越能力,是大跨径桥梁中非常具有竞争力的桥型。

9.2 斜拉桥基本特点

斜拉桥结构体系是功能、外形和受力的统一。斜拉桥从功能上主要分为公路斜拉桥、铁路斜拉桥和公铁两用斜拉桥;从结构布置上主要分为单塔有背索斜拉桥、单塔无背索斜拉桥、多塔斜拉桥;从受力上主要分为自锚式斜拉桥和部分地锚式斜拉桥。

9.2.1 斜拉桥的基本组成

斜拉桥主要由斜拉索、加劲梁、索塔、墩台和基础五部分组成,有时在边跨还设置辅助墩(图9-1)。加劲梁是斜拉桥的主要受力构件之一,直接承受自重和车辆荷载,并将主要荷载通过斜拉索传递到索塔,表现为压弯受力状态。索塔也是斜拉桥的主要受力构件,除自重引起的轴力外,还要承受斜拉索传递来的轴向和水平分力,因此,索塔同时承受巨大的轴力和较大的弯矩,属于压弯构件。墩台承受斜拉桥绝大部分荷载,并传给基础。上部结构的所有荷载由基础传至地基,基础一般承受较大的竖向力和弯矩。对于大跨径斜拉桥,在边跨常设置一个或多个辅助墩,用以改善成桥和施工状态下的静、动力性能。

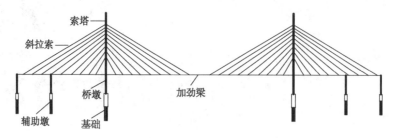

图 9-1　斜拉桥基本组成

9.2.2　斜拉桥的受力特点

斜拉桥的传力路径一般为:荷载→加劲梁→斜拉索→索塔→墩台→基础,斜拉索与塔、梁之间构成了三角形结构来承受荷载(图 9-2)。无论是施工阶段还是成桥运营阶段,通过斜拉索的索力调整均可改变结构的受力状态。

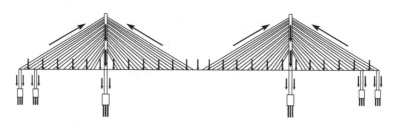

图 9-2　斜拉桥传力路径

作为斜拉桥主要承重构件之一,加劲梁与桥面系直接承受活载作用,其具有以下特点:

(1)跨越能力大。受斜拉索支承的加劲梁像弹性支承连续梁那样工作。斜拉索因具有可调性、柔软性和单向性,对加劲梁的支承作用在恒载下最有效、车辆荷载次之、风荷载最差。由于斜拉索的作用,加劲梁恒载弯矩很小(图 9-3)。

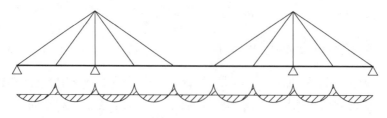

图 9-3　斜拉桥加劲梁恒载弯矩图

(2)梁高小。与连续梁相比,斜拉索的多点弹性支承使加劲梁的弯矩峰值急剧降低,因此加劲梁无需像连续梁那样通过加大梁高来抵抗外力。斜拉桥的加劲梁梁高常由横向受力、斜拉索间距和轴向受压稳定性确定。

(3)斜拉索的水平分力由加劲梁的轴力平衡。由于斜拉索水平分力的作用,越靠近索塔,加劲梁轴力越大,即斜拉索在加劲梁中提供了预压力(图9-4)。但随着跨径的增大,梁体内强大的轴向压力将成为设计的控制因素。

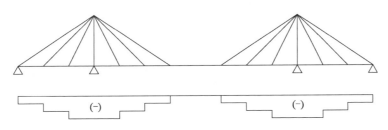

图9-4 斜拉桥的加劲梁轴力分布特征

(4)斜拉索的索力可以根据需要进行调整,使结构受力合理。

斜拉桥的跨越能力不是无限的,以下几个方面限制了斜拉桥跨径的进一步发展:

(1)斜拉索自重引起的垂度效应。随着跨径的增大,斜拉索水平投影长度增加,自重增大,垂度效应逐渐明显,导致斜拉索等效刚度快速降低,从而引起加劲梁挠度和应力的增大。

(2)加劲梁轴向压力。随着跨径的增大,斜拉索水平分力对加劲梁形成的轴向压力逐渐积累,在靠近索塔处轴向力达到最大,可能导致梁体屈曲或强度问题。

(3)结构非线性问题。随着斜拉桥跨径的增大,长索的垂度和强大的轴力将软化结构刚度,非线性对梁、塔的弯矩增大效应越来越明显。

(4)结构抗风稳定性问题。斜拉桥跨径超千米后,非线性导致结构刚度下降,从而使其抗风稳定性下降。

(5)经济性能。随着跨径的增加,斜拉桥的塔、梁用材指标快速上升,当双塔斜拉桥的主跨超过1200m后,其单位桥面造价与有地锚的其他缆索桥梁相比,已无竞争优势。

9.3 斜拉桥发展历程

1)古代斜拉桥雏形

古代人们习惯在桥梁下部增加斜撑或通过设置圆拱来扩大桥梁单跨跨径,鲜有采用上部斜拉索支承加劲梁的例子。主要原因是当时很难找到具有良好抗拉性能的材料,而抗压性能出众的材料比比皆是。但在东南亚的一些地区,发现过用藤条和竹子架设的人行桥(图9-5),其巧妙之处在于借以自然的粗大树干为"索塔"、韧性良好的藤条为"斜拉索"。这种外形的人行桥可视为斜拉桥的雏形。

2) 近代斜拉桥

近代斜拉桥的构思可以追溯到17世纪,意大利人Verantius(费尔安蒂翁斯)提出了一种由斜向眼杆悬吊木桥面的桥梁,但没有得到进一步发展。后来,欧美国家尝试修建以木、铸铁或铁丝等材料作为斜拉索的斜拉桥,如18世纪,德国人Immanuel(以马利)采用木塔架和木斜杆建成了跨径为32m的斜拉桥;1817年,英国建成了一座跨径34m的人行木制斜拉桥,斜拉索采用铁丝制成。

以Navier(纳维)、Roebling(罗博林)为代表的工程师对斜拉桥进行了研究,在肯定缆索受拉承重比以压弯受力为特征的梁式桥具有明显优势、斜拉桥比悬索桥更具刚度的同时,却更倾向于采用传统的悬索桥或者以斜拉索加劲提高结构刚度的悬索桥,如1883年的纽约Brooklyn桥(图9-6)等。

图9-5 印度尼西亚爪哇的竹斜拉桥　　　　图9-6 纽约Brooklyn大桥

1938年,德国工程师Dischinger(迪辛格)在设计汉堡易北河铁路桥时,认为悬索桥过于柔性,难以适应铁路荷载,又重新想起了斜拉桥,明确指出斜拉索应采用高强钢材,且必须将索力调整到指定值。1949年,Dischinger首次完整地阐述了这种以斜拉为主桥梁的优越性及斜拉索的力学特征,提出了仅主跨中部由悬索系统支承、而两侧部分由从塔柱顶辐射散开的斜拉索支承的新构思,称为Dischinger体系(图9-7)。该体系虽未被当时的实际桥梁工程所采纳,却为现代斜拉桥的发展奠定了基础。

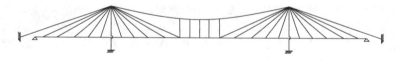

图9-7 Dichinger体系

17—20世纪上半叶为斜拉桥的探索时期,其发展缓慢的客观原因主要有以下几点:

(1)斜拉索强度低。斜拉索多以木材、圆铁、各种铁链条为主,材料强度较低。

(2)理论上对斜拉桥结构认识不足。一方面缺乏对斜拉桥成桥索力重要性的认识,另一方面也不具备对斜拉桥进行受力分析的能力。

(3)构造不合理。构造处置欠妥当,易出现由局部破坏引起的重大事故。

在此期间,工程界开始注重斜拉索的材料以及构造、布置形式的研究,并对斜拉桥进行了理论上的分析总结,为现代斜拉桥的出现及发展奠定了坚实的基础。

3)现代斜拉桥

20世纪50年代后,欧洲(德、法)纷纷兴起了斜拉桥的建设热潮。60、70年代后,斜拉桥相继在世界范围内(如日、美、中等)迅速推广,并涌现出不同的艺术或技术上的革新。"斜拉桥的复兴""预应力技术"以及"各向异性钢桥面"共同被称为"战后桥梁发展中的三项最伟大成就"。现代斜拉桥的发展可以分成四个阶段。

(1)稀索体系斜拉桥的发展(1956—1966)

1956年,由Dischinger设计的主跨183m的瑞典Strömsund桥(图9-8)建成,拉开了现代斜拉桥发展的序幕。该桥为双塔三跨,采用门式索塔,两对高强钢丝斜拉索完全按纯扇形从塔顶放射散开布置,梁上索距35m左右,斜拉索锚具隐藏在板梁以内。加劲梁为钢板梁,中间用横梁连接,梁高3.25m,塔高28m。在Strömsund桥架设中首次系统地进行了与施工有关的计算,索力计算贯穿整个架设过程,以保证全部斜拉索在该桥运营阶段能充分发挥作用。Dischinger关于斜拉索力学性能的论述和Strömsund桥的建成被视为现代斜拉桥分析理论和实践的开端。通过斜拉索预调来主动承担荷载而不是被动受力,是现代斜拉桥区别于近代斜拉桥力学行为的根本特征。

1957年建成的Theodor-Heuss桥(图9-9)在斜拉索和索塔的设计中引进了新的元素。平行斜拉索在不同高度与索塔连接形成竖琴式外形,独柱状索塔与加劲梁和横梁固结,竖琴式斜拉索相互平行。

图9-8 瑞典Stromsund桥

图9-9 德国Theodor-Heuss桥

1961年建成的主跨302m的德国科隆Severin桥(图9-10),首次采用"A"形索塔结合斜索面和加劲梁飘浮体系,也是首座非对称、独塔双跨斜拉桥。

1962年建成的委内瑞拉Maracaibo Lake桥(图9-11)是世界第一座现代预应力混凝土斜拉桥,由意大利结构专家Riccardo Morandi(里查德 莫兰迪)设计。全桥长8687m,宽17.4m,5个通航孔的跨径均为235m,是早期斜拉桥的典型代表。

图 9-10　德国科隆 Severin 桥　　　　　图 9-11　委内瑞拉 Maracaibo Lake 桥

1960 年前后是稀索体系斜拉桥的发展阶段,Strömsund 桥、Theodor-Heuss 桥和 Maracaibo Lake 桥等是稀索体系斜拉桥的代表作。这些桥的特点是:多数为钢加劲梁,仅少数几座为预应力混凝土梁;斜拉索索距较大,在钢梁上一般为 30～65m,在预应力混凝土梁上一般为 15～30m;稀索体系要求较大的加劲梁刚度和额外的施工架设辅助设备;斜拉索数量少,导致加劲梁无索区长、梁体高,受力仍以弯曲为主;单根索力大,梁上锚固区的应力集中问题突出,构造复杂,此外还会带来换索困难等问题。采用稀索体系,一方面反映当时对斜拉桥的认识和设计意图仅是用少量的斜拉索来代替梁桥的中间支墩;另一方面则是受到所能求解的超静定结构多余约束的限制。

(2)密索体系斜拉桥的兴起(1967—1979)

20 世纪 60 年代末以后,几乎所有斜拉桥均开始采用密索体系。密索体系斜拉桥可降低梁高、减轻上部结构和基础工程量,使锚固点的集中力减小,避免了加劲梁结构在锚固区的局部加强,使应力分布均匀、结构更加轻巧,且由于索距小,易于加劲梁的悬臂施工,方便成桥后换索。

1967 年,Homberg(洪堡)首先在工程上采用较小索距的概念,在德国波恩建成了 Friedrich Ebert 桥。该桥主跨 280m,桥宽 36m,双塔单索面,塔的两侧各设置了 20 根斜拉索,开创了密索体系的先河。但该桥是单索面结构,为了保证足够的抗扭刚度,采用了梁高较大的钢箱梁,密索体系对梁的连续支承以减小加劲梁尺寸的这一优点并未凸显。

Finsterwalder(芬斯特瓦尔德)在 1972 年建成的法兰克福 Höchst Main 河二桥(图 9-12)上首次将密索体系与混凝土梁相结合。该桥为独塔结构,主跨 148m,桥宽 31m,梁上索距 6.3m,梁高 2.6m。从此密索体系混凝土斜拉桥逐渐得到发展,类似 Maracaibo Lake 桥的稀索刚性混凝土加劲梁体系逐渐被淘汰。

斜拉索材料和构造的进步也是斜拉桥得以进一步发展的重要条件。在欧洲早期斜拉桥上使用的斜拉索多是钢丝互扣绞成的缆绳,抗疲劳性能及抗腐蚀能力较差。1972 年德国跨越莱茵河的 Mannheim-Ludwigshafen 桥首次使用平行钢丝索股。由于使用方便、抗疲劳性能及抗腐蚀能力强等优点,平行钢丝索和平行钢绞线索成为斜拉桥日后发展的两大主流斜拉索类型。此外,该桥加劲梁中跨采用钢材,边跨则用混凝土材料,梁体重量的不同解决了边中跨比不合理的矛盾,避免了边墩出现支座负反力的可能。加劲梁由钢和混凝土在顺桥向混合使用的思路在日后的斜拉桥中亦被大量采用。

1977年,法国工程师Muller(穆勒)设计的Brotonne桥(图9-13)为密索体系单索面混凝土斜拉桥,其加劲梁采用箱形截面以保证抗扭需要。该桥为塔梁固结体系,塔墩分离,塔身纤细。

图9-12　Höchst Main河二桥　　　　　　图9-13　法国Brotonne桥

1978年建成的主跨299m的美国Pasco Kennewick桥(图9-14)首创了双三角边箱加劲梁及预制节段悬臂拼装施工工艺,采用辐射式斜拉索形式。该桥由德国LAP公司设计,是美国第一座使用直径为7mm的ASTM A421预应力钢丝和Leonhardt(莱恩哈特)首创的HiAm锚具的斜拉桥。组成斜拉索的钢丝束包在HDPE(高密度聚乙烯)管中,并注入水泥浆来防腐。

(3)形式多样斜拉桥结构体系的发展(1980—1999)

建于1980年的瑞士Ganter桥(图9-15),其混凝土箱形梁由预应力混凝土斜拉板"悬挂"在非常矮的塔上,这种板可以看成是一种刚性的斜拉索,也称板拉桥。

图9-14　美国Pasco Kennewick桥　　　　　图9-15　Ganter桥

1984年建成的西班牙Luna桥(图9-16)采用了混凝土加劲梁和部分地锚的形式,以440m的主跨刷新了当时的斜拉桥跨径纪录,部分地锚斜拉桥适合地质条件较好的建桥环境。

1985年建成的主跨274.3m的美国East Huntington桥(图9-17)首创了斜拉-连续梁

组合体系及梁板式加劲梁形式,而梁板式加劲梁亦在后来的双索面斜拉桥中广泛使用。此后,还陆续演变出斜拉-连续刚构、斜拉-T构等组合体系。

图 9-16　西班牙 Luna 桥　　　　　　　　图 9-17　美国 East Huntington 桥

1986 年建成的主跨 465m 的加拿大 Annacis 桥,其主跨跨径为当时世界之最。该桥加劲梁由两个"I"形钢梁及钢筋混凝土桥面板组成,是组合梁斜拉桥建造技术走向成熟的标志。

1992 年西班牙建成了 Alamillo 桥(图 9-18),长 200m 的钢梁由竖琴式斜拉索支承,斜拉索单侧锚固在混凝土斜索塔上,形成无背索斜拉桥。

1993 年建成的中国上海杨浦大桥主跨 602m,两侧边跨跨径 243m,时为世界最大跨径组合梁斜拉桥,边跨设置辅助墩,主桥桥面总宽 30.35m。该桥索塔墩固结,上部结构为纵向飘浮体系,横向设置限位和抗震装置。

1995 年法国建成了主跨 856m 的混合梁斜拉桥——Normandie 大桥,该桥大幅度刷新了斜拉桥的跨径。

1997 年中国香港建成了汀九桥(图 9-19),为首座多塔斜拉桥。为提高索塔刚度,该桥采用高强钢索和混凝土塔柱的组合形式,不仅节约材料,而且自重较轻,基础工程量较小。索塔采用单支柱形式,而不是典型的 A 或 H 字的形状,因单支柱索塔稳定性较低,所以设计师在索塔上多加了一对横梁,再用斜拉索把索塔顶部及下面部分连起来,以加强其稳定性。

图 9-18　西班牙 Alamillo 桥　　　　　　　图 9-19　香港汀九桥

于 2000 年建成的我国芜湖长江大桥(图 9-20)为双层桥面的部分斜拉桥。该桥主跨 312m,为双层桥面公铁两用桥,钢桁梁梁高 14m,连续梁自身不能满足结构受力和竖向刚度要求,通过低塔、斜拉索对梁体的加劲,使其在公路和铁路同时加载的情况下,中跨挠跨比控制在 1/550 以内。

(4)多跨斜拉桥和超千米斜拉桥发展时期(2000—2021)

2004 年底,法国 Millau 桥(204m + 6×342m + 204m,全长 2460m)建成,采用了加劲梁与索塔拼装后一起顶推的施工工艺。

2008 年,主跨 1088m 的苏通大桥(图 9-21)建成通车,使得斜拉桥的跨径突破了千米级大关。

图 9-20　芜湖长江大桥

图 9-21　苏通大桥

2009 年,我国主跨 1018m 的香港昂船洲大桥建成,首次采用钢和混凝土混合形式的索塔。

2012 年,当时世界上最大跨径的斜拉桥——主跨 1104m 的俄罗斯 Russky Island 大桥(图 9-22)建成。

2020 年建成通车的沪苏通长江大桥(图 9-23)为主跨 1092m 的公铁两用斜拉桥,是中国自主设计建造、世界上首座跨度超千米的公铁两用斜拉桥,设计建造技术实现了 5 个"世界首创":实现千米级公铁两用斜拉桥设计建造技术;实现 2000MPa 级强度斜拉索制造技术;实现 1800t 钢梁架设成套装备技术;实现 1.5 万 t 巨型沉井精准定位施工技术;实现基于实船-实桥原位撞击试验的桥墩防撞技术。

图 9-22　俄罗斯 Russky Island 大桥

图 9-23　沪苏通长江大桥

2020年12月通车运营的南京长江第五大桥（图9-24），又称"南京江心洲长江大桥"，桥跨布置为80m+218m+600m+600m+218m+80m，主桥为纵向钻石型索塔中央双索面三塔双跨组合梁斜拉桥，桥面双向六车道，是世界首座轻型钢混结构斜拉桥。索塔采用钢-混凝土组合结构，斜拉索采用钢绞线斜拉索，加劲梁采用流线型扁平整体钢箱组合梁，桥面铺装采用超高性能混凝土（UHPC）桥面板。

2021年建成通车的赤壁长江大桥（图9-25），起于湖北省洪湖市，止于赤壁市。主桥桥跨布置为90m+240m+720m+240m+90m，索塔采用"H"形设计，北索塔高217.33m，南索塔高223m。主跨采用钢加劲梁与混凝土桥面板+湿接缝组合的钢混结合梁方案，打破了钢混结合及钢混叠合梁斜拉桥主桥最大跨径600m的世界纪录，成为新的世界第一。

图9-24 南京长江第五大桥

图9-25 赤壁长江大桥

在建的常泰长江大桥（图9-26）为主跨1176m的公铁两用斜拉桥，刷新5项世界之最：最大跨径斜拉桥（1176m）；最大规模多功能荷载非对称布置桥梁；最大连续长度钢桁梁（4266m）；最大尺度碳纤维复合材料斜拉索（560m）；最高强度桥用平行钢丝斜拉索（上游侧2100MPa，下游侧2000MPa）。

在建的马鞍山公铁两用长江大桥（图9-27）主跨为2×1120m，为世界最大跨径三塔斜拉桥；中塔高345m，为世界最高的斜拉桥索塔；中塔基础采用60根直径4m的钻孔桩，为世界最大规模桥梁桩基础；钢梁全长3248m，为世界最长钢桁梁。

图9-26 常泰长江大桥

图9-27 马鞍山公铁两用长江大桥

土耳其的博斯普鲁斯海峡三桥（图9-28）横跨亚欧大陆，全长2164m，主跨1408m，索塔高达322m,八车道公路加两条轨道交通,于2016年建成开通,是世界上最大的公铁两用大桥,同时是世界上第一座超大跨径斜拉-悬索协作体系桥。

在建的西堠门公铁两用大桥(图9-29)为公铁平层布置,中间通行两线铁路,两边通行六车道高速公路;采用斜拉-悬索协作体系,主跨1488m,主跨跨度位居世界公铁两用大桥之首。

图9-28　博斯普鲁斯海峡三桥　　　　　　图9-29　西堠门公铁两用大桥

近几十年来,斜拉桥的发展得益于三个方面:硬件方面,高强度材料和连接构造的研发、改进和生产;软件方面,有限单元法和计算机技术的发展,使得分析高次超静定结构的整体和局部受力成为可能;最后,设计、施工技术的创新发展,是斜拉桥发展的源动力。

在斜拉桥的发展过程中还呈现出三个趋势:

(1)梁的高跨比呈减小的趋势并向轻型化发展。随着密索体系的采用和跨径的增大,加劲梁已由稀索时以受弯为主的压弯构件,演变为密索时以受压为主的压弯构件。结构的整体刚度主要由体系刚度提供,加劲梁或索塔的构件刚度对整体刚度贡献不大。早期加劲梁高跨比一般为1/50~1/70,现在加劲梁高跨比则一般在1/100~1/300之间,甚至更低。

(2)跨径超大化。现代斜拉桥诞生初期,工程界普遍认为250~500m是该桥型的适用跨径。随着社会要求的不断提高和计算理论、施工方法、工程材料等的日益进步,斜拉桥的跨径早已超出了上述范围。从斜拉桥的发展历程中不难看到,从1956年主跨183m的瑞典Strömsund桥问世,到在建的主跨1176m的常泰长江大桥,只用了短短半个世纪左右的时间。现在,斜拉桥已跨入了千米级桥梁的行列,成为悬索桥强有力的竞争对手。近30年来,围绕一些越江跨海工程,工程师们通过大量理论研究与工程实践,提出了很多关于特大跨径斜拉桥的建设设想,以解决深水基础的难题。如德国专家Leonhardt曾提出1800m跨径的设想等。

(3)结构形式多样化。近代斜拉桥经历了从稀索体系到密索体系的发展过程,独塔、双塔和多塔斜拉桥相继出现。塔、梁、墩之间的连接方式多样。除了传统斜拉桥,还出现了全地锚斜拉桥、部分地锚斜拉桥、斜拉桥和其他桥型协作的组合体系、部分斜拉桥等创新体系。

9.4 斜拉桥总体布置与结构构造

9.4.1 跨径布置

斜拉桥的跨径布置主要可分为双塔三跨式、独塔双跨式和多塔多跨式等形式。在特殊情况下,斜拉桥也可以布置成独塔单跨式或者混合式。

1) 双塔三跨式斜拉桥

双塔三跨式(图 9-30)是一种最常见的斜拉桥跨径布置方式。双塔三跨式斜拉桥通常布置成两个边跨跨度相等的对称形式,也可以布置成两个边跨跨度不等的非对称形式。边跨跨度与主跨跨度的比例关系通常取 0.4 左右,一般跨度比通常介于 0.35~0.5 之间。另外,还可根据需要在边跨内设置辅助墩,以提高结构体系的刚度。

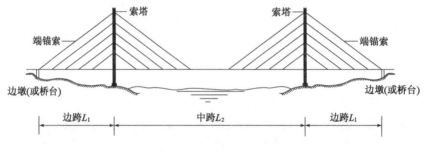

图 9-30 双塔三跨式斜拉桥立面布置

2) 独塔双跨式斜拉桥

独塔双跨式斜拉桥也是一种常见的跨径布置方式。独塔双跨式斜拉桥可以布置成两跨不对称的形式,即分为主跨与边跨;也可以布置成两跨对称,即等跨形式(图 9-31)。其中以两跨不对称的形式较多,也较合理。独塔双跨式斜拉桥的边跨跨度与主跨跨度的比例通常介于 0.6~0.7 之间。由于主孔跨径一般比双塔三跨式的主孔跨径小,故特别适用于跨越中小河流、谷地及交通道路,也可用于跨越较大河流的主航道部分。

3) 多塔多跨式斜拉桥

在跨越宽阔水面时,由于通航孔要求,必要时也可采用多塔斜拉桥(图 9-32),如主跨 2×348m 的湖北宜昌夷陵长江大桥(图 9-33)。多塔多跨式的斜拉桥应用较少,这是由于多塔多跨式斜拉桥的中间塔顶没有端锚索来有效地限制它的变位,结构刚度较低。增加加劲梁的刚度可以在一定程度上提高多塔多跨式斜拉桥的整体刚度,但这样做势必会增加桥梁的自重。在必须采用多塔多跨式斜拉桥时,可将中间塔做成刚性索塔,此时索塔和基础的工程量将会增加很多;或用斜拉索对中间塔顶加劲,但这种长索柔度较大,且影响桥梁的美观。

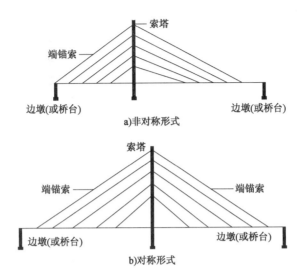

图 9-31 独塔双跨式斜拉桥

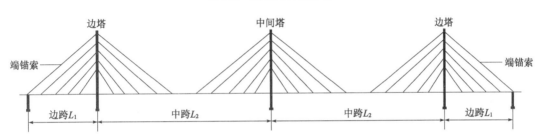

图 9-32 多塔多跨式斜拉桥立面布置

图 9-33 湖北夷陵长江大桥

9.4.2 辅助墩

辅助墩(图9-34)又称拉力墩或锚固墩,当斜拉桥的边孔设在岸上或浅滩,且边孔高度不大或不影响通航时则较为适用。其主要作用包括:改善结构受力状态,增加施工期的安全;减少边跨加劲梁弯矩(辅助墩受压时),或减少中跨加劲梁的弯矩和挠度(辅助墩受拉时);提高全桥刚度,减小斜拉索应力的变化幅度,缓解支座负反力状态。

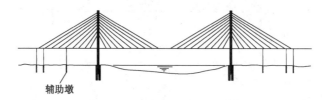

图9-34 斜拉桥辅助墩的设置

9.4.3 斜拉索

斜拉索是斜拉桥的主要承重构件之一。斜拉索材料一般为抗拉强度高、抗疲劳性能好和弹性模量较大的高强钢丝、钢绞线及高强粗钢筋等钢材。斜拉索主要对加劲梁起弹性支承作用,保证整个斜拉桥的结构刚度和经济合理性。

1)斜拉索的索面布置形式

由于塔、梁、索之间的连接及支承方式、桥面宽度、索塔和加劲梁形式的不同,斜拉索索面在空间的布置形式也不相同。索面在空间的布置形式主要有单索面、双索面、三索面三种类型。

单索面斜拉桥[图9-35a)],即斜拉索设置在单一索平面中的斜拉桥。斜拉索通常设在桥面中央,通过桥面中央分隔带锚固在桥面下部,此时加劲梁应采用抗扭刚度较大的截面形式。

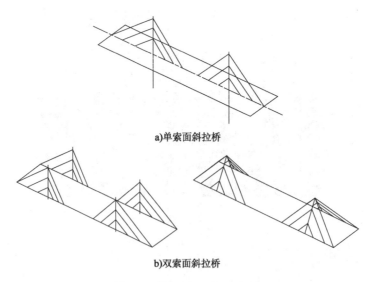

图9-35 单索面与双索面斜拉桥

双索面斜拉桥[图 9-35b)],即斜拉索设在上部结构两侧形成两个对称索面的斜拉桥,可以是两个垂直于桥面的索平面,也可以是两个倾斜的索面,双索面斜拉桥一般在桥面宽度较大时采用。采用竖直双索面和倾斜双索面可加强结构的抗扭刚度。

三索面斜拉桥在实际工程中的应用还不是很广泛。武汉天兴洲公铁两用长江大桥[图 9-36a)]采用了三索面结构,主跨 504m,共有斜拉索 192 根;香港汀九桥[图 9-36b)]为斜索面三塔斜拉桥,行车道由两个分离式桥面组成,为保证其中塔的抗风稳定性,可在中塔顶增设两对斜拉索,并锚固在边塔的桥面高度处。

a) 武汉天兴洲长江大桥

b) 香港汀九桥

图 9-36 三索面斜拉桥

2) 斜拉索在索面内的布置形式

斜拉索在索面内布置的基本形式为辐射形、竖琴形、扇形三种。

(1) 辐射形[图 9-37a)]。优点是斜拉索与水平面的平均夹角较大,斜拉索垂直分力对加劲梁支承好,斜拉索用量最省;斜拉索水平分力在塔顶基本平衡,故索塔的弯矩较小。缺点是所有斜拉索集中锚固于塔顶,使塔顶构造较复杂,局部应力集中现象突出,给施工和养护带来困难;斜拉索倾角不等,也使锚具、垫板的制作与安装比较复杂;索塔的内力及刚度、桥梁的总体稳定性能不如竖琴形优越。因此,辐射形斜拉索的应用已日趋减少。

(2) 竖琴形[图 9-37b)]。优点是由于所有斜拉索的倾角完全相同且斜拉索与索塔的锚固点分散布置,斜拉索与索塔、斜拉索与加劲梁的连接构造简单,易于处理;竖琴形布置斜拉索加强了索塔的顺桥向刚度,对减小索塔的弯矩和提高索塔的稳定性均有利,如将中间斜拉索用边孔内设置的辅助墩锚固,可大大减小索塔的弯矩和变形;从外观上看,斜拉索平行布置外形简洁美观,无辐射形斜拉索的视觉交叉感。缺点是斜拉索倾角较小,斜拉索对加劲梁的支承效果差,斜拉索总拉力大,斜拉索用量相应较多;无法形成飘浮体系,于抗风、抗震不利,且难以控制中跨挠度,故斜拉索竖琴形布置一般仅用于中、小跨径的斜拉桥中。

(3) 扇形[图 9-37c)]。斜拉索在索面内呈扇形布置,兼有辐射形和竖琴形索的优点,又可灵活地布置,与索塔的各种构造形式相配合,是采用最多的一种索型。特别是随着斜拉桥跨径的不断增大,对结构的总体刚度,特别是抗扭刚度以及抗风和抗震稳定性提出越来越高的要求,因而扇形倾斜双索面布置是理想的选择。但该形式对斜拉索在索塔和加劲梁上的锚固位置、构造要求及施工工艺要求较高,应妥善处理。

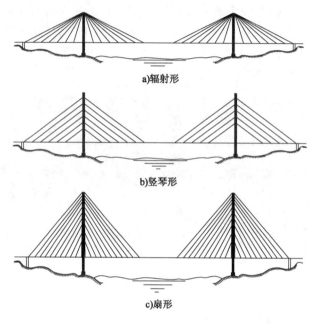

图 9-37 斜拉索的布置形式

3) 斜拉索索距

斜拉索索距是指索面内相邻两根斜拉索的间距。索面内斜拉索根数多则索距小,斜拉索根数少则索距大。斜拉索索距的选择应根据加劲梁内力、斜拉索张拉力、锚固构造、施工吊装能力、材料规格、经济性、施工方法等因素综合考虑。

早期斜拉桥采用斜拉索根数少而刚性大的稀索布置形式[图 9-38a)],索距达 15～30m(混凝土加劲梁)或 30～50m(钢加劲梁),相应的斜拉桥跨径也不大。例如,主跨 235m 的马拉开波桥,索塔两侧只布置一对斜拉索。稀索布置的主要优点是斜拉索索力易于调整到设计预期值。但由于索距大,加劲梁的弯矩和剪力仍较大,因而需要较大的加劲梁高度。同时,斜拉索索力也相对较大,使架设和施工较困难,斜拉索锚固构造也较复杂,其附近还需作大规模的补强,耗材较多。

现代斜拉桥采用多索、密索的布置形式[图 9-38b)],其主要优点是:①斜拉索根数多,采用高宽比例接近于薄板的梁式板截面形式;②简化了斜拉索锚固构造,与悬臂平衡的施工方法相适应,有利于斜拉桥的施工控制;③由于斜拉索索力和截面较小,每根斜拉索在工厂制索中就能完成防护、配装好锚具,也可在通车条件下进行斜拉索更换。主要缺点在于每根斜拉索刚度相对较小,容易产生风振,且边跨加劲梁可能产生较大负弯矩、端锚索可能出现刚度较小等问题,因而需增大端锚索刚度,将边跨斜拉索集中为一根端锚索或将边跨的部分斜拉索集中为端锚索。

a)稀索体系

b)密索体系

图9-38 稀索与密索体系

4)斜拉索倾角

斜拉索倾角是指斜拉索与梁轴线之间的夹角,其大小与斜拉索的受力情况有关。随着索与梁之间倾角的增大,斜拉索索力逐渐减小,但塔高与索长都要相应地增加。同时,由于索力的减小,索塔截面可相应减小。

斜拉索倾角的设计要点是尽量使得角度小于45°。无论是双塔三跨式或独塔两跨式,斜拉索倾角宜控制在25°~45°;竖琴形布置较多取26°~30°;辐射形或扇形布置,倾角在21~30°范围内,以25°最为普遍。

5)斜拉索的组成构造

斜拉索主要有平行粗钢筋束[图9-39a)]、平行(半平行)钢丝束[图9-39b)]、平行(半平行)钢绞线束[图9-39c)]、单股钢绞缆[图9-39d)]和封闭式钢缆[图9-39e)]五种类别。

a)平行粗钢筋束

b)平行(半平行)钢丝束

c)平行(半平行)钢绞线束

d)单股钢绞缆

e)封闭式钢缆

图9-39 斜拉索分类

9.4.4 索塔

索塔指的是斜拉桥支承主索的塔形构造物,是以受压为主的压弯构件,其既要承受作用于索塔上的斜拉索所施加的轴向力和水平力,又要将轴向力传至塔墩直至基础。典型的索塔由基础、承台、塔柱和塔柱之间的横梁构成(图9-40)。

1)索塔形式

适用于单索面斜拉桥的索塔形式有单柱形[图9-41a)]、倒V形或A形[图9-41b,增设中间横杆时为A形]和倒Y形[图9-41c)];适用于双索面斜拉桥的索塔形式有双柱形

[图9-42a)]、门形[图9-42b),两根塔柱可以竖直,也可以略带倾斜]、H形[图9-42c),两根塔柱可以是如图所示的折线形,也可以布置成竖直形或倾斜形]、倒V形[图9-42d)]和倒Y形[图9-42e)]。

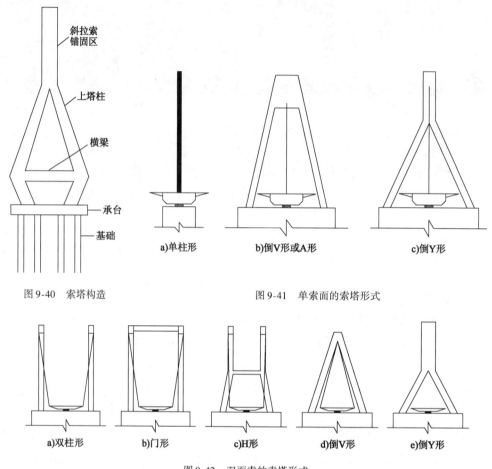

图9-40 索塔构造

图9-41 单索面的索塔形式

图9-42 双面索的索塔形式

2)索塔高度

索塔高度(图9-43)一般应从桥面以上算起,且不包括由于建筑造型或观光等需要的塔顶高度。

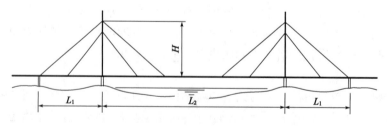

图9-43 索塔高度

索塔高度与斜拉桥主跨跨径、斜拉索索面形式、斜拉索索距和斜拉索水平倾角有关。在主跨跨径相同的情况下，索塔高度低，斜拉索的水平倾角就小，则斜拉索的垂直分力对加劲梁的支承作用就小，会导致斜拉索的钢材用量增加；反之，索塔高度越大，斜拉索的水平倾角越大，斜拉索对加劲梁的支承效果也越大，但索塔和斜拉索的材料用量也要增加，还会增加施工难度。

索塔高度由经济比较来确定。通常可用索塔高度 H 与斜拉桥主跨跨径 L_2 的比值，即高跨比 H/L_2 来表示索塔高度的大致范围。对于双塔三跨式斜拉桥，H/L_2 比值宜取 0.18~0.25；对于独塔双跨式斜拉桥，H/L_2 比值宜选用 0.18~0.45；一般在保证经济性和施工便捷性的情况下，宜选用 H/L_2 的高值以降低斜拉索用量、减小跨中挠度。但在特大跨径斜拉桥中，单以提高索塔高度来取得全桥刚度是不经济的，此时宜采用加强端锚索（边索）及地锚的方式，且塔高和主跨的比值宜选用低值。

3) 塔柱断面

组成索塔的塔柱及横梁的截面形状和截面尺寸应根据结构强度、刚度、稳定性要求并结合斜拉索在索塔上的锚固要求来确定。索塔的截面形状可以分为实心截面和空心截面，沿塔高又可采用等截面和变截面的布置方式，外观形状可以分为矩形、H形、对称和非对称的多边形等（图9-44）。横梁以及塔柱之间的其他连接构件的截面形式由塔柱的截面形式决定，一般采用矩形实心截面、T形实体截面、工字形实体截面或者矩形空心截面等形式。

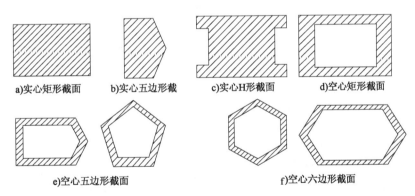

图 9-44 索塔截面形式

9.4.5 加劲梁

现代斜拉桥通常采用密索结构，加劲梁轻薄纤细。其截面形式常采用箱梁形式，抗扭刚度大、抗风稳定性好、光影效果好；有时也采用桁架梁，即双层桥面腹杆构成最简单三角形。在设计时，通常保证纵断面等高度布置，线形坦直、简洁；竖曲线平滑，避免大跨径梁下垂感；梁高与加劲梁材料、斜拉索体系有关，一般可取跨度的 1/300~1/100，较常选取 1/100 左右。

斜拉桥加劲梁按照材料的不同可分为钢加劲梁、混凝土加劲梁、结合梁。

1)钢加劲梁

钢加劲梁按照加劲梁截面形式可分为工字钢加劲梁、钢箱梁和钢桁梁,其主要优点是可以分段制作、现场拼装、施工速度快、跨越能力大。

(1)工字形钢加劲梁(图9-45)一般采用两根工字钢加劲梁的"双加劲梁"布置。斜拉索下端一般直接锚固在钢加劲梁上。

图9-45 工字钢加劲梁示例

(2)钢箱梁(图9-46)可以采用相当于工字钢双加劲梁的布置方式,只是将工字钢梁换成钢箱梁。在现代斜拉桥中,钢加劲梁更多地采用整体构造的流线型扁平钢箱梁。

(3)钢桁梁(图9-47)的应用主要是由于布置双层桥面的需要,例如我国的几座著名公铁两用钢桁梁斜拉桥:沪通长江大桥、芜湖长江大桥和武汉天兴洲长江大桥等。

图9-46 钢箱梁示例

图9-47 钢桁梁示例

2)混凝土加劲梁

按照加劲梁截面形式可分为板式截面、半封闭箱形截面、闭合箱形截面等。

板式截面[图9-48a)]结构最简单,锚固斜索、板边时常需要加厚。它的建筑高度小,在索距较密而桥宽不大的情况下尚能满足一定的抗扭能力要求,因此在条件适合时也可采用。

半封闭箱形截面[图9-48b)]两侧为三角形封闭箱,端部加厚以锚固斜索。两三角形间为整体桥面板,除个别需要的梁段外,不设底板。此种截面在满足抗弯、抗扭刚度的要求下,有良好的抗风动力性能,特别适合索距较密的宽桥。

闭合箱形截面[图9-48c)]具备较大的抗弯和抗扭能力,尤其适用于斜索为单平面布置的斜拉桥。将外侧腹板做成倾斜式,既可改善风动力性能,又可减小墩台宽度。其缺点是节段重量较大。

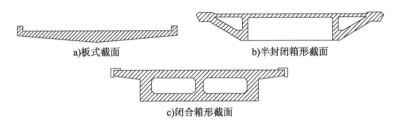

图9-48 混凝土加劲梁的截面形式

3)钢-混结合梁

钢-混结合梁由钢和混凝土两种材料组成。钢主梁、钢横梁及小纵梁等组成加劲主梁,与混凝土桥面板通过连接构件形成一个整体结合梁共同受力,桥面板节段纵向通过湿接缝混凝土浇筑连接,斜拉桥结合梁的常规形式包括双边工字钢结合梁、双边箱结合梁、开口箱结合梁及PK箱结合梁(PK箱梁断面最早源于美国Pasco-Kennewick桥,该桥首次采用了双边三角形箱梁的主梁形式)等(图9-49)。结合梁一般应用于双索面斜拉桥。例如上海杨浦大桥、湖北赤壁长江大桥,其主桥都为双塔双索面钢-混凝土结合梁斜拉桥结构。赤壁长江大桥(图9-50)主跨720m,结合梁采用双边箱截面形式,栓焊混合连接,整个结合梁由钢主梁、横梁、小纵梁、预制混凝土桥面板、湿接缝混凝土等组成。

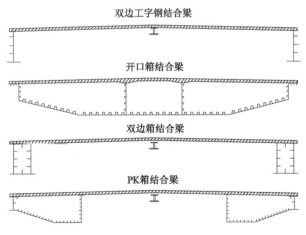

图9-49 结合梁常规截面形式

a)结合梁底部

b)钢横梁

图 9-50　钢-混结合梁示例(赤壁长江大桥)

9.4.6　锚固区

1)钢加劲梁锚固形式

在采用钢加劲梁的斜拉桥中,斜拉索与钢加劲梁的锚固形式主要有锚箱式(承压式)连接、锚管式连接、耳板式(销铰式)连接、锚拉板式连接等。

(1)锚箱式连接

锚箱式(承压式)连接是通过设置锚固梁(块)并将其用焊接或高强螺栓与加劲梁连接,斜拉索锚固在锚固梁(块)上,也有将加劲梁外伸出牛腿作为锚固梁(图 9-51)。由于锚固梁(块)在多个方向需要补强,在设计时一般做成锚箱。力的传递途径是通过剪力的方式由锚固梁或锚固块传到加劲梁腹板。我国南京长江二桥、苏通大桥等采用了这种锚固形式。

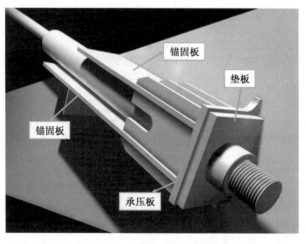

图 9-51　锚箱式锚固结构

(2)锚管式连接

锚管式连接是在箱梁的腹板上按斜拉索的方向焊接锚管,将斜拉索引入锚管并用锚头锚固(图9-52)。锚固结构由锚管、上盖板、下盖板、加劲板及加劲肋构成。斜拉索经上盖板的圆孔穿过锚管,锚固在锚管底部,索力通过锚管向附近的腹板扩散。这种锚固形式多用于斜拉索为单股场合,我国广东汕头礐石大桥采用了这种锚固形式。

(3)耳板式连接

耳板式连接也称为销铰式连接,即加劲梁腹板向上伸出或在箱梁的腹板上用高强螺栓固定节点板形成耳板,在耳板上开出一个圆孔,斜拉索直接通过销铰连接件与耳板连接(图9-53),此时索力由耳板传到加劲梁的腹板上。耳板式锚固结构由斜拉索锚头、销铰连接件、锚固耳板及补强板组成。耳板式锚固结构构造简单、传力路径明确、施工方便。当斜拉索为单股时多采用此锚固结构,我国杭州湾跨海大桥北航道桥主桥便采用了此锚固形式。

图9-52 锚管式锚固结构

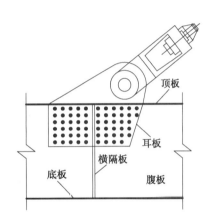

图9-53 耳板式锚固结构

(4)锚拉板式连接

锚拉板式连接是将钢板作为锚拉板(图9-54),由锚拉板、锚管、锚垫板、加劲肋等组成。锚拉板上部开槽,槽口内侧与锚拉筒外侧焊接,斜拉索穿过锚拉筒并用锚具锚固在锚拉筒底部。锚拉板下部直接用焊缝与钢箱梁翼板顶面焊接。锚拉板中部还需要有安装锚具的空间,壁厚20~40mm无缝钢管制成的锚管嵌入锚拉板上部槽口,并采用熔透焊缝将两者焊连成整体,而锚垫板就焊接在锚管下端。为了补偿开槽部分对锚拉板的削弱以及增强其横向刚度与整体性,锚拉板的两侧沿斜拉索方向需要焊接加劲肋,加劲肋面积之和应大于拉板开孔削弱面积的1.3倍以上,加劲肋底部与桥面板焊连。采用此连接方式的有我国湛江海湾大桥、福建青州闽江大桥、池州大桥等。

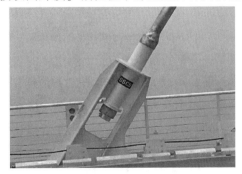

图9-54 锚拉板锚固结构

2)混凝土加劲梁锚固形式

斜拉索与混凝土梁的锚固有以下几种形式:

(1)顶板设置锚固块

该类型一般用于单索面整体箱的锚固构造。斜拉索直接锚固在截面中部箱梁顶板上,与一对斜撑连接,斜撑作为受拉杆件将索力传递到整个截面。斜拉索在锚固点通过锚固块与加劲梁截面连接,锚固块构造根据张拉设备与施工要求进行设计。采用这种锚固方式局部受力非常复杂,特别是在锚固块构造处理上应慎重,在锚固块内设一对交叉布置的箍筋非常必要。

(2)梁内设置锚固块

这种锚固形式一般适用于两个分离式单箱的双索面斜拉桥和带有中间箱室的单索面斜拉桥(图9-55)。锚固块位于顶板之下和两个腹板之间,并与它们固结在一起。在力的传递方面,斜拉索的水平分力主要通过锚固块先以轴压的形式传递给顶板再分布到梁体全截面,竖向分力主要通过锚固块以剪力的形式传给腹板。采用这种锚固形式的有珠海的琪奥岛大桥和上海的柳港桥等。

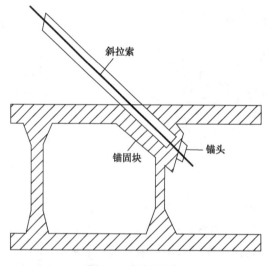

图9-55 箱内锚固块

(3)梁两侧设置锚固块

此类型为混凝土双索面斜拉桥的一种非常普遍的锚固形式(图9-56),锚固块一般设在较厚的腹板或风嘴实体块之下。斜索的水平分力可通过风嘴实体或厚边腹板来传递,竖直分力则需要在斜腹板内设置一定数量的竖向预应力筋来适应。

(4)斜隔板锚固

这种锚固形式一般适用于两个分离式单箱的双索面斜拉桥和带有中间箱室的单索面斜拉桥(图9-57)。锚头设在梁底外面,也可埋入斜隔板预留的凹槽内。在力的传递方面,竖直分力由斜隔板两侧的腹板以剪力形式传递。

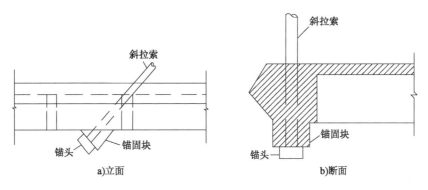

图 9-56 梁两侧锚固块

(5) 梁底设置锚固块

这种锚固形式只适用于梁截面较小的双主梁或板式梁(图 9-58)。锚固块设置在梁底的原因是要避免削弱原来截面面积已经很小的边主梁且不干扰梁板截面内的布筋。

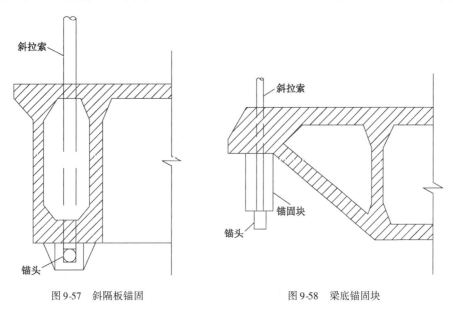

图 9-57 斜隔板锚固　　　　　图 9-58 梁底锚固块

3) 索塔锚固形式

常见的索塔锚固结构有交叉锚固结构、钢横梁锚固结构、钢锚箱锚固结构、鞍座型锚固结构和铰接型锚固结构等。

(1) 交叉锚固结构

交叉锚固结构是直接将斜拉索锚固在索塔内侧齿块上的结构,但是,如此会在塔壁产生巨大的拉应力,为了防止混凝土塔壁开裂通常都要在锚固区布置大量的环向预应力钢束(图 9-59)。早期的斜拉桥大多采用这种锚固方式,例如我国的南京长江二桥、上海杨浦大桥、福州琅岐闽江大桥等。

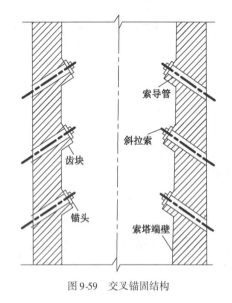

图 9-59　交叉锚固结构

(2) 钢锚梁锚固结构

如图 9-60 所示,这种方式是在索塔内侧设置钢横梁,然后斜拉索直接锚固在钢横梁的两端,宁波舟山港主通道舟岱大桥即采用了此种锚固方案。钢锚梁锚固结构与钢锚箱式组合索塔锚固结构非常相似,只是钢结构与索塔之间的主要传力构件不再是钢锚梁两侧的连接件,而是支承钢锚梁的牛腿。根据使用材料的不同又分为混凝土牛腿和钢牛腿。在钢锚梁锚固结构里,钢结构承受斜拉索的水平分力,竖向分力则通过牛腿传递到塔壁上。此时在满足索塔锚固区结构受力安全的前提下充分发挥了钢材与混凝土这两种材料的特性,同时也极大降低了索塔工程造价。

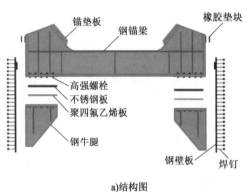
a) 结构图

b) 实物图

图 9-60　钢锚梁锚固结构

(3) 钢锚箱锚固结构

钢锚箱锚固结构分为外露式和内置式两种布置方式(图 9-61)。外露式钢锚箱是直接放置在混凝土塔壁上,通过钢锚箱侧壁的连接件与混凝土塔壁形成一个整体,斜拉索的水平分力则通过锚箱两侧的连接件传递给混凝土塔壁。内置式钢锚箱则是放置在索塔箱室内,塔柱依旧保持一个整体,钢锚箱与索塔通过两侧的竖向连接件结合成一个整体,索力的水平分力由塔壁承担,竖向分力也由连接件传递到塔壁上。

(4) 鞍座型锚固结构

如图 9-62 所示,鞍座型索塔锚固结构两侧的斜拉索直接通过索塔柱内部的索鞍,两侧对称锚固于梁体,塔内斜拉索转向索鞍座采用分丝管结构的形式,以便斜拉索钢绞线逐根按顺序排列通过,分丝管由数十根钢管呈弧形平行布置,焊接成整体,每根分丝管穿过一根钢绞线。浙江上虞曹娥江大桥、广东南澳大桥等即采用了这种锚固方案。

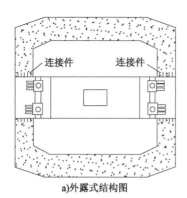
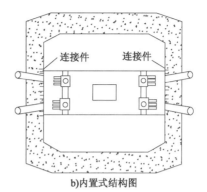

a) 外露式结构图　　　　　b) 内置式结构图

c) 实物图

图 9-61　钢锚箱锚固结构

a) 分丝管结构

b) 实物图

图 9-62　鞍座型锚固结构

(5)铰接型锚固结构

如图9-63所示,斜拉索采用外露锚头,锚头用销铰与索塔相连接,在连接处,带有眼孔的斜拉索锚头通过销钉连接在塔冠支座的肋板上。斜拉索不能滑动,但能转动。世界上第一座现代化的斜拉桥Strömsund桥即采用了此种锚固方案。

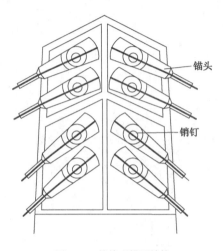

图9-63 铰接型锚固结构

9.5 索塔施工

索塔主要由塔柱、横梁和其他连接构件构成。索塔主要分为钢索塔、混凝土索塔和钢-混凝土组合索塔三种类型。钢索塔一般用预制吊装施工,混凝土索塔主要用搭架现浇、预制安装和模板浇筑施工,钢-混凝土组合索塔一般先安装钢构件再浇筑混凝土。

9.5.1 混凝土索塔施工

1)搭架现浇

搭架施工的工艺比较成熟,不需要专门的施工设备,可以适应各种断面形式,并且对于锚固区的预留孔道和预埋件的处理也较为方便,但是费工、费料、速度慢。对于跨径更大的桥梁,塔柱可分为几段施工,下部适合支架现浇,上部则采用预制安装。

2)预制安装

预制安装需要有较强的起重能力和专用的起重设备,当索塔不是太高的时候,可以加快施工进度,减小高空作业的难度和劳动强度。

3）模板浇筑

混凝土索塔的模板浇筑主要有滑升模板浇筑、翻模浇筑和爬模浇筑三种方法,详细见相关章节。

(1)滑升模板浇筑

滑升模板浇筑适用于斜拉桥塔柱上下竖直、截面形式无变化的情况。滑升模板施工的关键在于混凝土的凝固时间。

(2)翻模浇筑

翻模浇筑施工模板设计为内外双面板,中间为型钢骨架。模板上下两边安装铰,且各块模板之间可采用铰轴连接,以支撑模板进行翻转作业。

(3)爬模浇筑

爬模浇筑分为无爬架爬模施工和有爬架爬模施工。典型斜拉桥索塔的爬模施工流程如图9-64所示,具体如下：

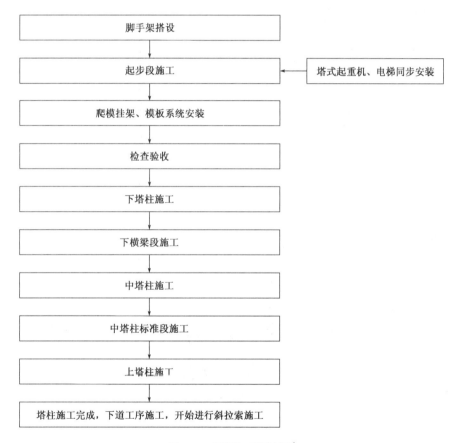

图9-64 爬模施工标准流程

①脚手架搭设,浇筑起步段,同时安装塔式起重机和施工电梯；
②混凝土的强度达到要求时,安装爬模挂架和模板系统,并检查验收；

图9-65 苏通大桥下塔柱支架配合爬模分节段现浇施工

③将模板位置调整到下塔柱相应位置,保证定位精度,进行混凝土浇筑工作;

④进行下横梁施工,待混凝土强度达到要求后进行拆模,操作动力装置控制器爬升轨道,当爬升模板到达指定位置后,固定爬升轨道;

⑤进行爬架的爬升,带动系统爬升至下一工作节段;

⑥支模,并重复上述工作流程。

有爬架爬模施工是指依靠附着在已浇筑混凝土索塔上的模板爬升架,利用提升设备,通过导向轨分块提升模板,安装就位,图9-65所示为苏通大桥下塔柱支架配合爬模分节段现浇施工,完成横梁施工,并进入中塔柱施工阶段。

无爬架爬模施工要用塔式起重机等起重设备进行提升,仅靠模板系统自身不能完成提升作业。但是其制造简单,构造种类少,施工缝易于处理,外表美观,施工速度快。

9.5.2 钢索塔施工

相比于混凝土索塔,钢索塔具有工厂化加工、体积小、自重轻、施工进度快的优点。

1)施工工艺

钢索塔一般采用预制吊装施工,即在工厂分段制作后运至现场安装。图9-66所示为北京新首钢大桥中索塔吊装的主要工艺过程,该桥建设时为全球首例双塔斜拉钢构组合体系桥。索塔采用全钢结构,两座钢塔高矮不一,位于西侧的钢塔高度达112.2m,位于东侧的钢塔高度65.9m。钢索塔按设计节段制作完成并在工厂试拼调整后,运输到桥位处,按施工组织设计进行安装。

钢索塔安装应当按照塔基架设、下塔柱架设和上塔柱架设的顺序,从塔的根部向塔的顶部安装,组装完成并定位固定后,进行焊接或螺栓连接施工。塔的安装方式主要有三种:用浮式起重机大节段安装;用浮式起重机和塔式起重机分多段安装;用附着爬升式起重机多节段安装。

钢索塔安装完成后,要对钢索塔进行防腐蚀处理,目前主要采用涂装的方法进行钢索塔的防腐。当前大多数桥梁所采用的涂装系统大体上是以富锌涂料作为底漆、以铅系防锈涂料为主体的涂装系统。

2)实例

南京长江第三大桥(即南京大胜关长江大桥)主桥为钢塔钢箱梁双索面斜拉桥,其跨径布置为63m+257m+648m+257m+63m,主桥全长1288m,采用半漂浮结构体系。其索塔为"人"字形钢塔,塔高205m,设四道横梁,其中下塔柱及下横梁为钢筋混凝土结构。

a)首节段吊装

b)标准节段吊装

c)合龙段吊装

d)吊装完成后远景

图 9-66 北京新首钢大桥钢索塔吊装

除钢-混凝土结合段外,一个钢塔柱共分为 21 个节段,编号为 T1～T21,节段长 7.7～11.42m,节段间连接采用端面金属接触磨光顶紧和高强螺栓群连接共同传力。由于 T1 节段质量达 170.5t 且吊幅达到 22m 以上,超出普通起重机的起重范围,因此采用浮式起重机吊装。其余标准节段采用直立式塔式起重机吊装。其施工过程及完成情况如图 9-67 所示。

钢塔柱节段结构制作分三步完成:第一步制作板单元件;第二步制作块体;第三步节段形成。节段形成后再依次进行端面加工、两段立式匹配预拼、涂装、运输及桥位安装等作业。为了避免打砂对加工面的影响,在端面加工前先打砂、涂底漆,待匹配预拼装完成后再涂中间漆和面漆。

T1 节段吊装的工艺流程为:节段运输船抛锚定位,起吊 T1 节段,使梁段位于已安装节段上方,通过调整吊具伸缩液压缸使待安装节段倾斜度调整至接近理论倾斜度,浮式起重机吊钩下落,在手拉葫芦的辅助下,将待安装节段与已安装节段进行临时连接。待安全固定后解钩,吊装另一塔柱节段,随后用千斤顶进行调整对线。T1 节段和 T0 节段的连接先通过工艺拼接板连接固定,然后根据现场拼接的实际情况,量配拼接板并在工厂内加工,加工完成后进行安装,完成 T1 节段和 T0 节段的连接。

标准节段吊装的工艺流程为:从 T2 节段开始,采用直立式塔式起重机进行吊装。吊

桥梁施工技术

装时,将吊具对准吊耳,销接后即可进行节段吊装。由于塔柱端面为倾斜状态,因此需要通过吊具上的可伸缩液压缸调整吊具的倾斜角度,确保吊装时,节段与架设形状相吻合;且为了使下一节段能够较容易插入,在已安装节段与待安装节段间安装匹配装置;匹配装置在工厂内制作,在塔柱节段间进行预拼装后组装,现场塔柱节段间完成拼装后解除匹配装置;塔柱节段通过匹配装置临时定位后,用千斤顶微调精确就位,然后解钩,安装拼接板。最后按照先壁板后腹板的施工顺序进行高强螺栓的施拧。

a)T1节段就位

b)钢锚箱吊装

c)标准节段吊装

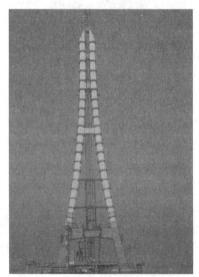
d)整体完成

图9-67 南京长江第三大桥索塔施工

钢塔柱共有三道钢横梁,均采用直立式塔式起重机进行吊装。采用四点吊装,钢丝绳上部与直立式塔式起重机的吊钩连接,下部与钢横梁上的吊点连接。另外用4个10t葫芦加在吊钩和吊点上,用以调节横梁顶面的水平度。当横梁缓慢下放时,需要密切关注两边的间距,确保安全到位。随后通过冲钉安装一边的拼接板,随着温度变化逐步安装另一边的拼接板,完成安装。

9.5.3 钢-混凝土组合索塔施工

钢-混凝土组合索塔的施工主要流程如下：

1）承台施工

绑扎承台顶层钢筋，预埋塔座钢筋，设置顶层钢筋定位系统，绑扎索塔第一节段伸入承台的钢筋，完成承台混凝土浇筑。

2）第一节段施工

利用浮式起重机吊装索塔第一节段钢结构至定位钢框架定位座，按精度要求精确调整到位，与定位座栓接固定，绑扎钢筋，设置钢筋与钢结构部分的连接构造，浇筑混凝土。

3）其余节段施工

在施工第二节段前，需要将第一节段的混凝土顶面进行凿毛清理处理，完成索塔竖向节段间的所有钢筋机械连接。

起吊第二节段的钢结构，并将两节段钢结构进行焊接处理，实现钢结构节段间的永久连接，对钢结构表面涂装。

水平拉筋安装绑扎，设置竖向钢筋与钢结构部分的连接构造，浇筑第二节段混凝土，对混凝土进行养护，提升操作平台。

随后，进行下一节段钢结构吊装，重复上述标准施工流程（图9-68），进行其余节段的混凝土浇筑。

4）实例

南京长江第五大桥主桥为钻石形索塔中央双索面三塔组合梁斜拉桥，其桥跨布置为80m+218m+600m+600m+218m+80m=1796m，其中2×600m桥跨为主通航孔。为提高三塔双主跨斜拉桥的整体结构性能，在中塔及边塔均设置两排四组竖向约束支座，以约束加劲梁的竖向转动位移和偏载扭转位移。加劲梁采用以粗集料活性粉末混凝土为桥面板的流线型扁平整体箱形组合梁，斜拉索采用钢绞线斜拉索。

索塔采用钢-混凝土组合索塔，索塔基础采用钻孔灌注桩基础，索塔创新采用钢混组合索塔，是国内首次在大跨径桥梁结构中应用该结构，中索塔塔高175.4m，划分37个节段；边塔塔高167.7m，划分36个节段，索塔标准节段高度4.8m。钢-混凝土组合索塔由双层钢壳与填充于钢壳之间的混凝土组合成协同受力的整体结构，钢壳通过纵横双向钢筋混凝土榫群与混凝土组成协同受力整体。其最大限度实现了工厂化、装配化加工。

索塔钢壳及索塔钢筋在工厂制造、组装，在现场只需吊装和机械式连接。双层钢壳设

图9-68 钢-混凝土组合索塔标准施工流程

置纵横加劲肋,纵横加劲肋既是钢筋混凝土榫剪力连接件的开孔钢板,又是钢壳的加劲肋,提高了钢壳的刚度,使之成为混凝土浇筑的模板。

钢-混凝土组合索塔的索塔钢壳由内外钢壁板、竖向加劲肋、水平加劲肋、水平角钢、竖向角钢、焊钉等组成,在工厂内加工,索塔钢筋在钢壳加工时同步安装,桥位现场安装钢壳节段,连接竖向主筋接头即可;索塔节段钢筋布置在索塔钢壳内,竖向主筋、水平钢筋与钢壳纵横向隔板纵横交错,均穿过隔板孔;索塔钢壳内外壁板兼做混凝土模板,索塔线形由钢壳节段线形控制,钢壳吊装后,连接匹配件及竖向主筋、焊接内外壁板后即可浇筑混凝土。

索塔施工时,首先在钢壳柱脚处设置纵横向定位框架和定位支架,定位框架与首节钢壳在厂内匹配制造,承台施工时预埋定位框架和预埋钢筋的定位支架,由定位框架的精度来保证首节钢壳的安装精度,通过在承台内设置的定位支架对预埋钢筋进行精确定位,钢壳安装就位后对竖向主筋接头采用机械连接。将钢壳节段内的竖向钢筋与预埋钢筋机械连接,按设计要求绑扎塔座钢筋,即可进行塔座混凝土和索塔节段内混凝土的浇筑施工。

索塔标准节段施工工艺流程如下:吊装定位→调整定位→环缝焊接(同步进行竖向主筋连接)→钢壳混凝土浇筑→钢壳混凝土养护、凿毛。

索塔下塔柱混凝土采用汽车泵进行输送,由于受汽车泵泵送高度的限制,中、上塔柱混凝土采用大型塔式起重机吊装料斗输送混凝土。当混凝土终凝48h后,采用电镐对混凝土顶面进行凿毛处理,深度控制在10mm,钢混索塔施工过程如图9-69所示。

a) 钢壳首节段吊装

b) 混凝土浇筑

c) 标准钢壳节段吊装

d) 索塔平面结构

图 9-69

e)施工过程全景　　　　　　　　　　f)封顶钢壳吊装

图9-69 南京长江第五大桥钢混索塔施工

9.6 加劲梁施工

9.6.1 悬臂施工法

悬臂施工法是指在支架上修建边跨,然后中跨采用悬臂施工的单悬臂法,也可以是对称平衡施工的自由悬臂法。悬臂施工法一般分为悬臂拼装法和悬臂浇筑法。

1)悬臂拼装法

悬臂拼装法(图9-70)主要应用于钢箱梁、钢桁架梁或钢-混凝土结合梁斜拉桥。悬臂拼装法从拼装方式上可以分为平衡对称悬臂拼装法(又称双悬臂拼装法)和逐跨悬臂拼装法(又称单悬臂拼装法)两种。

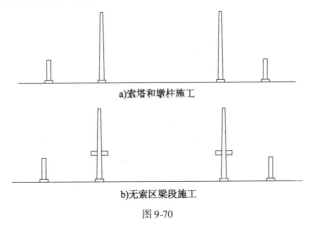

a)索塔和墩柱施工

b)无索区梁段施工

图9-70

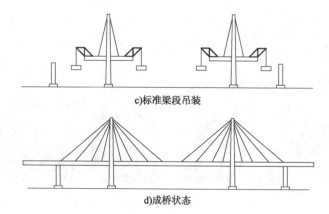

c) 标准梁段吊装

d) 成桥状态

图 9-70 斜拉桥加劲梁悬臂拼装法施工

平衡对称悬臂拼装是利用斜拉桥索塔两侧呈对称分布的特点，由索塔部位 0 号块对称的两个方向拼装直至延伸合龙的施工方法。该方法一般仅适用于对称型斜拉桥。

逐跨悬臂拼装是指由单跨一端向另一端拼装或单跨两端向跨中拼装直至合龙的施工方法。该方法只适用于跨径不大的桥梁。悬臂拼装法常用的加劲梁起重设备有桥面悬臂式起重机、浮式起重机和普通起重机等（图 9-71）。

a) 桥面悬臂式起重机

b) 浮式起重机"海鸥号"

c) 普通起重机

图 9-71 典型斜拉桥加劲梁起重设备

悬臂拼装法的常规施工工序为：钢加劲梁制作、运输；无索区(0号块和1号段)加劲梁施工；临时固结系统施工；挂索、初张拉；吊梁系统(桥面起重机、滑行导轨、操作平台)安装；桥面起重机就位；前一梁段第二次斜拉索张拉；桥面起重机起吊钢箱梁；钢箱梁就位；钢箱梁连接(焊接或高强螺栓连接)；本梁段挂索、张拉；依次依序、对称悬吊、循环推进直至加劲梁合龙；中跨合龙、体系转换(临时固结系统拆除)。

(1) 加劲梁制作、运输

钢加劲梁梁段的制作长度应从方便架设考虑，并经过设计确认。对于钢加劲梁，顶板应采用焊接连接，纵向隔板宜布置在桥面车道的分界线位置。钢加劲梁的底板和顶板纵向及横向焊缝施焊时应采用自动焊接，对于纵肋等其他部位的焊缝，根据情况可采用手工焊接或二氧化碳气体保护焊，但在同一条焊缝上不允许两种工艺混用。图9-72所示为典型斜拉桥钢箱梁节段加工完成情况，具体钢结构加工见桥梁钢结构施工相关章节。

a) 节段单元检查

b) 锚拉板焊接

图9-72　典型斜拉桥钢箱梁节段加工完成情况(安徽池州大桥斜拉桥)

(2) 无索区(0号块和1号段)加劲梁施工

无索区加劲梁施工可以采用支架法施工，且应采取措施使塔梁临时固结，以承受边跨和中跨不平衡荷载作用。即在钢箱梁与塔柱下横梁(或墩顶)间设临时支座以承受压应力，或在下横梁腹板与隔板(或墩顶)上安装钢支座与钢箱梁横隔板直接施焊或以钢拉杆相连接，以承受拉应力；在索塔与钢箱梁之间设置纵向黏滞阻尼器以控制施工过程中加劲梁纵向位移，改善结构的动力效应。以上措施在加劲梁合龙后即予解除。

0号块水上吊装梁段一般采用大吨位浮式起重机吊装(图9-73)，陆地吊装梁段采用大吨位起重机吊装。初就位后再配以钢楔块，钢板的扁顶、机械顶等，在托架上精调至达到设计平面位置和高程，随后将几个梁段连成一体。

(3) 第一对斜拉索张拉

焊接完成后即可挂设并张拉第一对斜拉

图9-73　沪通长江大桥0号块吊装

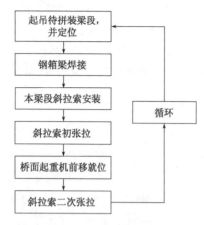

图9-74 斜拉桥加劲梁标准梁段施工程序

索。利用下横梁上的预留孔道,安装临时支座和张拉钢绞线拉杆,将0号块与索塔下横梁临时固结,然后通过浮式起重机吊装桥面起重机及其滑行轨道等。

(4) 标准梁段的悬拼

在完成桥面起重机的安装、试吊和第一对斜拉索的第二次张拉并拆除0号块与支承托架间的支承钢楔块后,即可开始悬拼标准梁段,斜拉桥标准梁段施工程序如图9-74所示。

①梁段起吊。斜拉索第二次张拉后,即可进行吊梁工作,标准段钢箱梁运输至吊梁工作位;使吊梁下降并与待吊钢箱梁段连接,随后调整吊点重心位置,保证钢箱梁段水平起吊;缓慢起吊钢箱梁,两端加劲梁对称起吊,以保证悬臂施工的平衡力矩;箱梁起吊到位对接后,用定位销钉把起吊梁段与已安装梁段临时固定。图9-75所示为斜拉桥加劲梁悬臂拼装吊装过程(南京长江五桥),采用液压型提升式桥面起重机进行对称悬臂吊装。

a) 远景

b) 近景

c) 吊装断面

图9-75 斜拉桥加劲梁悬臂拼装吊装过程(南京长江五桥)

②钢箱梁焊接。钢箱梁梁段吊至设计位置后,与前一梁段临时连接,桥面板及加劲肋均采用焊接方式;在合适的温度时段,精确调整焊缝间隙,达到施工控制要求后,调平板件错台,焊接定位板;先焊接周边板横向环缝,进行无损探伤合格后,焊接底板纵向加劲肋嵌补段。检验合格后,对焊缝进行必要的打磨处理,即完成梁段焊接(图9-76)。

a)桥面临时焊接　　　　b)箱内临时焊接　　　　c)高差调整

d)箱内接口焊接

图9-76　斜拉桥钢箱梁连接

③斜拉索安装与初张拉。斜拉索的安装应在加劲梁接口的周边接缝全部焊完后进行。在对应的锚垫板上安装反力架、千斤顶、传感器,接好油泵,即可进行斜拉索的初张拉。张拉前应明确钢梁安装高程和斜拉索索力,通过液压泵液压表、传感器和桥面上索力测量装置对张拉力进行控制,直至达到设计的初始张拉值为止,并对钢梁在斜拉索张拉后的高程、索力进行测量。

④桥面起重机前移:初张拉、钢箱梁接口焊接完成后,桥面起重机即可卸载,收起吊梁。先将起重机行走轨道前移就位固定好,利用千斤顶将起重机前滑移支点落于轨道上,解除后锚点反力销。上、下游各用一台牵引装置,同时牵引桥面起重机沿轨道缓缓向前滑移,到位后用千斤顶压下后锚点,打入保险销。最后顶起前滑块,并在四个前支点下塞入

适当厚度的钢板,保持上、下游等高。

⑤起重机前移就位后,可进行斜拉索的第二次张拉。张拉控制的原则是以梁面高程控制为主,斜拉索索力控制为辅。严格控制此时在加劲梁上的施工荷载在索力允许范围内,尽量满足线形要求。第二次张拉斜拉索完成后,开始进行下一块标准梁段的吊装施工。重复以上步骤,完成所有标准梁段的吊装施工。

(5)合龙

斜拉桥合龙前处于最大悬臂状态,处于最关键也是最危险的状态,所以,斜拉桥合龙时对桥梁结构受力、线形的监测与控制显得十分重要。斜拉桥合龙控制的目的是让斜拉索、索塔、加劲梁在合龙过程的受力满足要求,在合龙过程中使斜拉桥结构实际线形趋向于理论线形,并且能确保桥梁结构合龙施工的安全。斜拉桥安全合龙应满足以下三点:合龙高程满足设计要求,同时满足两岸合龙口线形偏差小;误差在规范允许的范围内,内力满足设计要求;不发生局部失稳。

合龙主要有强制合龙法和温差合龙法两种方法。强制合龙法即在温差与日照影响最小的时候将两端箱梁用钢扁担或钢桁架临时固结,嵌入合龙段块件钢条填塞处理接合部缝隙,焊接完成后解除临时固结及其他约束,完成体系转换。温差合龙法(无应力合龙法)即利用温差对钢箱梁的影响,在一天中温度相对较低的时候将合龙段梁体安放进合龙口(此时因收缩作用合龙口距离最宽),在温升与日照影响之前,施焊完毕,解除塔墩临时固结,完成体系转换。对于大跨径的钢箱梁,现普遍采用第二种方法,因为它能因势利导,使合龙平顺稳妥,且不产生加劲梁的次应力。具体合龙工艺如下:

在合龙施工前需对两侧梁段进行48h以上测量,观测合龙口两端的高程、合龙口的宽度与温度、时间的变化关系以及风力变化,综合分析测量数据,以实现全桥线形控制标准为目标,确定最佳合龙时间和温度。

在合龙口两侧钢箱梁上设置水箱临时压载,每侧压载重量为合龙梁段自重的一半,水箱可置于起重机两边腹板附近,水箱加水对称同步进行,确保横桥向受力平衡。

按监控要求对两侧梁段同时进行精确调位,使两侧梁段对称控制点的高程之差满足要求。确定运梁船就位、合龙段吊装及连接时间后,提前同时起吊合龙段梁段,与起重机逐级加载同步卸掉水箱内等量的水,确保整个吊装过程中,合龙口不发生相对变形。

连接梁段就位后,在合龙口设置临时劲性骨架,以限制合龙口两端的竖向错动;设置斜交叉对拉葫芦,以限制合龙口的横向错动。在合龙段钢箱梁纵向两端,以及合龙口两侧加劲梁悬臂端设置抗拉压临时栓接加强件,以抵抗焊缝口的变化趋势;而后将两端桥面梁段连接并环缝施焊。待所有连接作业完成后,拆除合龙用劲性骨架。图9-77所示为南京长江五桥合龙过程。

体系转换合龙完成后,拆除起重机,进行体系转换,拆除临时锚固和临时支座,以使梁段随着温度变化而自由伸缩。

2)悬臂浇筑法

悬臂浇筑法(图9-78)主要应用于混凝土斜拉桥,是指从索塔两侧用挂篮对称逐段就地浇筑混凝土。悬臂浇筑施工不需要大量施工支架,不影响桥下交通,不受水位影响,相对悬臂拼装法施工工期较长。

a)远景

b)近景

图9-77 斜拉桥加劲梁合龙(南京长江五桥)

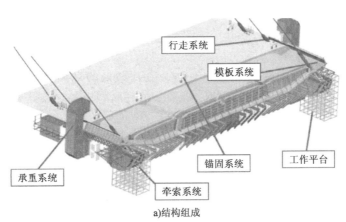
a)结构组成

b)实例

图9-78 牵索式挂篮结构及实例

混凝土斜拉桥悬臂浇筑法与连续梁桥悬臂浇筑法的多数工艺过程相似,主要区别在于挂篮一般采用前支点牵索式挂篮,以发挥斜拉索在施工过程中的承载作用。

主要施工工序为：

(1)分段

加劲梁悬臂浇筑分段长度主要由斜拉索的索距长度和加劲梁的单位重量确定，一般采用一个或二分之一索距长度，当梁的单位重量较小时，也可采用两个索距长度。

(2)0号块和1号段(无索区)施工

结合加劲梁0号块和1号段的实际情况，0号块和1号段一般采用支架法施工，施工的主要流程为支架架设、模板加工、钢筋制作、底模安装、预应力系统安装、内模与外模及横隔板模板安装、混凝土浇筑及养护、模板拆除、预应力张拉等。

(3)塔梁临时固结

当漂浮体系或半漂浮体系桥梁采用悬臂浇筑法施工时，由于索塔两侧梁体的自重荷载不平衡，将会产生倾覆弯矩，且索塔两侧不对称的斜拉索索力也将会产生不平衡力矩。为确保梁体施工阶段的梁体稳定，需将索塔和加劲梁临时固结。

塔梁临时固结主要有两种措施，一种是在横梁上设置临时支座，锚筋穿过支座和梁体并锚固在0号梁段顶部；另一种是在墩部两旁设立临时支承和临时支座，其中临时支承常用钢管及钢管混凝土。

(4)逐段悬臂浇筑施工

在将加劲梁的0号块和1号段完成施工后，后继拼装挂篮，在挂篮上逐段完成后继节段的悬臂浇筑施工。

当前，斜拉桥混凝土加劲梁浇筑多采用一种前支点牵索式挂篮(图9-78)，其利用施工节段前端最外侧斜拉索，采用分批调索的方法将挂篮前端大部分施工荷载传递至索塔，浇筑节段的长度和承受能力大大提高，采用牵索式挂篮可以明显地减小挂篮的重量和变形量。

斜拉索作为牵引索，对牵索挂篮牵引并锚固在浇筑梁的底面，中支点采用C形挂腿支撑于已浇筑加劲梁顶面，将一般后锚点挂篮的悬臂受力状态改变为前后支点的简支受力状态，从而减小了挂篮的挠度与弯矩，提高了挂篮的承载能力。

由于斜拉索的作用，挂篮前端在承受斜拉索的竖向分力的同时，承受斜拉索的水平分力，因此，牵索式挂篮应设置剪力止推装置以抵抗此水平分力。由于每组索与梁体的交角不相同，一般情况下，挂篮前端设置为弧形以适应交角的变化。

牵索式挂篮一般由：承重系统、锚固系统、牵索系统、止推系统、行走系统、模板系统、工作平台等几个部分组成，如图9-78所示。

①承重系统。承重系统一般包括主纵梁、次纵梁、前横梁、中横梁、后横梁及C形挂腿等，采用型钢结构焊接。

②锚固系统。主要包括前锚杆组(位于纵梁中间位置)、后锚杆组(纵梁末端)。前者主要传递施工荷载，后者为均衡调整后倾力。一般采用精轧螺纹钢筋制作。

③牵索系统。该系统由前鼻梁、牵引杆、千斤顶及斜拉杆等组成。其作用为挂篮悬浇过程中，在挂篮与斜拉索之间建立连接，形成前部支撑点；悬浇混凝土后，把斜拉索与挂篮分开，进行索力的调整。

④止推系统。由钢板制作成钢套管或钢箱等形式插入到混凝土梁底板的预留孔内,承担传递来自斜拉索的水平荷载至已浇筑混凝土梁段内。

⑤行走系统。由轨道、牵引钢绞线及千斤顶组成,可以工字钢作为轨道系统,通过千斤顶沿轨道纵向推移,尾端设置后锚抗倾装置。其主要作用是当挂篮施工完一段后,将其转移到下一段。

⑥模板系统。为底板、顶板等提供混凝土浇筑模板,一般由钢桁架+钢面板组合形成。

采用牵索式挂篮逐段悬臂浇筑的一般施工流程:

挂篮安装、预压、卸载→底模调整→斜拉索安装、与牵索系统连接→第一次张拉斜拉索→钢筋绑扎及预应力管道安装→安装内模及侧模→混凝土浇筑→混凝土养护→拆除顶板底模及横隔梁侧模→第二次张拉斜拉索→加劲梁预应力张拉→拆除内模→剪断小斜拉索→挂篮下落、前移、就位→加劲梁预应力封锚、压浆→底模调整(重复以上步骤,进入下一节段施工)→挂篮拆除。

以上工艺中,涉及两次斜拉索张拉。第一次张拉斜拉索:挂篮底模按施工高程调整后,通过张拉千斤顶与斜拉索锚杯连接的拉杆,达到预期的张拉力或高程,锚定斜拉索于挂篮的前鼻梁,张拉前应注意调整弧形垫板的位置以适应斜拉索张拉角度;第二次张拉斜拉索,完成体系转换:混凝土强度达到张拉要求后,清理斜拉索锚垫板,解除拉杆,张拉斜拉索至设计要求,在千斤顶出顶的同时,将锚圈旋紧,二次张拉开始,挂篮与箱梁分离,斜拉索力转换至箱梁,体系转换完成。

典型牵索式挂篮施工过程如图9-79所示(广东河惠莞高速公路枫树坝大桥,该桥位于广东省河源市,为双塔单索面预应力混凝土斜拉桥,主桥长640m,桥跨布置为160m+320m+160m,双向四车道,采用牵索式挂篮施工。

3)实例

安徽池州长江公路大桥主桥为等高塔混合梁双塔斜拉桥,桥跨布置为48m+48m+48m+96m+828m+280m+100m,加劲梁纵向采用飘浮体系,全桥共采用216根斜拉索。加劲梁为混合梁,枞阳岸采用混凝土箱梁结构,伸入辅助跨15m,其余梁段为钢箱梁。索塔采用花瓶形,索塔的上塔柱间嵌固球形的钢结构,斜拉索分组集聚锚固在球形钢结构中。

池州长江公路大桥钢箱梁的安装主要采用浮式起重机安装和桥面起重机安装两种方式(图9-80),各梁段安装方式如下:

(1)索塔区三段梁段安装

索塔施工完成后,安装索塔区梁段施工用支架;利用800t浮式起重机吊装0号块,纵向滑移精确就位后,与索塔横梁临时固结;继续吊装0号块两侧的1号梁段,连接钢梁;安装第一对斜拉索并初次张拉;整体提吊在辅助墩平台上,预先拼装完成的桥面起重机就位,二次张拉第一对斜拉索,临时支架落架。

a)鼻梁　　b)止推系统　　c)模板内部　　d)承载桁架　　e)拉杆与斜拉索连接　　f)浇筑混凝土　　g)远景

图9-79　典型牵索式挂篮施工过程(广东河惠莞高速公路枫树坝大桥)

a)悬臂拼装施工远景

b)悬臂拼装施工近景

c)索塔处加劲梁节段安装

d)悬臂拼装起吊过程

e)起吊加劲梁锚固点

图9-80 池州长江公路大桥加劲梁施工

(2)其余梁段安装

桥面起重机安装完成之后,利用桥面起重机对称垂直起吊、定位、拼接、栓焊连接钢梁,安装并第一次张拉斜拉索;桥面起重机前移,第二次张拉该梁段斜拉索,待下一梁段吊装。

9.6.2 支架施工法

支架施工法是指在临时支墩或支架(满堂支架或临时支墩之间设置托架、劲性骨架)上拼装或现浇的施工方法(图9-81)。支架施工法的施工最为简便,且能确保加劲梁结构满足设计形状要求。但是只适用于桥下净空低、搭设支架方便且不影响桥下交通情况,或跨径和规模较小的斜拉桥。

支架施工法主要包括以下流程:支架体系施工;0号块底模安装;预压;临时固结系统安装;支座安装;0号块侧模端模板安装;绑扎钢筋、铺设预应力管道;安装内模板;绑扎顶板钢筋;浇筑0号块混凝土;养护;侧模拆除;张拉预应力筋;挂第一根斜拉索并张拉。

图9-81 斜拉桥支架施工法示例(某矮塔斜拉桥)

依次依序对称现浇箱梁,重复上述步骤直至加劲梁施工完毕;一次调索、桥面施工;二次调索、拆除支架。

9.6.3 平转法

斜拉桥水平转体施工即平转法,其转动中心一般设在索塔中心。对于塔梁固结斜拉桥,转动中心一般在墩顶,塔墩固结或塔梁墩固结斜拉桥的转动中心一般设在承台顶。斜拉桥由于斜拉索的作用,可大大降低梁高,转体时其悬臂小、临时配筋少,且斜拉索在转体时可起到扣索作用,增加桥梁结构的平衡稳定。平转法主要适用于地形平坦,塔高较低的中小跨径斜拉桥,其根据平转的位置不同,有承台顶平转和墩顶平转两种形式。下面以承台顶平转为例介绍斜拉桥平转法施工。

1)施工工序

平转法的主要工序包括下转盘施工、滑道与球铰安装、上转盘施工、墩身浇筑、临时支墩施工、上部结构施工、转体施工和合龙等。

(1)下转盘施工

首先进行下转盘的施工,并注意预埋转体牵引系统反力座、上下转盘临时锁定装置、限位装置,安装下承台钢绞线。

(2)滑道与球铰安装

精确定位下转盘球铰和撑脚下的滑道,并固定;钢筋绑扎完成后,浇筑下转盘槽道混凝土,浇筑过程注意避免对下转盘球铰和滑道的扰动;下球铰安装完毕后,在下球铰中穿入定位销轴,由内向外安装聚四氟乙烯滑动板、涂抹黄油,安装上球铰,并精调到位;球铰安装完毕对周边进行防护,上下球铰之间用胶带缠绕包裹严密,确保杂质不进入到摩擦面内(图9-82)。

a) 球铰构造

b) 球铰实物

c) 球铰安装

图 9-82 球铰构造及施工

(3) 上转盘施工

上转盘的钢筋绑扎，同时注意预埋牵引索的固定端，牵引索外露转盘部分做防锈处理。然后浇筑上转盘混凝土。

(4) 墩身浇筑

待上转盘混凝土强度达到设计要求后，将其顶面混凝土凿毛，进行墩身浇筑。

(5) 临时支墩施工

根据需要，设置承载加劲梁的临时支墩 (图 9-83)，并安装永久支座。

(6) 上部结构施工

转体系统安装完毕后，进行加劲梁、索塔和斜拉索的施工。

(7) 转体施工

转体施工包括解除上下转盘临时锁定、牵引系统安装、试转、正式转体、转体就位、球铰封盘、浇筑合龙段 (图 9-84)，具体流程为：

①解除上下转盘临时锁定。清除滑道表面由于施工产生的污染物，并清除滑道与撑

脚之间的砂箱;滑道表面清理干净后,涂抹四氟乙烯粉、黄油,尽可能地减小转动时的摩阻力。解除临时锁定设施,即转体前需割除预埋的工字钢。

图9-83 临时支墩示意图

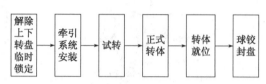

图9-84 转体施工流程

②牵引系统安装。转体结构平转牵引系统由牵引动力系统、牵引索、牵引反力座组成(图9-85)。每个转体的牵引动力系统由千斤顶、油泵及主控台通过高压油管和电缆连接组成。千斤顶水平、对称地布置于转盘两侧,千斤顶的中心线与上转盘外圆相切,中心线高度与上转盘预埋钢绞线的中心线水平;千斤顶置于配套的反力座上,反力座通过预埋型钢深入承台内,对牵引反力座槽口位置及高度精确放样,准确定位;上转盘设置牵引索,逐根顺次沿着既定索道排列穿过穿心式千斤顶。

a)牵引动力系统

b)牵引索

图9-85 牵引系统

③试转。上述准备工作完成后,进行结构转体试运转,全面检查牵引动力系统是否状态良好。试转时应做好实际摩擦系数和惯性制动距离等参数的测试工作。

④正式转体。同步张拉牵引千斤顶使吨位达到计算动摩阻力;助推千斤顶分级施加转力直至撑脚走板水平位移观测确定启动,并记录静摩阻力;进行转体,匀速转动,待平转基本到位时需降低平转速度;接近时,精确点动控制定位,并与测量人员配合确认点动后梁端弧长,防止超转。

⑤转体就位。精确调整转体倾斜位置,并用型钢将上下转盘抄死;利用临时墩墩顶上的千斤顶精确调整梁体端部高程,并采取措施抄垫;以最短的时间完成上下承台固结。

⑥球铰封盘。梁体转体就位后,在两端利用已架设好的临时支墩固定梁体以保证梁体的稳定性,然后进行封盘施工。

采用帮条焊焊接预埋基础和实体块中的钢筋,焊缝长度满足规范要求。采用二次封盘,第一次先封上盘混凝土,在与上部墩身的接口和上下转盘球铰的缝隙处预埋注浆管,待封盘混凝土凝固后用灌浆法填补因混凝土收缩留下的空隙和上下球铰缝隙中可能存在的空洞,保证墩身与上下盘间混凝土的整体性。

(8)合龙

核对高程,浇筑合龙段。

2)实例

河北保定乐凯大街南延工程跨京广铁路转体斜拉桥(图9-86),全长495m,桥面宽39.7m,为双向八车道。大桥施工采用了国际领先的子母塔双转体施工技术。其中,南侧子塔转体桥梁长204m,重3.5万t,转角67.4°;北侧母塔转体桥梁长度为263.6m,重达4.6万t,转角52.4°。大桥合龙后有一定坡度,每100m上升2.6m,中间合龙的部位就是最高点。该桥不仅转体重量世界第一,而且采取制造运输均较方便的大直径球面平铰,属国际首例。

图9-86 河北保定乐凯大街南延工程跨京广铁路转体斜拉桥

该桥在设计时,首次提出基于轧制钢板Q345材料的球面平铰分块拼接技术,上平铰和下平铰分别由2块厚200mm的钢板数控加工而成。

(1)将2块200mm厚的钢板作为平铰毛坯,分别与40mm厚的加强肋熔透焊接,形成刚性较强的整体后进行去除应力处理。

(2)通过加强肋上的螺栓将上面的2个构件拼接牢靠,合并为一个整体后,整体进行数控加工,上平铰的平面度和球面度保证在0.5mm以内。

(3)上平铰整体用数控车床加工为凸球面,再对凸球面进行抛光处理,下平铰整体用数控车床加工成凹球面,再使用摇臂钻加工滑块约束坑。

(4)将其拆解并进行厂内预拼组装,要求其平面度和球面度小于0.5 mm,根据运输条件可进行拆解分块运输,运至施工现场后,对拼时对接缝处进行打磨抛光,使接缝平顺过渡。

该桥跨越京广铁路保定南站,为降低对桥下铁路运营的影响,转体后合龙段采用跨中合龙段钢模施工。转体后合龙时,将吊装段钢模从梁端下放,并搭放在预埋段外伸50cm宽的钢板上,将吊装段与预埋段钢模焊接后,在合龙钢模内进行合龙段钢筋、混凝土浇筑等后续施工,保证了桥下铁路运营安全。其主要施工过程如图9-87所示。

a)球铰安装

b)转体过程

c)合龙

图9-87　河北保定乐凯大街南延工程跨京广铁路转体斜拉桥施工过程

9.6.4　顶推法

斜拉桥顶推法与梁式桥顶推施工类似,即在桥头沿桥纵轴线方向将逐段预制张拉的梁向前推出使之就位的桥梁施工方法。由于顶推过程中,加劲梁需要承受反复正负弯矩,适用于钢斜拉桥施工且桥下净空小、临时墩造价低廉的情况。

顶推施工需在跨内设置临时支承墩,考虑到经济及施工便利,临时支承墩一般设置在跨中;同时,需在梁体前段安装导梁,导梁主要由钢桁架和钢板梁构成,可以减小顶推过程中梁的前端悬臂负弯矩。

顶推前在支架上拼装加劲梁并连接导梁,利用顶推设备将梁体向跨中顶推。加劲梁顶推一般采用多点连续顶推工艺,即在每个墩柱上安装一台自动连续水平千斤顶,用钢绞线作拉杆,在梁底板插入牛腿式钢块拉锚器,牵引加劲梁的底板,完成顶推。

下面以法国米约大桥为例,介绍斜拉桥的顶推施工方法。法国米约大桥是位于法国南部的一座连续斜拉桥,全桥共有7个索塔,总长2480m,由6跨342m的斜拉结构组成,两个边跨204m。加劲梁采用正交异性板钢箱梁,截面为简洁的流线三角形。中间两道腹板是为了顶推施工而专门设置的。

法国米约大桥的桥墩采用底部尺寸为17m×27m的钢筋混凝土单柱式桥墩。这些桥墩到了一定高度后,沿纵向分叉,分叉高度约90m。米约大桥桥墩最高可达245m,采用爬模施工(图9-88)。

a) 施工过程　　　　　　　　　　　　　b) 施工完成

图9-88　法国米约大桥桥墩爬模施工

为了将顶推距离缩短到150m左右,各跨跨中均架设一套横截面12m×12m、装有两套顶推设备的钢管桁架的临时支架[图9-89a)]。边跨的临时支架较中间跨简单轻巧,且只装有一套顶推设备。两个顶推结构的最前梁段均设置一个临时墩[图9-89b)]。

a) 临时支架　　　　　　　　　　　　　b) 临时墩

图9-89　法国米约大桥顶推临时支架与临时墩

加劲梁顶推主要施工工艺为:预先将2000块桥面板在工厂焊接成每块宽32m的钢板,运到桥两端的谷地同其他构件焊接,吊装至安装平台组拼,然后,将钢箱梁顶推至预定位置。每次顶推行程171m,每顶推一跨需5d。由于顶推跨径达171m,为改善悬臂端加劲梁的受力,在顶推过程中,一方面采用导梁降低支点的负弯矩,另一方面利用部分已经安装就位的斜拉索随时调节加劲梁的内力。顶推过程中,当平均风速超过37km/h,顶推操作暂时中止。加劲梁施工过程如图9-90所示。

图9-90 法国米约大桥加劲梁顶推施工过程

米约大桥施工采用了大功率综合液压系统进行临时墩的架设和加劲梁的顶推。钢箱梁底部安装了自动楔进式顶推设备(图9-91),顶推时首先顶升楔块推进,钢箱梁即被托离支撑架;推进楔块前进,带动箱梁前进;顶升楔块缩回,推进楔块及箱梁下降;顶推楔块推进钢箱梁下落至支撑架之上。

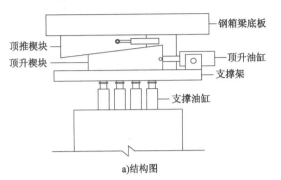

a)结构图　　　　　　　　　　　　　　　b)实图

图9-91　法国米约大桥楔进式加劲梁顶推设备

9.7　斜拉索施工

9.7.1　斜拉索的制作

1)斜拉索的组成

斜拉索由两端锚具、中间斜拉索传力件和防护材料组成,称为斜拉索组装件。斜拉索的主要材料有钢丝绳、粗钢筋、高强钢丝、钢绞线等。成品斜拉索由锚杯、锚圈、连接筒和索体等组成(图9-92)。

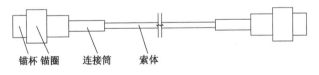

图9-92　成品斜拉索结构示意

2)锚具

目前常用的斜拉桥锚具有镦头锚、冷铸镦头锚和夹片群锚(图9-93)。

(1)镦头锚:用于单根粗钢筋的镦头锚具一般直接在预应力筋端部热镦、冷镦或锻打成型。镦头锚具也适用于锚固任意根数 $\phi 5$ 与 $\phi 7$ 钢丝束。镦头锚具的形式与规格可根据需要自行设计,常用的钢丝束镦头锚具分 A 型与 B 型。A 型由锚环与螺母组成,可用于张拉端;B 型为锚板,用于固定端。镦头锚具的滑移值不应大于1mm。镦头锚具的镦头强度,不得低于钢丝规定抗拉强度的98%。

a)墩头锚　　　　　　　　b)冷铸镦头锚　　　　　　　　c)夹片群锚

图 9-93　锚具示意

(2)冷铸镦头锚:利用环氧树脂与钢球事先将放置在锚环锥形孔内带镦头的钢丝冷铸成整体,再用螺母锚固大吨位钢丝束的支承式锚具。张拉端锚环的尾部加长,有内螺纹。为便于锚固与调整索长,锚环外径沿全长设置有螺纹。钢丝束拉力通过钢球的弹性支承传给锚环。因此,其能承受高应力的变化幅度,具有较高的抗疲劳性能,适用于大跨径斜拉桥的斜拉索。

(3)夹片群锚:一般是利用夹片与钢绞线的摩擦阻力锚固钢绞线的锚具。多孔夹片锚具体系也称群锚体系,由多孔夹片锚具、锚垫板(也称铸铁喇叭管、锚座)、螺旋筋或钢筋网片等组成。这种锚具是在一块多孔的锚板上,利用每个锥形孔装一副夹片,夹持一根钢绞线。其优点是任何一根钢绞线锚固失效,都不会引起整体锚固失效。每束钢绞线的根数不受限制。对于斜拉桥,钢绞线索在进入群锚的锚板前必定先要穿过一节钢筒,钢筒的尾端和群锚锚板间有可靠的连接,在斜拉索的索力调整完毕后,于钢筒中注入水泥浆。

3)斜拉索的制作过程

以高强钢丝为例,斜拉索制作工艺流程主要包括以下步骤(图 9-94、图 9-95):

(1)放丝下料:根据成品索长,考虑各种修正后,确定下料长度。

(2)扭绞缠包:钢丝下料后,由机械引入按斜拉索断面排列的梳理盘中,穿丝梳理,使若干根高强钢丝相互之间处于平行的位置,边梳理牵引边用六角形卡箍紧束,并每隔 2m 随之扎紧,使编束后的钢丝顺直、紧密。使用聚乙烯缠包,具有优良的抗腐蚀、抗变质作用。

(3)挤塑:采用塑料挤出机将呈熔融状态的 PE(聚乙烯)料直接挤包于斜拉索表面。

(4)清洗穿丝:逐根清洗钢丝,并将钢丝穿进分丝板。

(5)锚具安装:将各根钢丝穿入锚板,在钢丝端头进行液压冷镦;钢丝镦粗后随即将镦头拉齐,注入冷铸体并加温固化。

(6)张拉测长:为确保锚具质量,每根斜拉索在安装前,应以 1.2~1.4 倍设计荷载的拉力(0.4 倍断力)进行超索力锚固试验。每根斜拉索还需进行长度复测,可在超张拉卸载至仅剩 20% 时,测量拉索长度,再换算为设计条件下的索长(或取 20℃、零应力时的索长)。

（7）盘卷包装：斜拉索盘绕内径不得小于斜拉索外径的 18 倍，每盘成品斜拉索表面质量的材料捆扎不得少于 6 道。

图 9-94 斜拉索的制作流程

a）放丝下料

b）斜拉索扭绞

c）斜拉索挤塑

d）盘卷

图 9-95 斜拉索制作

4）锚具的加工

以冷铸锚具为例，锚具制作主要包括以下步骤：

（1）下料：根据锚具图纸及其技术要求规定的冷铸锚具，进行备料。

（2）锻造：由锻件厂家自行安装图纸规定的尺寸，留放工艺余量进行锻造。

（3）粗车：锻造完成后，进行粗车，去除由于锻造而出现的缺陷，并为精加工留有余量。

（4）热处理：锚杯、螺母在粗加工后，须进行调质处理，以改善材质的机械性能。

（5）超声波探伤：为保证锚具内部的材质质量，对每套锚具须进行超声波探伤。

（6）精加工：锚具外形加工到图纸所标的尺寸，尤其是螺纹部分。

（7）钳作：对精加工后的锚具进行装配，修整，即钳作。

（8）磁粉探伤：在精加工后，对每套锚具的表面进行一次磁粉探伤。

(9)表面处理:为了解决锚具在施工过程中的锈蚀问题,对锚具各部件(螺母和锚杯)进行表面镀锌处理。

9.7.2 斜拉索的安装

斜拉索安装主要包括运输、进索、放索、移动、挂设、梁部安装和张拉等工作。

1)斜拉索的运输

斜拉索常用船舶与汽车运输,一些斜拉索的尺寸常常超过了汽车运输的高度和宽度的限制,可以将索盘与索盘托架分离运输,运至工地后再组装成整体。在运输过程中,为了保证斜拉索不受损坏,斜拉索可以以钢盘卷绕的形式包装,斜拉索两端的锚具用塑料袋包装后,再用防水彩条编织布包裹;且为了减低斜拉索绕盘后弯曲应力对斜拉索使用寿命的影响,绕在盘上的时间应该尽可能减少。

2)斜拉索的进索

斜拉索进索有桥面进索、水面进索、桥侧水面进索三种施工方法。

(1)桥面进索:由一个固定位置将索从地面或者水面吊至桥面,再从固定位置将索放至两端或连索盘一起运至梁端后再放索。

(2)水面进索:将放索盘置于运输船舶上,运索船航行至悬臂施工的梁端前方水面停泊,利用拖轮与从加劲梁上悬吊下来的钢丝绳将船舶吊住,予以临时稳定。在桥面塔柱下方安装卷扬机牵引进索。

(3)桥侧水面进索:由于已搭设有落地式支架,支架上存储有待安装的钢箱梁,梁端水面进索已无空间,只能在桥的侧面水面进索。

3)斜拉索的放索

斜拉索放索使用专用放索盘放索(图9-96)。放索过程中,由于索盘自身弹性和牵引产生的偏心力会使转盘转动时产生加速度,进而导致转盘失稳,因此应注意转盘的转速。

图9-96 放索示意

4)斜拉索的移动

斜拉索从索盘上释放后,进入梁端、塔端钢套管前,需要在桥面上移动一段较长距离。目前经常使用滚筒(轮)法[图9-97a)]和移动平车法[图9-97b)]等。

a)滚筒法　　　　　　　　　　　　　b)移动平车法

图 9-97　斜拉索的移动

滚筒法指在桥面摆放多个滚筒,滚筒之间要保持合适的距离,防止斜拉索因下垂而与桥面接触,以致刮伤 PE 防护套。

移动平车法是指在桥面每隔一段距离垫一个平车,由平车载索移动。

5）斜拉索的挂设

斜拉索挂设是斜拉索架设安装的一个重要工序,其牵引方法一般有硬牵引、软牵引以及软硬组合牵引(硬牵引 + 软牵引)三种。

(1)硬牵引

硬牵引采用大直径张拉杆进行张拉(图 9-98),牵引力较大,能重复利用;但牵引长度受张拉杆长度限制,一般不超过 4m。典型施工工序为:

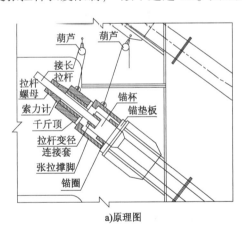

a)原理图　　　　　　　　　　　　　b)实例

图 9-98　斜拉索硬牵引

①从下横梁、上横梁或塔顶牵引卷扬机中放出钢丝绳,穿入索塔内腔,通过转向滑轮转向后,由塔柱壁中斜拉索索道导管穿出到塔外,与斜拉索上的硬牵引头相连接;

②从提升卷扬机中放出钢丝绳,通过转向滑轮转向后扣住索夹提升斜拉索;

③利用手拉葫芦或卷扬机,从梁端锚垫板外通过梁端斜拉索索道钢管绑住斜拉索梁端锚头,将冷铸锚头拉出梁端锚垫板,并用锚圈固定;

④收紧卷扬机,当冷铸锚头超过塔端锚垫板时,拧入锚圈;

⑤放松卷扬机,拆除牵引索、起吊索,安装张拉千斤顶,通过千斤顶牵引张拉杆,完成挂设。

(2)软牵引

采用柔性钢绞线作为牵引索(图9-99),将斜拉索锚头牵引至带帽位置后,安装锚固螺帽。即先将斜拉索牵引端工具锚牵引至塔内千斤顶内,用夹片锁定钢绞线后,再安装梁端锚头,利用塔端内的穿心式千斤顶,牵引连接于斜拉索塔端锚头的钢绞线,将斜拉索锚头牵引至戴帽位置锚固,再拆除钢绞线牵引装置。最后安装张拉杆及张拉千斤顶进行斜拉索张拉。具体施工步骤如下:

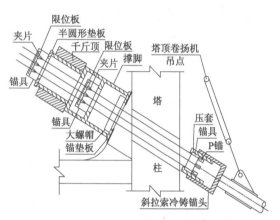

a)原理图　　　　b)软牵引过程实例

c)软牵引与锚杯连接组装

图9-99　斜拉索软牵引

①安装塔顶支架、布置塔顶及桥面卷扬机,牵引千斤顶的最大牵引顶推力应大于单根斜拉索钢绞线的牵引力,斜拉索由桥面上的卷扬机牵引放索至塔柱下方的桥面上;

②斜拉索软牵引连接，从塔腔内待安装斜拉索索道向塔外引出有卷扬机作动力的牵引索，牵引钢绞线的长度以塔外卷扬机最大提升斜拉索塔端锚头提升至最大高度后，塔端锚头距锚固位置的距离考虑一定富余量后进行确定；将钢绞线挤压接头与斜拉索锚杯连接，将钢绞线与之相连的斜拉索从塔外向塔内穿入，穿过夹片锚杯、连接法兰、反力架、锚头螺母，安放于反力架；

③利用卷扬机把冷铸锚头穿过梁端索道导管，直至穿出锚垫板，拧上锚头螺母及长拉杆，当梁端斜拉索锚头锚固后，塔端便可开始软牵引；

④利用塔顶卷扬机或塔式起重机提升，使斜拉索向塔腔的方向拉，使用桥面上的起吊设备配合将斜拉索尽量伸直；

⑤采用工具锚、夹片锁定钢绞线，用千斤顶张拉软牵引钢绞线，直至斜拉索锚头出锚垫板露出螺纹，即将斜拉索锚头牵引至带帽位置，在千斤顶反力架下方旋入预置锚帽锚固斜拉索；

⑥斜拉索锚头被牵引到位后，戴好斜拉索锚固螺母，拆除软牵引设备，安装张拉千斤顶，戴好张拉千斤顶上端丝杆螺母，准备进入斜拉索索力分步张拉工序；

⑦在对称另一跨侧安装另一根斜拉索。

(3) 软硬组合牵引

软硬组合牵引，同时应用了硬牵引和软牵引2种方式，该方法综合了硬牵引及软牵引的优点，目前一般作为超长、超大规格斜拉索安装牵引的首选方式。施工步骤如下：

①斜拉索塔端提升，起吊前，将上锚头与主拉杆、副拉杆连接，并在上锚头后部安装临时索夹作为起吊点，利用塔顶吊架起吊上锚头至预埋管口位置。根据牵引力计算得出的软牵引长度，提前下放软牵引钢绞线至塔外，将钢绞线与副拉杆连接；

②斜拉索软牵引，逐渐提升斜拉索上锚头，穿过预埋管至副拉杆伸出锚垫板后，利用工具锚板临时锚固上锚头，拆除软牵引千斤顶、钢绞线等，完成软牵引作业。在斜拉索软牵引过程中，利用塔顶吊架、卷扬机随时调整斜拉索角度及位置，防止钢绞线、副拉杆及上锚头与预埋管发生冲突；

③软硬牵引工装转换，更换硬牵引千斤顶，并在副拉杆上端连接数个等径接头，在等径接头穿过千斤顶后锚固；

④斜拉索硬牵引，牵引斜拉索上锚头，并逐个拆除等径接头；

⑤斜拉索牵引至主拉杆完全伸出千斤顶，即至带帽位置处，对斜拉索锚杯进行锚固，完成整个斜拉索牵引过程。

6) 斜拉索的梁部安装

斜拉索在梁端的安装主要有吊点法和拉杆接长法。

(1) 吊点法

在梁上放置转向滑轮，牵引绳从套筒中伸出，用起重机将索吊起后，随锚头逐渐牵入套筒，随后缓缓放下吊钩，向套筒口平移，直至将锚头穿入套筒内（图9-100）。

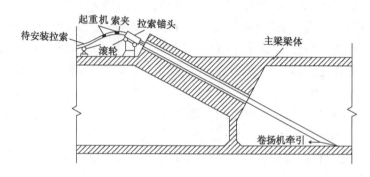

图 9-100　吊点法

(2)拉杆接长法

对于梁部为张拉端的索的安装,采用拉杆接长法较为简单。先加工长度 50cm 左右的短拉杆与主拉杆连接,使其总长度超过套筒加千斤顶的长度,利用千斤顶多次运动,逐渐将张拉端拉出锚固面,并逐渐拆掉多余的短拉杆,安装锚固螺母。运用此法需加工一个组合式螺母,利用此螺母逐步锚固拉杆,直至将锚头拉出锚板后拆除(图 9-101)。

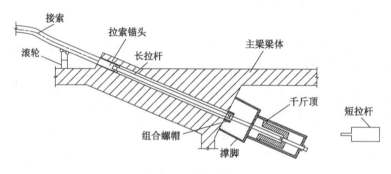

图 9-101　拉杆接长法

7)斜拉索的张拉

根据设计要求及现场实际情况,斜拉索的张拉一般可以分为塔部一端张拉,梁部一端张拉或者塔、梁部两端张拉,以塔部一端张拉使用最为广泛。

斜拉索的张拉工作一般在挂索完成后立刻进行,斜拉索张拉有单根张拉、整体张拉等不同形式(图 9-102)。斜拉索张拉可分为安装阶段的初始张拉与其后的二次张拉。初始张拉是指斜拉索挂设就位时的张拉,可以分批进行,按次序先后实施。进行初始张拉的目的是使加劲梁内建立起必要的应力储备,也为了尽可能减少斜拉索的非弹性变形。

为了减少温度、日照对张拉和梁体高程的影响,斜拉索的第二次张拉应定在温度较稳定的时间进行,如高温季节选择在 0:00 以后,日出之前;常温季节(5~25℃)选择在 20:00 以后,日出之前。

斜拉索作为斜拉桥的主要受力构件,其安装质量对桥梁的结构安全有很大影响,因此应注意以下事项:

（1）为了避免张拉过程中，索塔向一侧偏斜而使索塔底部出现裂纹，索塔顺桥向两侧对称的斜拉索应对称同步张拉，以防止索塔承受过大的弯曲应力；

（2）为了避免桥梁上下游两侧受力不均匀而发生扭转导致梁体出现裂纹，索塔上下游两侧对称的斜拉索应同步张拉；

（3）每次张拉均应分级进行，如以每10t为一级，并做好张拉记录。在张拉过程中，要不断拧紧斜拉索的锚固螺帽，以防止千斤顶回油时，对斜拉索产生冲击；

（4）斜拉索张拉通过张拉力和伸长量双项指标控制，张拉力宜通过压力传感器精确测定；伸长量指标主要用来调节桥面线形。

a)单根张拉

b)整体张拉

图9-102 斜拉索张拉示意

在实际施工过程中，由于施工偏差、风荷载、温度变化等因素的影响，使斜拉桥的各索的实际索力值、桥面高程与设计计算值有一定的偏差，因而一般应结合监控索力与桥面高程等参数对张拉后的斜拉索进行索力调整，使全桥的桥面线形与索力最大限度地满足设计要求。索力调整是个多次重复的过程，直到完全满足设计要求为止。索力调整一般在以下几种情形下进行：a）在一个梁段施工完成，对前一梁段的索力造成影响时；b）在边、中跨合龙前后；c）二期恒载施加后。

索力调整完成后，加劲梁高程要恢复到原合龙状态，保证桥面线形流畅，索力均匀，桥梁结构能处于最理想的受力状态，基本消除徐变、非线性影响，使索力、加劲梁应力、索塔应力都处于安全的工作范围内。

9.7.3 斜拉索的防腐

斜拉索的腐蚀主要是索体中的钢材与周围介质发生电化学作用，造成氧化还原反应所致。引起斜拉索腐蚀的常见因素有空气、水、氯离子以及持续作用于高强钢丝的拉应力等，这些因素都会引起钢材腐蚀。

1)斜拉索的防腐

(1)施工过程保护

①控制托索小车的安放密度,在放索过程中严格控制斜拉索的位置,避免斜拉索接触桥面或护拦装置引起斜拉索聚乙烯(PE)护套损伤破坏。

②当斜拉索将要到达索道孔处时,应避免斜拉索进索道孔过程中丝扣刮伤。

③在斜拉索入索导孔过程中通过液压伸缩杆调整方向,确保斜拉索始终同索导管在同一直线上。

④在斜拉索施工加工件上应加涂防锈漆,确保加工件在施工过程中不锈蚀污染斜拉索及PE护套。

(2)聚乙烯(PE)护套防腐

斜拉索表面挤压设置有聚乙烯(PE)护套,其采用挤出成型(挤塑)工艺,将配好的高密度聚乙烯颗粒经过挤塑设备和模具加热熔融挤制到缆索钢丝束(或钢绞线、钢丝绳)表面,再经过水槽冷却定型而成。其主要优点在于耐腐蚀、密实性好、韧性高、挠性好及使用寿命长(图9-103)。

a)HDPE护套制造

b)HDPE护套焊接

图9-103 PE护套及焊接

(3)斜拉索内部除湿

对斜拉索进行除湿处理。利用机械将干燥空气输送到斜拉索的内部,此时会使斜拉索内外形成正气压差,从而使一定量的干燥空气能够在斜拉索内流动,降低斜拉索内空气的相对湿度。此除湿技术在一些斜拉桥上得到了应用并取得了较好的效果,对于斜拉索钢丝的腐蚀起到了有效的延缓作用。

(4)斜拉索表面涂覆复合缓蚀剂

利用多种成分组成的复合缓蚀剂在热镀锌钢丝的外表上进行涂覆,同时还在外层利用具有较好耐候性的有机涂料进行涂覆。

(5)斜拉索钢丝表面涂覆防锈油脂

为了能够有效地提高斜拉索的耐候能力,可以将防锈油脂涂覆在斜拉索钢丝表面;还可以将防锈油脂通过附加的麻芯引入到斜拉索内部,油脂在拉力和压力作用下会被挤压到各股钢丝之间的表面,从而起到较好的防锈及润滑作用。利用防锈油脂进行防腐具有非常好的效果,但在使用这种方法时,需要对防锈油脂在自然环境中的稳定性进行充分关注。

(6)套管压浆

套管的种类有钢套管、铝套管、聚乙烯套管等,套管与钢索之间的空隙内通常可以压注水泥浆、树脂或油脂等材料。

2)锚具防腐

斜拉索锚具作为斜拉桥重要的组成部件,锚具一部分预埋在桥体钢索导管内,另一部分则会直接暴露在自然环境中,外露部分长期在大气中,极易出现腐蚀和生锈等情况。因此对于斜拉索锚具外露部分、夹片等需要利用专用的防护油脂进行涂刷,同时还需要设置不锈钢防水保护罩(图9-104),罩内注油,避免锚具锈蚀。

另外,上、下锚箱和预埋管内必须预设防水、防潮措施,下端锚垫板应设有排水槽,防止上、下锚箱及导管内部水气、腐蚀性介质与锚具之间的接触。

图9-104　锚具防腐

9.7.4　索力测试

斜拉索索力测试主要有压力传感器法、频率法、磁通量法等。

1)压力传感器法

张拉时,千斤顶的张拉力通过连接杆传到斜拉索锚具,在张拉连接杆上套一个穿心式压力传感器[图9-105a)],压力传感器受压后就会传输电讯号,从而可以在配套仪器中读出千斤顶的张拉力。

2)频率法

频率法[图9-105b)]是依据索力与索的振动频率之间存在对应关系的特点,在已知索长度、两端约束情况、分布质量等参数时,将高灵敏度的拾振器绑在斜拉索上,拾取斜拉索在环境振动激励下的振动信号,经过滤波、信号放大、A/D转换和频谱分析即可测出斜拉索的自振频率,进而由索力与斜拉索自振频率之间的关系获得索力。

3)磁通量法

磁通量法[图9-105c)]是利用放置在索中的小型电磁传感器,测定磁通量变化,根据索力、温度与磁通量变化的关系,推算索力。基本原理为:当磁通量传感器通入电流时,在激磁线圈中会引起磁化力。根据电磁感应原理,在构件纵向会产生磁场,进而在测量线圈中产生感应电压。当磁心的磁通量渗透变化时,输出电压也就会相应发生变化,所以,通过输出的电压值,就可以测得磁心的外加力。

a)压力传感器法

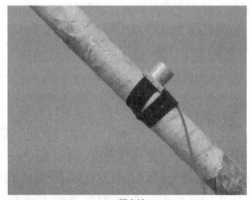
b)频率法

c)磁通量法

图 9-105　索力测试

9.8　典型案例

9.8.1　悬臂拼装施工(苏通长江大桥)

苏通长江公路大桥位于江苏省东南部长江口南通河段,连接苏州、南通两市,主航道桥采用双塔钢箱梁斜拉桥方案,其跨径布置为 100 + 100 + 300 + 1088 + 300 + 100 + 100m,总长 2088m(图 9-106)。采用 7 跨连续半漂浮体系,空间密索型布置;索塔与加劲梁间纵向安装冲击荷载阻尼约束装置——液压缓冲器或黏滞阻尼器,横向设抗风支座传递风荷载。索塔为钢筋混凝土材料,呈倒 Y 形。塔柱分上、中、下三段,上塔柱高 89.396m,中塔柱高 146.692m,下塔柱高 61.612m,总高度 297.700m,桥面以上高 230.410m。斜拉索采用平行钢丝斜拉索,全桥共 272 根斜拉索,最大斜拉索长度 581m,单根最大质量约 65t,与安装在索塔塔柱混凝土内的钢锚箱锚固。

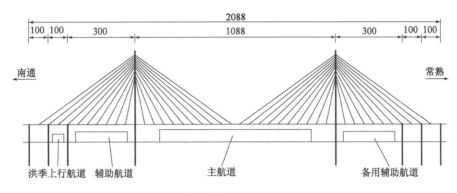

图 9-106 苏通长江大桥结构示意(尺寸单位:m)

1) 索塔施工

下塔柱采用支架配合爬模分节段现浇施工,并在塔平面内设竖向、横向支撑;横梁采用支架法,分两次现浇;中塔柱采用爬模分节段现浇混凝土,并每隔一定距离在塔平面内设横向、竖向支撑;上塔柱一边安装钢锚箱一边爬模分节段现浇混凝土施工。索塔施工现场如图 9-107 所示。

a) 下塔柱施工　　b) 横梁施工　　c) 中塔柱施工　　d) 上塔柱施工

图 9-107 苏通长江大桥塔柱施工过程

(1) 下塔柱施工

利用浮式起重机安装塔式起重机;利用塔式起重机组拼两塔柱间施工万能杆件膺架及联结横梁;安装一号段劲性骨架、绑扎钢筋、立模,浇筑混凝土并养护;按以上方法施工二号、三号段塔柱;利用塔式起重机安装塔柱爬升模板;采用爬升模板施工其余节段下塔柱;塔式起重机随施工高度的增加及时升高和附着;按施工要求安装电梯。

(2) 横梁施工

利用塔式起重机组拼横梁施工万能杆件膺架;对施工膺架进行预应力压重和重物压

重处理;立横梁施工底模,绑扎钢筋,穿波纹管及钢绞线,立侧模浇筑第一次混凝土;张拉部分横梁预应力筋;扎钢筋,立模,浇筑第二次混凝土;张拉横梁其余预应力筋;浇筑横梁范围内的塔柱节段。

(3)中塔柱施工

升高塔式起重机,接高施工电梯,横梁施工完毕后,在万能杆件悬臂支架上安装另一高塔式起重机;拼装中塔柱内侧面施工支架和万能杆件膺架,安装塔柱施工电梯;接高劲性骨架,绑扎钢筋,立模,利用三面爬模一面施工支架分别浇筑1号~3号段混凝土并养护,安装内侧爬模,用爬模系统浇筑中塔柱其余节段混凝土,当两侧塔柱均位于高塔式起重机工作幅度范围内时,拆除矮塔式起重机。

(4)上塔柱施工

升高塔式起重机,接高施工电梯,调整并安装上塔柱施工爬模系统;安装上塔柱劲性骨架,安装索导管及定位架,接长主筋,绑扎钢筋;微调索导管,并精确定位,浇筑上塔柱各节段混凝土并养护。

2)加劲梁施工

索塔区梁段分为五段,利用1500t大型浮式起重机在支架上安装;两辅助跨大节段梁段也利用该浮式起重机吊装(约50m长);其余标准节段利用桥面起重机对称悬臂拼装。施工过程如图9-108和图9-109所示。

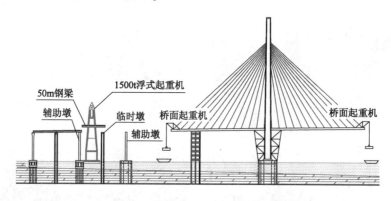

图9-108 苏通长江大桥加劲梁安装示意

9.8.2 转体施工(福建龙岩大桥)

福建龙岩大桥(图9-110)位于龙岩中心城区,建设条件复杂,以小角度(最小23.4°)平面跨越漳龙铁路、龙厦铁路、龙津河及罗龙路和双洋路等。龙岩大桥主桥为190m+150m独塔双索面钢箱梁斜拉桥,塔墩固结、塔梁分离的半漂浮结构体系,采用跨径173.75m+149.7m不对称转体施工方案,转体总质量超过2.4万t。

大桥的主要施工步骤包括:

(1)桩基础、承台、转体结构、索塔等施工[图9-111 a)、b)];

(2) 裸塔一次逆时针转体69°;
(3) 钢箱梁拼装和顶推就位[图9-111 c)、d)];
(4) 斜拉索挂设并初张拉;
(5) 塔索梁二次逆时针转体21°;
(6) 转体钢箱梁与支架钢箱梁合龙;
(7) 转体结构封铰;
(8) 斜拉索二次张拉;
(9) 铺装及附属工程施工。

第一次转体为裸塔转体,无钢箱梁,故索塔重心较高,转体过程中需要严格监测索塔的垂直度。在下横梁和中横梁设置垂直度监测点,采用激光垂准仪进行监测;同时在塔顶安装棱镜,采用全站仪监测塔顶偏移量。

a) 0号块钢箱梁吊装

b) 大节段钢箱梁吊装

c) 标准节段悬臂拼装

d) 加劲梁合龙

图9-109 苏通长江大桥加劲梁施工

图 9-110 福建龙岩大桥

a) 下塔柱施工

b) 上塔柱施工

c) 钢箱梁吊装

d) 钢箱梁焊接

图 9-111 福建龙岩大桥主体结构施工

两次转体之间的时间间隔相差约 8 个月。转动过程中,实时监测牵引索索力、转盘转动速度、梁端转动速度,在铁路"天窗"时段内(1.5h 内)顺利完成转体作业。转动就位后,对转体进行临时锁定;测量加劲梁高程、索塔垂直度,调整索塔梁转体姿态,转体梁段与支架梁段对接、合龙。

转体施工流程为:

(1)转盘下盘(索塔承台)分层浇筑混凝土到 4.7m 高度后,将球铰固定支架、环形滑道固定支架、助推反力座、牵引反力座等预埋件(或预埋钢筋)埋置在其上剩余 0.8m 混凝土层内;

(2)现场精确安装转体球铰结构、环形支撑和环形滑道(图 9-112);

(3)浇筑转盘上转盘混凝土并张拉预应力筋;

(4)施工转体牵引系统(牵引索、牵引反力座和连续作用千斤顶),牵引索在浇筑上转盘时埋设在牵引盘内;

(5)安装临时支撑及锁定结构,用以防止转体前和转体完成时索塔倾覆;

(6)转体钢梁安装就位后,在边跨的最后 2 个节段箱体内精调配置转体施工压重块;

(7)选择合适的天气条件,无雨雪、现场风速不大于 4 级时进行转体施工;

(8)转体就位后,进行临时锚固支撑及锁定,浇筑混凝土封闭转盘并将上下承台连成整体。

a)下球铰施工

b)上球铰施工

c)上转盘施工

图 9-112 福建龙岩大桥转体系统安装

9.9 小结

斜拉桥的上部结构主要由索塔、加劲梁和斜拉索组成，相比于以受弯为主的梁桥，其主要受力构件索塔和斜拉索以承受轴向力为主，加劲梁则变为由斜拉索多点弹性支撑的连续梁，跨越能力得到较大提升，是300 m至1000m之间最具竞争力的桥型之一。

斜拉桥索塔主要分为混凝土索塔、钢索塔和钢-混凝土索塔三种类型，其施工方法主要包括模板现浇和分段拼装两大类，具体可参考高墩、钢塔施工的相关介绍。

斜拉桥加劲梁按照材料的不同可分为钢加劲梁、混凝土加劲梁、钢-混结合梁等。加劲梁施工主要有悬臂施工、支架施工、转体施工和顶推施工等，其中悬臂现浇和拼装是大跨径斜拉桥加劲梁施工最常用的施工方法，其与传统梁桥悬臂施工的不同主要体现在斜拉索可以作为悬臂施工的辅助措施，参与施工过程中的辅助受力。

斜拉索作为斜拉桥的重要受力构件，其生产制作、安装需要专门的施工工艺；斜拉索防腐构造措施也是斜拉桥施工需要重点解决的问题；另外，索力测试是斜拉索施工中必不可少的环节，其主要测试方法包括压力传感器法、频率法、磁通量法等，需要根据实际施工情况选用。

斜拉桥作为多次超静定结构，其施工过程伴随着多次索力调整，一直处于结构体系转换的过程，施工期间应加强施工监测和控制；近年来逐步推广的塔墩梁一体化施工技术也对斜拉桥的施工过程控制提出了更高的要求。

1. 简述斜拉桥的荷载传力路径以及对应的主要传力部件受力特点。
2. 简述不等跨布置的斜拉桥是如何实现索塔受力平衡的。在设计施工时可以采取哪些措施？
3. 斜拉桥的跨径布置有哪些情况？
4. 斜拉桥的斜拉索在索面内的布置形式有哪些类型？分别有什么特点？
5. 斜拉桥辅助墩的作用是什么？
6. 简述采用斜拉桥斜拉索的稀索布置和密索布置的优缺点。
7. 斜拉桥加劲梁施工的方法有哪几种？分别简述它们的优点和适用范围。
8. 根据使用材料的不同，斜拉桥索塔可以分为哪几种类型？各自的优点是什么？
9. 斜拉桥混凝土索塔施工可以采用哪些施工工艺？

10. 简述斜拉桥钢-混凝土组合索塔的施工过程。
11. 斜拉桥钢箱梁悬臂拼装施工的主要施工流程是什么？
12. 斜拉桥混凝土加劲梁悬臂浇筑的主要施工流程是什么？与连续梁悬臂浇筑有何异同？
13. 简述斜拉桥平转法施工的主要施工流程。
14. 试比较斜拉桥加劲梁和普通连续梁顶推施工过程中的异同点。
15. 斜拉桥的加劲梁有哪些形式？斜拉桥的斜拉索有哪些类型？
16. 斜拉桥的斜拉索在塔顶有哪些锚固形式？在梁端分别有哪些锚固形式？
17. 简述斜拉索安装的主要步骤和注意事项。
18. 斜拉索的斜拉索架设的牵引方法有哪几种？并分析它们的异同点。
19. 为什么需对斜拉索和锚具进行防腐处理？请简述几种处理方法。
20. 斜拉索索力测试方法有哪些？分别简述它们的优缺点和选用原则。

第10章

悬索桥施工

10.1 概述

悬索桥是指以悬挂于索塔并锚固于两岸(或桥两端)的主缆作为上部结构主要承重构件的桥梁。悬索桥主要有以下优点:①主缆主要承受拉力,索塔受压,充分发挥材料的优势;②悬索桥与拱桥相比,凭借其柔性的缆显现其刚性;③悬索桥与斜拉桥相比,恒载主要由主缆承受,加劲梁所受的弯矩较小,截面尺寸较小,即加劲梁截面与跨度无必然联系;④猫道、主缆为施工提供现成的悬吊脚手架;⑤显著的美学价值。各种体系桥梁中,悬索桥的跨越能力最大,跨径可以达 2000m 以上。

10.2 悬索桥基本特点

悬索桥结构体系是功能、外形和受力的统一。悬索桥从外形上主要分为单塔单跨悬索桥、单塔多跨悬索桥、多塔单跨悬索桥和多塔多跨悬索桥。悬索桥从受力上主要分为地锚式悬索桥和自锚式悬索桥两种。

10.2.1 悬索桥的基本组成

悬索桥主要由加劲梁、吊索、主缆、索塔、鞍座、索夹、锚碇构成。自锚式悬索桥主缆锚于加劲梁上,没有锚碇。悬索桥的基本组成如图 10-1 所示。加劲梁主要提供抗扭刚度和荷载作用面,并将荷载传递给吊索。吊索连接主缆和加劲梁,并将加劲梁传来的荷载传递给主缆。主缆是悬索桥的主要承重构件,承受活载和加劲梁、吊索及自身的恒载等。塔顶鞍座是主缆转向装置,将缆力的竖向分力传递给索塔。索塔起支承主缆的作用,承受缆力的竖向分力和不平衡水平力。散索鞍在主缆进入锚碇前起分散主缆和转向作用。锚碇(地锚式悬索桥)是锚固主缆的构造物,根据构造的不同以不同方式承担主缆的拉力。

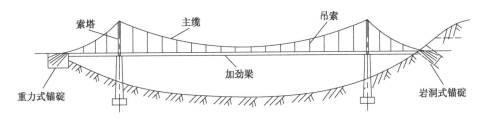

图 10-1 悬索桥的基本组成

10.2.2 悬索桥的受力特点

悬索桥属于柔性结构,是依靠主缆初应力刚度抵抗变形的二阶结构,整体受力表现出显著的几何非线性。成桥时,结构自重由主缆和索塔承担,加劲梁受力状态则由施工方法决定,成桥后作用的荷载由结构共同承担,受力按刚度分配。地锚式悬索桥的传力路径为:加劲梁→吊索→主缆→索塔→锚碇,如图 10-2a)所示。自锚式悬索桥的传力路径为:加劲梁→吊索→主缆→索塔→加劲梁,如图 10-2b)所示。

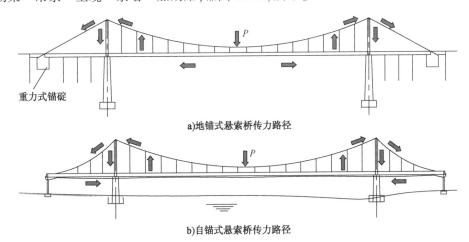

图 10-2 悬索桥的传力路径

加劲梁是保证车辆行驶的传力构件。地锚式悬索桥加劲梁在一期恒载作用下仅受梁段节间自重弯矩作用,在二期恒载和活载作用下主要承受整体弯曲内力。但由于主缆强大的"重力刚度",大部分荷载都分配给了主缆承担,因此,大跨径悬索桥加劲梁的挠度从属于主缆,以致增大加劲梁截面尺寸会出现梁内应力增大的现象。随着跨径的增大,加劲梁退化为传力构件。由于加劲梁在横桥向没有多点约束,因此需要足够的横向抗弯刚度和扭转刚度。

吊索是联系加劲梁和主缆的纽带,承受轴向拉力。吊索内轴力的大小,既决定主缆的成桥线形,也决定加劲梁的弯矩,是决定悬索桥受力状况的关键因素。竖直布置的吊索只承受拉力作用,但斜吊索会因为汽车荷载或风荷载作用不断产生拉、压交变应力,存在严重的疲劳问题。

主缆是结构体系中的主要承重构件,属于几何可变体系,承受拉力作用。主缆在恒载作用下具有很大的初始张拉力,为后续结构提供"几何刚度",可同时通过自身弹性变形和几何形状的改变来影响体系平衡,表现出大位移非线性的力学特征。这是悬索桥区别于其他桥型的重要特征之一,也是悬索桥跨径得以不断增大、加劲梁高跨比得以减小的根本原因。

自锚式悬索桥的加劲梁受力与地锚式悬索桥不同,主缆不提供重力刚度,加劲梁通过弯曲承担大部分荷载,且还要承受锚固在加劲梁两端的主缆传递来的轴向压力,因此自锚式悬索桥加劲梁的截面尺寸较大。

悬索桥的施工与其结构体系构造相关,故地锚式悬索桥与自锚式悬索桥的施工工艺存在较大差异。

地锚式悬索桥的施工主要分为四步:①施工塔锚的基础,同时加工制造上部施工所需构件,为上部施工做准备;②施工塔柱与锚体,包括鞍座、锚碇钢框架安装等;③主缆系统安装架设,包括牵引系统、猫道的架设,主缆索股预制、架设、紧缆,索夹、吊索安装等;④钢箱梁节段的吊装架设,包括整体化焊接等。

对于自锚式悬索桥来说,"先缆后梁"的施工方法工艺复杂、程序多、工艺难度大,采用"先梁后缆"的施工方案更加合理。施工过程中,自锚式悬索桥的体系转换是关键。首先,需要在架设完成加劲梁后,安装缆索系统,然后通过落梁法、顶升法或者吊索张拉法将自锚式悬索桥进行体系转换。目前大多自锚式悬索桥的施工都是借助吊索张拉来实现成桥体系的转换。

10.3 悬索桥发展历程

1)古代悬索桥技术

中国古代的吊桥是悬索桥的雏形。公元前 250 年,李冰在都江堰修建了竹索吊桥;公元 1 世纪,汉朝出现了铁索吊桥。相比之下,英国在 741 年才出现铁索吊桥(Tees 河桥,跨径为 21.84m)。

古代吊桥主要分为三类,即无桥面系、有桥面系和网状结构。无桥面系的是索桥。古代吊桥构造非常简单,仅由一根或数根索构成。荷载直接或者通过某种机具施加在其中一根索上,其他索与承重索之间没有任何联系,只起到扶手作用。溜索桥、双索桥等都属于此类。由于单根索的承载力有限,只能运送小件物体。因此,这种"桥"一般出现在人烟稀少的少数民族山区,供生活所用。

古代吊桥的共同特点是:①依靠经验建造,无特定设计;②没有索塔,纵向索直接锚于两岸山壁或桥头堡上;③没有加劲梁,尽管大部分吊桥有桥面系,但没有刚度,只起到分散和传递荷载的作用,荷载依然靠索承受。因此,古代吊桥在承载能力、跨越能力、刚度和稳定性等方面存在诸多不足。

2) 近代悬索桥技术

近代悬索桥分为两个阶段:1883 年前属于奠基时期,1883—1945 年属于发展时期。

奠基时期,悬索桥发展以欧洲为主。公元 14 世纪的文艺复兴为欧洲的桥梁发展奠定了丰富的自然科学理论和物质财富基础。其中,意大利伽利略建立的代数学和《关于两种新科学的对话》中对材料强度、杠杆原理等的描述,使工程师们能够科学地建造桥梁。该时期,悬索桥的计算主要基于弹性理论。

威尔士康威城堡桥(Conwy Castle Bridge,1822 年,图 10-3)是最早的近代悬索桥之一,由托马斯·泰尔福特(Thomas Telford)设计。该桥的跨径只有 99.7m,但采用了索塔、吊索、加劲梁等重要部(构)件,这与古代吊桥相比有本质的变化。之后,托马斯又于 1826 年修建了英国梅奈海峡桥(Menai Straits Bridge,图 10-4)。该桥梁索塔高 46.7m,跨径 176.6m,是当时英国第一座跨径位居世界之首的桥梁。

图 10-3 威尔士康威城堡桥

图 10-4 英国梅奈海峡桥

该时期悬索桥主缆普遍采用由铁眼杆做成的索链,索塔为圬工结构。由于索链杆件之间接触面小,会产生应力集中,而制成眼杆所用的锻铁又是脆性材料,因此眼杆索链容易在连接处破坏,这使得悬索桥的跨径难以增大。1883 年建成的跨径为 486m 的美国纽约布鲁克林大桥(Brooklyn Bridge,图 10-5)打破了这一格局。德国工程师约翰·奥古斯塔斯·罗布林(John Augustus Roebling)在该桥中首次真正采用平行钢丝索制作主缆。与链式体系相比,平行钢丝索用空中纺丝法(AS法)施工,外荷载分散到每根钢丝上,克服了链式体系的缺点。除主缆材料和形式的创新外,罗布林在布鲁克林桥中还做出了其他重大创新,如发明了"AS法"施工主缆,并依据不同主缆形式发明了塔顶鞍座、散索鞍等构件。但由于罗布林尚未认识到主缆的"重力刚度"作用,增添了多条斜拉索分担主缆荷载。

1883年之后进入近代悬索桥的发展时期。近代悬索桥的发展得益于两大成就:一是纽约布鲁克林大桥的建造,其在主缆材料(平行钢丝)和施工方法(空中纺丝)上做出了创新,并完善了近、现代悬索桥的体系和构造;二是挠度理论的出现,使悬索桥向轻型化发展,跨径有了质的飞跃。

"弹性理论"没有考虑初应力的刚度贡献,并将平衡建立在变形前的位置。根据"弹性理论"计算出的加劲梁需要很大的刚度,因而这一时期的悬索桥有过高的加劲梁和笨拙的索塔,大大限制了悬索桥的跨径。1888年,出生于维也纳的美国工程师约瑟夫·米兰提出了挠度理论,使人们认清了悬索桥的受力特性,悬索桥的跨径得到了进一步的提升。

利昂·所罗门·莫西夫(Leon Solomon Moisseiff)最早应用挠度理论设计了纽约曼哈顿大桥(Manhattan Bridge,1912年),如图10-6所示。该桥主跨448.1m,总长2089m,加劲梁为双层钢桁梁,结构体系为三跨两铰式。纽约曼哈顿大桥改变了传统悬索桥笨重的形象,用全钢索塔代替圬工索塔,是第一座用华伦式桁梁作为加劲梁,第一次采用骑跨式吊索的悬索桥,整座大桥纤细、美观。

图10-5 纽约布鲁克林大桥

图10-6 纽约曼哈顿大桥

1931年由奥斯玛·赫尔曼·安曼(Othmar Herrmann Ammann)设计的纽约乔治·华盛顿桥(George Washington Bridge)主跨为1067m(图10-7),该桥的建成标志着悬索桥进入千米级。在该桥的设计中,因认识到加劲梁对于活载作用下大跨悬索桥刚度的贡献有限,即加劲梁高度不必随跨径增大而增大,因此华盛顿大桥建成后的31年里未设加劲梁,只安装了抗弯刚度极小的桥面系纵、横梁和平纵联(抗风桁架)。

由于挠度理论的应用,1885—1945年期间的悬索桥加劲梁向纤细化方向发展,钢索塔代替了圬工索塔,加劲梁由深桁梁变为浅桁梁,甚至出现了高跨比 1∶350 的板梁。但对"挠度理论"的极端利用和对加劲梁作用的忽视导致了巨大灾难。1940 年,由莫西夫设计的塔科马大桥(图 10-8)在一场风速 68km/h 的持久大风中振毁。该桥主跨长 853m,加劲梁为钢板梁,高跨比只有 1/350,宽跨比仅为 1/72,其宽跨比仅有金门大桥(1/47)和华盛顿大桥(1/33)的一半左右。塔科马大桥事件引起了工程师们对悬索桥加劲梁抗扭刚度的重视,并使人们开始关注大跨径桥梁的空气动力稳定问题。

图 10-7　纽约乔治·华盛顿桥　　　　　　图 10-8　塔科马大桥

自锚式悬索桥首先出现在德国莱茵河上(1915—1917 年)。与地锚式悬索桥相比,自锚式悬索桥省去了巨大的地锚,解决了悬索桥对地基要求甚高的问题。但受到加劲梁截面及施工条件等的限制,自锚式悬索桥使用范围有限,难以成为大跨径桥型。

3)现代悬索桥技术

经历了塔科马大桥风毁事件之后,悬索桥的发展停滞了近十年。1950 年,塔科马大桥进行重建,抗风稳定设计开始受到关注,悬索桥进入现代发展阶段。

1966 年,英国修建的塞汶桥首次采用扁平流线型钢箱梁代替桁架梁(图 10-9),通过改变加劲梁的抗扭刚度和外形来提高悬索桥的空气动力稳定性。与美式悬索桥相比,扁平钢箱梁不仅有更好的空气动力稳定性,且梁高低、自重小,成为后期悬索桥发展的主流。塞汶桥主跨 987.55m,边跨 304.8m,梁高 3m,高跨比 1∶324,与塔科马大桥的 1∶350 非常接近。但塔科马桥板梁锐利的边缘被流线型代替,开口截面很小的抗扭刚度被宽箱梁的大抗扭刚度所代替。塞汶桥的建成标志着悬索桥不再局限于桁架梁和钢索塔的美式体系,开始以扁平钢箱梁为主流,是世界桥梁史上的一次重大进步。

20 世纪 80 年代以后,由于电子计算机的高速发展和广泛应用,为了更快速和更精确地分析结构的力学行为,出现了基于计算机分析的有限位移理论,使悬索桥的计算效率和计算精度得到了空前的提高。

位于丹麦大贝尔特海峡的大海带桥(图 10-10)主跨 1624m,锚碇由锚室、散索鞍以及两者间的中空结构组成,结构形式独特。钢筋混凝土索塔高 258m,主缆直径 827mm,由 18648 根直径 5.38mm 的钢丝组成。

图10-9 英国塞汶桥

图10-10 丹麦大海带桥

日本明石海峡大桥(图10-11)主跨为1991m,为三跨双铰加劲桁架悬索桥,是当前世界第一长跨度的悬索桥。桥梁建设过程中首次采用了"海底穿孔爆破法""大口径掘削法"和"灌浆混凝土"等新技术。明石海峡大桥首次采用1800 MPa级超高强钢丝,两根主缆直径为1122 mm,为当时直径最大的主缆。

虎门大桥(图10-12)主跨880m,是我国第一座自行设计、建造的大跨径钢悬索桥。虎门大桥拥有18项代表当时中国国内或国际先进水平的工程技术和工艺,为我国大跨度桥梁的建设奠定了坚实的基础。

图10-11 日本明石海峡大桥

图10-12 虎门大桥

江阴大桥(图10-13)主跨1385m,是我国首座跨径超千米的特大型钢箱梁悬索桥,也是20世纪"中国第一、世界第四"的大跨径钢箱梁悬索桥。该桥主跨采用带风嘴的钢箱梁,两边跨采用与钢箱梁等高的预应力混凝土连续箱梁。江阴大桥代表了我国20世纪90年代的造桥最高水平,是我国桥梁工程建设里程碑之一。

21世纪以来,面对大江大河和跨海工程的挑战,悬索桥建造技术的发展表现在多个方面:①各式各样的结构外形兴起,陆续出现多塔多跨悬索桥、空间索网体系、斜拉悬索协作体系等结构形式;②结构受力形态的改变,现代悬索桥面临刚度、抗风以及侧向受力等问题,出现了分体式钢箱梁。

泰州大桥为世界首座千米级的三塔两跨悬索桥(图10-14),跨径布置为(390 + 1080 + 1080 + 390)m。为适应三塔悬索桥结构行为要求,泰州大桥首次完成了三塔多跨连续猫道的设计与应用技术,提出并应用了高强度轻质纤维绳先导索水面过江施工技术。此外,应用了具有自主知识产权的主缆除湿系统,形成了完整的国产化除湿系统产业链,提升了我国悬索桥的主缆除湿防护技术水平。泰州大桥采用了多项世界领先的技术,形成了大批具有自主知识产权的创新成果,促进了我国桥梁施工的技术进步,大大促进了跨江越海工程的发展。

图10-13 江阴大桥

图10-14 泰州大桥

舟山西堠门大桥为主跨1650m的两跨连续漂浮体系的钢箱梁悬索桥(图10-15),钢箱梁形式为扁平流线型分离式双箱断面,两个封闭钢箱梁横桥向拉开6m距离。该桥首次采用了分离式双箱断面形式,攻克了结构抗风稳定性难题,开创了台风期架设钢箱梁的先例。

武汉杨泗港长江大桥为主跨1700m的单跨双层钢桁梁悬索桥(图10-16)。地下连续墙采用液压成槽机和双轮铣槽机进行槽段成槽施工,内衬及填芯混凝土采用逆作法施工;索塔采用液压爬模施工,通过优化混凝土配合比、选择高压输送泵,将C60混凝土一泵到顶;主缆钢丝为国产新材料,采用索股混编,PPWS法(预制束股法)架设,利用双线往复式牵引系统进行索股牵引;加劲梁采用整体节段制造、吊装技术施工,钢梁节段采用缆载起重机从跨中向索塔方向逐段吊装。

图10-15 舟山西堠门大桥

图10-16 武汉杨泗港长江大桥

贵州坝陵河大桥为国内首座千米级单跨双铰钢桁梁悬索桥(图 10-17),主缆跨径布置为(248+1088+228)m,东岸采用重力式框架锚碇,西岸采用隧道式锚碇,塔柱为单箱单室的箱形截面,主缆由工厂预制的高强度镀锌平行钢丝索股组成,加劲梁采用钢桁梁结构。坝陵河大桥为我国首次采用桥面起重机架设加劲梁的钢桁梁悬索桥,钢桁梁采用有铰逐次刚结法连接。

湖南湘西矮寨大桥为塔梁分离式单跨钢桁梁悬索桥(图 10-18),主缆跨径布置为(242+1176+116)m,加劲梁长度为 1000.5m,索塔为双柱门式钢筋混凝土空心方柱结构;吉首岸采用重力式锚碇,茶洞岸采用隧道锚碇;主缆为预制平行钢丝索股;采用骑跨式钢丝绳吊索;全桥共 69 个钢桁梁标准节段;桥面系采用纵向工字梁与混凝土桥面板的结合形式。该桥设计时结合特殊的地形、地质条件,首次提出了塔梁分离式悬索桥新结构,实现了结构与环境的完美融合;采用在主缆无吊索区增设竖向岩锚吊索的方式解决了无索区过长造成的结构问题;针对山区大跨度悬索桥加劲梁运输与架设的难题,提出了柔性轨索滑移法架设加劲梁的新工艺。

图 10-17　贵州坝陵河大桥　　　　　　图 10-18　湖南湘西矮寨大桥

江苏镇江五峰山长江大桥是我国首座公铁两用悬索桥(图 10-19),也是目前世界上荷载最重、行车速度最快的公铁两用悬索桥。主缆跨径布置为(84+84+1092+84+84)m,加劲梁采用板桁结合钢桁梁;大桥主缆直径 1.3m,为目前世界上最大直径主缆,单根主缆拉力高达 9×10^8 N,采用预制平行高强钢丝索股结构;吊索采用销接式,吊索上端通过叉形耳板与索夹连接、下端通过叉形耳板与钢桁梁上的锚板连接。边跨加劲梁采用支架顶推法施工,中跨加劲梁采用缆载起重机由跨中向两侧对称架设,并在中跨侧靠近索塔位置处合龙。

广东南沙大桥主跨 1688m(图 10-20),采用"短线匹配法"工艺,实现全桥节段箱梁的装配化预制拼装施工。主缆施工过程中研发的钢丝强度从 1770MPa 一跃提升至 1960MPa,打破了日本等国对 1960 MPa 钢丝生产技术的垄断,达到目前世界范围内最高强度,并使得其钢丝用量减少 10%。此外,该项目还开发了基于 BIM 技术的节段梁预制厂生产管理系统,通过智能化系统对每一个构件进行编号、定位,保证了预制质量的可追溯性及构件出运的合理性。

图 10-19　江苏镇江五峰山长江大桥

土耳其伊斯坦布尔第三座跨博斯普鲁斯海峡大桥（主跨 1408m，图 10-21），是斜拉-悬索协作体系用于超大跨度桥梁的重要实践。桥梁主跨采用正交异性钢箱梁，整座桥梁的拉索系统由主缆、加劲斜拉索及吊索组成。吊索设置在主跨中央 792m 长度范围的悬挂区，而加劲斜拉索则布置在两侧的边跨及部分主跨区域。该桥采用斜拉-悬索桥中的混合式结构，在斜拉结构和悬索结构之间设置了刚度过渡区，在悬索桥中增加斜拉索，主要是为了满足在重载轨道作用下保持桥面整体线形的要求，建造出跨越千米的斜拉-悬索特大桥。

图 10-20　广东南沙大桥　　　　图 10-21　土耳其博斯普鲁斯海峡三桥

在建的土耳其恰纳卡莱悬索桥（图 10-22）主跨为 2023m，建成后将超越日本明石海峡大桥（主跨 1991m），刷新桥梁跨度世界纪录。该桥加劲梁采用分离式钢箱梁，重量更轻，经济性更好。

在建的江苏张皋长江大桥拟首次采用主跨（2300+717）m 的两跨吊钢箱梁悬索桥方案（图 10-23）。这座大桥一旦建成，将创下六项世界之最：世界最大跨径桥梁、最大跨径悬索桥、最高钢-混凝土组合索塔、最长主缆、最大锚碇基础、最长吊索。主江航道桥建成后将超越在建的土耳其恰纳卡莱大桥（2023m），跨径跻身世界第一。

图 10-22 土耳其恰纳卡莱大桥效果图

图 10-23 江苏张皋长江大桥效果图

10.4 悬索桥构造

10.4.1 锚碇

锚碇是地锚式悬索桥锚固主缆索股的重要结构物。其基本功能是通过主缆索股锚固系统将主缆拉力传递给锚体,再通过锚体将荷载传递至基础,最后传至地基,从而起到平衡主缆拉力的锚固作用。

锚碇按结构形式一般可分为重力式锚碇、隧道式锚碇和岩锚,以及基于以上几种类型的复合式结构锚碇等。

重力式锚碇的组成通常可分为基础、锚体及锚固系统 3 大部分,如润扬长江大桥、武汉阳逻大桥、舟山西堠门大桥等采用了重力式锚碇。

重力式锚碇根据其基础嵌岩方式,可分为全重力式锚碇和重力嵌岩式锚碇(图 10-24)。全重力式锚碇通过设置锚碇基础或直接将锚体设置在地基上,以混凝土自重及其产生的基底摩阻力来平衡主缆拉力,其没有或者不计锚前地基岩土的水平抗力,仅将其作为整体稳定性安全储备。

隧道式锚碇主要构造可分为锚塞体、散索鞍支墩(图 10-25)、隧洞支护构造、前锚室、后锚室等,如四渡河大桥、坝陵河大桥、矮寨大桥等采用了隧道式锚碇。根据传力机理,隧道式锚碇可分为普通隧道锚碇和复合式隧道锚碇。普通隧道锚碇仅通过锚塞体传递主缆索股拉力;复合式隧道锚碇是在锚塞体后方增加一定数量岩锚的隧道式锚碇,附加岩锚进一步地将主缆拉力传递给更深层的基岩,从而提高隧道锚碇的锚固能力。

岩锚是当地质条件很好时,结合全桥整体布置,将主缆索股通过钢筋锚杆或预应力锚索等锚固构造直接锚于山体(图 10-26)。

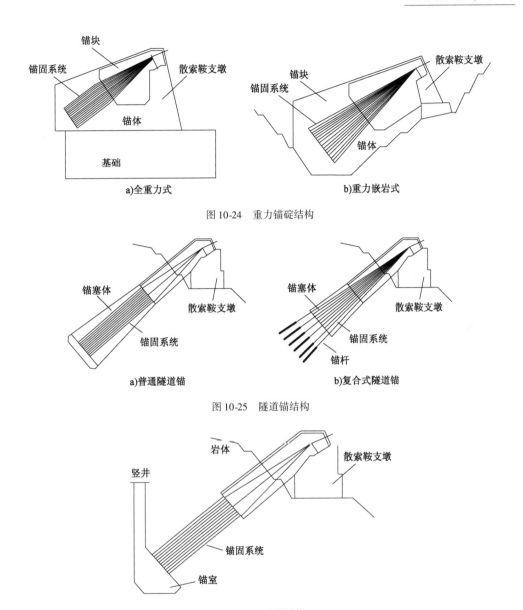

图 10-24 重力锚碇结构

图 10-25 隧道锚结构

图 10-26 岩锚结构

隧道锚与岩锚的主要区别在于：隧道锚是将主缆索股通过锚固系统集中在一个隧洞内锚固，隧洞内浇筑混凝土形成锚塞体；岩锚则将锚固系统的预应力筋分散设置在单个岩孔中锚固，不需要浇筑混凝土锚塞体。此外，岩锚采用高质量的岩体替代锚塞体，节省大量的混凝土材料。

10.4.2 索塔

索塔主要起支撑主缆的作用，同时在风和地震荷载等的作用下为全桥的总体稳定提供安全保障。悬索桥的活载和恒载均传递至索塔上,并通过索塔传递至基础。

根据索塔材料和塔底连接方式不同,现代悬索桥索塔可分为钢筋混凝土索塔、钢索塔和钢与混凝土组合索塔。

根据桥梁横向结构形式的不同,索塔可分为刚构式、桁架式和混合式(图10-27)。

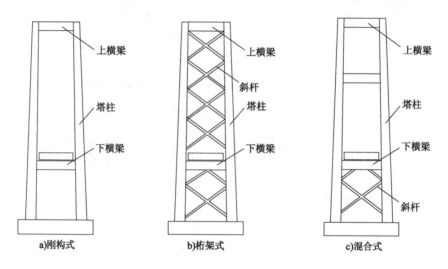

图10-27　索塔在桥梁横向的结构形式

刚构式索塔可设单层或多层横梁,横梁的作用是使整个索塔在横向具备承受悬索和桥面系上全部横向风荷载的刚性。这种形式的索塔在外观上明快简洁,既能适应钢索塔,又能用于混凝土索塔。

为增强索塔横向刚度,除设置水平横梁外,还可设置由若干组交叉的杆件组成的桁架式结构,形成桁架式索塔。该形式索塔无论在塔顶水平变位、用钢数量(经济性)及塔架内力(功能性)等方面均占有优势,且由风力和地震力引起的桥轴垂直方向的塔顶水平位移最小。但由于混凝土索塔交叉斜杆的施工有较大的困难,因而这种形式一般只适用于钢索塔。

混合式索塔是将刚构式与桁架式组合成混合式的索塔,这种形式一般在桥面以上不设交叉斜杆,在景观上可以保留刚构式的明快简洁,而在桥面以下设置少量交叉斜杆以改善塔架的功能性和经济性。这种类型的索塔一般采用钢结构,也可做成钢结构和混凝土组合式,即斜杆做成钢结构,横梁和塔柱做成混凝土结构。

10.4.3　索鞍

索鞍是为主缆提供支撑并使其线形平顺地改变方向的永久性受力构件,是悬索桥上部结构的主要组成部分之一。悬索桥通过不同部位的索鞍向索塔、过渡墩和散索鞍支墩传递主缆的竖向压力,鞍座内的承缆槽弧形面使主缆达到平顺过渡的目的,并形成悬索桥特有的简洁、柔韧而优美的主缆线形。

在悬索桥中与主缆支撑有关的索鞍构件通常可分为三种,包括在索塔塔顶提供支撑的主索鞍、边跨端部的转索鞍以及锚碇处的散索鞍或散索套等构件。

索鞍均布置在主缆几何线形的转折处,主索鞍布置在索塔塔顶,散索鞍布置在边跨和锚跨之间(图10-28)。三跨悬索桥的主缆一般设有4个支撑点,除两个塔顶主索鞍外,下拉装置或者转索鞍(如需要)布置在边跨的过渡墩上。

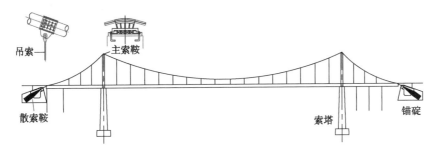

图10-28 主缆支撑件总体布置(南京长江四桥)

1)主索鞍和转索鞍

悬索桥为减轻主索鞍的吊装和运输重量,通常将主索鞍沿顺桥向分成两半,待吊至塔顶后用高强度螺栓拼接。现代悬索桥主索鞍的主要构成可以划分为四部分:由鞍头和鞍身构成的鞍体,上、下承板,索鞍底座格栅以及附属装置(图10-29)。

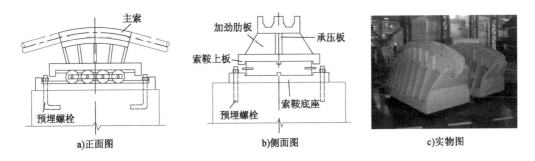

图10-29 主索鞍主要结构及实物图

2)散索鞍

散索鞍设置于锚碇支墩顶部,是主缆进入锚碇前的最后一个支持构件,主要目的是改变主缆索的方向,把主缆的索股在水平及竖直方向分散开来,并把它们引入各自锚固位置。散索鞍同时能满足主缆转向和散索的功能要求。散索鞍和主索鞍一样,可通过铸造、全焊接和铸焊结合的方式制造。大跨径悬索桥的主散索鞍通常采用铸焊结合的方式在工厂加工制作。

散索鞍构造与主索鞍类似,由鞍头和鞍身组成的鞍体、散索鞍的滑动副(摆轴或滚轴组件)、底座和底板以及附属装置四部分组成。图10-30所示为散索鞍的主要结构及实物图。

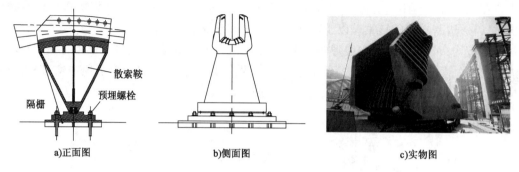

图 10-30 散索鞍主要结构及实物图

10.4.4 牵引系统、猫道

1) 牵引系统

牵引系统是悬索桥上部结构安装施工的重要组成部分,主要构件包括牵引卷扬机、牵引钢丝绳、拽拉器、支撑门架、导轮组和转向滑轮等。它根据用途分为猫道架设的牵引系统和主缆架设的牵引系统。

现代悬索桥的主缆架设方法主要分为预制束股法(PPWS法)和空中纺丝法(AS法)两种,这两种方法将在后面章节详细介绍。针对不同的主缆架设方法需要设计与之相适应的牵引系统,且主缆架设牵引系统一般需要在猫道架设完成后进行转换或架设。

牵引系统根据运行方式可分为循环式(大循环、小循环)和往复式(单线往复式、双线往复式)两类(图10-31、图10-32)。循环式牵引系统的牵引索是一根闭口环状的通长索,通过一台驱动装置和必要的支撑滚筒以及张紧设备,调整设备而运转,分别在上、下游设置驱动装置、支撑滚筒等设备的为小循环;上、下游共用一套水平设置牵引索的则称为大循环。单线往复式牵引系统为单根牵引索、单拽拉器,卷扬机一主一副分置两岸,将索股牵引到位后,拽拉器需空走复位;双线往复式牵引系统为两根牵引索、双拽拉器,两台主卷扬机置于两岸,另一岸设转向导轮,该系统拽拉器不用空走复位,架设效率高。

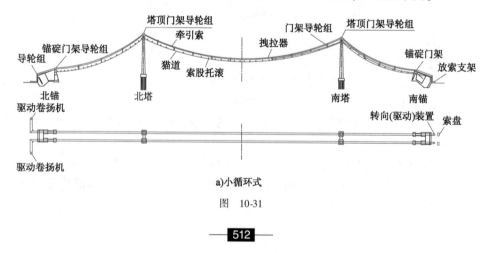

a) 小循环式

图 10-31

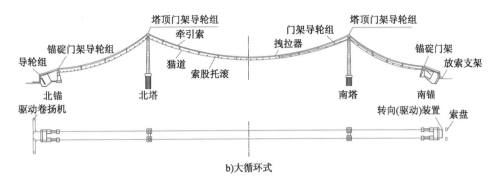

b)大循环式

图 10-31 循环式牵引系统

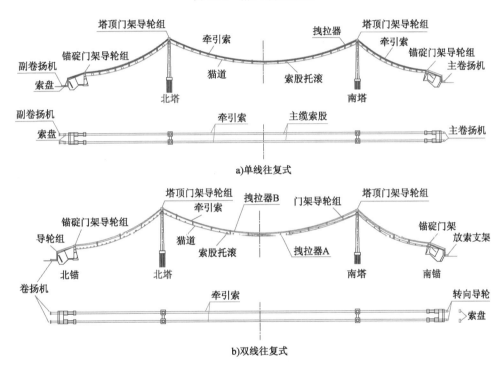

a)单线往复式

b)双线往复式

图 10-32 往复式牵引系统

牵引系统的分类见表 10-1,PPWS 法可采用循环式或往复式,而 AS 法仅可采用循环式。

牵引系统分类 表 10-1

	牵引系统分类		适用范围
牵引系统	循环式	大循环	PPWS 法、AS 法,适用较小跨径,工效低
		小循环	PPWS 法、AS 法,适用跨径范围大,工效高
	往复式	单线往复式	猫道架设、PPWS 法,适用中小跨径悬索桥,工程量小,工效低
		双线往复式	PPWS 法,适用大跨径工程量大,工效高

日本明石海峡大桥主缆牵引方式采用门架式牵引,运行方式为双线往复式,江阴大桥牵引方式与之类似。目前国内悬索桥牵引系统的设计以及操作运行规程大都参照日本的经验。国内外部分悬索桥牵引系统技术结构形式对比见表10-2。

国内外部分悬索桥牵引系统的技术结构形式对比　　　　表10-2

序号	桥　名	主跨(m)	主缆 PPWS 构成	直径(mm)	长度(m)	单根索股质量(t)	运行方式	牵引方式
1	汕头海湾大桥	452	110×91×φ6	560	1029	15	小循环	轨道
2	广东虎门大桥	888	110×127×φ5.2	687	1634	34.6	往复	门架
3	西陵长江大桥	900	110×91×φ5	550	1530	30.6	小循环	轨道
4	厦门海沧大桥	648	110×91×φ5.1	570	1228	17.8	往复	门架
5	江阴长江大桥	1385	171×127×φ5.3	897	2200	50	往复	架空索道
6	宜昌长江大桥	960	104×127×φ5.1	655	574	32.1	往复	门架
7	润扬长江大桥	1490	184×127×φ5.3	906	2600	58	往复	门架
8	日本明石海峡大桥	1990	290×127×φ5.2	1122	4071	87.1	往复	门架
9	日本白岛大桥	720	52×127×φ5.2	470	1620	34	小循环	门架

2)猫道

猫道是悬索桥上部结构施工最重要的高空作业通道和场地,其线形近似平行于主缆空缆线形。在整个上部结构施工期间,猫道的功能是作为主缆架设、加劲梁吊装、主缆防护等施工的作业平台。猫道的使用贯穿整个悬索桥上部结构安装工程始终,其线形、结构安全、抗风稳定性等将影响整个上部构造施工各个主要分项工序的质量、进度和施工安全。

猫道架设一般采用单线往复式牵引系统,进行猫道承重索架设和猫道其他相关构件安装。猫道通常由悬吊在索塔与索塔、索塔与锚碇之间的数根平行承重钢绳、横梁组成,其上铺设钢丝网面层、防滑木条、扶手栏杆、扶手钢丝绳等,如图10-33所示。

承重索是猫道的主要受力构件,采用捻制不旋转的钢丝绳制作。根据施工要求和经验,猫道成形后承重索的中心线一般低于主缆架设中心线1.5m左右,该距离的选用除应充分考虑主缆架设时施工人员的操作方便外,还应考虑索股的牵引、主缆的箍紧及涂装时使用特殊机械(挤紧机、缠丝机)的操作空间要求。

猫道面层的布置不仅应具有便于安全作业的结构构造,还应在选材时考虑满足猫道整体具有足够的刚度。对于预制束股法(PPWS法),猫道宽度一般取4.0m左右,对于AS法可取更小。猫道面网采用两层结构形成,底层为5mm的粗眼钢丝网,顶层面网采用2mm细眼钢丝网,防止物件坠落,2~4m设一道型钢与猫道承重索固定,之间设3根方木加强面网刚度。

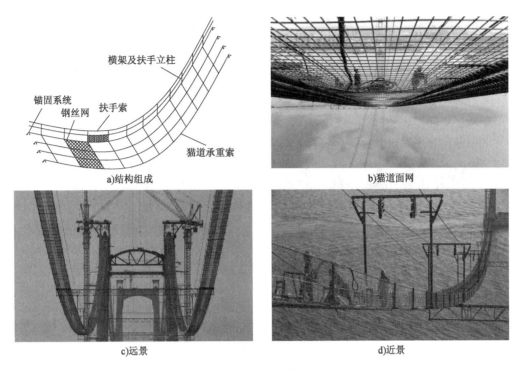

图 10-33 猫道

猫道每隔 4m 左右设置栏杆立柱,在全长范围每侧栏杆上用钢丝绳设一根扶手索和 1~2 根防护索,扶手索主要作为工人行走的扶手,防护索主要用于固定侧面防护网,以策安全。侧面防护网采用高 1~1.2m 的粗眼钢丝网。

猫道横向通道可以满足上、下游猫道之间的联系,方便施工人员和设备及材料的转移,并提高猫道自身的整体稳定性,增强其抗风能力。为降低恒载质量,横向天桥采用钢管或方钢的桁架结构,并应进行结构强度验算。横向天桥的面层及栏杆防护可与猫道面层布置相同。横向通道以 150m 左右一道为宜。

为了使猫道具有抗风稳定性、足够的刚度,需要在猫道下方设抗风缆系统。由于通航原因不能设置抗风缆的,可增加横向天桥的密度来增强猫道的稳定性和刚度。

10.4.5 主缆

主缆是悬索桥主要承力构件,除早期中、小跨径悬索桥采用钢丝绳或钢绞线作为主缆材料外,现代悬索桥均采用高强度钢丝。主缆施工是整个桥梁施工过程中较为复杂的部分。由于主缆从空缆状态到成缆状态位移及应力变化均很大,施工各个阶段的结构都比较难以控制,容易产生施工误差或者结构不稳定的情况,所以丝股无应力长度准确控制和主缆架设是悬索桥上部结构施工重点。主缆在施工过程中常组合为正六边形截面,在紧缆完成后呈圆形截面(图 10-34)。

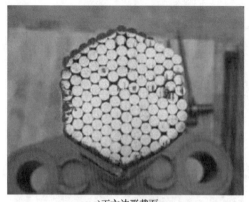

a)正六边形截面　　　　　　　　b)圆形截面

图10-34　主缆截面

主缆的架设方式可分为预制束股法(PPWS法)和空中纺丝法(AS法)两种。

PPWS法是预先将若干根钢丝组合成具有正六边形截面的平行钢丝束,用纤维强力带包扎定型形成平行钢丝索股,两端安装锚头,随后运输至施工现场,经现场架设后形成主缆。由于索股制造在工厂进行,减少了各工序的相互干扰和气候的影响,制作质量能得到更好的控制,且现场施工速度快,主缆架设质量容易保证。目前国内所建大跨径悬索桥大都是采用PPWS法架设主缆。

AS法是一种在猫道上现场制作平行索股的施工方法,即利用牵引系统纺丝轮在空中牵拉钢丝,多次反复,当钢丝达到一定数量时,对钢丝进行梳理、调整后捆扎,形成平行钢丝索股。此方法在欧美应用较多。AS法工效虽然低于PPWS法,但是与PPWS相比,减少了工厂制索环节及费用,且索股数量少(约为PPWS的1/3),可最大限度地减小锚体或锚塞体尺寸,对主缆材料运输条件要求更低,具有一定的经济性。其在我国贵黄高速公路阳宝山特大桥悬索桥主缆进行了首次尝试。

PPWS索股截面一般为正六边形,如图10-35a)所示,每根索股钢丝直径和数量由设计单位根据主缆受力情况及施工环境的运输条件等综合考虑,目前最常用的为91丝和127丝。AS法索股截面呈圆形,如图10-35b)所示,每根索股钢丝数在127~552丝之间。

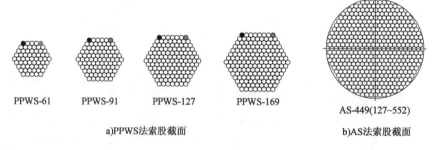

a)PPWS法索股截面　　　　　　　　b)AS法索股截面

图10-35　索股截面

为便于紧缆后将主缆挤压为圆形,减小主缆的空隙率,主缆索股通常按照六边形或者近似六边形配置、排列。PPWS 法、AS 法施工主缆典型截面分别如图 10-36a)、b)所示,紧缆后的形状均为圆形,如图 10-36c)所示。

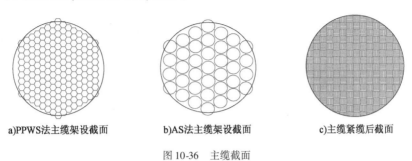

a)PPWS法主缆架设截面　　b)AS法主缆架设截面　　c)主缆紧缆后截面

图 10-36　主缆截面

10.4.6　索夹、吊索

1)索夹

索夹、吊索是悬索桥上部结构悬吊系统的重要构件。吊索通过索夹将加劲梁悬挂于主缆上;索夹不仅起到紧箍主缆、保持主缆形状的作用,还通过吊索将加劲梁一期恒载、二期恒载、车辆荷载及其他荷载传递给主缆。

按夹紧方向可将索夹分为左右对合型和上下对合型,按功能可将索夹分为有吊索索夹、无吊索索夹和中央扣索夹。常见索夹结构及实物图分别如图 10-37、图 10-38 所示。

有吊索索夹一般设在悬索桥加劲梁上方的主缆上,用于连接主缆与吊索,其功能主要是将桥面荷载经吊索传递给主缆。有吊索索夹可分为骑跨式索夹和销接式索夹。骑跨式索夹通常采用左右对合的两半,索夹夹体上设有承索凹槽,钢丝绳吊索骑跨于承索凹槽内,将主缆与加劲梁连接。销接式索夹多采用上下对合型,其下部伸出吊耳,通过销栓将吊索与索夹连接。与销接式吊索相比,骑跨式吊索构造简单可靠,吊索对上半部索夹的压紧作用增加了摩擦力,有利于索夹抗滑。

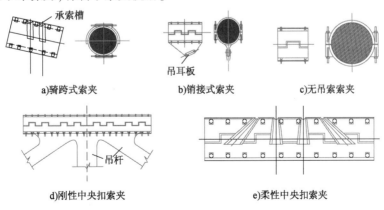

a)骑跨式索夹　　b)销接式索夹　　c)无吊索索夹

d)刚性中央扣索夹　　e)柔性中央扣索夹

图 10-37　索夹结构

a)骑跨式索夹　　b)销接式索夹

c)无吊索索夹　　d)刚性中央扣索夹　　e)柔性中央扣索夹

图10-38　索夹实物图

在无吊索索夹中，按其功能可将其分为锥形封闭索夹和普通封闭索夹。由于主缆在进出塔顶主索鞍时直径有较大的变化，锥形封闭索夹能适应这种变化并将主缆夹紧，也能为进出鞍罩的主缆护套提供支撑位置，封闭主缆。普通封闭索夹仅用于夹持主缆，保持主缆形状。

为提高结构的整体稳定性，减少短吊索折弯疲劳及梁端纵向位移，也可采用中央扣索夹。中央扣索夹是设在跨中的主缆与加劲梁的连接装置，其设置方式分为刚性和柔性两种：①将加劲梁在跨中位置采用刚度较大的构件与主缆进行连接，如三角桁架等，称为刚性中央扣，其中，润扬长江大桥南汊桥在我国首次采用刚性中央扣；②采用限制纵向位移方式进行连接，如一对或者多对斜吊索（斜扣索），称为柔性中央扣，五峰山长江大桥便选择了这种形式。

2）吊索

吊索的布置形式一般有竖直布置和斜向布置两种，与索夹的连接方式可分为骑跨式和销接式（图10-39）。骑跨式连接时，为了避免产生过大的二次应力，吊索材料一般采用较柔的钢丝绳。销接式吊索没有弯曲应力折减问题，故吊索材料可选用钢丝绳或者高强平行钢丝，比较经济。

吊索与加劲梁的连接方式包括锚头承压式和销接式，锚头承压式即锚头通过吊索垫板以承压的方式顶住加劲梁；销接式即在吊索设置销孔，与加劲梁调节杆销接（图10-40）。吊索与加劲梁连接时采用销接式锚头可以简化加劲梁锚箱构造，方便加劲梁的加工、安装及维护。

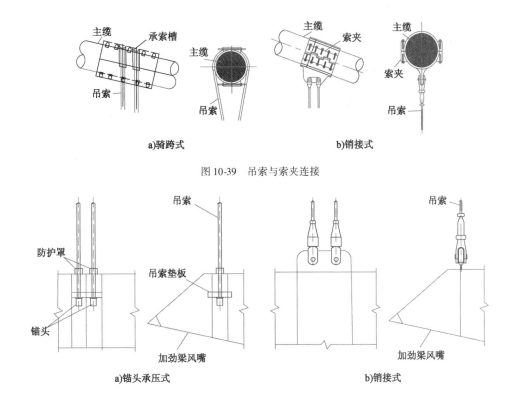

图 10-39 吊索与索夹连接

图 10-40 吊索与加劲梁连接

10.4.7 加劲梁

加劲梁直接承受车辆和其他各种荷载,在结构上起到支承和传递荷载的作用,桥面上的活载及加劲梁的恒载均通过吊索传递至悬索桥的主缆。

常见的悬索桥加劲梁有钢箱加劲梁、钢桁架加劲梁和预应力混凝土加劲梁这三种类型,而钢-混凝土结合梁在小跨径悬索桥也有一定的应用。大跨径的悬索桥主要使用钢箱梁和钢桁梁这两种加劲梁类型(图 10-41)。

钢桁架加劲梁一般由主桁、横向联结系、水平联结系、桥面板系等主要构件组成,桁架间常采用高强度螺栓连接。平面联结系在横梁、纵梁、桥面框架和主桁杆之间起着剪力传力机构的作用,使各部件形成一个刚性的空间受力体系。

钢箱加劲梁是由箱梁顶板、底板、斜腹板等可靠连接形成的闭合流线型薄壁箱体结构,箱内纵桥向每隔一定距离设横隔板。箱梁顶板一般为正交异性板结构,底板、腹板为带肋的钢板,横隔板有肋板式、空腹桁架式、空腹板式三种类型(图 10-42)。

悬索桥加劲梁采用混凝土梁时,一般宜采用流线型全封闭式整体箱形截面,也有少数小跨径悬索桥采用加劲板梁。悬索桥预应力混凝土加劲梁的结构设计与混凝土斜拉桥的预应力混凝土加劲梁基本相同。

a)钢桁梁　　b)钢箱梁

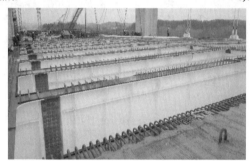

c)钢-混凝土结合梁

图 10-41　悬索桥不同类型加劲梁

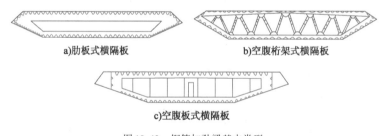

a)肋板式横隔板　　b)空腹桁架式横隔板

c)空腹板式横隔板

图 10-42　钢箱加劲梁基本类型

10.5　锚碇施工

锚碇的作用是将主缆拉力传递到地基中,需结合桥位区的地形、地质条件将锚碇设置在较适当的地基之上。隧道式锚碇一般用于节理较少、岩体力学性能较好的外露基岩的桥址处。主缆的巨大水平力通过索股、锚杆传入隧道中的混凝土,再通过混凝土与隧道岩体间的黏结力传递给周围的岩体。而重力式锚碇基础形式多样,分为直接基础形式和人工基础形式。直接基础是指锚体直接作用于持力层上;而人工基础则是由于锚碇区域表层岩体或土体力学性能较差,需人工开挖使基础作用在持力岩层或土层上。常用的重力式锚碇基础主要有沉井基础和地下连续墙基础等形式(图10-43)。

a)沉井　　　　　　　　　　　　b)地下连续墙

图10-43　锚碇基础施工形式

采用沉井基础时,其主要优点是沉井预制下沉,混凝土质量易于保证,沉井整体刚度大,井壁是永久性基础,且具备施工挡水、挡土的围堰结构功能。主要施工流程为:基坑开挖→铺砂垫层和垫木或砌刃脚砖座→沉井浇筑→布设降水井点或挖排水沟、集水井→抽出垫木→沉井下沉封底→浇筑底板混凝土→施工内隔墙、梁、板、顶板及附属设施等。

采用地下连续墙基础时,地下连续墙基础既是施工的临时支撑、挡土和挡水的围堰结构,又是后期永久性结构的组成部分。结构整体刚度大,施工时基本不扰动周围土体。主要施工流程为:开挖导沟→修筑导墙→开挖沟槽→清淤→吊放接头管→吊放钢筋笼→下导管→灌注水下混凝土→拔出接头管。地下连续墙作为悬索桥锚碇基础的重要围护结构,最早出现在20世纪80年代的日本,因具备刚度大、占地少、施工速度快、防渗性能好、经济效益高等优点得到了广泛应用。我国自虎门大桥引进并采用地下连续墙作为锚碇围护结构以来,多座越江跨海的悬索桥采用了地下连续墙围护结构,如阳逻长江大桥、润扬大桥、南京长江四桥、深中通道等。

1)重力式锚碇施工

锚碇施工主要包括锚块、散索鞍支墩混凝土浇筑和锚室前墙、侧墙及顶板的施工,其中锚室前墙、顶板一般在悬索桥主缆架设完成后进行施工,常规施工工艺流程如图10-44所示。

锚碇中的锚块、散索鞍支墩通常为大体积混凝土结构,控制混凝土温度裂缝是锚碇施工的关键。

(1)混凝土浇筑

为有效抑制由水泥水化热引起的温度升高,防止有害裂缝的产生,在充分考虑现场施工能力的情况下,需对锚体进行合理的分块、分层以方便施工,如图10-45所示。

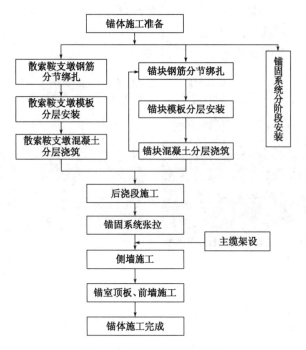

图 10-44 锚体施工工艺流程图

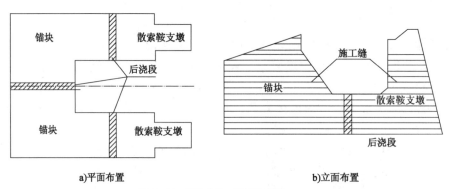

图 10-45 锚体分块、分层示意图

混凝土的浇筑宜采用泵送工艺。混凝土的浇筑厚度应根据振捣器的作用深度及混凝土的和易性确定。为了确保浇筑密实，浇筑过程中应采用插入式振动棒振捣，振捣时要做到快插慢拔，直到混凝土不再明显下沉、不再出现气泡、表面泛浆和外观均匀时停止。混凝土应连续浇筑，尽量缩短间歇时间，应在前层混凝土初凝之前将次层混凝土浇筑完毕。

(2)混凝土养护

大体积混凝土对养护的要求较高，需进行保温、保湿养护。混凝土终凝后即开始养护，通常在表面覆盖土工布、麻袋或者草垫等吸水材料，并及时充分洒水保持表面润湿，以减少混凝土的收缩。同时根据实测的混凝土温度和环境温度变化情况，及时调整保温层厚度，保证混凝土内外温差满足要求。

(3) 锚固系统安装

锚固构件是全桥关键的受力部件,为最大限度降低定位偏差产生的附加应力,确保系统安全度,锚固钢板必须精确定位并可靠固定。安装前首先需要进行平面拼装,平面拼装是将每一个锚固板单元在平台上预拼装为整块锚固板,检验外观几何尺寸的准确性、各锚固单元间的匹配性、各锚固单元的相对关系,并做好安装标记。安装时首先采用绝对测量的方法精确测量并控制首层锚固板的位置。按照工厂预拼时的标记点将上、下层锚固板精确定位,新安装的锚固板与已安装的锚固板的相对位置恢复至工厂拼装状态,图10-46所示为典型重力式锚碇施工过程及完成外观(南京长江四桥)。

a) 锚固钢板安装

b) 锚体施工完成

c) 主缆安装锚碇

图10-46 重力式锚碇施工过程及完成外观(南京长江四桥)

2) 隧道式锚碇施工

隧道式锚碇(也称隧道锚)施工通常包括隧洞开挖及支护、锚塞体施工、散索鞍支墩施工、前锚室侧墙及顶板施工等工序,如图10-47a)所示,复合式隧道锚施工还包括岩锚施工[图10-47b)]。

(1) 隧洞口开挖与边坡支护

洞口开挖和进洞施工宜避开雨季、融雪期及严寒季节。进洞前应完成洞口排水系统的施工,清除洞口上方可能滑塌的表土和危石。洞口边坡及仰坡应自上而下开挖,洞口有邻近建筑物时,应采取微振动控制爆破。洞口可能出现滑坡、坍塌或偏压时,应及时采取措施进行处理,确保仰坡不滑塌。

a)隧道锚施工

b)岩锚施工

图10-47 隧道锚与岩锚施工

(2)隧洞开挖与支护

①开挖

隧洞开挖一般采用新奥法原理,信息化组织施工。新奥法施工的核心是充分利用围岩的自身强度和施作的支护共同抵抗围岩压力,尽量减少扰动围岩,及时施作喷锚初期支护,及时量测及反馈信息,并使断面及早封闭。根据地质、机械设备等条件采用尽量少扰动围岩的开挖方法,如全断面法、台阶法或分步开挖法。

图10-48 隧洞装渣

②出渣运输

一般隧道锚隧洞纵坡较大,出渣系统应综合考虑安全和效率,在保证安全的情况下选择合适的出渣运输设备(图10-48),以提高效率。

③初期支护

隧洞初期支护应配合开挖作业及时进行,支护施工顺序应与开挖顺序一致。每开挖完成一段后,首先架设钢支架,然后进行钢支架后部的钢筋网安装;接着进行锚杆的布孔、钻孔、压浆和杆体安装;最后进行喷射混凝土施工(图10-49)。

④围岩压浆

隧洞开挖至设计洞底断面后,应对锚洞内渗水情况进行量化记录,以确定是否需要进行围岩压浆处理。

围岩压浆前应先进行试压。试压时应在锚洞中选择几个典型部位进行。试压前,应根据岩层压浆厚度要求,确定试压各项参数,具体包括压浆孔深、压浆孔径、压浆孔距、压浆压力、压浆稳压时间、压浆材料和水灰比等。

⑤二次衬砌(图10-50)

锚碇所处地段围岩地质条件较差时,通常在锚碇洞室的初期支护与二次衬砌之间加设防水层。

a) 架设钢支架

b) 喷射混凝土

图 10-49 隧洞初期支护

（3）岩锚施工

①施工准备

在隧道锚洞中锚塞体后端围岩的掌子面开挖完成后，通常采用喷射混凝土封闭岩锚面。在岩锚孔开钻施工前，先搭设好钻机工作平台，同时应设置一定数量的固定点，作为岩锚施工定位网使用，以便精确控制岩锚孔的成孔。

②岩锚孔放样

将岩锚前端面的上拱部圆心确定为二维坐标系的基点，计算出每个岩锚孔分别在岩

图 10-50 隧洞二次衬砌

锚前端、岩锚面、岩锚后端的三维坐标以及相应的竖向、水平倾角等数据。采用全站仪用三维坐标法对各岩锚孔进行放样，在开钻前将各个岩锚孔的准确位置标记在岩锚面上。

③岩锚孔成孔

岩锚施工时的钻孔宜采用钻机成孔。钻孔位置确定以后，即可进行钻孔施工。岩锚孔顺直且角度准确是岩锚施工的关键，因此应采取有效的措施保证钻机安装稳固。

成孔后需对孔位、孔深、角度等方面进行检查，确保孔内无积水、钻渣。

④锚索的制作及安放

岩锚锚索的制作应按锚索结构图在专门的制索平台上进行。钢绞线下料时宜采用砂轮切割，以免损伤钢材而降低抗拉强度，锚索自由段应进行防腐处理，并套上塑料管等，使其与灌浆体隔离。

⑤岩锚的压浆与张拉

锚索应位于锚孔中央，岩锚锚索放置就位后应及时进行压浆施工。压浆宜连续一次完成，停止压浆的标准是排气管排出浓浆并稳压几分钟。水泥浆中可掺入减水剂以减小泌水率，同时掺入膨胀剂以抑制水泥浆体的干缩，保证水泥浆体与孔道紧密形成整体。

10.6 索塔施工

1）混凝土索塔施工

混凝土索塔的施工以现浇为主，现代悬索桥索塔多采用液压自提升爬模分节浇筑的方法施工。横梁多为预应力混凝土箱形结构，一般采用支架现浇，少数横梁采用工厂预制构件，然后运到现场进行吊装架设。预制横梁与塔柱之间的连接常采用湿接缝并施加预应力来完成。

图 10-51　南京四桥混凝土索塔施工

索塔施工属于高空作业，工作面狭小，施工难度大，在实施方案中应详细考虑起重设备的选型与布置、混凝土输送设备选择、模板系统选择，以及人员上下安全通道的布置等问题。南京四桥混凝土索塔施工如图 10-51 所示。

（1）塔柱施工

混凝土索塔塔柱通常采用分节浇筑施工，其主要包括劲性骨架、钢筋、模板、混凝土等的施工，同时还应考虑塔柱预偏量和主动横撑的设置。

①劲性骨架施工

劲性骨架一般由型钢组成桁架式结构，在塔柱施工中起到施工导向、钢筋定位和横板固定的作用，有利于施工安全和质量控制。

劲性骨架安装在塔柱壁中央，侧面顺应塔壁倾斜角度。对于倾斜角度较大的塔柱，因劲性骨架自由端长度较长且受到竖向主筋的拉压作用，其将沿塔柱倾斜方向发生偏移，从而造成钢筋位置发生变化、混凝土保护层不足、模板定位困难等情况。为了保证劲性骨架与塔柱倾斜度保持一致，一般采用骨架安装预偏法来消除自重偏心和外力作用引起的误差。

②钢筋工程

塔柱主筋一般采用机械连接接长，同一断面接头数量不应超过全断面的50%。钢筋接头可采用焊接或绑扎搭接方式，直径25mm及以上的钢筋接头应采用机械连接。竖向主筋依靠劲性骨架上的定位框精确定位，逐根就位连接，然后绑扎箍筋、拉筋。

③混凝土施工

由于索塔一般采用高性能混凝土，具有较特殊的施工特点，即要求混凝土具有较大流动度、高弹性模量和较小的收缩和徐变性能，因此宜采用高集料、低水灰比、低水泥用量，并适量掺加混凝土掺和料和外加剂的方法进行混凝土配合比设计。

④塔柱变形控制

在塔柱施工时，应对各施工阶段塔柱的强度和变形进行验算，分高度设置主动横撑，使其变形、内力和倾斜度满足设计要求并保证施工期结构的安全。

对于倾斜角度较小的塔柱，可通过塔柱强度和变形验算设置塔柱预偏量以消除塔柱的变形和内力，而不设置主动横撑。

（2）横梁施工

混凝土索塔的横梁如为预应力混凝土箱形结构，横梁施工可采用支架现浇和预制吊装施工。

①支架现浇施工

支架结构形式可分为落地式支架、牛腿支撑架、劲性支撑架、劲性骨架等，如图10-52所示。横梁支架结构除要有足够的强度和刚度外，在横梁底模安装时，还必须综合考虑模板支撑的连接间隙压缩、弹性变形、不均匀沉降变形等因素的影响，合理设置预拱度。同时，在安装底模后，应对支架进行预压以消除支架非弹性变形，并检验支架的稳定性。

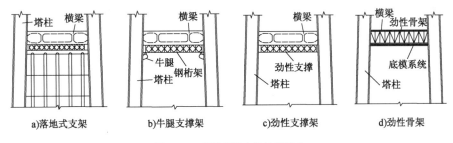

图10-52 横梁现浇支架结构形式

②预制吊装施工

横梁预制吊装施工是将横梁在工厂预制，运到现场吊装。横梁与塔柱之间连接常采用湿接缝施加预应力来完成。横梁预制施工时，根据吊装高度、吊装重量、运输条件等选择适宜的吊装设备。

横梁预制施工流程主要包括三个步骤（图10-53）：a.塔柱施工超过横梁，在塔柱上安装起吊支撑及临时横撑，临时预留横撑起重空间，安装起重设备，预制横梁运输到位后起吊；b.横梁起吊至设计位置，安装湿接缝钢筋及预应力管道，立模浇筑湿接缝混凝土，混凝土强度满足要求后张拉力预应力钢束；c.拆除横梁湿接缝模板、起重设备及塔柱临时横撑，完成横梁预制吊装施工。

2）钢索塔安装施工

钢索塔的安装方法需要考虑钢塔的规模（如塔形、塔高、塔柱阶段尺寸、重量和连接方式）以及架设地点的现场条件（如地形、地域、气候）等。根据吊装设备的不同，钢塔安装常用的安装方法为浮式起重机安装法、塔式起重机安装法及爬升式起重机安装法。

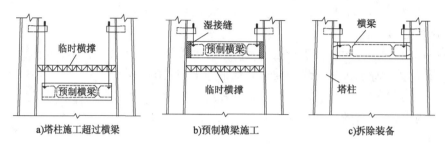

图 10-53 横梁预制吊装施工流程示意图

浮式起重机安装是从水上利用浮式起重机进行起吊安装,其优点是可以大大缩短工期,但由于浮式起重机起吊高度有限,且受桥位地理环境影响较大,一般适用于高度较小的索塔。

塔式起重机安装是在索塔旁预先安装大型塔式起重机,通过起重机进行起吊安装。起重机根据吊装能力和工期进行选择和布设。

爬升式起重机安装是在索塔塔柱侧壁上安装导轨,起重机沿此导轨爬升,通过爬升式起重机起吊安装。该方法虽然不受塔高限制,但由于爬升式起重机支撑在索塔塔柱侧壁上,起重机自重使塔柱受力偏心,增加了塔柱安装精度控制的难度,同时塔柱需做局部加强,而且吊装重量不宜过大。

钢索塔施工根据吊装设备的不同,其安装工艺流程也不同。以塔式起重机安装为例,主要施工工艺为钢塔柱施工以及横梁安装。钢塔柱施工主要包含首节(T_1 节段)钢-混凝土结合段施工以及钢塔柱安装。钢索塔施工工艺流程如图 10-54 所示。

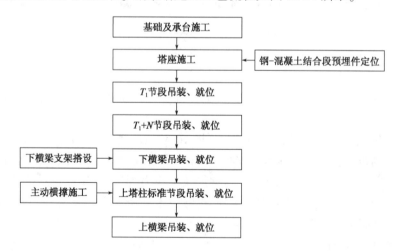

图 10-54 钢索塔施工工艺流程

(1) 钢塔柱施工

①首节钢-混凝土结合段施工

钢塔与混凝土塔墩的连接方式一般有以下三种类型:预埋钢构件连接法、预埋螺杆锚固法和钢塔柱与混凝土塔墩通过预应力进行连接。

首节钢-混凝土结合段通过锚固螺杆与承压钢板锚固在塔座上,承压钢板与混凝土塔墩结合位置是钢塔受力的关键部位,一般可以采用直接预埋承压板、混凝土表面打磨以及承压板底部后压浆等方法处理。

②钢塔柱安装

塔柱节段一般采用四点吊装,吊具与塔柱节段临时吊耳销接。塔柱节段在吊装过程中,为便于节段现场安装对接,需在塔柱节段接缝四周安装限位、调位装置,辅助节段匹配安装。

(2)横梁安装

钢索塔横梁一般与塔柱异步施工。在横梁安装前,需先搭设临时支架,将横梁先搁置在临时支架上,再通过设置在支架上的调位系统对横梁进行精确调位,最后与塔柱匹配连接。

由于横梁的长度与上下游塔柱连接端之间的距离理论上相等,为使横梁在吊装过程中能顺利下放到临时支架上,需要设置塔柱主动横撑。在横梁吊装前,需要设置塔柱主动横撑,施加大小适当的预顶力,进而保证塔柱与横梁异步施工过程中塔柱的线形和应力满足设计与施工要求。

10.7 索鞍施工

1)主索鞍安装

塔顶主索鞍的吊装可采用大型起重设备直接吊装或悬臂门架吊装。悬臂门架动力系统可采用卷扬机或液压起吊系统,国内目前以悬臂门架配合卷扬机吊装居多。索鞍安装施工程序主要包含主索鞍(散索鞍)吊装、混凝土浇筑、螺栓连接以及主索鞍(散索鞍)的预偏就位(图10-55)。

(1)塔顶门架悬臂吊装施工

①卷扬机起吊系统

卷扬机起吊系统由起吊卷扬机、转向轮、牵引滑车、纵移平车、滑车组、扁担梁等组成,其布置如图10-56所示,西堠门大桥主索鞍吊装如图10-57所示。

吊装流程:卷扬机收绳,滑车组收紧提升主索鞍,高出塔顶一定高度后,卷扬机停止,

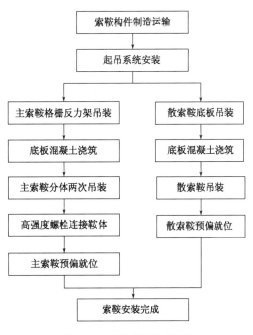

图10-55 索鞍安装施工程序

启动牵引滑车,吊装平车纵移到塔顶,达到位置后,下放主索鞍到设计位置。

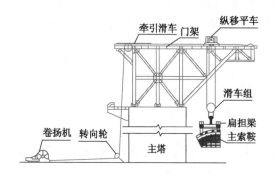

图 10-56 卷扬机起吊系统布置

图 10-57 西堠门大桥主索鞍吊装

②液压连续千斤顶起吊系统

液压连续千斤顶起吊系统由起吊千斤顶、牵引滑车、吊装平车、起吊钢绞线及储线器、扁担梁、收索器等组成,其布置如图 10-58 所示,开州湖特大桥主索鞍吊装如图 10-59 所示。

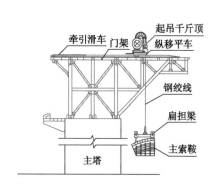

图 10-58 千斤顶起吊系统布置

图 10-59 开州湖特大桥主索鞍吊装

(2)起重机法吊装施工

起重机法常用于钢索塔施工。起重机起吊系统布置如图 10-60 所示。其塔身采用塔式起重机节段法吊装,因此中塔索鞍在钢塔节段吊装完成后,一次吊装就位。

2)散索鞍安装

散索鞍吊装方法主要有门架悬臂吊装和起重机式吊装两种,散索鞍吊装以悬臂门架和大吨位吊车法直接吊装为主。散索鞍吊装如图 10-61 所示。

(1)门架悬臂吊装施工

①卷扬机起吊系统

卷扬机起吊系统由起吊卷扬机、转向轮、牵引滑车、吊装平车、滑车组、扁担梁等组成,其布置如图 10-62 所示,其吊装原理和流程与主索鞍相同,如西堠门大桥散索鞍吊装。

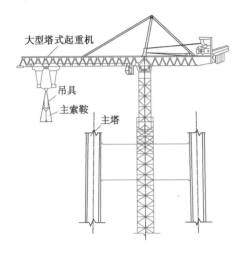

图 10-60 起重机起吊系统布置

图 10-61 散索鞍吊装

②液压连续千斤顶起吊系统

液压连续千斤顶起吊系统的吊装原理和流程与卷扬机起吊系统类似,区别在于起吊采用液压连续千斤顶提升。

(2)起重机式吊装施工

散索鞍支墩高度不大,一般在40m之内。在散索鞍支墩相对地面高度较低或散索鞍重量较小的工程中,可直接利用起重机吊装散索鞍。起重机起吊系统布置如图10-63所示。

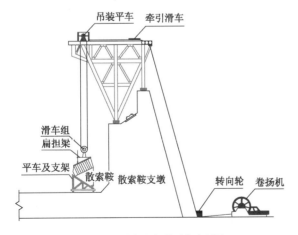

图 10-62 卷扬机起吊系统布置图

图 10-63 起重机起吊系统布置图

10.8 牵引系统、猫道施工

1)牵引系统施工图

(1)先导索架设技术

主缆安装是由小到大编织而成,一般在两个锚碇之间架设先导索和牵引索。先导索是悬索桥第一根索,其架设是大跨径悬索桥主缆施工的第一步,是形成牵引系统的基础。先导索架设方法可划分为水下牵引法、水面牵引法、空中牵引法三类。

①水下牵引法

水下牵引法是将先导索在一岸塔顶临时锚固,然后将装有先导索索盘的拖船驶往对岸,先导索随着牵引沉入水底,随后用两端塔顶的卷扬机等设备将先导索提升至塔顶,置入牵引系统的导轮组(图10-64)。这种牵引方法简洁,适用于水底平坦、无大体积障碍物的江河海域,缺点是受风浪等水文条件影响大,需要长时间封航,岸边需要有码头,且牵拉力较大,对设备要求高。

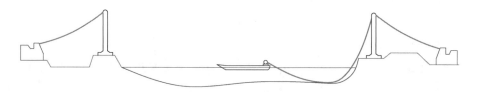

图10-64 水下牵引法牵引示意图

②水面牵引法

水面牵引法(图10-65)主要用于跨越海峡、河流等水域障碍且水深较深或有暗礁等干扰的情况,可采用浮子法或自浮法牵引。

浮子法是在先导索钢丝绳上按一定间隔固定浮子(塑料浮子、泡沫浮子等),使先导索钢丝绳漂浮在水中,由拖船牵引钢丝绳过江(海)的一种方法。该方法不受水底障碍物的影响,适用于暗礁等障碍物较多的水域,缺点是受风浪等水文条件影响大,需要长时间封航,岸边需要有码头。

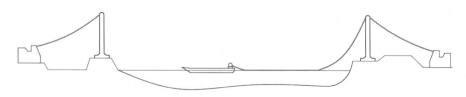

图10-65 水面牵引法牵引示意图

自浮法是采用新型材料(如迪尼玛高强尼龙绳)作为先导索,先导索通过拖轮拖拉由水面过江(海)的一种施工方法。制造先导索的材料具有强度高(比同等直径的钢丝绳强度高15倍左右)、密度小(可自浮于水面)的特点。在泰州长江大桥施工中,施工单位在国内外首次采用迪尼玛高强尼龙绳作为先导索,创造了交通艇牵引水面过江工法,其具有施工速度快、牵引力小、不受水下条件限制等特点。

③空中牵引法

此方法施工时先导索悬于空中,对于所有要跨越的障碍,均可适用。具体可分为拖船空中牵引法、分段牵引及江中对接法、火箭抛送法、直升机空中牵引法、飞艇空中牵引法等(图10-66)。

a)火箭抛送先导索

b)直升机空中牵引

c)飞艇空中牵引

图10-66 空中牵引法

(2)牵引系统的架设

牵引系统是悬索桥上部结构安装施工的重要组成部分,是多种机械设备与操作人员组成的一个复杂的大系统,根据用途分为猫道架设牵引系统和主缆架设的牵引系统。

①猫道架设牵引系统施工

牵引系统施工,主要是进行牵引索的架设。对于不同的先导索架设方法,牵引索的架设方案有所不同,但总体施工原则是逐步用大直径牵引索(过渡索)置换自重轻、破断拉力小的先导索,在空中完成牵引索的架设。

②主缆架设牵引系统施工

对于 PPWS 法主缆架设牵引系统施工而言,主缆索股架设可根据运行方式和牵引方式组合,主缆单线往复牵引系统与猫道架设牵引系统相同,一般一次完成施工不需转换。

对于 AS 法主缆架设牵引系统施工而言,AS 法主缆架设方法均为门架拽拉,牵引系统运行方式主要是循环式。猫道架设完成后,在猫道上进行牵引索的架设和置换,采用纺线轮替换拽拉器,对牵引索增加平衡配重和水平拉紧装置,以调整牵引索的张力,并保持猫道门架间牵引索要求的垂度。

2)猫道架设

猫道架设施工是在先导索施工完成、形成牵引系统架设后进行的,主要包括猫道承重索架设、变位刚架安装及下拉系统施工、猫道面层铺设及横向通道安装、扶手索及侧网安装、猫道承重索测量调整等工作(图10-67、图10-68)。对于连续式猫道还包括塔顶转索鞍、下拉装置及变位刚架安装等工序。对设置有制振结构的猫道,还需安装制振系统。

(1)猫道承重索架设

为使索塔承受较小的不平衡外力,猫道承重索应按照左右幅对称、边跨和中跨连续架设的原则进行架设,数量差不宜超过1根。猫道承重索的架设主要有直接上提法、空中自由拽拉法、托架间接架设法等。

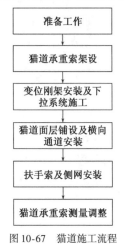

图 10-67 猫道施工流程

(2)变位刚架安装及下拉系统施工

变位刚架是连续式猫道穿越塔顶的特有构造,需在猫道承重索全部架设完成并逐根调整垂度后安装。

(3)猫道面层和横向通道安装

猫道面层和横向通道一般采用下滑铺设法同时安装。中跨一侧前端安装横向通道,另一侧可安装配重以利用重力帮助下滑。由于塔顶两侧坡度较陡,为控制面层下滑速度,应在塔顶布设反拉索进行反拉。在面层下滑至坡度平缓地段,无法在自重作用下滑动时,可利用牵引系统牵拉面层下滑。边跨平缓区段及跨径较小的悬索桥也可采用人工直接铺设。

(4)扶手索及侧网安装

猫道面层铺设完毕,利用牵引索将扶手钢丝绳从一岸牵引至另一岸,锚固于设在塔顶、锚碇的固定装置上,与猫道大横梁立柱固定。

(5)猫道承重索测量调整

对于分离式猫道,各跨猫道承重索各自独立进行垂度测量调整。

a) 猫道面层铺设

b) 扶手立柱安装

c) 横向通道

d) 猫道门架

图10-68　猫道施工（杨泗港长江大桥）

10.9　主缆施工

1）索股架设

(1) 预制束股法（PPWS法）架设

预制束股法（PPWS法）架设是在工厂提前将钢丝组合制造形成索股并锚固后，打盘上卷运输到现场直接架设形成主缆。

主缆架设施工前，应根据工程规模、工程量、进度计划、作业效率和现场条件等制订索股进场计划，确保工程进度与现场储存索股数量相匹配。索股架设前，将各种设备和机具运至现场检查，进行相关仪器标定。

索股架设施工工序主要有牵引系统试运行、索股锚头引出、索股牵引、索股横移、索股整形入鞍、锚头引入锚固、垂度调整、索力调整等（图10-69）。

索股架设顺序是首先架设基准索，随后以基准索为参照，按照设计序号，按照从下往上、分层的原则进行架设，主要工艺过程如图10-70所示。

①索股牵引

索股架设前，先将待架设的基准索股利用门式起重机安装在放索支架上，拉出索股前锚头，用专用连接器将索股锚头与牵引系统拽拉器连接，然后启动牵引卷扬机进行索股牵引作业，牵引到位后进行线形调整。

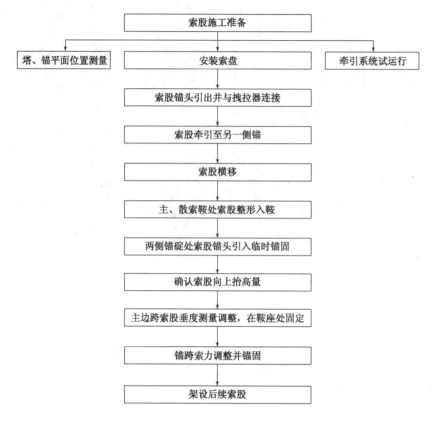

图 10-69　索股架设流程

② 索股横移

牵引完成的索股放在索股托滚上,偏移主缆中心线一定距离,因此要利用锚碇门架和塔顶门架上的卷扬机配合滑车组进行索股的上提、横移作业。

a) 索股放索

b) 索股拖拽器牵引

图　10-70

c)索股猫道牵引　　　　　　　　d)索股托滚

e)索股整形　　　　　　　　f)索股锚固

g)索股锚固区　　　　　　　　h)主缆绑扎

图10-70　预制束股法(PPWS法)索股架设(杨泗港长江大桥)

③索股整形入鞍

整根索股提离索股托滚,此时主、散索鞍前后两握索器之间的索股呈无应力状态,宜在此状态下进行整形。入鞍前必须将该部分索股断面整理为与鞍槽对应的矩形截面,再放入鞍座内设定位置(图10-71)。

a)索股检查　　　　　　　　　　　　　　b)索股入鞍

图10-71　索股检查与入鞍锚固(五峰山长江大桥)

④索力调整

索股牵引完成后,将对所有钢丝索股进行捆绑紧固,最终形成一条主缆。对于大跨度悬索桥,索力由于环境温度不断变化和锚碇散索鞍约束接触前后体系发生改变,无法精确控制,当架设索力过大时散索鞍便会向锚跨偏转,当索力过小时散索鞍会向边跨偏转。任何方向的转动均会造成已架设索股索力的变化,因此需要进行索力调整。

(2)空中纺丝法(AS法)架设

AS法是将直径5~7mm的钢丝挂到纺丝轮上,利用牵引机械往复拽拉平行高强镀锌钢丝,往返于桥梁两侧的锚碇之间,以钢丝为单元在现场制作平行钢丝索股,进而架设主缆的工艺。

随着纺丝轮的循环往返,钢丝从已缠好的丝盘中引出,纺丝轮下端的钢丝在引出后直至架设完成,始终处于同一位置不会移动,被称之为"死丝";纺丝轮上端的钢丝从钢丝丝盘以纺丝轮行进2倍速度持续供应,被称之为"活丝"。架设过程中死丝落入索鞍鞍槽和主缆成形器内,活丝落在主缆成形器外侧支撑滑轮上,纺丝轮回程时,将纺丝轮旋转一定角度,将去程活丝提起并落入索鞍鞍槽和主缆成形器内(图10-72)。架设于空中的钢丝通过多次往返将数百根钢丝逐步累加合成一个索股,各索股形成环状形态分别固定在锚碇部位锚靴上。

AS法架设装备主要由钢丝卷绕设备、钢丝送丝设备、带纺线轮的牵引绳驱动设备等组成。AS法牵引系统主要包括牵引卷扬机、导向轮、门架、导轮组、纺丝轮、牵引系统平衡重等。纺丝过程中,纺丝轮往返工作状态如图10-73所示。

图10-74所示为我国首次采用AS法施工的贵州阳宝山特大桥主缆架设主要过程,该

桥主缆长1113.4m,两根主缆包括72根通长索股和4根背索,由23360根高强镀锌钢丝组成,总质量近4600t,主缆所有钢丝均为直径5.35mm高强度镀锌钢丝,其中1~10号通长索股由336根钢丝组成,11~36号通长索股由320根钢丝组成,其采用AS法,施工主要工序有钢丝放丝、空中编丝、索股成型、猫道垂度调整和索股线形调整等步骤。

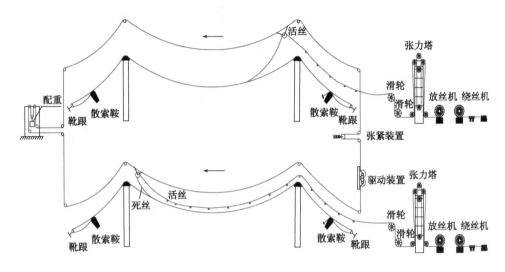

图10-72 AS法牵引系统纺丝工作原理

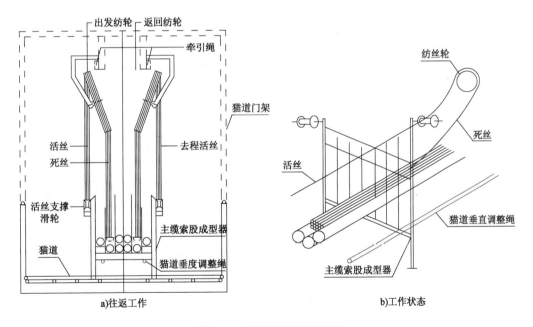

图10-73 纺丝轮往返工作状态

a)纺丝场地　　b)钢丝卷筒　　c)纺丝机旋转放线　　d)纺线轮拖拽　　e)索股成型过程　　f)索股紧束　　g)索股排序　　h)索股测量调整

图 10-74　空中纺丝法(AS法)索股架设(贵州阳宝山特大桥)

①钢丝放丝

将工厂制成的盘状钢丝用收线机经过张紧装置在一定张力条件下卷绕至丝盘上,将已上盘的钢丝卷筒放置在放丝机上,钢丝在架设过程中通过放丝机维持一定张力高速稳定地释放。经各部位的导向滑轮,将死丝端在散索鞍前临时锚固,然后绕过靴跟,人工牵引至张力塔,进行空中纺丝。一般一根索股包含丝根数为纺丝轮牵引丝股根数的整数倍。一根索股入一个鞍槽,分别锚固在两个靴跟上。

架设索股时,因每卷钢丝长度限制需在架设中不断接长,目前采用挤压接头的专用连接套管对钢丝接长。

②空中编丝

AS法多采用小循环式牵引系统,即对上下游两根主缆分别采用一套牵引系统进行架设。每套牵引系统运行时只在一根主缆的长度间循环往复作业,上下游主缆架设相互独立,互不干扰。

启动牵引系统开始纺丝,每套牵引系统中一般配备一组纺丝轮,为了加快作业速度和效率,1个纺丝轮上可同时布置2根或4根钢丝,驱动装置中采用可双向高速旋转的驱动卷扬机,在系统正转运行时,纺丝轮从放丝一侧牵引钢丝,同时放丝轮与纺丝轮同步运转放丝,到达对岸调整死丝在纺丝轮绳槽上的缠绕方式,牵引系统反方向运转,纺丝轮停止放丝,纺丝轮牵拉回原来的出发岸,随后再进行新一轮的牵引架设。纺丝轮去程时死丝落入索股成型器,活丝由外侧滑轮支承。纺丝轮回程时将外侧去程活丝导入索股成型器。

纺丝轮到达对岸锚室位置时,系统停止运行,在索鞍处将死丝临时锚固,用紧线器人工将活丝向锚面牵引,钢丝松弛后套接在靴跟上,然后先后松开活丝、死丝的临时连接,钢丝恢复系统纺丝张力。

③索股成型

多次反复,当钢丝达到一定数量时,对钢丝进行梳理、调整,利用圆形整形器整理成圆形索股,用强力纤维带间隔捆扎定型,形成平行钢丝索股。

在一束索股牵引完成后,将钢丝"活头"剪断,并与先前临时固定的"死头"用特制的钢丝连接器相互连接,分别锚固在两个靴跟上。

猫道上的所有主缆成型器由作业者调整,使钢丝处于主缆成型器内部和钢丝托辊的指定位置,还需要整理所有索鞍和锚靴的钢丝索股,使之按设计位置排列。

④猫道垂度调整

最新AS法的基本原理是采用低张力控制法进行主缆架设。在该方法中,将架设过程的钢丝张力限定为自由悬挂时所需张力的80%~85%,剩余部分重量通过主缆成型器由猫道支承。

主缆架设中,将钢丝按预先规定好的线形铺放,而此线形也就是调整好的猫道线形。随着钢丝架设根数增多,钢丝荷载会造成猫道的下挠,为了保证钢丝张力变化在许可范围内,需要对猫道线形进行调整,即在主缆成型器下端安装两根垂度控制索,通过逐步张拉控制索,让猫道不断地恢复到初始线形,以保证一根索股中的各钢丝在相同拉力下保持相同长度。

随着主缆纺丝编制成的索股数量增加,下层已完成的索股,将承担一部分上层正在纺丝完成的钢丝自重,猫道继续下挠的程度逐步减小,在可以接受的范围内,猫道线形将不再需要调整。

⑤索股线形调整

以自由悬挂状态80%张力架设的钢丝,架设时比目标形状具有更长的无应力长度,因此每根索股测量后需调整各跨度的长度,从而调整垂度。事前利用液压千斤顶和夹具使索股从索鞍滑落,在各跨中间架设索股时,架设得比目标形状高50~100mm,使索股的断面定型、测量、调整作业变得更加容易。基准索进行绝对垂度调整,其余索股相对基准索去调整。

AS法在贵州阳宝山大桥上的运用在我国悬索桥主缆架设施工领域尚属首次。AS法尤其适合于运输条件差的山区悬索桥和超大跨径(2000m)、连续大跨径悬索桥主缆架设,具有费用低,适用性强,对猫道受力要求低,信息化、智能化、自动化程度高等特点。

2) 主缆紧缆

全部索股的架设完成后,由于索股、钢丝之间都存在空隙,主缆表观直径比设计要求的直径大得多。为了能够顺利进行索夹安装及缠丝作业,需要将主缆截面紧固为圆形,形成钢丝密匝排列的承力结构(图10-75),并达到设计要求的空隙率。

主缆紧缆施工工艺流程如图10-76所示,主要包括预紧缆与正式紧缆等,预紧缆采用人工进行,正式紧缆采用紧缆机。

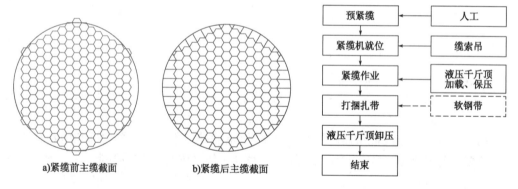

图10-75 紧缆前后主缆截面
a) 紧缆前主缆截面　b) 紧缆后主缆截面

图10-76 主缆紧缆施工工艺流程

(1) 预紧缆

预紧缆作业选择在夜间温度稳定的时段进行,这时主缆内外索股温度基本保持一致。采用"逐次分中法"进行分段,段内依次进行紧缆,使六边形主缆预紧成圆形。

根据划分紧缆位置,首先在主缆表面相应位置处铺设麻袋片,边收紧手拉葫芦、螺杆(图10-77),边拆除主缆外层索股的缠包带。人工用大木槌均匀敲打主缆四周,校正索股和钢丝的排列,避免出现绞丝、串丝和鼓丝现象,同时测量紧缆处主缆的周长。

a) 手拉葫芦收紧　　　　　　　　b) 螺杆收紧

图 10-77　预紧缆

初整圆待主缆空隙率目标控制值满足目标值(26%~28%以内)后,用软钢带将主缆捆扎紧,钢带间距为 5~6m,使主缆截面接近为圆形。

(2) 正式紧缆

①紧缆机作业

此为紧缆作业中的一个关键工序(图 10-78)。在初期低压加压阶段,使各紧固蹄轻轻接触主缆表面,且相互重叠;然后升高压力、同步加载。紧固蹄行程达到设定位置时或压力达到规定值时保压。紧缆顺序一般从低处往高处方向进行,紧缆挤压点的间距 1m,主缆圆度偏差小于设计直径的 5%。

②打捆扎带

打捆扎带是为了保证当液压千斤顶卸载后,紧固后的主缆截面形状仍保持近似圆形,并保持要求的空隙率。

③液压千斤顶卸载

当打捆扎带完成后,液压千斤顶卸载,通过操作换向阀使紧固蹄回程,紧缆机则移向下一个紧固位置。

④主缆直径的测定

为了确定紧缆后主缆的截面形状,紧固蹄挤压结束(处于保压位置时)和液压千斤顶卸载后,分别用专用量具测定主缆直径和周长,如图 10-79 所示。用式(10-1)计算出主缆平均直径,确保缆径反弹后的空隙率符合要求,一般空隙率控制在 18%~20%。紧缆机可在控制台上直接读出空隙率数据。

$$主缆平均直径 = \frac{竖径 + 横径}{2} \quad 或 \quad 主缆平均直径 = \frac{主缆截面圆周长}{圆周率 \pi} \quad (10-1)$$

为了便于现场对紧缆空隙率进行检查,需提前按上式做出主缆空隙率、直径、周长对照表。主缆全部紧固完毕后,测定打捆扎带旁边主缆直径及周长,确认实际的空隙率。

a) 紧缆机作业

b) 紧缆中

c) 打捆扎带

图 10-78　主缆紧缆及打捆扎带

图 10-79　主缆直径测定

⑤缆索防护

传统主缆架设好后,需要做表面涂装防护,形成可靠的防护层,防止雨水和大气的侵蚀及意外的机械损伤。主缆涂装防护的基本工序为:主缆表面处理、涂刷密封底漆、涂刷封闭涂料、缠绕镀锌钢丝、涂刷底漆、涂刷封闭涂料、涂刷面漆。

主缆缠丝前,需清理主缆杂物、油垢,校验钢丝张力传感器;缠丝过程中,随时调整跟踪系数,使主机走行与缠丝圈数同步运行,防止出现跳丝、压丝现象。镀锌钢丝直径一般为 3~4mm,通过调节张紧轮松紧,控制钢丝张紧力(2400~2500N),按照整体从上到下、索夹区段内自下而上的方向进行缠丝,先边跨缠丝,然后中跨缠丝,图 10-80 所示为五峰山长江大桥主缆缠丝,缠丝在缠绕后相互压扣为一体,密封效果良好,能有效阻挡雨水和雾气凝结水的侵入,减缓对主缆的腐蚀。

近几年,为了提升对主缆的防护效果,延长主缆使用寿命,在主缆钢丝缠绕之后,进一步增加第二层防护措施,缠丝后,在表面热熔收缩一层高性能复合材料缠包带进行密封

（图10-81），如五峰山长江大桥、岳阳杭瑞洞庭大桥、杨泗港长江大桥等。通过缠绕设备将缠带材料螺旋缠绕，然后使用专用的加热装置将叠加缠绕的缠包带热熔粘接成为一体，在桥梁主缆的最外层形成一个封闭的保护屏障。

a)远景

b)近景

图10-80　主缆缠丝（五峰山长江大桥）

a)五峰山长江大桥

b)岳阳杭瑞洞庭大桥

图10-81　主缆缠包带施工

除此之外，有的悬索桥主缆设置有空气除湿装置，在主缆内部建立主动除湿系统，向主缆内部输送干燥空气，去除渗透于主缆内部的水分，降低主缆含水量，延长主缆使用寿命。

10.10　索夹、吊索施工

1）索夹安装

以主缆架设完成后实测的空缆线形为依据，计算索夹安装位置和吊索制作长度。

索夹的安装一般是采用缆索起重机天车吊运安装，靠近索塔附近的索夹也可采用塔式起重机安装。中跨的安装顺序为从跨中向塔顶进行，边跨则为从散索鞍向塔顶进行。

索夹安装施工工艺流程如图10-82所示,主要工艺为缆索天车吊运索夹、索夹安装、插入螺栓并预紧、螺栓轴力检查并多次紧固。

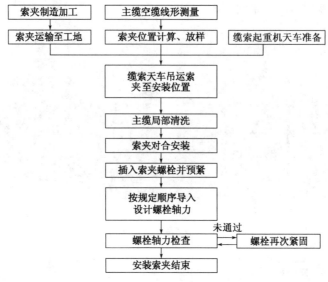

图10-82 索夹安装施工工艺流程

(1) 索夹搬运

索夹运输到索塔底下后,靠近塔式起重机的索夹可利用塔式起重机直接吊运安装。对于距索塔较远的索夹,使用塔式起重机吊挂索夹到缆索天车横梁上时,由缆索天车将索夹从塔顶运输至安装位置。利用手拉葫芦配合分别安装上、下(或左、右)两半索夹,安装过程中使索夹分中线和主缆顶面标志线(也称为天顶线)重合(图10-83)。

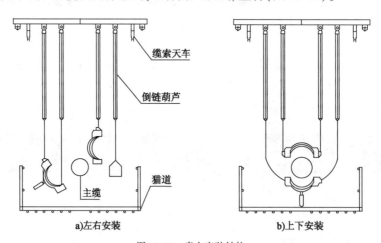

图10-83 索夹安装结构

(2) 索夹安装及紧固

主缆受自重及架设误差影响,横竖直径有所不同,一般横径大于竖径。为方便索夹安装,可采用夹具在索夹两端对主缆进行挤压,使索夹对合面的主缆直径小于索夹内径,然后安装索夹。上下对合型索夹安装时一般是挤压主缆的横径,如图10-84a)所示;左右对合型索夹安装时一般是挤压主缆的竖径,如图10-84b)所示。

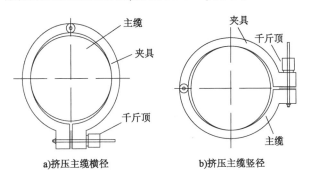

图10-84 挤压减小主缆横、竖径的夹具工作示意图

索夹吊运至安装位置后,将两半索夹安装于主缆,在穿入索夹螺栓并人工预紧后精确调整索夹位置,保证索夹安装位置的纵向误差不大于10mm。

在螺栓的一端安装千斤顶(或专用螺栓拉伸器),对螺栓进行张拉紧固。在螺栓紧固过程中,要注意防止主缆索股钢丝夹进嵌合缝内,同时应使索夹两半合缝均匀。当索夹螺栓张拉至嵌合缝咬合一部分后,再次检查索夹位置,确认无误后,张拉至预定张力并锁紧螺母。

索夹螺栓的紧固顺序一般按由内而外分组对称的原则进行,以保证同一个索夹的各螺栓受力均匀,可分2~3次完成。

(3)螺栓紧固力控制

索夹螺栓轴力的导入应分三次进行,第一次在索夹安装时进行,第二次在钢箱梁吊装完成时进行,第三次在桥面铺装及永久设施施工完成时进行。索夹起吊及安装如图10-85所示。

图10-85 索夹起吊、安装

(4)中央扣索夹安装

中央扣索夹一般长度较长,在加劲梁吊装过程中主缆线形会产生较大变化,容易引起索夹两端局部应力增加,刚性中央扣索夹还会因主缆间距的变化、主缆扭转等导致索夹与加劲梁连接困难。因此,中央扣索夹对应梁段吊装时,一般采用临时索夹和临时吊索吊挂在主缆上。随着其他梁段吊装,在加劲梁线形基本形成后再进行中央扣索夹的安装及螺栓的紧固。

2)吊索安装

吊索的安装顺序通常与加劲梁吊装顺序相同。为缩短工期,吊索安装与加劲梁吊装可平行交叉进行作业。对于骑跨式吊索和销接式吊索,安装方法略有不同。

(1)骑跨式吊索安装

骑跨式吊索安装工艺流程(图10-86)主要包含吊索运输、牵引、面层开口、吊索垂直下放、吊挂吊索U形折弯部位、面层开口复原。吊索运输至索塔底下后,塔顶起重机将吊索的索盘吊放至塔顶的放索架上,利用缆索天车将吊索从放索架放出并牵引至安装位置。利用猫道面层上的预留开孔,将吊索沿导向滚筒从开孔部位垂直下放。

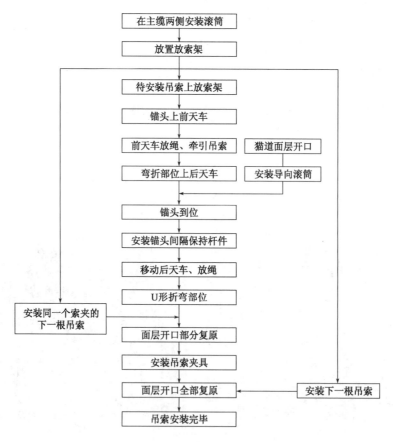

图10-86 骑跨式吊索安装工艺流程

运输吊索的同时,在安装位置剪开猫道面层,形成方形孔(应控制在必要的最低限),随后在开孔靠近索塔的一边设置吊索下放的导向滚筒,其余三面设置栏杆。

吊索锚头到达安装地点后从天车卸下,将两个锚头分别置于主缆两侧,在两个锚头间安装间隔保持器(可用杆件绑定两侧吊索),然后从猫道面层开孔处沿导向滚筒往下放。移动吊挂吊索U形折弯部位的后方天车,逐渐下放吊索。当后方天车到位后,将吊索的弯折部位从天车上降下,骑跨于索夹的承索凹槽内。将吊索弯折部位的中心标记与主缆天顶标识吻合后,解除吊索与天车的连接。同一个索夹的吊索安装完毕后,要及时将猫道开孔部位复原。

(2)销接式吊索安装

位于山区的悬索桥,销接式吊索可采用与骑跨式吊索同样的安装方法。在航道桥位,销接式吊索可直接垂直起吊,安装较为方便。销接式吊索安装工艺流程如图10-87所示,主要包括索夹正下方猫道面层开孔、起吊吊索、吊索定位、插入耳板、安装销轴及挡板、安装止振器。

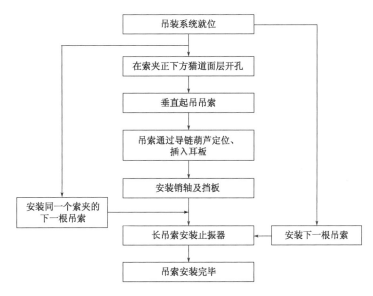

图10-87 销接式吊索安装工艺流程

吊索水面垂直起吊安装示意如图10-88所示。首先将吊索索盘由驳船运输至索夹安装位置的下方。在索夹正下方猫道面层开孔处安装转向滑车,卷扬机钢丝绳沿猫道经转向滑车从猫道面层开孔处下放,与吊索上端连接,垂直起吊吊索。牵引索垂直提升吊索,吊索上锚头到达猫道下方后,利用手拉葫芦辅助将吊索锚头吊起穿过猫道面层,将锚头插入索夹耳板,并安装销轴,吊索上端耳板与索夹连接。待加劲梁安装完成后,再安装吊索减振架。

同一索夹上两根吊索的长度略有差别,安装时应特别注意。吊索安装时,应注意避免吊索与猫道面层摩擦损伤吊索。吊索安装后,为避免吊索发生扭转和吊索锚头相互撞击,应在下端锚头之间安装间隔保持装置。安装过程要保护好吊索,避免损坏外层保护。

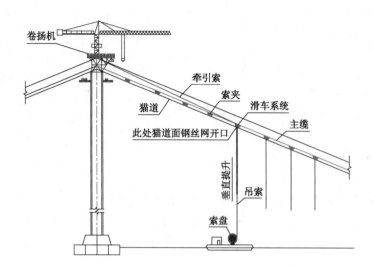

图 10-88　吊索水面垂直起吊安装示意图

10.11　加劲梁施工

1）加劲梁吊装

悬索桥加劲梁根据吊装设备的不同,主要采用缆索起重机、缆载起重机、桥面(悬臂)起重机三种方法进行安装施工(图 10-89)。

缆索起重机主要包括主缆、起重索和牵引系统,其利用主桥索塔、锚碇作为缆索吊的塔架和主缆锚碇,主缆索鞍布置于索塔上横梁顶面,主缆分别锚固在两岸主桥锚碇散索鞍支墩预埋件之上,左、右幅各设置起吊系统。在悬索桥施工缆索起重机塔顶塔架的设计中,需要考虑塔架的几何尺寸和结构形式,需保证缆索起重机工作时主缆与起重索、牵引索以及悬索桥索塔之间互不干扰。缆索起重机原主要用于拱桥的预制安装施工,用于悬索桥施工的最大优势是利用主桥索塔和锚碇。缆索起重机对环境的适应性强,起吊能力大,不仅能垂直起吊,还能水平长距离快速运输,可进行加劲梁梁段的整体吊装,施工速度快。

缆载起重机也称为跨缆起重机,是以主缆为支撑,能够在主缆上移动行走,且能够跨越索夹,主要由主桁架、走行机构、液压提升系统(含提升千斤顶、液压泵站、控制系统及钢绞线收放装置)、吊具系统、控制台等组成,可实现负载行走和垂直提升,安装方便,提升能力大,如杨泗港长江大桥缆载起重机额定起重量高达 900t,缆载起重机吊装加劲梁应用较为广泛。

a) 缆索起重机吊装

b) 缆载起重机吊装

c) 桥面起重机吊装

图 10-89　加劲梁吊装形式

桥面（悬臂）起重机安装在加劲梁上，一般适用于钢桁架梁的悬臂拼装，通过桥面运输桁片到吊装位置，由桥面起重机吊装就位。吊装顺序与缆载起重机和跨缆起重机的方法有所不同，吊装顺序从索塔位置开始，向跨中和锚碇方向架设，如贵州坝陵河大桥首次在国内大跨径悬索桥中采用桥面起重机架设钢桁梁。

加劲梁主要架设方法对比见表 10-3。

加劲梁主要架设方法对比　　　　　　　表 10-3

方案	缆索起重机	缆载起重机	桥面（悬臂）起重机
适合的加劲梁类型	钢桁梁、钢箱梁及混凝土节段梁	钢桁梁、钢箱梁	钢桁梁
适应性	垂直空载起吊，尤其适用于山区或者峡谷地理条件的钢箱梁或钢桁梁吊装	负载行走和垂直提升，桥位具备一定的水上运输条件	仅适用于桁架梁
加劲梁吊装顺序	大多从跨中向索塔方向吊装	从跨中向索塔方向吊装	从索塔向跨中方向吊装

续上表

方案	缆索起重机	缆载起重机	桥面(悬臂)起重机
优点	1. 适合加劲梁大节段吊装,吊装重量大; 2. 加劲梁吊装速度快,效率较高,工期短; 3. 从跨中向两端架设,主缆受力好,线形易控制; 4. 设备通用性较强,可多次周转,在不同的悬索桥使用	1. 在桥跨中部起吊加劲梁,缆索起重机可满足纵向运输及安装要求,无需另外的运梁通道,施工简便、施工速度快; 2. 从跨中向两塔架设,主缆受力好,线形易控制; 3. 地形对加劲梁架设影响较小	1. 桥面起重机可采用专用起重机,也可工地拼装,临时工程量小,成本较低; 2. 设有专门运输台车,运输通道设置在已安装梁段上,施工方便; 3. 施工人员主要集中在桥面位置,作业空间大,操作便利
缺点	1. 加劲梁大节段制造、运输难度大,要求较高; 2. 受地形条件限制较大,需要钢箱梁或钢桁梁拼装场地; 3. 一般适用于跨度为1000m以下山区悬索桥	1. 塔架、锚固等临时工程量大,主跨跨径越大,吊重越大,成本越高; 2. 起重机跨度大,拼装难度较大; 3. 作业面相对较少	1. 从两端向跨中架设,线形不易控制,对主体设计影响较大; 2. 两岸均需设置加劲梁存放、运输场地,增加了施工难度,施工速度较慢; 3. 需要增加起步梁段的施工场地及相关拼装设备; 4. 吊装过程中需控制加劲梁内部弯矩不超过结构允许值,必要时设置临时铰

2)加劲梁安装顺序

无论是钢桁梁、钢箱梁,还是预应力混凝土梁,其节段吊装的顺序分为从跨中到索塔和从索塔到跨中两种方向。考虑到结构受力的平衡性,大部分悬索桥加劲梁吊装均采用平衡对称吊装,但也有基于特殊原因而采用非对称吊装的悬索桥。

(1)从跨中开始向两侧索塔吊装

该方案常用于跨缆起重机和缆索起重机吊装加劲梁的悬索桥,吊装按照跨中对称的原则进行。加劲梁吊装时,单跨悬索桥从跨中开始向两塔方向对称吊装,合龙段设置在靠近两个索塔位置。

多跨连续悬索桥由于中跨梁段常多于边跨梁段,一般先完成中跨一定数量梁段吊装,再由中跨和两个边跨锚碇位置同步向索塔方向吊装。加劲梁从跨中开始吊装的顺序如图10-90所示。

(2)从索塔开始向两侧吊装

该方法多用于钢桁梁悬索桥,吊装设备为桥面悬臂起重机拼装或者浮式起重机整体节段吊装。加劲梁从索塔向两侧吊装顺序如图10-91所示。

(3)合龙段的施工方法

加劲梁合龙段吊装时,需要采取措施使合龙空间大于合龙段长度,以保证有足够的空间使合龙段能顺利吊装到位。合龙段施工一般有温差合龙和牵引预偏合龙两种方法。

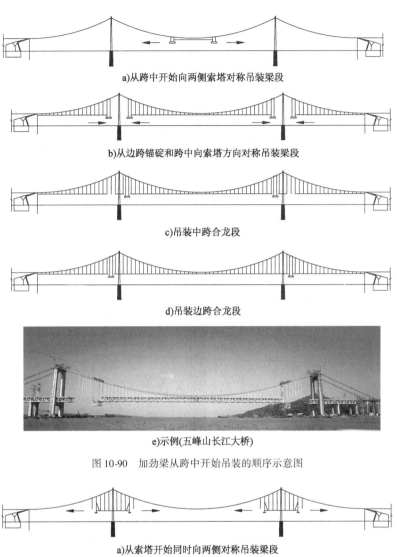

a) 从跨中开始向两侧索塔对称吊装梁段

b) 从边跨锚碇和跨中向索塔方向对称吊装梁段

c) 吊装中跨合龙段

d) 吊装边跨合龙段

e) 示例(五峰山长江大桥)

图 10-90 加劲梁从跨中开始吊装的顺序示意图

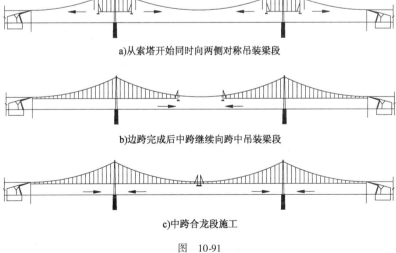

a) 从索塔开始同时向两侧对称吊装梁段

b) 边跨完成后中跨继续向跨中吊装梁段

c) 中跨合龙段施工

图 10-91

d)示例(贵州坝陵河桥)

图 10-91 加劲梁从索塔开始向两侧吊装示意图

温差合龙就是在加劲梁结构温度低于设计基准温度一定程度时,吊装合龙段,在结构温度回升、合龙空间减小至接近合龙段长度后,进行合龙段与相邻梁段的匹配连接。温差合龙使用条件较为有限,需在加劲梁自身温度低于设计基准温度时方可实施,因此实际工程中通常需要采用牵引预偏合龙的方式。

牵引预偏合龙是采用牵引系统将已吊装梁段向一侧或两侧方向牵引,使合龙空间增大。由于不同吊装顺序下加劲梁合龙段的位置不同,需要牵引预偏的梁段长度也不同。牵引梁段长度越长,吊索长度越短,需要的牵引力越大,预偏合龙越难实施。因此,从牵引预偏施工合龙段来讲,牵引的梁段长度越短越好。若从跨中开始向索塔吊装,由于合龙段设置在索塔附近,需要牵引预偏的梁段数量较少,合龙段施工比较容易。

3) 钢箱梁安装施工

钢箱梁吊装多采用缆载起重机法。

钢箱梁悬索桥施工时,常采用大节段和小节段两种钢箱梁吊装方式。缆载起重机吊装钢箱梁节段时,根据起重机的起吊能力和梁段重量情况,可采用单台缆载起重机吊装,也可采用两台缆载起重机抬吊。大节段通常由两个及以上的制造梁段组成,重量较大,需两台缆载起重机抬吊;小节段吊装重量较小,由单台起重机起吊,但吊具需进行特殊设计,以达到四点平衡起吊目的。悬索桥钢箱梁的吊装顺序,常采用从跨中开始的方案,自跨中向两塔方向对称吊装。

钢箱梁标准梁段吊装施工工艺流程如图 10-92 所示,主要包含缆载起重机行走、定位,钢箱梁运输,钢箱梁与吊具连接,垂直起吊钢箱梁,钢箱梁与吊索连接,钢箱梁顶板临时连接件连接,解除吊具与钢箱梁的连接等。

钢箱梁吊装通常主要包括以下步骤:

(1) 缆载起重机行走、定位

缆载起重机携带吊具行走至吊装位置定位期间,保持吊具距离水面高度满足通航要求。

(2) 钢箱梁运输

驳船运输梁段到达指定区域定位,定位误差控制在规定范围内。

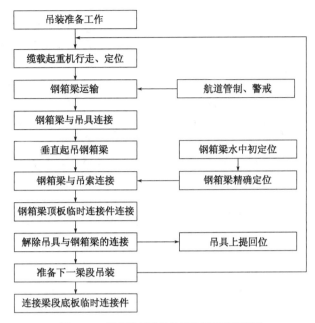

图 10-92 钢箱梁标准梁段吊装施工工艺流程

(3) 钢箱梁与吊具连接

下放吊具,吊具与钢箱梁临时吊点连接,调整吊具平衡吊点。

(4) 垂直起吊钢箱梁

按照预定安装顺序,启动缆载起重机,垂直提升钢箱梁,待超过驳船上层建筑高度后,启动运梁船,驶离安装现场。缆载起重机垂直起吊梁段略高于已吊装梁段 20~30cm,采用手拉葫芦辅助调整吊装梁段与已安装梁段靠拢。

(5) 钢箱梁与吊索连接

箱梁起吊就位后,将吊索与梁段销接牢靠。

(6) 钢箱梁顶板临时连接件连接

安装钢箱梁顶板临时连接件。

(7) 解除吊具与钢箱梁的连接

缆载起重机慢速卸载,将梁段荷载转移至吊索,吊索完全受力后解除纵向扁担梁与梁段临时吊点的连接。

(8) 准备下一梁段吊装

缆载起重机行走至下一起吊位置定位,准备下一梁段吊装。

(9) 连接梁段底板临时连接件

随着钢箱梁节段吊装的进行,两相邻节段梁底板间下缘张口逐渐闭合时,即连接梁段底板临时连接件,进行主梁现场整体焊接工作。

图 10-93 给出了伍家岗长江大桥缆载起重机行走定位、钢箱梁与吊具连接、钢箱梁吊装、焊接、合龙段吊装以及合龙后整体及桥面情况。

桥梁施工技术

a) 缆载起重机

b) 钢箱梁运输

c) 钢箱梁与吊具连接

c) 首榀钢箱梁起吊

d) 首榀钢箱梁提升定位

e) 对称吊装

f) 焊接固定

g) 合龙段吊装

图 10-93

h) 合龙后整体

i) 合龙后桥面

图 10-93 钢箱梁缆载起重机吊装施工（伍家岗长江大桥）

4）钢桁梁安装施工

钢桁梁的安装设备种类很多，跨缆起重机、缆载起重机、桥面（悬臂）起重机、浮式起重机等吊装手段均适用。根据施工设备和结构设计的不同，既可以采用从跨中开始吊装，也可以从索塔向跨中吊装。

钢桁梁施工方法较为多样，在大跨径悬索桥施工中，钢桁梁以浮式起重机和跨缆起重机大节段吊装为主，其吊装工艺与钢箱梁基本相同。国内钢桁梁悬索桥施工，常采用缆索起重机、缆载起重机吊装的方法，最新也有采用桥面起重机安装的方法（图 10-94）。

a) 缆载起重机吊装节段

b) 桥面起重机吊装桁片

图 10-94 钢桁梁吊装

钢桁梁吊装施工时，钢桁梁的每个节段通常被分为顺桥向左右两侧的主桁片、主桁片之间的横桥向主横桁梁、上下横联、桥面板等桁片单元。

(1) 索塔根部节段的架设

对于索塔根部钢桁梁节段的架设，由于作业空间等有限，梁段吊装存在作业条件繁杂、施工不便等问题。此时架设方法主要有两种：一是采用以主缆为支承的吊装设备和索塔式起重机，以桁片为单元进行吊装，然后组拼为钢桁梁节段；二是将预先由数个桁片组成的钢桁梁大节段整体用浮式起重机吊装就位（图 10-95），或者用缆索吊、临时吊索等手段一次吊装荡移就位。另外，也可以采用单根杆件支架法拼装施工。近年来，当塔下条件允许时，通常采用节段整体吊装法施工。

图 10-95　钢桁梁大节段整体浮式起重机吊装

(2) 一般部位节段的架设

一般部位钢桁梁桁架的安装,无论是在中跨还是边跨,也无论是从跨中开始吊装还是从索塔开始吊装,均采用类似的施工工艺进行安装,直到合龙段。

以从索塔位置开始的钢桁梁桥面起重机吊装为例,在索塔部位梁段架设完成后,在钢桁梁上组装桥面起重机,同时安装桁架梁桥上搬运设备,在钢桁梁施工节段安装移动式防护设备和吊索牵拉装置等,然后开始进行一般部位钢桁梁的架设。悬臂法架设(图 10-96)主要包含主横桁架的架设、上下横联的架设、吊索牵引、移动式起重机调整及前进、移动式防护设备前进、准备下一梁段架设。

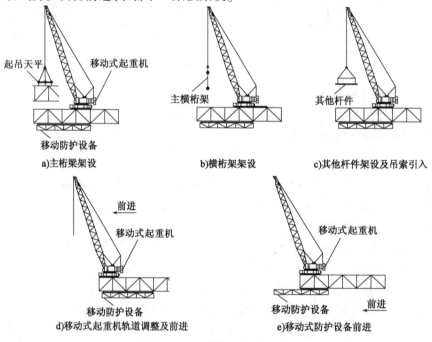

图 10-96　一般部位钢桁梁的架设

桥面(悬臂)起重机架设法一般部位钢桁梁架设的施工步骤如下：
①主桁架单元(顺桥向)的架设

钢桁梁桁架工厂加工完成后，运梁车运至移动式桥面起重机的作业范围内，再用起重机吊起桁架单元进行架设。通常顺桥向主桁片分为2个桁片，左右各一片以悬臂形式进行安装，并用高强度螺栓进行连接。

②主横桁架的架设

采用与顺桥向主桁架基本相同的工序，吊装左右两侧主桁架之间的主横桁架，并与主桁架用高强度螺栓进行连接。

③上下横联的架设

主横桁架吊装之后，安装下横联和附属构件，最后将上横联以单根杆件进行架设，此时即可完成一个钢桁架梁节段的架设。

④吊索牵引

钢桁梁节段悬臂架设完毕后，每个节段应及时与吊索相连。为了让吊索锚头锚固，需在自重荷载作用下进行吊索牵引，常以千斤顶进行牵拉吊索(抬高钢桁梁)的作业。

⑤钢桥面板的架设和焊接

钢桥面板的现场焊接通常是在全部钢桥面板架设完毕，且钢桁梁自重引起的变形稳定后进行。混凝土桥面板的安装通常是在加劲梁架设完成后才开始进行。

⑥架设设备的调整

一个架设节段作业完毕后，为了下一节段的架设，架设设备需向前移动。将桥面起重机移动到已架节段的前端，桁片搬运设备也要做相应的调整，如轨道铺设、延伸等。另外，为了防止架设作业中工作人员和材料工具等坠落，移动防护设备也需同步前移。

以上作业步骤作为一个作业周期，循环进行，直至架设到合龙前为止。

(3)钢桁梁合龙段的施工

钢桁梁合龙并承受桥面铺装荷载、附属结构等二期恒载后才达到完成状态，在没有承受二期恒载之前，桁架形状比完成时稍向上凸，所以已架梁段下弦杆端间距比上弦杆端间距狭窄。此时，可以一边调整已架梁段，一边用牵引装置调整吊索拉力，或者将起重机、搬运台车等重量作为荷载利用，进行接近完成时的线形调整(节段连接)。

采用单根杆件单元或桁片吊装的施工方式完成合龙段的安装并调整或解除超载后，即给钢桁梁导入了相当后期恒载的预应力。桥面起重机悬臂拼装法钢桁梁的合龙施工顺序如图10-97所示，主要包含调整梁段及吊索拉力、杆件吊装、调整或解除超载、完成合龙。

贵州坝陵河大桥是我国首次采用桥面起重机架设钢桁梁的悬索桥(图10-98)，该桥主跨跨径1088m，跨越坝陵河大峡谷，桥面距谷底约370m，是典型的山区峡谷大跨径桥梁，其钢桁架加劲梁由钢桁架和正交异性钢桥面板两部分组成，钢桁架由主桁架、主横桁架、上(下)平联组成。两岸山高坡陡，施工场地极为狭窄，没有钢桁加劲梁的梁段拼装场，桥下溪沟也不具备水上运输条件，使得钢桁梁的运输、拼装及架设都需要采用非常规施工工艺和手段。

桥梁施工技术

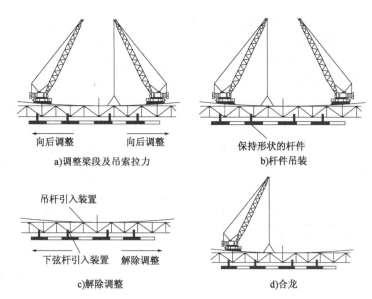

图 10-97 悬臂拼装法钢桁梁的合龙施工顺序

图 10-98 贵州坝陵河大桥桥面起重机悬臂拼装架设钢桁梁施工

该桥梁靠近塔端的首、次节梁段在索塔位处拼装后,通过塔顶卷扬机整体提升。标准梁段采用全回转桥面起重机和桥面运梁小车结合的上部结构架设方案,将桁架结构"化整为零、集零为整"。在工厂内将钢桁梁杆件首先进行试拼装,确保满足进度要求,分拆为杆件运输到工地,利用引桥桥面,组拼桁架片,可以最大限度节省施工场地,减少费用。钢桁加劲梁高10m,宽28m,全桥共51个架设梁段,100个节间,其中首节梁段2个,标准梁段48个,合龙梁段1个,采用桥面起重机悬臂拼装架设施工的梁段有47个,架设单元最大吊装质量70 t。

架设按照先主桁架,后主横桁架,最后平联及附属结构的顺序进行。主横桁架按单片进行拼装,由运梁车运送到位,通过桥面起重机将主桁片及主横桁片平面构架架设到位,主桁架一端与前一梁段相应节点由高强度螺栓刚性连接。由运梁车运送到位,通过桥面起重机将主桁片及主横桁片平面构架架设到位,主桁架一端与前一梁段相应节点由高强度螺栓刚性联结,另一端悬臂,主横桁片与主桁片刚性联结。运梁车应适应加劲梁在架设过程中的线形变化,满足纵、横向运输稳定性要求,轮压满足钢桥面板的局部应力及变形要求。

一个架设梁段悬臂架设完成后,采用牵引机构对加劲梁悬臂端进行整体牵引,安装悬臂端吊索,完成单个架设梁段的架设任务。一个架设梁段完成后桥面起重机步履走行移至前端,依照前述步骤依次架设一般梁段,直至合龙梁段,跨中进行加劲梁合龙。合龙施工分梁段合龙和杆件合龙。先合龙主桁架,然后主横桁架架设,完成加劲梁全部架设任务。

山区悬索桥钢桁梁的架设受深山、峡谷等环境条件的制约较大,传统的悬索桥加劲梁架设方法难以实施或者经济性不高,施工难度大。目前,1000m以下的山区悬索桥常采用缆索吊装法工艺来架设加劲梁,如湖北四渡河大桥(主跨900m)、贵州北盘江大桥(主跨636m)等;贵州坝陵河大桥(主跨1088m)首次采用了桥面起重机法来架设加劲梁。为了提高山区大跨度悬索桥钢桁梁架设的经济性、可靠性,在修建湖南湘西矮寨大桥时,我国工程建设者创造性地提出了轨索滑移法,其为一种全新的山区悬索桥钢桁梁架设施工方法。

轨索滑移法利用悬索桥的主缆和吊索作为承重及传力构件,在吊索下端安装临时吊鞍,在临时吊鞍上安装水平钢丝绳(称为水平轨索),将水平轨索张紧作为运梁车走行轨道,轨索与主缆、吊索组成空间索网体系,梁段通过运梁小车悬挂于轨索,沿轨索从两岸运至安装位置再起吊就位,实现由跨中往两端拼装桥梁的钢桁加劲梁,直至全桥贯通。主缆上也安装临时索夹和滑车组,用于吊挂钢桁梁。

矮寨大桥位于湖南湘西,是世界上跨峡谷跨径最大的钢桁梁悬索桥,桥型设计为主跨1176m的悬索桥加劲梁结构,钢桁加劲梁全长1000.5m,宽27m,高7.5m,标准节段长14.5m,重150t;最大安装节段长18.8m,重200t。钢桁梁架设面临三大困难:①桥面距谷底高335m,起吊高度远超过吊装设备使用范围;②矮寨盘山公路山高路险,运输条件极差;③两岸山势跌宕,悬崖峭立,施工场地极其狭小。

矮寨大桥钢桁梁架设首次采用轨索滑移法,钢桁梁采用节段拼装、整体吊装的方式安装。以主缆及永久吊索作为支撑,设置水平轨索,锚固于两岸岩体;钢桁梁杆件分别在两岸桥头组拼成梁段;通过运梁小车将单个梁段在轨索上纵向运输至吊索下方,用跨缆起重机接住钢桁梁,退出运梁小车,跨缆起重机提升,梁段对接并销接吊索,逐节段由跨中向两岸对称施工,直至全桥贯通。

总体施工流程为:加劲梁架设准备→吊索、吊鞍、轨索、运梁小车安装→轨索系统试吊→钢桁梁节段入轨→纵向移梁就位→缆载起重机提升梁→销接吊索→体系转换→安装下一节段。图10-99给出了矮寨大桥钢桁梁节段拼装、牵引、缆载起重机提升梁、吊索连接等情况。轨索滑移法与桥面起重机悬拼法相比,架设阶段钢桁梁内力较小,加劲梁用钢量少,高空作业少,架设周期短,能降低安全风险。

a) 节段拼装

b) 牵引过吊鞍

c) 牵引过程

d) 缆载起重机提升梁

e) 与吊索连接

f) 钢桁梁完成

图10-99 矮寨大桥钢桁梁轨索滑移法吊装

10.12 典型案例——西堠门大桥

西堠门大桥是浙江舟山连岛工程(连接舟山本岛与宁波)五座跨海大桥中技术水平最高的特大型跨海桥梁。西堠门大桥主桥为主跨1650m的两跨连续漂浮体系的钢箱梁悬索桥,跨径布置为485m,钢箱梁连续总长为2228m,矢跨比为1/10;主缆横桥向中心间距为31.4m,吊索顺桥向标准间距为18m。西堠门大桥地处恶劣的沿海季风与台风环境,主缆架设时正值季风季节,风速大且发生频率高,索股安装特别是垂直调整的必要条件难以满足,架设难度大。

(1)锚碇及锚固系统施工

西堠门大桥南锚碇锚体结构主要分为三个部分,分别是锚块、散索鞍支墩及基础、连接部。其中锚块是锚碇工程中最重要的部分之一,它主要承受预应力锚固系统传递的主缆索股拉力,属于大体积混凝土结构,其主体结构采用C30混凝土,后浇段采用C30微膨胀混凝土,锚块混凝土总方量约为64501m^3。

西堠门大桥预应力锚固系统设计采用无黏结可更换式锚固系统。在进行预应力施工时,首先要做好预应力管道的定位,根据以往经验,西堠门大桥锚碇预应力管道采用定位支架进行定位。定位钢支架由基架、骨架、片架三大部分组成。按照"锚体分层浇筑、预应力钢管分节支撑、管道分段接长"的原则来进行管道的安装。在安装施工时,根据锚体混凝土分层浇筑速度分三次安装,并按照基架、骨架和片架的顺序进行。

(2)索塔施工

索塔采用钢筋混凝土门架式框架结构[图10-100a)],塔柱间设置3道横梁连接。基础均采用24根ϕ2.8m的钻孔嵌岩桩。南塔设置下横梁,以布置加劲梁的各种约束装置;北塔未设下横梁,但在承台间设置横系梁。为了改善索塔的抗涡振性能,在塔柱断面的角点部位设置尺寸为0.7m×0.7m的凹槽。

为了确保山体稳定,北塔桩基成孔采用了周边预裂全断面平行掘进开挖工艺。在桩孔周边布一圈预裂孔,在内侧另布一圈缓冲孔,桩孔中心布设主爆孔,每次爆破钻孔深度为1.5m。施爆时,首先对最外侧桩孔实施周边预裂爆破,然后延时起爆主爆区和缓冲孔。开挖断面都处在同一高程上,平行掘进,人工与机械结合除渣并成孔。采用该工艺,在确保成孔质量与安全的前提下,对周边岩层和桩孔影响最小。

在索塔施工完成后进行索鞍安装[图10-100b)]。

(3)牵引系统、猫道施工

全桥上下游各布设1套牵引系统。单幅单线往复式牵引系统包括南北锚锚后布置的牵引卷扬机、锚后基础转向轮、锚碇顶部导向轮、散索鞍门架导向轮、塔顶导轮组、2根牵引索、拽拉器等。

a)索塔施工

b)索鞍安装

图 10-100　索塔与索鞍施工

猫道采用单线往复牵引系统架设施工。牵引系统总体布置如图 10-101 所示。猫道面层采用下铺法施工，如图 10-102 所示。

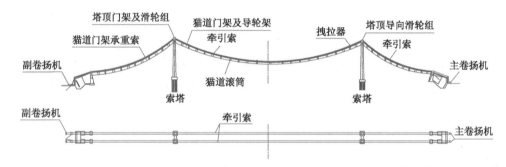

图 10-101　西堠门大桥猫道架设单线往复式牵引系统总体布置

a)铺设猫道面层

b)远景

图 10-102　铺设猫道

(4) 缆索系统施工

主缆共 2 根,采用 PPWS 法架设,主缆索股单根长度约为 2880m。索股两端设索股锚头(采用热铸锚),主缆索股牵引后经整形调整按一定的排列置入散索鞍、主索鞍鞍槽内固定,每束索股通过锚头用拉杆与锚固系统连接锚固,形成主缆系统。

主缆架设节段采用双线往复式牵引系统,实现全程连续牵引,牵引系统总体布置如图 10-103 所示。两台卷扬机均布置在北锚,两岸锚体上均设置牵引索导向轮,南锚后为放索场地,设置有牵引索回转转向轮。主缆施工部分现场如图 10-104 所示,主要给出了先导索牵引锚固、索股牵引架设、索股形状保持、主缆尺寸测量以及索夹安装情况。

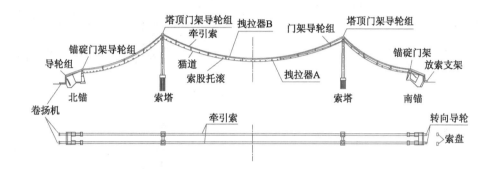

图 10-103　西堠门大桥主缆架设牵引系统布置

西堠门大桥主缆长度较长,长距离牵引过程中索股经常出现散圈、扭转、散丝、缠包带断裂、鼓丝以及索股表面磨损等问题。针对索股易出现的问题,施工过程中主要采取了以下防范措施:

① 为了防止索股散圈,在水平放索系统增加一套放索导向架,支撑上层索股,同时用撑紧油压装置撑开索股,保持放索端有一定张力。

② 为了防止索股扭转,采用托滚侧向锥角为 60°,使索股与托滚保持面接触;双线往复式牵引系统对称于猫道布置,调整牵引系统大、小导轮组位置,并通过调整拽拉器平衡锤位置,使拽拉器与托滚保持同一垂直面。

③ 为了防止索股散丝、缠包带断裂,在索股牵引过程中,始终保持合理的张力,避免索盘上索股松弛下垂导致磨损;调整并适当加密锚、塔等处托滚间距,并增大竖向弯曲半径;采用尼龙托滚,加强对缠包带及索股镀锌层保护。

(5) 加劲梁吊装

西堠门大桥首次采用了分离式双箱断面钢箱梁,共计 126 个安装节段,标准节段长 18m,标准吊装质量约 260t,最大吊装质量约 360t,采用船运的方式。

根据西堠门大桥钢箱梁设计及加工、运输特点,多数节段采用液压式缆载起重机起吊安装,起吊能力 370t;对于北塔附近梁段,采用卷扬式吊装系统进行安装,起吊能力 400t。钢箱梁采用单起重机结合纵横扁担提升安装。

a) 先导索牵引　　　　　　　　　　b) 先导索锚固

c) 索股牵引架设　　　　　　　　　d) 索股形状保持

e) 主缆尺寸测量　　　　　　　　　f) 索夹安装

图 10-104　西堠门大桥主缆及索夹施工

液压式缆载起重机分别在南北塔、北锚安装，随后从北锚与南塔位置开始钢箱梁安装。对于两塔与北锚附近梁段，因地形限制需用起重机荡移方案安装，其他位置梁段则采用垂直起吊方案(图 10-105)。

a) 钢箱梁装船　　b) 缆载起重机
c) 钢箱梁起吊　　d) 钢箱梁荡移
e) 合龙　　f) 完成

图 10-105　钢箱梁架设

10.13　小结

悬索桥结构体系是功能、外形和受力的统一，是跨越能力最强的一种桥型。悬索桥从功能角度，可分为公路悬索桥、铁路悬索桥和公铁两用悬索桥；从外形角度，悬索桥主要可分为单跨和多跨悬索桥、独塔和多塔悬索桥;从受力角度,悬索桥主要可分为地锚式悬索桥和自锚式悬索桥。

悬索桥的施工方法与结构受力密切相关,地锚式悬索桥的施工方法一般特征是先架设主缆,再架设加劲梁;自锚式悬索桥的施工方法一般特征是先架设加劲梁,再架设主缆。一般地锚式悬索桥主要由索塔、主缆、加劲梁、吊索、鞍座、索夹、锚碇构成。

悬索桥的索塔有混凝土索塔和钢索塔。混凝土索塔在实际施工中多采用翻模法、爬模法等分段浇筑的方法;钢索塔常用的安装方法为浮式起重机安装法、塔式起重机安装法及爬升式起重机安装法,包括钢塔柱施工以及横梁安装。锚碇有重力式锚碇、隧道式锚碇和岩锚等形式,重力式锚碇基础主要有沉井基础和地下连续墙基础等形式;隧道式锚碇施工的特殊之处主要在于隧洞开挖及支护。

悬索桥主缆的架设方式可分为预制束股法(PPWS 法)和空中纺丝法(AS 法)两种。我国悬索桥主缆主要采用 PPWS 法架设,对采用 AS 法架设也进行了初步的探索,两种方法各自具有不同的特点。悬索桥主缆施工精度对全桥成桥状态的结构线形及受力均有决定性的影响,因此施工过程中需要格外重视主缆架设施工精度,提高主缆架设施工精度,以保障全桥成桥线形及受力满足要求。

大跨径悬索桥主要使用钢箱梁和钢桁梁这两种加劲梁类型。其加劲梁吊装根据吊装设备的不同,主要有缆索起重机吊装、缆载起重机吊装、桥面(悬臂)起重机吊装三种方法,我国悬索桥多采用前两种方法。贵州坝陵河大桥首次在国内大跨径悬索桥中采用桥面起重机架设的方法,是山区峡谷大跨径悬索桥加劲梁吊装的有益尝试。结合湖南湘西矮寨大桥加劲梁架设,我国工程建设者创造性地提出了一种全新的山区悬索桥钢桁梁架设方法——轨索滑移法,其为山区大跨度悬索桥钢桁梁架设提供了一种新的有效途径。

近些年,我国悬索桥建设取得了快速发展,不仅在施工方法方面有所创新,在结构体系方面也做了一些新的探索,如出现的斜拉-悬索协作体系桥梁结合了斜拉桥和悬索桥两者特点,当跨径在 1200~1600m 时具有一定的优势,拓展了斜拉桥和悬索桥的经济合理适用范围。

1. 简述悬索桥的基本组成、结构体系和受力特点。
2. 简述悬索桥的主要历史发展阶段。
3. 简述悬索桥的不同分类并举例。
4. 简述悬索桥跨度比、垂跨比、宽跨比、高跨比和高宽比等参数的含义。
5. 悬索桥的锚碇有哪几种形式?各由哪几部分组成?
6. 悬索桥索塔按结构的受力分为哪些类型?各种类型的索塔形式有何优缺点?

7. 简述索鞍分类、受力特点及作用。
8. 简述悬索桥索夹分类及特点。
9. 悬索桥施工主要包括哪几个部分？一般悬索桥施工顺序是什么？
10. 比较自锚式悬索桥与地锚式悬索桥结构与施工方面的异同点。
11. 简述隧道式锚碇的一般施工过程。
12. 简述混凝土索塔、钢索塔的一般施工过程。
13. 简述悬索桥施工过程中的猫道结构组成及作用。
14. 简述悬索桥主缆架设方法中两类施工方法的主要施工过程。
15. 简述悬索桥主缆空中纺丝法（AS法）架设的原理和工艺过程。
16. 主缆先导索牵引有哪几种类型？分别适用什么情况？
17. 简述猫道的组成和施工方法。
18. 悬索桥加劲梁有哪些结构形式？各有什么特点？
19. 悬索桥加劲梁施工根据吊装设备的不同分为哪几种方法？优缺点如何？
20. 简述悬索桥钢箱梁一般的施工方法和施工流程。
21. 简述悬索桥钢桁梁桥面起重机施工方法及施工过程。
22. 我国湖南湘西矮寨大桥加劲梁架设采用的轨索滑移法的原理是什么？简述其主要施工流程。
23. 斜拉-悬索协作体系桥的结构形式和施工方式之间有何联系？

参 考 文 献

[1] 张喜刚,陈艾荣.苏通大桥设计与结构性能[M].北京:人民交通出版社,2010.
[2] 姚玲森.桥梁工程[M].3版.北京:人民交通出版社股份有限公司,2021.
[3] 吉伯海,傅中秋.钢桥[M].2版.北京:人民交通出版社股份有限公司,2020.
[4] 唐先习,梁金宝.桥梁施工[M].北京:机械工程出版社,2014.
[5] 邵旭东,等.桥梁工程[M].5版.北京:人民交通出版社股份有限公司,2019.
[6] 肖汝成.桥梁结构体系[M].北京:人民交通出版社,2013.
[7] 陈仁福.大跨悬索桥理论[M].成都:西南交通大学出版社,2015.
[8] 张继尧,王昌将.悬臂浇筑预应力混凝土连续梁桥[M].北京:人民交通出版社,2004.
[9] 张鸿.千米级斜拉桥施工关键技术研究与实践[M].北京:北京人民交通出版社股份有限公司,2015.
[10] 严国敏.现代斜拉桥[M].成都:西南交通大学出版社,1996.
[11] 郝增恒,王民.大跨径钢桥面沥青混合料铺装技术[M].北京:人民交通出版社股份有限公司,2018.
[12] 钱振东,黄卫.钢桥面沥青铺装养护维修及评价[M].北京:人民交通出版社股份有限公司,2014.
[13] 黄卫.大跨径桥梁钢桥面铺装设计理论与方法[M].北京:中国建筑工业出版社,2006.
[14] 南京重大路桥建设指挥部.复合浇注式沥青钢桥面铺装设计与施工技术规范[M].北京:人民交通出版社股份有限公司,2015.
[15] 南京长江三桥建设指挥部.南京长江三桥主桥技术总结[M].北京:人民交通出版社,2005.
[16] 中交第二航务工程局有限公司.公路与桥梁施工技术[M].北京:人民交通出版社,2007.
[17] 中交第二航务工程局有限公司.公路桥梁施工系列手册——斜拉桥[M].北京:人民交通出版社,2014.
[18] 中交第二公路工程局有限公司.悬索桥[M].北京:人民交通出版社,2014.
[19] 四川公路桥梁建设集团有限公司,四川路桥建设股份有限公司.拱桥[M].北京:人民交通出版社,2014.
[20]《中国公路学报》编辑部.中国桥梁工程学术研究综述·2021[J].中国公路学报,2021,34(2):1-97.
[21] 李晓峰.大跨度铁路连续梁-拱组合桥梁施工技术及质量控制[J].铁道科学与工程学报,2018,15(8):2047-2054.
[22] 张文胜,吴强,祁平利,等.BIM与3DGIS的集成技术及在铁路桥梁施工中的应用

[J].中国铁道科学,2019,40(6):45-51.
- [23] 白丽,罗秉乾,黄建忠,等.公路桥梁工程施工技术要点及管理研究[J].建筑技术,2020,51(10):1252-1254.
- [24] 许前顺,牛亚洲,石虎强.大跨度索结构桥梁钢塔施工技术研究综述[J].公路,2017,62(6):84-89.
- [25] 陈宝春,韦建刚,周俊,等.我国钢管混凝土拱桥应用现状与展望[J].土木工程学报,2017,50(6):50-61.
- [26] 刘琛,陈应陶,杨少军,等.兰张高铁十八里堡特大桥56 m UHPC组合简支梁设计研究[J].铁道标准设计,2020,64(11):57-61.
- [27] 崔冰,董萌,李准华.大跨度变截面波纹钢腹板PC连续梁桥的设计[J].土木工程学报,2011,44(9):81-86.
- [28] 陈宝春,刘君平.世界拱桥建设与技术发展综述[J].交通运输工程学报,2020,20(1):27-41.
- [29] 北京詹天佑土木工程科技发展基金会.重庆菜园坝长江大桥[J].土木工程学报,2010,43(10):156.
- [30] 秦顺全,苑仁安,郑清刚,等.超大跨度公铁两用斜拉桥结构体系研究[J].桥梁建设,2020,50(4):1-8.
- [31] 胡勇,赵维阳.常泰长江大桥桥跨布置方案研究[J].桥梁建设,2021,51(1):1-7.
- [32] 王春江,戴建国,臧瑜,等.自锚式钢箱梁悬索桥静力稳定性分析[J].桥梁建设,2019,49(2):47-51.
- [33] 张德明.济南凤凰黄河大桥主桥桥塔设计[J].桥梁建设,2020,50(5):84-89.
- [34] 秦顺全,徐伟,陆勤丰,等.常泰长江大桥主航道桥总体设计与方案构思[J].桥梁建设,2020,50(3):1-10.
- [35] 涂伟,李清泉,高文武,等.基于机器视觉的桥梁挠度实时精密测量方法[J].测绘地理信息,2020,45(6):80-87.
- [36] 孙策.城市桥梁预制装配化绿色建造技术应用与发展[J].世界桥梁,2021,49(1):39-44.
- [37] 邵旭东,樊伟,黄政宇.超高性能混凝土在结构中的应用[J].土木工程学报,2021,54(1):1-13.
- [38] 夏昊,范晨阳.市政装配化桥梁墩梁一体化架设施工关键技术[J].公路,2021,66(4):85-89.
- [39] 孔燕,邵永健,杜亮,等.ECC的材料组成与性能关系分析[J].硅酸盐通报,2020,39(1):68-74.
- [40] 蔡凡杰,胡厚兰.滑模与爬模施工工艺在桥梁高墩施工中的应用[J].公路,2013(6):68-71.
- [41] 欧阳青,王艳,王艳华.高墩大跨连续刚构桥墩形式研究[J].中外公路,2008(1):

153-155.

[42] 余天庆,朱宁,李娜,等.翻模技术在桥梁高墩施工中的应用[J].桥梁建设,2009(1):67-69.

[43] 易达,蒽振东.桥梁工程高墩模板施工技术比较分析[J].施工技术,2016,45(8):110-113.

[44] 黄宏伟,张冬梅,徐凌,等.国内外桥梁深基础形式的现状[J].公路交通科技,2002(4):60-64.

[45] 李军堂,秦顺全,张瑞霞.桥梁深水基础的发展和展望[J].桥梁建设,2020,50(3):17-24.

[46] 杨进.大桥深水基础方案设计与施工及经济性研究[J].桥梁建设,2011(2):46-49.

[47] 吕元林.大跨度公路桥梁深水基础施工方案比较[J].水运工程,2001(4):59-61.

[48] 连居.鳊鱼洲长江大桥5号桥塔墩钢围堰施工关键技术[J].世界桥梁,2021,49(3):34-39.

[49] 曾亮.桥梁工程钢板桩围堰施工方法及要点[J].交通世界,2020(11):89-90.

[50] 周新亚,刘昌箭,钱有伟.深水基础超长钢板桩围堰设计与施工关键技术[J].世界桥梁,2020,48(2):20-24.

[51] 时天利,任回兴,贺茂生.苏通大桥深水双壁钢围堰设计与施工[J].世界桥梁,2007(3):28-31.

[52] 李镇,张雄文.苏通大桥主塔群桩基础的设计与施工[J].公路交通科技(应用技术版),2008(8):119-121.

[53] 闻云呈,王晓航,夏云峰,等.深水桥梁台阶式沉井基础局部冲刷特性研究[J].海洋工程,2021,39(2):62-69.

[54] 吴启和,张磊.常泰大桥水中沉井的关键技术[J].中国公路,2020(9):74-77.

[55] 秦顺全,谭国宏,陆勤丰,等.超大沉井基础设计及下沉方法研究[J].桥梁建设,2020,50(5):1-9.

[56] 苏权科,谢红兵.港珠澳大桥钢结构桥梁建设综述[J].中国公路学报,2016,029(12):1-9,192.

[57] 施洲,蒲黔辉,杨仕力,等.大跨度铁路钢箱梁斜拉桥正交异性桥面疲劳试验研究[J].铁道学报,2018,40(1):94-102.

[58] 黄卫,刘振清.大跨径钢桥面铺装设计理论与方法研究[J].土木工程学报,2005,38(1):51-59.

[59] 王宏畅,李国芬,章登精.浇筑式沥青混凝土性能影响因素研究[J].中国工程科学,2013,15(8):70-74.

[60] 姚波,张于晔,李方超.钢桥面与环氧沥青铺装界面剪切特性[J].中国公路学报,2017,30(3):132-138.

[61] 胡靖,钱振东,杨宇明.GA+EA钢桥面铺装复合结构的高温性能与力学特性[J].

中南大学学报(自然科学版),2015,46(5):1946-1952.

[62] 刘增武,周建庭,马虎,等.夜郎湖特大桥挂篮悬浇施工关键技术[J].世界桥梁,2019,47(5):22-26.

[63] 孙大为,徐建成.三角桁架型挂篮在跨线桥梁悬臂施工中的应用[J].施工技术,2015,44(5):91-94.

[64] 田杰.大跨径曲线连续-刚构梁桥预制节段悬臂拼装技术实践[J].公路,2018,63(12):134-137.

[65] 朱少杰.组合结构箱梁桥连续顶推施工技术研究[J].公路交通科技(应用技术版),2010,6(11):189-192.

[66] 张勇,马宏亮.高速铁路曲线连续梁桥顶推施工关键技术研究[J].铁道建筑,2015(7):16-18.

[67] 檀兴华,余运良,杨卫平,等.九堡大桥钢槽梁顶推施工方法研究[J].公路,2010(6):92-98.

[68] 王振东.大跨度连续梁水平转体施工关键技术研究[J].铁道建筑,2013(8):27-29.

[69] 陈宝春,刘君平.世界拱桥建设与技术发展综述[J].交通运输工程学报,2020,20(1):27-41.

[70] 任为东.大瑞铁路澜沧江特大桥施工关键技术研究[J].铁道标准设计,2021,65(4):82-88.

[71] 陈克坚.水柏铁路北盘江大桥转体施工设计关键技术[J].铁道标准设计,2004(9):55-58.

[72] 徐勇,马庭林,陈克坚.水柏铁路北盘江大桥钢管混凝土拱设计[J].中国铁道科学,2003(5):35-40.

[73] 胡云江.广州丫髻沙大桥的转体施工[J].公路,2001(6):16-24.

[74] 刘超,蒯永洲,吴飞.浅谈钢管混凝土系杆拱桥的整体吊装法施工[J].江苏水利,2017(9):69-72.

[75] 潘海.新光大桥主拱中段整体同步提升施工技术[J].中国工程机械学报,2006(3):371-374.

[76] 李跃,罗甲生,郭欣,等.广州新光大桥主跨主拱中段大段整体提升架设[J].中外公路,2006(2):110-114.

[77] 高少勇,王金海,张国勇.下承式钢管混凝土系杆拱整体吊装施工技术[J].浙江建筑,2012,29(10):35-37.

[78] 胡崇武,范立础.丹河大桥拱圈与拱架共同作用研究[J].公路,2005(4):50-53.

[79] 胡崇武,周卫.丹河石拱桥设计施工与科研特点[J].公路,2001(2):18-21.

[80] 陈让利.沪昆客专北盘江特大桥设计与施工方案[J].科技情报开发与经济,2011,21(22):175-179.

[81] 潘军.南京大胜关长江大桥三桁钢桁梁施工技术[J].铁道建筑技术,2011(6):

11-15.
[82] 沈涛.南京大胜关长江大桥吊索塔架设计与施工[J].世界桥梁,2010(3):1-4.
[83] 崔冰,孟凡超,冯良平,等.南京长江第三大桥钢塔柱设计与加工[J].中国铁道科学,2005,26(3):42-47.
[84] 张敬弦,房波.宁波青林湾大桥主桥钢箱梁的安装施工介绍[J].施工技术,2015,5(23).
[85] 杨秉武,余三耀,彭汉宗.武汉长江二桥斜拉索制造[J].桥梁建设,1995(3):58-63.
[86] 娄松,吴芳,江涌,等.大吨位钢桁梁步履式顶推滑移施工力学行为分析[J].桥梁建设,2021,51(1):66-73.
[87] 王志刚,秦涌汐,周强生,等.武汉青山长江公路大桥斜拉索安装牵引技术[J].桥梁建设,2020,50(S1):133-138.
[88] 刘志勇.斜拉桥斜拉索索力测试方法综述[J].铁道建筑,2007(4):18-20.
[89] 吴明威,陈林,刘冬冬,等.PC斜拉桥大型前支点挂篮安装技术[J].中外公路,2017,37(1):102-105.
[90] 司义德,袁堂涛.中央索面斜拉桥前支点复合式挂篮施工技术[J].施工技术,2021,50(5):90-93.
[91] 雷毅.混凝土斜拉桥施工中的前支点挂篮安装技术[J].建筑施工,2013,35(8):778-779.
[92] 李建宁,徐兴伟,靳江海,等.苏州长浒大桥复合式牵索挂篮结构设计与计算分析[J].铁道建筑技术,2019(11):56-60.
[93] 龚兵传.大跨径悬索桥主缆PPWS法施工关键技术应用与研究[J].广东交通职业技术学院学报,2019,18(3):26-30.
[94] 薛光雄,沈锐利,先正权,等.悬索桥基准丝股线形的确定与测控[J].桥梁建设,2004(4):4-6.
[95] 叶硕.西堠门大桥主缆索股架设施工[J].世界桥梁,2011(3):17-20.
[96] 宋晖,孟凡超.舟山西堠门大桥关键技术介绍[J].公路,2009(5):81-91.
[97] 田永强.五峰山长江大桥主缆索股架设完成[J].世界桥梁,2019,47(3):96-97.
[98] 冯传宝.五峰山长江大桥上部结构施工控制技术[J].桥梁建设,2020,50(1):99-104.
[99] 蔡忠明,顾海欢.主跨1385m的江阴长江大桥主体结构安装施工技术[J].建筑施工,2001(1):21-22.
[100] 桂业琨.中国最大跨径悬索桥——江阴长江大桥施工技术[J].上海建设科技,1999(3):9-11.
[101] 李传习,柯红军,刘建,等.平胜大桥体系转换施工控制的关键技术[J].土木工程学报,2008(4):49-54.
[102] 郭云飞,顾雄淇.自锚式悬索桥"先梁后缆"钢梁安装工艺研究[J].工程技术研究,

2020,5(7):100-102.

[103] 章耀林.鹅公岩轨道专用桥斜拉-悬索体系转换施工技术[J].铁道建筑,2021,61(4):17-20.

[104] 陈宁贤,张海顺.鹅公岩轨道大桥加劲梁施工过渡斜拉体系设计[J].桥梁建设,2020,50(5):101-106.

[105] 端茂军,李国芬,李建慧,等.南京小龙湾自锚式悬索桥荷载试验[J].林业工程学报,2016,1(6):137-141.

[106] 张晖,徐永明,李志鹏.大跨径悬索桥猫道架设牵引系统施工技术[J].铁道建筑技术,2020(8):112-115.

[107] 李海南,李世举,陈杨永.阳宝山特大桥主缆施工测量控制技术[J].交通世界,2021(17):110-111.

[108] 葛国库,石虎强,金仓,等.悬索桥主缆空中纺线工法技术经济性分析[J].公路,2017,62(3):296-301.

[109] 杨万里,项贻强,汪劲丰.先简支后连续分布式箱梁桥后连续预应力合理张拉顺序研究[J].公路交通科技,2008(1):79-82.

[110] 张德平,徐伟,黄细军,等.赤壁长江公路大桥钢锚梁索塔锚固结构优化设计[J].世界桥梁,2019,47(5):12-16.

[111] 万纯兰.坝陵河大桥钢桁加劲梁正交异性钢桥面板组装技术应用[J].钢结构,2015,30(4):28-33.

[112] 任仁,罗亨文,陶路.坝陵河大桥钢桁梁施工方法比选[J].桥梁建设,2013,43(3):114-119.

[113] 龚玉华,梁森,陶路.坝陵河大桥钢桁加劲梁合龙关键技术[J].桥梁建设,2012,42(1):96-101.

[114] 罗亨文,陶路,彭旭民.坝陵河大桥钢桁梁牵引控制技术研究[J].世界桥梁,2011(3):33-36.

[115] 周汉国,漆亮.坝陵河大桥钢桁梁标准节段施工方案[J].公路交通技术,2010(3):74-76.

[116] 姜华,魏群,彭运动.坝陵河大型悬索桥钢桁加劲梁安装施工新技术[J].华北水利水电学院学报,2010,31(1):37-40.

[117] 彭运动.坝陵河大桥设计关键技术介绍[J].公路,2009(5):39-42.

[118] 刘高,彭运动,周平,等.坝陵河大桥钢桁加劲梁施工架设方案研究[J].公路交通科技,2009,26(5):80-85.

[119] 陈辉华,王孟钧,罗甲生.三跨连续钢桁拱桥关键施工技术与技术创新管理[J].铁道科学与工程学报,2009,6(1):78-82.

[120] 徐郁峰,谭林,李静,等.新光大桥主桥整体施工过程仿真分析[J].桥梁建设,2008(6):76-79.

[121] 李跃,古松,卜一之,等.新光大桥三角刚架施工过程模型试验及有限元分析[J].公路交通科技,2008(2):94-100.

[122] 梁天贵.广州新光大桥主拱拱肋整体安装施工技术[J].中外公路,2006(4):87-90.

[123] 李跃,罗甲生,郭欣,等.广州新光大桥主跨主拱中段大段整体提升架设[J].中外公路,2006(2):110-114.

[124] 陈跃.大跨径钢管混凝土拱吊装施工技术研究[J].公路,2021,66(7):165-169.

[125] 周庆辉.大跨径钢桁架桥整体吊装施工技术[J].建筑施工,2019,41(6):1118-1120.

[126] 交通运输部.公路桥涵设计通用规范:JTG D60—2015[S].北京:人民交通出版社股份有限公司,2015.

[127] 住房和城乡建设部.组合钢模板技术规范:GB/T 50214—2013[S].北京:中国计划出版社,2014.

[128] 住房和城乡建设部.混凝土结构工程施工质量验收规范:GB 50204—2015[S].北京:中国建筑工业出版社,2015.

[129] 交通运输部.公路桥涵施工技术规范:JTG/T 3650—2020[S].北京:人民交通出版社股份有限公司,2020.

[130] 住房和城乡建设部.钢筋焊接及验收规程:JGJ 18—2012[S].北京:中国建筑工业出版社,2012.

[131] 建设部.混凝土用水标准:JGJ 63—2006[S].北京:中国建筑工业出版社,2006.

[132] 住房和城乡建设部.预应力筋用锚具、夹具和连接器应用技术规程:JGJ 85—2010[S].北京:中国建筑工业出版社,2010.

[133] 全国钢标准化技术委员会(SAC/TC 183).预应力混凝土用钢绞线:GB/T 5224—2014[S].北京:中国标准出版社,2015.

[134] 全国钢标准化技术委员会(SAC/TC 183).预应力热镀锌钢绞线:GB/T 33363—2016[S].北京:中国标准出版社,2017.

[135] 全国钢标准化技术委员会.环氧涂层七丝预应力钢绞线:GB/T 21073—2007[S].北京:中国标准出版社,2008.

[136] 住房和城乡建设部建筑结构标准化技术委员会.无黏结预应力钢绞线:JG/T 161—2016[S].北京:中国标准出版社,2017.

[137] 交通运输部.斜拉桥用热挤聚乙烯高强钢丝拉索:GB/T 18365—2018[S].北京:中国标准出版社,2018.

[138] 交通运输部.公路钢桥面铺装设计与施工技术规范:JTG/T 3364-02—2019[S].北京:人民交通出版社股份有限公司,2019.

[139] 江苏省质量技术监督局.复合浇注式沥青钢桥面铺装设计与施工技术规范:DB32/T 2678—2014[S].北京:人民交通出版社股份有限公司,2015.

[140] 住房和城乡建设部.城市桥梁抗震设计规范:CJJ 166—2011[S].北京:中国建筑工业出版社,2012.

[141] 交通运输部.公路桥梁抗震设计规范:JTG/T 2231-01—2020[S].北京:人民交通出版社股份有限公司,2020.

[142] 交通运输部.公路钢结构桥梁设计规范:JTG D64—2015[S].北京:人民交通出版社股份有限公司,2015.

[143] 国家铁路局.铁路桥梁钢结构设计规范:TB 10091—2017[S].北京:中国铁道出版社,2017.

[144] 江苏省市场监督管理局.桥梁结构抗风设计规范:DB32/T 3496—2019[S].北京:人民交通出版社股份有限公司,2019.

[145] 住房和城乡建设部.钢-混凝土组合桥梁设计规范:GB 50917—2013[S].北京:中国建筑工业出版社,2014.

[146] 江苏省质量技术监督局.大跨径悬索桥和斜拉桥养护规范:DB32/T 1648—2010[S].北京:人民交通出版社,2010.

[147] 江苏省质量技术监督局.悬索桥主缆除湿系统施工及验收规范:DB32/T 2549—2013[S].北京:中国建筑工业出版社,2013.

[148] 国家铁路局.铁路桥涵地基和基础设计规范:TB 10093—2017[S].北京:中国铁道出版社,2017.

[149] 住房和城乡建设部.城市桥梁工程施工与质量验收规范:CJJ 2—2008[S].北京:中国建筑工业出版社,2009.

[150] 住房和城乡建设部.钢结构焊接规范:GB 50661—2011[S].北京:中国建筑工业出版社,2012.

[151] 住房和城乡建设部.钢管混凝土拱桥技术规范:GB 50923—2013[S].北京:中国计划出版社,2014.

[152] 全国交通工程设施(公路)标准化技术委员会(SAC/TC 223).预应力混凝土桥梁用塑料波纹管:JT/T 529—2016[S].北京:人民交通出版社股份有限公司,2016.

[153] 住房和城乡建设部.建筑施工模板安全技术规范:JGJ 162—2008[S].北京:中国建筑工业出版社,2008.

[154] 住房和城乡建设部.建筑施工扣件式钢管脚手架安全技术规范:JGJ 130—2011[S].北京:中国建筑工业出版社,2011.

[155] 住房和城乡建设部.建筑施工工具式脚手架安全技术规范:JGJ 202—2010[S].北京:中国建筑工业出版社,2010.

[156] 住房和城乡建设部.建筑施工碗扣式钢管脚手架安全技术规范:JGJ 166—2016[S].北京:中国建筑工业出版社,2017.

[157] 住房和城乡建设部.大体积混凝土施工标准:GB 50496—2018[S].北京:中国计划出版社,2018.